China und Europa

Chinese-Western Discourse

—

Band 2

China
und Europa

——

Sprache und Kultur, Werte und Recht

Herausgegeben von
Walter Pape, Susanne Preuschoff,
Wei Yuqing und Zhao Jin

DE GRUYTER

Gedruckt mit Unterstützung von KölnAlumni – Freunde und Förderer der Universität zu Köln e.V.
und des Akademischen Auslandsamtes der Universität zu Köln

ISBN 978-3-11-031317-8
e-ISBN (PDF) 978-3-11-031324-6
e-ISBN (EPUB) 978-3-11-038322-5
ISSN 2199-2835

Library of Congress Cataloging-in-Publication Data
A CIP catalog record for this book has been applied for at the Library of Congress.

Bibliografische Information der Deutschen Nationalbibliothek
Die Deutsche Nationalbibliothek verzeichnet diese Publikation in der Deutschen
Nationalbibliografie; detaillierte bibliografische Daten sind im Internet über
http://dnb.dnb.de abrufbar.

www.degruyter.com

Inhalt

III Rechtskonzepte im Kulturvergleich

IV Erfahrungen

Walter Pape
Einleitung

Es verwundert nicht, wenn zu Beginn eines Bandes, der sich dem chinesisch-europäischen Kulturvergleich im Bereich von Sprache und Literatur, Moderne-erfahrung und Globalisierung, von Menschenrechten, Rechtsstaat und Rechts-transfer widmet, aus Leibniz' *Novissima Sinica* zitiert wird:

> Singulari quodam fatorum consilio factum arbitror, ut maximus generis humani cultus ornatusque hodie velut collectus sit in duobus extremis nostri continenti, Europa et Tschina (sic enim efferunt), quae velut orientalis quaedam Europa oppositum terrae marginem ornat.

> Durch eine einzigartige Entscheidung des Schicksals, wie ich glaube, ist es dazu gekommen, daß die höchste Kultur und die höchste technische Zivilisation der Menschheit heute gleichsam gesammelt sind an zwei äußersten Enden unseres Kontinents, in Europa und in Tschina (so nämlich spricht man es aus), das gleichsam wie ein Europa des Ostens das entgegengesetzte Ende der Erde ziert.[1]

Es scheint, als habe die Globalisierung hier im Europa der Philosophie des 17. und 18. Jahrhunderts ihren eigentlichen Ursprung: „Bemerkenswert ist das Vorwort von Leibniz, weil es die erste systematische Erörterung über China aus Europa ist, die nicht nur eine eurozentristische Perspektive einnimmt, sondern den Zusammenhang von europäischer und chinesischer Kultur unter globaler Sicht thematisiert.“[2] Allerdings ist es für Leibniz eine ‚Win-Win-Situation‘: China und Europa stehen in unterschiedlichen Bereichen auf der gleichen Stufe. In Zeiten des Postkolonialismus und der Globalisierung (die immer noch koloniale Elemente hat) sollte, folgt man den aktuellen Diskussionen, Ähnliches gelten. Vorsichtig formuliert dann auch Heinrich Geiger in seinem Beitrag: „Im 20. Jahrhundert hat die Globalisierung die Menschen einander nicht nur ökonomisch, sondern auch kulturell näher gebracht.“ (S. 34) Allerdings schränkt er ein und meint, wir würden „Zeugen einer Zersplitterung, die sich jeder begrifflichen Eingrenzung entzieht und keiner Entwicklungslogik unterliegt, auch wenn uns das der Begriff der ‚Globalisierung‘ glauben macht.“ (S. 40 – 41)

---

1 Gottfried Wilhelm Leibniz: Das Neueste von China (1697). Novissima Sinica. Mit ergänzenden Dokumenten hrsg. von Heinz-Günther Nesselrath und Hermann Reinbothe. Köln: Deutsche Chinagesellschaft 1979, S. 8 und 9.
2 Rolf Wernstedt: Zum Unterschied des Interesses an China bei Leibniz und im heutigen Europa/Deutschland. – In: Politik unterrichten 1/2012, S. 51–59, hier S. 52; u. a. Vortrag an der Tongji-Universität Shanghai am 28.10.2011. – http://www.dvpb-nds.de/index.php/material/zeit schriften-flyer/52-ausgabe-pu-1-2012 (1. März 2014).

Das allzu oft positiv verwendete Schlag- und Stichwort ‚Globalisierung'
scheint an Kredit zu verlieren; statt der kapitalistischen Singular-Globalisierung
steht heute die Vielfalt im Mittelpunkt des Interesses: „Jedem Versuch, unilineare
Modernisierungstheorien wiederzubeleben oder gar die lückenlose Amerikani-
sierung der Welt zu prognostizieren, wird heute mit dem Hinweis auf ‚multiple
modernities' begegnet. Dahinter steht nicht zuletzt die Suche nach Alternativen zu
einer uniformen kapitalistischen Globalisierung."[3]

Die dem Bundesministerium des Innern der Bundesrepublik Deutschland
unterstellte Bundeszentrale für politische Bildung (*bpb*) fasst auf ihrer Homepage
apodiktisch zusammen, was alles zur *kulturellen* Globalisierung gehört: Fast Food,
Soziale Netzwerke, Fernsehunterhaltung, Musik, Jugendaustausch, Mode,
Kunstmarkt. Es ist interessant, dass die *bpb* keine alphabetische Reihung wählt,
sondern, sicher mit Bezug auf George Ritzers erstmals 1993 erschienenes Buch *The
McDonaldization of Society*[4], mit dem Fast Food beginnt und kommentiert:

> Im Globalisierungsdiskurs wird einerseits die Dominanz westlicher Kulturen und das damit
> verbundene Konsummuster kritisiert. Andererseits wird auf Homogenisierungstendenzen
> hingewiesen, die im Zuge von Standardisierungs- und Vereinheitlichungsprozessen zu einer
> Verschmelzung von Kulturen führen: Wenn sich das weltweite Konsumverhalten und andere
> Bereiche des Alltagslebens immer weiter angleichen, werden lokale Traditionen schrittweise
> durch eine Einheitskultur ersetzt. [...] Die Fast-Food-Kette McDonald's steht in diesem Zu-
> sammenhang für die negativen Folgen der Globalisierung. Sie verkörpert den prototypischen
> Übergang von traditionellen zu rationalen Geschäfts- und Gedankenmodellen, die auf effi-
> zienten, kalkulierbaren und kontrollierbaren Prinzipien basieren.[5]

Ritzer erweitert 2011 sein Buch um ein Kapitel „The DeMcDonaldization of Society"
und fragt sich, ob neuerlich die Starbuckization die McDonaldization ersetzt. Er
greift dabei die „homey notion of a 'third place'"[6] des Stadtsoziologen Ray
Oldenbourg auf – neben Zuhause und Arbeit als „the first and second places
respectively".[7] Denn im Gegensatz zu McDonald's, wo man am raschen Umsatz

---

3 Jürgen Osterhammel: Gesellschaftsgeschichtliche Parameter chinesischer Modernität. – In:
Geschichte und Gesellschaft. Zeitschrift für historische Sozialwissenschaft 28 (2002), S. 71–108,
hier S. 71. – Dazu auch die Studie des China-Experten und Wirtschaftswissenschaftlers Doug
Guthrie: China and Globalization. The Social, Economic, and Political Transformation of Chinese
Society. Third Edition. New York: Routledge 2012.
4 George Ritzer: The McDonaldization of Society. 6th ed. Los Angeles: Pine Forge Press 2011.
5 Bundeszentrale für politische Bildung: http://www.bpb.de/nachschlagen/zahlen-und-fakten/
globalisierung/52773/kulturelle-globalisierung (28.2.2014).
6 Ritzer: The McDonaldization. S. 215–239, hier S. 219.
7 Ray Oldenburg (ed.): Celebrating the Third Place: Inspiring Stories about the „Great Goood
Places" at the Heart of our Communities.New York: Marlowe & Company 2011, S. 2.

interessiert ist („*The ideal McDonald's Customer has become one who never sets foot in the restaurant.*"[8]), laden Sitzgelegenheiten, Wi-Fi und Zeitungen bei Starbucks – und neuerdings sogar bei McDonald's – zum Verweilen ein und lassen ihre Besucher sich dadurch ‚heimelig' fühlen – wie bereits die je vorhandenen kulturell tradierten ‚third places' (in China Badehäuser, Massagesalons, Teehäuser, in Europa Cafés und Kaffeehäuser, Biergärten etc.).

Eigentlich bedeutet Globalisierung nicht mehr und nicht weniger als „zunehmende Vernetzung und Verflechtung im Weltmaßstab"[9]. Doch bleibt das „Konzept der Globalisierung [...] theoretisch vage und relativ unbestimmt."[10] Anders verhält es sich übrigens mit der heute aktuellen Global*geschichte*, die eine Perspektive favorisiert, die „bestimmte Aspekte und Zusammenhänge in den Vordergrund rückt"[11], ohne einen Verlust der je eigenen Kultur und Geschichte im Blick zu haben. In den Zeiten einer scheinbaren kulturellen Globalisierung[12] (die im Grunde nur eine wirtschaftliche ist) wollen die Beiträge im vorliegenden Band, wie Thomas Zimmer es formuliert, die „‚Moderne' gerade im interkulturellen Kontext" in „mosaikartigen Beschreibungen" und nicht „mit starren Modellen erfassen, die auf gesetzmäßige Abläufe von Mechanismen hinauslaufen." (S. 118) Denn Globalisierung wie „Moderne" gelten, so auch Zimmer, „nicht zu Unrecht als eine der Errungenschaften der Kultur des Westens" (S. 127) – wie einst der Kolonialismus.

Deshalb stehen auch am Anfang des Bandes im ersten Kapitel *Verschiedene Sprachen, verschiedene Kulturen, verschiedene Wissenschaften?* Beiträge, welche die Rollen der Sprachen im Rahmen der kulturellen Differenz fokussieren: Qu Weiguo fragt: „What do we mean by difference in language and culture?" (S. 15), Heinrich Geiger macht sich auf die Suche nach „Aspekten chinesischer Identität" und diskutiert die „Übermacht der Begriffe" (S. 44); Wei Yuqing vergleicht die Sprachkrise in Deutschland und China und Zhao Jin sieht in den Unterschieden der Textstile Unterschiede der Kulturhintergründe. – Der Linguist Qu argumentiert zurecht, dass das Konzept kultureller oder sprachlicher Differenz viel komplizierter ist, als gemeinhin angenommen wird: „The existing semantic network performs a Procrustean operation on the concept, blocking the realization of new

---

8 Ritzer: The McDonaldizaton, S. 220.
9 Sebastian Conrad: Globalgeschichte. Eine Einführung. München: C. H. Beck 2013 (C. H. Beck Paperback. 6079), S. 18.
10 Ebenda, S. 19.
11 Ebenda, S. 12.
12 Vgl. meinen Essay: „Nähert man sich nur der Geschichte mit großen Erwartungen von Licht und Erkenntnis – wie sehr findet man sich da getäuscht!" Notizen zu den Krisen der (Welt) Geschichtsschreibung. – In: Zagreber Germanistische Beiträge 21 (2012), S. 3–21.

meaning potentials." (S. 16) Erst wenn das durch kulturelle Erfahrungen gebildete semantische Netzwerk, das Prokrustesbett der jeweiligen Sprache, durchbrochen wird, gelingt die Kommunikation. Erschwerend hinzu kommen die Probleme der ‚identity policy' und der Kollektivität: „collectivity in Chinese is understood as an expanded network of self" (Qu, S. 27). Auch Heinrich Geiger geht der komplexen durch westliche Konzepte aufgeworfenen Tatsche nach, dass trotz „aller Gemeinsamkeiten, die historischer oder auch sprachlicher Natur sein mögen, [...] sich die Bürger der VR China in einem Mit-, Neben- und Gegeneinander von Werten zu behaupten [haben], über deren Widersprüchlichkeit die Beschwörung von kollektiven Identitäten nicht hinwegtäuschen kann". (S. 31) Begriffskritik, wie man sie in Heinrich Geigers Beitrag findet, gehört zum großen Komplex der Sprachkritik, den Wei Yuqing mit Dokumenten der Sprachkrise in Europa um 1900 und beim philosophischen Literaten der chinesischen Antike, Zhuangzi, ausmisst. Nietzsches Sprachkritik ähnelt der des Zhuangzi, der seufzt: „Wo finde ich einen Menschen, der die Worte vergißt, auf dass ich mit ihm reden kann?" Dieser Blick auf die Sprache, die Lars Gustafsson einmal als „systematisch irreführendes Zeichensystem" bezeichnet hat[13], erinnert an Nietzsche Erkenntnisskepsis:

> Die Bedeutung der Sprache für die Entwickelung der Cultur liegt darin, dass in ihr der Mensch eine eigene Welt neben die andere stellte, einen Ort, welchen er für so fest hielt, um von ihm aus die übrige Welt aus den Angeln zu heben und sich zum Herren derselben zu machen. Insofern der Mensch an die Begriffe und Namen der Dinge als an a e t e r n a e   v e r i t a t e s durch lange Zeitstrecken hindurch geglaubt hat, hat er sich jenen Stolz angeeignet, mit dem er sich über das Thier erhob: er meinte wirklich in der Sprache die Erkenntniss der Welt zu haben [14]

So radikal wie Nietzsche brauchen wir nicht zu sein, wenn wir uns dessen bewusst werden, dass Sprache etwas Bedingtes ist: Denn, wie Zhao Jin feststellt, sind „die textuellen Besonderheiten in der Tiefenstruktur der entsprechenden Kultur verwurzelt und somit kulturell erklärbar". (S. 69) Sie zeigt in ihrem Beitrag, wie die Struktur der chinesischen Sprache, die keine Flexion kennt, kontextabhängig ist und „aufgrund dieser Sprachstruktur stark in der künstlerischen Darstellung aber schwach im logischen Denken." (S. 89) Diese Struktur trägt zur semantischen

---

13 Lars Gustafsson: Sprache und Lüge. Drei sprachphilosophische Extremisten. Friedrich Nietzsche, Alexander Bryan Johnson, Fritz Mauthner. (Språk och lögn, dt.) Aus dem Schwedischen von Susanne Seul. München: Hanser 1980, S. 65–69.
14 Nietzsche: Menschliches, Allzumenschliches: Ein Buch für freie Geister. 11: Die Sprache als vermeintliche Wissenschaft (1886) – Sämtliche Werke. Kritische Studienausgabe in 15 Bänden. Hrsg. von Giorgio Colli und Mazzino Montinari. München: Deutscher Taschenbuch Verlag; Berlin: de Gruyter 1980, Bd. 2, S. 30.

Mehrdeutigkeit bei. Wenn wir uns vergegenwärtigen, dass Begriffe im Chinesischen nicht definiert werden können, „sondern durch symbolische Darstellungsweise und ästhetische Sprache veranschaulicht" (S. 89) werden, wird deutlich, wie sehr Übersetzung und Kommunikation erschwert werden, wenn die Teilnehmer des wissenschaftlichen, ökonomischen oder politischen Gesprächs sich dessen nicht bewusst sind. Wenn im Unternehmensprofil einer chinesischen Arzneimittelfirma das Unternehmen wie eine Person beschrieben wird, „die mit hoch erhobenen Kopf mit dem Frühlingswind wegbahnend fortschreitet", ist das ein weiteres Beispiel dafür, wie sehr die Tradition die Diktion und die Begriffe bestimmt. Und so beginnt Xi Jinping, Staatspräsident der Volksrepublik China, seinen Gastbeitrag in der *Frankfurter Allgemeinen Zeitung* anlässlich seines Deutschlandbesuchs am 28. März 2014 mit einem poetischen Bild: „Ich freue mich sehr, dass ich im Frühling, zur Zeit der wiedererwachenden Natur, wieder nach Deutschland kommen kann."[15]

Im zweiten Kapitel *China und Deutschland im Kulturvergleich* wird der Untersuchungsaspekt über den engeren sprachlichen Bereich hinaus ausgedehnt auf Kant und den Konfuzianismus (Claudia Bickmann), auf chinesische Moderne-Erfahrungen (Thomas Zimmer), auf die Rezeption moderner europäischer Philosophie (Shi Fuqi), auf Die Bedeutung von Luxusgütern in China und Europa (Meng Hong) und auf die aktuellen Fragen der Migration (Birte Rafflenbeul et al.). Dennoch zeigt sich meist, wie sehr auch hier die sprachliche Adaption bei der Diskussion zentraler Werte eine Rolle spielt. Wenn Claudia Bickmann „Immanuel Kants ‚Ideal des höchsten Guts' im Horizont neu-konfuzianischer Annäherungen" untersucht, beginnt sie auch mit dem Problem des ‚Begriffs' und seines Verhältnisses zu den Worten; sie zitiert Konfuzius: „Wenn die Begriffe nicht richtig sind, so stimmen die Worte nicht; stimmen die Worte nicht, so kommen die Werke nicht zustande; kommen die Werke nicht zustande, so gedeiht Moral und Kunst nicht". (S. 98) Ähnlich und doch anders argumentiert Kant in der *Kritik der reinen Vernunft:* „Denken ist das Erkenntnis durch Begriffe. Begriffe aber beziehen sich, als Prädikate möglicher Urteile, auf irgend eine Vorstellung von einem noch unbestimmten Gegenstande."[16]

Thomas Zimmer fragt in seinem Beitrag, wie die „Länder, die ein ‚Modernisierungsdefizit' aufgewiesen haben, zu ihrer eigenen Kultur gestanden, und welche Entwicklungsmöglichkeiten [...] sie für ihre Kultur in der ‚modernen'

---

15 Xi Jinping: Deutsch-chinesische Beziehungen: Gut für China, Europa und die Welt. – In: Frankfurter Allgemeine Zeitung vom 28. März 2014, S. 10.
16 Kant: Kritik der reinen Vernunft – Werke in zehn Bänden. Hrsg. von Wilhelm Weischedel. 4., erneut überprüfter reprograph. Nachdr. der Ausg. Darmstadt 1964. Darmstadt: Wissenschaftliche Buchgesellschaft 1975, Bd. 3, S. 110 (B 94, A 69).

zeitgenössischen Kultur des Westens gesehen" (S. 120) haben. Am Beispiel des (Reise)Tagebuchs des Diplomaten Zhang Yinhuan (张荫桓) (1837–1900) zeichnet Thomas Zimmer nach, wie die Reisen Zhangs – die erste in die USA über Japan nach Frankreich, dann nach Peru, und zurück in die USA, die zweite über Kuba nach Europa – eine neue Raumerfahrung bildeten. Er bleibt von der „Größe und Bedeutung der eigenen Kultur" überzeugt und will den „Westen" mit Hilfe der chinesischen Tradition bereichern und verändern. Auch hier kommt wieder der sprachliche Aspekt zum Tragen: Zhang fragt sich, ob die chinesische Sprache „die vielen neuen Dinge" verständlich machen könne, und zieht daraus den Schluss, dass China seinen *eigenen* Weg in die Moderne gehen müsse. Shi Fuqi fokussiert die Bedeutung der ‚Reform- und Öffnungspolitik' Chinas in den frühen 1980er Jahren für den Zusammenhang von ‚Kultur und Moderne' am Beispiel der chinesischen Rezeption von Ernst Cassirers Kulturtheorie in seinem *An Essay on Man. An Introduction to a Philosophy of Human Culture*. Auch Cassirer macht auf die unterschiedlichen Funktionen der Sprache in Wissenschaft und Literatur aufmerksam: Während die Sprache und Wissenschaft „zu definierten Begriffen der Dinge führen", erlaube die Kunst „diese Art begrifflicher Vereinfachung und deduktiver Verallgemeinerung nicht."[17] Für Shi Fuqi ermöglicht es diese „Offenheit und Vielseitigkeit" von Cassirers Philosophie, sie „als ein ideales ‚Muster' der westlichen Philosophie zu verstehen" (S. 134). Die Bedeutung Cassirers wird auch darin gesehen, dass die chinesischen Intellektuellen später „in der Geschichte der Menschheit und dem Wesen des Menschen die Grundlage [suchten], die für die Tragödie der Kulturrevolution verantwortlich sein könnte." (S. 137)

Den neuesten Veränderungen der Werte im Kontext der Globalisierung widmet sich die Deutschland- und Europakennerin Meng Hong in ihrem Essay „Die Bedeutung von Luxusgütern in Europa und China: Wie Werte sich verändern". Die Chinesen haben inzwischen die Japaner und Amerikaner überholt und sind zur weltweit größten Verbrauchergruppe von Luxusgütern geworden. Die meisten chinesischen Konsumenten sind derzeit noch stark von einer besitzorientierten Konsumhaltung geprägt, obwohl Änderungen in Richtung der traditionellen Sparsamkeit schon zu spüren sind. Birte Rafflenbeul, Pamela Hartmann und Frauke Kraas beschließen den kulturvergleichenden Komplex mit einer Untersuchung zu den Migrationsprozessen und -politiken in China und Deutschland: Schon die Vergleichszahlen können deutlich machen, dass trotz volkswirtschaftlicher Parallelen (Export, Funktion als ökonomische Motoren für Europa

---

17 Cassirer: Was ist der Mensch? Versuch einer Philosophie der menschlichen Kultur. (An Essay on Man, dt.) Einzige autorisierte Übers. von Wilhelm Krampf. Stuttgart: Kohlhammer 1960, S. 182–183.

und Asien) die Migrationskultur eine unterschiedliche ist. In China leben nach der letzten Statistik (2010) fast 600.000 Ausländer, die Binnenmigration vom Land in die Städte beläuft sich auf 221 Millionen (16,5 %), während in Deutschland knapp 25 % (16 Millionen) einen Migrationshintergrund haben. Spannend ist zu lesen, warum sich beispielsweise die bereits etablierte Entspannungspolitik „gegenüber Ausländern durch die jüngsten Novellierungen der Gesetzesgrundlagen" für die Einreise „wieder verschärft" hat. (S. 174)

Ein wichtiger Bestandteil der Kultur und der Sprache sind Recht und Recht*sprechung* in jeder Gesellschaft; deshalb ist den *Rechtskonzepten im Kulturvergleich* ein gesondertes Kapitel gewidmet. Denn gerade bei Rechtsfragen spielen in allen Beiträgen die Übertragung und die Übersetzbarkeit von Begriffen und Worten eine entscheidende Rolle. Das gilt für die Menschenrechte (Wilfried Hinsch), für die generelle Problematik des Rechtstransfers (Caroline von Gall) ebenso wie für die Sozialgesetzgebung (Ngok Kinglun). Gerade der Prozess der Rechtsentwicklung in China (Gao Xujun und Björn Ahl) gehört ebenso wie der Deutsch-Chinesischer Rechtsstaatsdialog (Katja Levy) zu den aktuellen Fragen der Reformen des chinesischen Rechts.

Im Rechtsbereich bestehen sicher auch die meisten populären europäischen Vorurteile, was angesichts des kaum überschaubaren Komplexes des chinesischen Rechts verständlich ist. Wilfried Hinsch behandelt in seinem historisch und aktuell fokussierten Beitrag „Menschenrechte: transnational & interkulturell" das Problem aus der Perspektive des Rechts und der praktischen Philosophie, fragt, ob Menschenrechte moralische oder legale Rechte sein können. Zentral für die Argumentation von Hinsch ist, dass die Menschenrechte weder eine „Erfindung des Westens" sind noch „Kulturimperialismus" darstellen; zwar entstand die Menschenrechtsidee in Europa, doch nach dem Zweiten Weltkrieg „waren [es] Länder wie China und die Sowjetunion, die sie sich zu machtvollen Sprechern des Antikolonialismus und damit der Freiheit und Gleichheit aller Menschen machten und schließlich die westlichen Mächte zum Einlenken zwangen." (S. 189) Der Philosoph und Schriftsteller Zhang Pengjun „war wesentlich an der Abfassung der *Allgemeinen Erklärung der Menschenrechte* beteiligt". (S. 189) Es lasse sich, so Hinsch, nicht leugnen, dass die Interventionen in anderen Staaten zum Menschenrechtsschutz machtpolitisch und ökonomisch selektiv sind.

Ein Beitrag in diesem Band befasst sich nicht mit China: Caroline von Galls Aufsatz zu den „Grenzen des Rechtstransfers" am Beispiel der „Verfassungstransformation in den postsowjetischen Staaten". Sie stellt zu Beginn lapidar fest, dass „die Rechtsstaatstransformation in den post-sowjetischen Staaten mit Ausnahme des Baltikums heute als gescheitert" (S. 198) gilt. Die Gründe dafür liegen teilweise in den unterschiedlichen kulturellen, sozialen und politischen Bedingungen des Rechts, wie in Einzeluntersuchungen bis zur Gegenwart der Ukraine gezeigt wird. Und zweifellos spielen wieder die Sprache und das Problem der Hermeneutik eine entscheidende Rolle: Da Recht und Gesetze immer der Auslegung bedürfen, ist der bloße Transfer von Texten zum Scheitern verurteilt; nach Gadamer lasse das „Vorverständnis des neuen Anwenders [...] kein anderes als ein neues Verständnis des alten Rechtstextes zu. Die Bedeutung einer Norm kommt damit erst aus dem Kontext auf Seiten des Rechtsanwenders zutage." (S. 200) Mit diesem Wissen sollten die Beiträge zu europäisch-chinesischen Rechtskonzepten im Kulturvergleich gelesen werden.

Zum Rechtssystem gehört auch das Sozialschutz-System; Ngok Kinglun untersucht dessen Entwicklung in der VR China. Der Beitrag ist geeignet, am konkreten Beispiel der auch in Europa kontrovers diskutierten Sozialpolitik zu zeigen, wie kulturelle und politische Traditionen einen Systemwechsel erschweren und wie sie eingebunden und überwunden werden können. Er stellt nachdrücklich fest, dass in China traditionell die Familie als Kern der Gesellschaft hochgeschätzt wurde und wird und deshalb auch primär für die soziale Betreuung zuständig war. Nachdem in der ersten Entwicklungsstufe (1949–1978) zwei Typen von Sozialsystemen eingeführt worden waren, eines für die ländliche und eines für die städtische Bevölkerung, richtete sich die Sozialpolitik seit 1978 auf die Änderung des staatlichen Systems der sozialen Sicherheit und die sog. soziale Staatsbürgerschaft, eine Entwicklung, die allerdings noch nicht abgeschlossen ist.

Diese Sozialreform gehört zum großen Komplex einer Rechtsreform, die China in den letzten vierzig Jahren durchgeführt hat. Dadurch ist in China ein modernes Rechtssystem zustande gekommen, wie Gao Xujun in seinem Beitrag zeigt: Bis zum Jahr 2011 hat die chinesische Regierung insgesamt 229 Gesetze, rund 600 Verwaltungsvorschriften und über 7000 regionale Vorschriften verabschiedet. Nicht nur der kulturelle und politische Hintergrund dieser Reform wird detailliert untersucht, sondern die wichtigsten Reformmaßnahmen und die Schwierigkeiten bei der Anwendung der Gesetze werden dargestellt. Immer noch wird bei Rechtsstreitigkeiten oft die Mediation anstelle einer gerichtlichen Entscheidung bevorzugt. Dahinter steht der Gedanke einer „harmonischen Gesellschaft". Björn Ahl geht den „Chinesische Justizreformen zwischen Populismus und Professionalisierung" in den Jahren 2007–2012 nach; er sieht ebenfalls, dass die Neuausrichtung der Justizreformen oft als eine Rückkehr zu Methoden der Streitschlichtung im Namen einer „harmonischen Gesellschaft" interpretiert wird. Kulturkonservative Argumentationen gehen davon aus, dass „eine Entwicklung des chinesischen Rechtssystems nur auf der Grundlage chinesischer Rechtstraditionen möglich sein könne". (S. 255) Deshalb betrachtet Ahl auch die „Rechtsprechungsmethode des Richters Ma Xiwu" näher. Richter Ma steht dabei für eine radikale Informalisierung der Rechtsprechung, wie sie in den 1940er Jahren durchgeführt wurde.

Einen Bestandteil der der Justizreformen in China bildet seit 15 Jahren der „Deutsch-Chinesische Rechtsstaatsdialog", der auf der „rund hundertjährigen deutsch-chinesischen Tradition in der Rechtskooperation" (S. 274) aufbaut. Katja Levy fragt in ihrem Beitrag, ob und wie der Dialog evaluiert werden kann sowie ob und wie dieser Dialog fortgesetzt werden sollte. Interessant ist hierbei auch, dass wiederum die sprachliche Differenz den Dialog erschweren kann: „Eine weitere Quelle von Missverständnissen ist, dass in zahlreichen Dokumentationen zum RSD die Worte Rechtsstaat und Rechtssystem, die im Chinesischen zwar unterschiedlich geschrieben (法治 und 法制), aber identisch ausgesprochen werden (fǎzhì), verwechselt werden." (S. 280)

Ein letzter Abschnitt des vorliegenden Bandes ist persönlichen und praktischen *Erfahrungen* in der chinesisch-deutschen Kooperation gewidmet: Ein chinesischer Student und ein chinesisches Hochschulmitglied legen ihr Verständnis einer gelungenen Zusammenarbeit dar: Chen Xiaotian gibt von seiner „Begegnung mit westlicher Philosophie" einen Bericht, der davon ausgeht, dass Philosophie grundsätzlich auch persönlich ist, da ihr eine Aufgabe der Selbsterkenntnis übertragen ist. Er knüpft damit an den delphischen Spruch Γνῶθι σεαυτόν an und zeigt wie die Auseinandersetzung mit der abendländischen Philosophie das Denken revolutionieren kann.

Aus chinesischer hochschulpolitischer Sicht skizziert Prof. Li Ligui, Botschafter der Universität zu Köln in China, den ,Mehrwert' deutsch-chinesischer Zusammenarbeit: China und Deutschland seien „die beiden exportstärksten Nationen der Welt", aber darin „nicht nur Partner, sondern auch Konkurrenten in verschiedenen Bereichen. Dort aber, wo wir im Bereich von Wissenschaft und Forschung den Schulterschluss suchen, wird uns dies beide enorm weiter bringen – vom Wettbewerb zum Win-Win-Effekt." (S. 321)

Über die konkreten Kooperationen zwischen China und Deutschland auf der Hochschulebene berichten Susanne Preuschoff und Thomas Korytko vom „International Office" der Universität zu Köln und weisen zum Schluss beispielhaft auf den Ausbau des China-Engagements der Universität zu Köln in den letzten sieben Jahren hin.

Vielleicht ist es etwas zu hoch gegriffen, was der gebürtige Koreaner Byung-Chul Han, Professor für Kulturwissenschaft an der Universität der Künste in Berlin, 2005 schrieb: „Nicht Grenzen, sondern Links und Vernetzungen organisieren den Hyperraum Kultur. Der Globalisierungsprozeß, beschleunigt durch neue Technologien, ent-*fernt* den kulturellen Raum."[18] Die sicher auf politische und wirtschaftliche Fakten Bezug nehmende Theorie erhält im Falle Chinas und Europas, wie viele der vorliegenden Beiträge gezeigt haben, einige Risse, und ein ‚wirklicher' Hyperraum Kultur ist noch nicht entstanden. Das grundsätzliche Problem bleibt, dass, um noch einmal Nietzsche zu zitieren, die „Bedeutung der Sprache für die Entwicklung der Kultur" darin liegt, „daß in ihr der Mensch eine eigene Welt neben die andere stellte". Links und Vernetzungen im Hyperraum sind das Eine, Interpretation und Vorverständnis der im kulturellen Verlinkungsprozess Agierenden das Andere: Der „Modernisierungsprozeß selbst wird fortlaufend von einer Vielzahl kultureller Muster geformt, die in deutlich verschiedenen Traditionen wurzeln."[19] Trotz wirtschaftlicher Globalisierung und einem Hyperraum Kultur bei „Fast Food, Sozialen Netzwerken, Fernsehunterhaltung, Musik, Jugendaustausch, Mode, Kunstmarkt"[20] bleiben die Entwicklung der Kultur wie der Globalisierung an die jeweilige Sprache gebunden, an religiöse Vorstellungen, an Ethnizität, an die soziale Schichten. Der Blick auf das Projekt Aufklärung, ihre ‚Errungenschaften' und Folgen könnte eine Vorbildlichkeit des Westens suggerieren; für den Rest der Welt, stellt Tu Weiming, ehemaliger Harvard-Yenching Professor, lapidar im Sinne des Postkolonialismus fest, ist „der moderne Westen [...] Synonym für Eroberung, Hegemonie und Versklavung."[21] Denn „ein Zeitalter der Vernunft, wie Kant es verstanden hat", habe es tatsächlich nie gegeben.[22]

Doch gerade durch den kritischen wissenschaftlichen Dialog, den dieser Band dokumentiert, wird die Utopie eines Zeitalters der Vernunft dennoch am Leben erhalten. In der wissenschaftlichen Diskussion gibt es unterschiedliche Meinungen, Einvernehmlichkeit aber im Hinblick auf das Wesen der Diskussionen als öffentliche Erörterung[23]. Zweimal traten sich Kollegen der Universitäten der VR China und der Universität zu Köln zu Workshops bzw. zu einer Konferenz: Der Workshop „Global Science or: Different Languages, Different Cultures, Different

---

18 Byung-Chul Han: Hyperkulturalität: Kultur und Globalisierung. Berlin: Merve Verlag 2005 (Internationaler Merve-Diskurs. 278), S. 17.

19 TU Weiming: Eine konfuzianische Sicht auf die Grundwerte der globalen Gemeinschaft. – In: Ralf Moritz und LEE Mong-huei (Hrsg.): Der Konfuzianismus: Ursprünge – Entwicklungen – Perspektiven. Leipzig: Leipziger Univ.-Verl. 1998 (Mitteldeutsche Studien zu Ostasien. 1), S. 249–262, hier S. 252

20 http://www.bpb.de/nachschlagen/zahlen-und-fakten/globalisierung/52773/kulturelle-globa lisierung (28.2.2014).

21 TU: Eine konfuzianische Sicht auf die Grundwerte der globalen Gemeinschaft, S. 251.

22 Ebenda, S. 250.

23 Hasso Hofmann: Diskussion. – In: Historisches Wörterbuch der Philosophie. [...] In Verb. mit Günther Bien [u.a.] hrsg. von Joachim Ritter, Karlfried Gründer u. Gottfried Gabriel. Bd. 1–13. Darmstadt: Wiss. Buchges. 1971–2007, Bd. 2, Sp. 262.

Sciences?" fand am 21. Oktober 2011 an der Fudan Universität statt, am 17. und 18. September 2012 der „Chinesisch-Deutsche Zukunftsdialog 2022" an der Universität zu Köln. Der damalige Gesandte-Botschaftsrat Dr. Jiang Feng – jetzt Senatsvorsitzender der Shanghai International Studies University (SISU) – und der Erste Sekretär der chinesischen Botschaft Prof. Li Guoqiang nahmen als Gäste als Gäste Teil. Zur Komplettierung der Aspekte des Bandes wurden weitere Kolleginnen und Kollegen zu Beiträgen eingeladen. Und alle waren sich in einer Utopie einig: „Auf diese Art [durch ‚Hospitalität' Fremden gegenüber] können entfernte Weltteile mit einander friedlich in Verhältnisse kommen, die zuletzt öffentlich gesetzlich werden, und so das menschliche Geschlecht endlich einer weltbürgerlichen Verfassung immer näher bringen können."[24]

---

24 Kant: Zum ewigen Frieden. Ein philosophischer Entwurf. – Werke in zehn Bänden, Bd. 9, S. 214.

Verschiedene Sprachen, verschiedene Kulturen, verschiedene Wissenschaften?

Qu Weiguo
What Do We Mean by Difference in Language and Culture?

Abstract: The discussions about the relations between different languages and different cultures tend to accept the concept difference as certainty. I will argue for all the presumptive assuredness of the concept, it cannot be easily accounted for theoretically and the difficulty has been aggravated by the identity politics. I will demonstrate although there is no definitive evidence for the claim that language dictates culture or vice versa, concepts that are to be expressed in specific languages are subject to the Procrustean operation of the semantic networks of the respective languages since the reality and the experiences are codified in specific languages and we think intersubjectively with their help. People from different cultures are capable of thinking in a similar manner when they break through the culturally habituated semantic networks of their languages.

1 Introduction

There has long been an interest in the relation between language and culture.[1] The relation would not be an interesting or sensitive issue if it only revealed something about differences among individuals in thinking. It presupposes differences among collectivities, i.e. it points to a possibility that members of different collectivities will necessarily speak and think in different manners if there is no external interference. Whatever the outcome of the discussions, they tend to treat differences in language and culture as certainties.

In this paper, I will propose that the biggest problem that confounds the discussions is the concept of difference. The hypothesis that language determines culture or thought so that different languages will dictate the behaviors of different cultures presupposes differences in language and culture. However, the concept of difference concerning language and culture is far from being determinate, and as a matter of fact, it is ambiguous and elusive. What adds to the confusion of the discussions is the politicization that enshrouds the concept, and hence the

---

1 Gumperz and Levinson: Rethinking Linguistic Relativity; Preston: Language and Thought; Niemeier and Dirven (eds.): Evidence for Linguistic Relativity; Jourdan and Tuite Language, Culture, and Society.

discussion has been much trapped by identity politics, which enshrines differences as identities for languages and cultures. To respect others' languages and cultures is to respect the differences. But this addiction to difference has been seriously challenged by Rorty, who points out that it can be "just one more example of cultural bias."[2] In line with Rorty's observation, I will argue that unless the concept is disambiguated, which is unfortunately less likely, the discussion of differences will lead us to nowhere.

I will suggest in the paper that it is the intersubjective experiences upon which the semanticity of a language is built that generate differences. Translingual space offers us a good venue to observe how speakers think about and express a concept. Kramsch once commented with regard to the principle of language relativity: "The principle of language relativity enables us to understand, to a certain degree, how speakers of other languages think and what they value."[3]

I will argue that study in a translingual space may help us bypass the traps in the discussions, and we can get a better understanding of the issue by observing translingually how a concept is introduced into another language and how the existing semantic networks perform the Procrustean function to fit it into the existing system. It is not something innate in a language or a culture that causes differences but the social experiences that generate different semanticities in languages.

2 Disambiguating difference

2.1 Physical differences in language

It seems that the most evident and ascertainable differences among languages are the physical ones. There is no denying the physical differences among them. English sounds different from French, and Chinese different from Japanese. The same kind of difference is reflected in writing as well. People can easily tell one language from another in the way a language is written.

Maybe we should delimit physical differences first. What do we mean by physical differences among languages? One argument is that physical differences mainly consist in differences in the phonological structures[4], and the written

---

2 Rorty: On ethnocentricism, p. 203.
3 Kramsch: Language, Thought and Culture, p. 255.
4 Jackendoff: Language, Consciousness, Culture: Essays on Mental Structure.

form is simply the codification of phonology. If we relate the differences seen in that light to the relation between language and culture, the implication can be uncomfortable because it implies that the manner in which we pronounce a word will determine the way we think and act. It sounds as if there were a logical relation between the way of articulation and the way of thinking. It is certainly not easy to prove the existence of such a correlation. Another way of conceptualizing the physical differences is to relate them to syntax, i. e. the way of arranging words. If so, we need to explain whether it is the syntax that dictates the way we think and behave or whether it is the other way round: it is the way we think and behave that determines the way words are arranged.

If we trace the sound differences to their possible origins, we may find that the physical differences in pronunciation are, in fact, closely related to collectivities of people. It is often the case that different peoples have different phonological systems. Simple observation reveals that when we say "peoples" we mostly refer to "races." Then, questions as such will arise: why do different races pronounce differently? Do different races have different vocal organs so that the articulation systems are therefore different? The affirmative answer to the second question is certainly not supported by physiology. If we have the same vocal organs, why do we have languages that have different articulation systems? At present stage, linguistics and any other sciences do not have a ready answer to that.

We may contend that it is the different syntaxes that determine the physical differences among languages. Yet, syntactical arrangement in a sense is like shuffling of cards which first presupposes some agency following some underlying logic. The metaphor means that it is the agents that act in line with a certain logic but not the words or cards themselves that decide on the arrangement. Then the same set of questions will still apply: why do we have languages that have different syntactical systems? Why do different races have different ways of arranging words at the syntactical level? Can we attribute this to ways of thinking among different races? That attribution will imply that different peoples should have different ways of thinking and consequently syntaxes of all the languages differ as such.

2.2 Difference among peoples

It seems that everything will boil down to the differences among peoples or races. Actually, apart from "race," we have quite a few other terms to refer to the collectivity of people, such as ethnicity, nation, etc. The question why races are different demands a clear definition of "race." The *Oxford English Dic-*

tionary gives us the following definition: "A group of persons, animals, or plants, connected by common descent or origin."[5] – "common descent" or "origin" are vague denominations. Do they in any sense suggest some biological or genetic basis for the concept of race? The assertion that racial differences have some biological or genetic basis has been sharply contested. The following is an observation by made by Levi-Strauss, who questions the validity of a sheer physical account of racial differences: "To attribute special psychological characteristics to the biological races, with a positive definition, is as great a departure from scientific truth as to do with a negative definition."[6]

Templeton in his seminal paper offers his scientific evidence to repudiate the biological basis for race:

> Genetic surveys and the analyses of DNA haplotype trees show that human "races" are not distinct lineages, and that this is not due to recent admixture; human "races" are not and never were "pure." Instead, human evolution has been and is characterized by many locally differentiated populations coexisting at any given time, but with sufficient genetic contact to make all of humanity a single lineage sharing a common evolutionary fate.[7]

The biological basis for race has also been flatly rejected by Giddens: "Many people today believe, mistakenly, that humans can be readily separated into biologically different races."[8] For many scholars, it is more than a mistake. It is in essence an ideologized social construct with grave consequences. Levi-Strauss points out that "race" is used not because it is real but rather because it is to satisfy the need to justify a certain kind of reasoning:

> [...] the notion of race becomes so abstract as to go beyond experience and becomes a kind of logical presupposition to justify a certain line of reasoning. In the other case, the notion of race sticks so close to experience as to fuse into it, so that one no longer has any idea what one is talking about.[9]

The American Anthropological Association's statement is a strong version of this stance:

> From its inception, this modern concept of "race" was modeled after an ancient theorem of the Great Chain of Being, which posited natural categories on a hierarchy established by God or nature. Thus "race" was a mode of classification linked specifically to peoples in

5 Oxford English Dictionary Second Edition on CD-Rom Version 4.0.
6 Levi-Strauss: The View from Afar, p.5.
7 Templeton: Human Races: A Genetic and Evolutionary Perspective, p. 632.
8 Giddens: Sociology, p. 631.
9 Levi-Strauss: The View from Afar, p. 4–5.

the colonial situation. It subsumed a growing ideology of inequality devised to rationalize European attitudes and treatment of the conquered and enslaved peoples.[10]

However, for all the strength and justification of the social constructivist argument, it is hard to disconfirm the observation that there are some visible physical differences between, say, white persons and yellow persons. Such visible physical differences make it hard to claim that they belong to the same race. On the other hand, with some racial groups, the physical differences are not that visible or simply they are invisible. For instance, it is very difficult to detect physical differences between the groups *Zhuang* and *Han* in China.

Given the confusions concerning the role biology has played in the classification, Giddens thinks that we should drop the term "race" and adopt "ethnicity" instead. He believes the latter can bypass the mistaken biological assumptions associated with race:

> While the idea of race mistakenly implies something fixed and biological, the concept of ethnicity is one that is purely social in meaning. Ethnicity refers to the cultural practices and outlooks of a given community of people which sets them apart from others.[11]

Unfortunately, the term "ethnic" is equally vague, if not vaguer. The *Oxford English Dictionary* defines it as "Pertaining to race; peculiar to a race or nation"[12]. While "ethnicity" may sideline the role of biology in classification, it does not eliminate it. That the metaphor "melting pot" fails to work and has to be scrapped and replaced by "mosaic" is largely owing to some biological reasons. Even if a native Chinese American accepts everything American and cannot speak Chinese, s/he will still be labeled as a Chinese American ethnically. Le Page and Tabouret-Keller is unhappy with the term because it is equally elusive:

> But the more one probes the supposed defining characteristics of any ethnic group the harder the groups become to define. Ethnicity is a concept each of us has learned, an extension of 'family' or 'clan' or 'tribe', but, like our language, it is a concept which may mean something slightly different to each member of a group, and its defining characteristics are composite.[13]

---

10 *American Anthropological Association Statement on "Race."* http://www.aaanet.org/stmts/racepp.htm. May 17, 1998. (6 May 2013).
11 Giddens: Sociology, p. 633.
12 Oxford English Dictionary Second Edition on CD-Rom Version 4.0.
13 Le Page and Tabouret-Keller: Acts of Identity: Creole-based approaches to language and ethnicity, p. 244.

Interestingly, although we may not find some sound theoretical bases for ethnicity, we seem to know intuitively the differences. Maybe it is not the reality but the theories that are elusive.

The *Oxford English Dictionary* also mentions the term "nation." Can "nation" help? What is a nation? If we read Gellner, we may find that differences stipulated are no better, if not worse, than the racial or ethnic ones. Gellner regards nation as a myth: "But we must not accept the myth. Nations are not inscribed into the nature of things; they do not constitute a political version of the doctrine of natural kinds. Nor were national states the manifest ultimate destiny of ethnic or cultural groups."[14] Anderson calls a nation "imagined community" in the title of his book.[15]

Hence we may find ourselves in an awkward situation. The discussion of differences among languages presupposes differences among peoples. Yet, for various reasons, we even cannot agree on how to define differences among peoples. We know, see and feel the differences among peoples, and yet when it comes to an unequivocal definition, we find the ground on which the differences are established slipping away.

2.3 Different languages and different cultures

One common approach to the issue is just to take differences between languages and peoples as they are, relating them to differences among cultures. Humboldt in the 19th century suggested a subtle relation between language and culture: "[...] there resides in every language a characteristic world-view".[16]

Humboldt's influence can be seen in the contemporary research on the issue. Kaplan describes the role of a culture in the following unequivocal manner:

> It is apparent but not obvious that, at least to a very large extent, the organization of a paragraph, written in any language by any individual who is not a native speaker of that language, will carry the dominant imprint of that individual's culturally-coded orientation to the phenomenological world in which he lives and which he is bound to interpret largely through the avenues available to him in his native language.[17]

---

14 Gellner: Nations and Nationalism, p. 49.
15 Anderson: Imagined communities: reflections on the origin and spread of nationalism.
16 Humboldt: On language: the Diversity of Human Language Structure and Its Influence on the Mental Development of Mankind, p. 60.
17 Kaplan: The Anatomy of Rhetoric: Prolegomena to a functional theory of rhetoric, p. 1.

Levinson relates linguistic relativity to cultural relativity: "Linguistic relativity can be seen as merely a corollary of a more general attitude to the study of different social and cultural systems, namely cultural relativity."[18] When talking about the difference between cognitive anthropology and cognitive science, Brown points out it lies in their handling of the cultural variability:

> What they all share, however, is an anthropological, comparative approach to the study of human cognition in its cultural context and an insistence on the interaction of mind and culture. This contrasts with the predominant zeitgeist in cognitive science, with its emphasis on universal properties of human cognition presumed to be innate and very largely insensitive to cultural variability.[19]

Yet, the approach from the cultural perspective may not bring us out of the quandary since it will again lead to the problem of a definition for difference, because the statement that linguistic relativity results from cultural relativity is constructed on the hypothesis that a culture has a definitive form or identity and it can be differentiated from others so that one culture's performance is relatively different from others. How did cultural differences arise? We may most likely be trapped in a similar dilemma, for most of the time when we address cultural differences, they are related to ethnic differences. For instance, when a Chinese couple quarrel, few will guess the quarrel has to do with cultural differences or cultural misunderstandings. Yet if a quarrel takes place in an ethnically mixed couple, people tend to ascribe the cause to cultural differences. The discussion along the cultural lines may get stranded in the same circularity: does it mean we are culturally different because we are biological different? If it is true, then this can mean embarrassingly that cultural differences are inherent. An ethnic group is biologically programmed to have one way of living and thinking.

If we attribute cultural differences to external factors such as different living conditions and experiences, we need to answer a series of equally difficult questions. To describe cultural differences presupposes some distinctive definitive qualities in cultures. Experiences are dynamic and so when experiences change, will cultures change? If so, at what stage are the distinctive features decided upon? How can the definitiveness be justified if change is part of the culturation process? Can we claim that each culture has a definitive stage of maturity at a certain point in history to make description of differences possible? Then upon what criteria or from whose perspective can this point be chosen with jus-

---

18 Gumperz and Levinson: Rethinking Linguistic Relativity, p. 139.
19 Brown: Language, Culture and Society: Key topics in linguistic anthropology, p. 96.

tification? Once the definitive stage has reached, does it signify that they will never change or how can we account for the changes that occur afterwards?

The fact of the matter is to establish cultural relativity on the basis of differences, a distinctive set of features have actually been imposed from the outside on one culture disregarding the fact that they can be one of the many sets a culture assumes in the long run of history. If we care to compare different definitive forms of cultures, we may find that definitiveness is not decided on at the same historical point. The discussion of the definitiveness of the Chinese culture is grounded mainly in the Confucian times several thousand years ago, with some references thereafter but the development from the 19th century on is largely ignored. However, we may find that not all the cultures have been deprived of possibilities of development. Fox has culled some distinctive traits of Englishness, but much of her discussion is based on the modern periods after the 18th century.[20] The early traits in the Anglo-Saxon times or the Chaucerean times are purposefully excluded. The comparison between the Chinese culture and the English is mainly conducted on the basis of the ancient Confucian China versus the modernized England. Few have challenged the validity of the comparison which is constructed on features collected from different time zones. The discussion on cultural relativity tends to de-historicize the features a culture has and deny possibilities of further change to some cultures.

We may find that the reason to trace the distinctiveness of the Chinese culture way back to the ancient Confucian times two thousand years ago is the anxiety over purity of a culture because we tend to believe that is a time when China was safely remote from the European influences. However, few will deny interaction between cultures and we can easily find alien elements in the Confucian culture then. It is, in fact, technically impossible to decide on the issue of purity because as it is the case with race, there is no way to retrieve the first form of purity of a culture granted that cultures have always interacted with one another. It is impossible for us to eliminate the alien elements in a culture. We may even say that no culture is pure. Let us use the English culture or language as an example again. How much purity, if there is any, has it preserved over the long run of history? Granted the degree of unrecognizability, in what sense can we justify that the old English is still English or the modern English is derived from the Old English? When Fox listed the distinctive traits of the English culture, she did not rake out Norman French, Latin or Scandinavian elements. It is interesting and thought-provoking to notice that purity is not an issue here. Why will people worry so much about the purity of, say, the Chinese culture,

---

20 Fox: Watching the English.

then? Why can't other cultures have the degree of hybridity the English culture has?

Perhaps Said's theory of Orientalism may provide an answer. The Eurocentric othering dominates the discussion of cultural differences: the non-European cultures should assume definitiveness that is distinctive from the Euro-culture.

3 Observing differences in a translingual space

3.1 Procrustean function of a language

Maybe the most feasible approach is to circumvent altogether the dilemma of defining differences and focus only on their implications and effects. The effective questions about the relation between language and thought we should ask are as follows:

Can we think without a language? If yes, we do not have to worry about the differences among languages, peoples or cultures at all. On the other hand, there is a social dimension to most of the thinking activities, i.e. on many occasions thinking is an intersubjective activity. So, the next question is related to the social dimension of thinking: can we express our thoughts without a language? If yes, we do not have to be concerned with differences in whatever sense.

With regard to the first question, Fodor argues that there is something that can be called language of thought, which is independent of the actual language we use.[21] The very fact that people can communicate across languages means thought is independent from language. But the answer to the first question in actuality cannot be disconnected with the second one, though. Gellner once comments on the function of a culture:

> Cultures freeze associations, and endow them with a feel of necessity. They turn mere worlds into homes, where men can feel comfortable, where they belong rather than explore, where things have their allocated places and form a system. That is what a culture is.[22]

The tool that a culture uses to freeze associations is a language. We may also argue that the world one faces has been largely categorized and conceptualized in a language. The displacement function of a language operates as such that it makes us believe that we can rely on a language to refer to the displaced reality

---

21 Fodor: The Language of Thought.
22 Gellner: Language and solitude: Wittengenstein, Malinowski and the Habasburg Dilemma, p. 5.

without realizing that the displaced reality is, in fact, a codified one and each codification forms a semantic relation with the existent linguistic items, which, in turn, form clusters of semantic relations that stand in a dubious manner for the actual relations between things, people and events. In a sense we may liken a language to a Procrustean bed. The semantic clusters may play decisive roles in our conceptualization and categorization, tailoring any experience or idea into its existing system. Consequently, what we believe to be the subjective experience is transmuted into an intersubjective one. What has been intersubjectively shared is stored in the semantic network of a language, which weaves a complex web of intertextuality. This is what Bakhtin means in the statement: "A word is a bridge thrown between myself and another [...] it is territory shared by both addresser and addressee."[23]

Maybe when we say language affects thought, we refer to the Procrustean function of the semantic network that has evolved in history. Leavitt believes Whorf's distinction may point to the similar effect: "Whorf made a clear distinction between what is possible to think, which is in principle unlimited for speakers of any language, and what people habitually think, which may be strongly influenced by their language."[24]

3.2 "Bureaucracy" and "public:" two concepts in translation

Pinker points out that one way to test linguistic determinism is to observe the relation between language and thought in a translingual space:

> A genuine demonstration of linguistic determinism would have to show three things. The first would be that the speakers of one language find it impossible, or at least extremely difficult, to think in a particular way that comes naturally to the speakers of another language (as opposed to merely being less in the habit of thinking that way).[25]

Given the fact that we are brought up in one culture using one language, there will be clashes between the semantic network of the first language and that of the second when we encounter a concept in a translingual space. We can observe how a different language affects thought in its disruption of the semantic networks when two languages meet. I will use the translation of two concepts

---

23 Bakhtin: Marxism and the Philosophy of Language, p. 86.
24 Leavitt: Linguistic relativities, p. 65.
25 Pinker: The Stuff of Thought: Language as a window into human nature, p. 135.

which are codified as "bureaucracy" and "public" in English respectively as examples to illustrate the Procrustean function of a language.

According to the *Oxford English Dictionary*, the term "bureaucracy" first appeared in the 19th century. The first example it offered is in 1818: "Lady Morgan Florence Macarthy II. i. 35 Mr. Commisioner represented the Bureaucratie, or office tyranny, by which Ireland has been so long governed." It means "Government by bureaux; usually officialism."[26] The word "bureau" referring to the practice that, though, started one century early. The first example was in 1720. The dictionary's dating of the term roughly echoes Max Weber's analysis: "Bureaucracy, [...] is fully developed in politic and ecclesiastical communities only in the modern state, and, in the private economy, only in the most advanced institutions of capitalism."[27]

Given its origin in the modern times, "bureaucracy" is seen as "modern officialdom."[28] The transliteration of the term from French coins a new word in English, and hence the realization of the term's meaning potentials depends on the establishment but not the reconfiguration of the semantic relations. Simply put, it creates a semantic field of its own in the discursive universe of English.

But the translation in Chinese takes a different turn. In the Chinese translation, the words *guan* and *liao* are used. The former originally refers to anyone who serves the king in an official capacity, and the latter can be a synonym of *guan* or simply an associate in an official capacity. When the two words are collocated to translate "bureaucracy," the translation itself does not signal anything new. Not even the collocation, for it can be found in *Guoyu*, a Chinese classic roughly published during the Spring and Autumn Period (770 BC to 221 BC). Consequently, the realization of the meaning potentials of "bureaucracy" relies on the reconfiguration of the semantic relations of these old words. One has to process the meaning of the term with the help of the words used for the translation that have strong connection with the old semantic relations. Although the translation may have injected some new meanings into them, for those who do not know it is a translation, they tend to interpret it in terms of the old semantic clusters. In a way, we may say "bureaucracy" in Chinese has been subjected to the Procrustean bed.

Two points should be stressed here. One is that the translation rids the term in Chinese of the new meaning potential. The second point is more important:

---

26 Oxford English Dictionary Second Edition on CD-Rom Version 4.0.
27 Weber: From Max Weber: Essays in sociology, p. 196.
28 Ibid.

what happened during the modern period in Europe was new to China, and many things that took place there at that time did not occur in China at all. We may say that granted the fact the Chinese society was not conversant with the changes that brought the concept to the English culture, Chinese was semantically not prepared for the establishment of a semantic field that could create a new semantic set for the realization of the meaning potential. Therefore, if we discuss the concept of bureaucracy in Chinese, we may have no way to relate it to something as suggested by Weber,[29] as it is not easy for the Chinese to collect the new meaning in the term either from the semantic relations in Chinese or from their experience. Perhaps transliteration, clumsy as it is, may have done a better job.

We may take a look at the second example. The Chinese translation for "public" is *gong*, and the two seem to share semantically something in common. For the Chinese, the word means the opposite of *si*, which can be translated as "private" or "self." The translation may be close to the *Oxford English Dictionary*'s definition: "In general, and in most of the senses, the opposite of private." The dictionary further elaborates by saying public means "pertaining to people of a country and locality,"[30] which is again echoed in the *Modern Chinese Dictionary* "pertaining to a country or a collectivity."

There are two important issues in the dictionary definitions: one has to do with the antonym of the word "public." In English it is "private" whereas in Chinese it is "private" or "self." Since the notion of privacy is a late phenomenon, *si* in Chinese traditionally refers to self. The second one can be found in the elaboration, which betrays the subtle differences: one refers to collectivity whereas the other refers to people.

Fei Xiaotong, a well-established anthropologist in China, argues that in the Western society, "self" is not an elusive notion as it is in China. It has a clear delimitation whereas in Chinese the concept is a dependent notion.[31] The Chinese depends on others for a definition of "self". In other words, people need each other for mutual definition. Without the other party, the Chinese "self" can never be defined. This relational nature of self may explain why in Chinese even selfhood is often construed as collective in nature. It has not taken on individualism in the English sense. In actuality, individualism has long been condemned as an evil act of selfishness. Is there anything innate in the Chinese

---

29 Duan: On the differences between Weber's Bureaucracy and the Ancient Bureaucracy in China, p. 5.
30 Oxford English Dictionary Second Edition on CD-Rom Version 4.0.
31 Fei: The Rustic China and Reproduction System, p. 25.

language or culture that determines the relational aspect of self? Any knowledge with the politic system may lead to a negative answer.

Based on the relational nature of self, Fei states that collectivity in Chinese is not like a bundle of sticks as it is the case in the West. The Chinese conceptualize collectivity as a concentric ripple. With self in the centre, all others are circles relating to the centre in a graduated manner. Therefore, he concludes that collectivity in Chinese is understood as an expanded network of self, in which each individual is subjugated to the centre. If we accept Fei's argument, we may find when "public" is translated as *gong*, we can never expect it to mean what it means in English. The existing semantic network performs a Procrustean operation on the concept, blocking the realization of new meaning potentials.

To break the Procrustean constraints, some people use *gonggong* to translate "public." While it has bypassed some of the problems with the word *gong*, it is still a word tied to its own traditional semantic network. It is small wonder that in the early 20th century, many scholars tried to break the constraints by borrowing Chinese-character collocations in Japanese to introduce important ideas in the West.

Can we say that it is something intrinsic in the Chinese language or English that gives rise to the difference concerning the perception of the two concepts? The translingual experience shows that although we seem to have two words in two different languages referring to the same concept, actually they do not designate the same thing. The supposition that different languages and cultures conceptualize differently may be false.

4 Conclusion

I have tried to demonstrate in the paper that the concept of difference is much more complicated than most of the discussions about relations between different languages and different cultures have assumed. For all the intuitive assuredness of specific linguistic or cultural differences, they cannot be easily accounted for theoretically. The matters get worse as the concept of difference is often entangled in Orientalistic identity politics. There is a phobia when one culture is alleged by others to have lost its distinction during the process of its development.

I have argued that unless we disambiguate the concept of difference, the discussions of the relation between different languages and different cultures or the comparison of different cultures may be meaningless. Although there is no compelling evidence for the claim that language dictates culture or vice versa, concepts that are to be expressed in a specific language are subject to the Procrustean operation of the semantic networks of that language since the reality and the experiences are codified in the language and we think intersubjectively with its help. As shown in the paper, a word can realize its new meaning potentials in the existing semantic network of its language only if it disrupts the semantic network of the language, and that means people from different cultures are capable of thinking in a similar manner when they break through the culturally habituated semantic networks of their respective languages.

References

American Anthropological Association: American Anthropological Association Statement on "Race". http://www.aaanet.org/stmts/racepp.htm. May 17, 1998 (6 May 2013).

Anderson, Benedict R. O'G.: Imagined communities: reflections on the origin and spread of nationalism. London: Verso 1991.

Bakhtin, Michail M., and Valentin N. Vološinov: Marxism and the Philosophy of Language. L. Matejka & I. R. Titunik trans. Cambridge, MA: Harvard University Press 1986.

Brown, Penelope: Language, Culture and Society: Key topics in linguistic anthropology. Cambridge: Cambridge University Press 2006.

Duan, Chunhui: Weibo guanliazhi yu zhongguo gudai guanliaozhidu chayifenxi (On the differences between Weber's Bureaucracy and the Ancient Bureaucracy in China). – In: Journal for Heilongjiang Education Institute 5 (2008), pp.4–6.

Fodor, Jerry A.: The Language of Thought. Cambridge, MA: Harvard University Press 1975.

Fei, Xiaotong: Xiangtuzhongguo Shengyuezhidu (The Rustic China and Reproduction System). Beijing: Peking University Press 1947/1999.

Fox, Kate: Watching the English: The hidden rules of English behavior. London: Hodder 2004.

Geertz, Clifford: Available light: anthropological reflections on philosophical topics. Princeton, NJ: Princeton University Press 2000.

Gellner, Ernest: Nations and Nationalism. Oxford: Oxford University Press 1983.

Gellner, Ernest: Language and solitude: Wittengenstein, Malinowski, and the Habsburg Dilemma. Cambridge: Cambridge University Press 1998.

Giddens, Anthony: Sociology. Beijing: Peking University Press 2010.

Gumperz, John, and Stephen Levinson: Rethinking Linguistic Relativity. Cambridge: Cambridge University Press 1996.

Humboldt, Wilhelm von: On language: the Diversity of Human Language Structure and Its Influence on the Mental Development of Mankind. Trans. P. Heath. Cambridge, UK: Cambridge University Press 1988 [1836].

Jackendoff, Ray: Language, Consciousness, Culture: Essays on Mental Structure. Cambridge, MA: The MIT Press 2007.

Jourdan, Christine, and Kevin Tuite: Language, Culture, and Society. Cambridge: Cambridge University Press 2006.

Kaplan, Robert B.: The Anatomy of Rhetoric: Prolegomena to a functional theory of rhetoric. Philadelphia, PA: Center for Curriculum Development 1972.

Kramsch, Claire: Language, Thought and Culture. – In: Alan Davies and Catherine Elder (eds.): The Handbook of Applied Linguistics. Oxford: Blackwell 2004. pp. 235–261.

Le Page, Robert Brock, and Andrée Tabouret-Keller: Acts of Identity: Creole-based approaches to language and ethnicity. Cambridge: Cambridge University Press 1985.

Levi-Strauss, Claude: The View from Afar. Chicago, IL: The University of Chicago Press 1992.

Leavitt, John: Linguistic relativities. – In: Christine Jourdan and Kevin Tuite (eds.): Language, Culture and Society. Cambridge: Cambridge University Press 2006, p. 47–81.

Niemeier, Susanne, and René Dirven (eds.): Evidence for Linguistic Relativity. Amsterdam: John Benjamins 2000 (Amsterdam studies in the theory and history of linguistic science. Series IV: Current issues in linguistic theory. 198).

The Oxford English dictionary. Second Edition on compact disc. Oxford, New York: Oxford University Press, 1992.

Pinker, Steven: The Stuff of Thought: Language as a window into human nature. London: Penguin Books 2008.

Preston, John: Language and Thought. Cambridge: Cambridge University Press 1997.

Rorty, Richard: On ethnocentricism. – In: Rorty: Objecitivity, Relativism, and Truth. Cambridge: Cambridge University Press 1991 (Philosophical papers. 1) pp. 203–210.

Sapir, Edward: Language: An introduction to the study of speech. New York: Harcourt, Brace & World 1921.

Sapir, Eward: The Status of Linguistics as a Science. – In: Sapir: Culture, Language and Personality. Selected essays. Ed. by David G. Mandelbaum. Berkeley, CA: University of California Press 1958, pp. 160–166.

Templeton, Alan R.: Human Races: A Genetic and Evolutionary Perspective. – In: American Anthropologist 100, No.3 (1998), pp. 632–650.

Weber, Max: From Max Weber: Essays in sociology. Ed. by Hans H. Gerth and C. Wright Mills. London: Routledge 1991.

Whorf, Benjamin. L: Science and Linguistics. – In: Whorf: Language, Thought and Reality. Ed. and with an introd. by John B. Carroll. Cambridge, MA: MIT Press 1956, pp. 207–219.

Wittgenstein, Ludwig: Philosophical Investigations. Trans. G. E. M. Anscome. Oxford: Basil Blackwell 1958.

Heinrich Geiger

„Identität": Zur Macht von Begriffen und zum Thema des Dialogs mit der Volksrepublik China

Abstract: Ausgehend von den Aussagen zweier chinesischer Dichter (Gao Xingjian und Yang Lian), die „Grenzgänger" im wahren Sinne des Wortes sind, beschäftigt sich vorliegender Aufsatz mit verschiedenen Aspekten chinesischer Identitätskonstruktionen. Es geht um die Differenz von „Ich" und „Wir" und um einen Begriff von Kultur, der nicht deterministisch bestimmbar ist. Denn nicht das Wesen einer bestimmten Kultur ist ewig, sondern die Suche nach ihm – was Ausgangspunkt und Gegenstand für den vom Autor des Aufsatzes geforderten „ernsthaften Dialog" ist.

Bei der Vielzahl von Publikationen, die in den unterschiedlichsten Disziplinen, von der Psychologie und Pädagogik über die Soziologie, Ethnologie, Sozial- und Kulturanthropologie, die Geschichts- und Literaturwissenschaft bis hin zur Philosophie zum Thema der Identität erschienen, drängt sich ein Eindruck auf: Das Thema der „kollektiven Identität" hat, was die Anzahl an Publikationen anbelangt, dem der „personalen Identität" längst den Rang abgelaufen, und dabei unser Verständnis von Kultur geprägt. Es wird ganz allgemein und auch im Blick auf China unterstellt, dass Kultur ein feststehendes Repertoire sei, das nur denjenigen, die es a priori beherrschen, zugänglich sei. Anderen bleibe es aber verschlossen, weil sie den Code nicht kennen. Mit dieser Unterstellung geht die Annahme einher, dass kulturelle Systeme unwandelbar seien, obwohl doch in Wirklichkeit, wie wiederum auch das Beispiel China zeigt, permanent Anleihen gemacht werden, ja gerade die Hybridität ihr Kennzeichen ist – in der Vergangenheit wie in der Gegenwart. Trotz aller Gemeinsamkeiten, die historischer oder auch sprachlicher Natur sein mögen, haben sich die Bürger der VR China in einem Mit-, Neben- und Gegeneinander von Werten zu behaupten, über deren Widersprüchlichkeit die Beschwörung von kollektiven Identitäten nicht hinwegtäuschen kann.

Ich möchte festhalten, dass die so einfach erscheinenden Fragen nach dem „Wer bin ich?", „Wer bist du?" auch im Falle einer Kultur wie der chinesischen mit einer mehrtausendjährigen Geschichte von hoher Komplexität sind. Sie führen uns bei der Beschäftigung mit der Frage nach der personalen und sozialen Identität der Chinesen auf das weite Feld der Eigen- und Fremderfahrung, auf dem sich schon sehr bald der Begriff der Identität in einem Koordinatensystem von unterschiedlichen Diskursformen und den sie begleitenden Problemen auflöst.

Meine These ist, dass der Identitätsbegriff von einem Paradoxon bestimmt ist. Ihm liegt der Gedanke einer dauerhaften Einheit zugrunde, die in Wirklichkeit niemals erreicht werden kann. Nicht die Einheit, die dem Begriff der Identität unterlegt wird, ist dauerhaft. „Ewig" ist vielmehr das Streben, die Suchbewegung, die meiner Meinung nach das wesentlichste Kennzeichen des Identitätsbegriffs ist. Dies lässt sich unter anderem am Beispiel der in der Volksrepublik China ausgerufenen Politik der „Harmonischen Gesellschaft" aufzeigen, mit der die chinesische Regierung auf traditionelle Werte und damit auf eine Politik der Differenz setzt, um die gesellschaftlichen Probleme einer Transformgesellschaft in den Griff zu bekommen. Zur Wahrung der politischen Stabilität wird im „Land der Mitte" die Kultur mit Identitätsmerkmalen verschiedenster Art, die als Sachverhalte ausgegeben werden, bepackt und, wie zu beobachten ist, überfrachtet. Auf dem Feld der Kultur werden Glücksansprüche und Hoffnungen, aber auch Machtfantasien, ethnische Chauvinismen ausgetragen, die sich, verallgemeinernd gesprochen, der menschlichen Kompetenz als „self-interpreting animals" verdanken, mit allem, was sie tun und machen, Sinnbedeutungen verbinden zu können.

Die Menschen deuten das Getane und Gemachte im Lichte verschiedener, von ihnen selbst entwickelter und verfolgter Projekte. Dadurch werden die Dinge einer Sprache der Interpretation zugeführt, in der Identitäten im wahrsten Sinne des Wortes „*fest*gestellt" werden. Zudem wird dem „mit sich selbst identischen Subjekt" spätestens seit dem 19. Jahrhundert die Verpflichtung auferlegt, im Rahmen der einmal entwickelten und verfolgten Projekte die- oder derselbe zu sein und unter den Gegebenheiten einer als „national" definierten Kultur für immer zu bleiben.

Johann Gottfried Herder hat dies in seinen *Ideen zu einer Geschichte der Menschheit*, die zwischen 1784 und 1791 entstanden, trefflich in Worte gefasst. Wir lesen, dass der Mensch in keiner Hinsicht nur ein „Selbstgebohrner" sei. Vielmehr bezeichnet Herder ihn als eine „künstliche Maschiene", die sich nicht selbst „spielet":

> [...] denn kein einzelner von uns ist durch sich selbst Mensch geworden. Das ganze Gebilde der Humanität in ihm hangt durch eine geistige Genesis, die Erziehung, mit seinen Eltern, seinen Lehrern, Freunden, mit allen Umständen im Lauf seines Lebens, als mit seinem Volk und den Vätern derselben, ja endlich mit der ganzen Kette des Geschlechts zusammen, das irgend in einem Gliede *eine* seiner Seelenkräfte berührte.[1]

---

1 Johann Gottfried Herder: Ideen zu einer Geschichte der Menschheit – Sämtliche Werke, Bd. 13, S. 344 und S. 346.

Bei Herder verdankt das einzelne Subjekt seine „geistige Genesis" dem Volk, während das Volk wiederum durch ethnische und kulturelle, aber auch sprachliche Besonderheiten geprägt ist. Zusammen machen die ethnischen, kulturellen und sprachlichen Charakteristika seine Physiognomik aus.

Der moderne Kulturbetrieb scheint weitestgehend dem Begriff des Kollektivsubjekts bei Johann Gottfried Herder und dem sich daraus ergebenden Verhältnis von Kultur und Subjekt zu folgen. So werden im Rahmen von Ausstellungs-, Buch- und Filmprojekten „China", „Persien" oder der „Buddhismus" usw. als Träger einer im Wesentlichen nur sie alleine auszeichnenden Entwicklung vorgestellt, woraus sich wiederum für die Fachleute (Sinologen, Arabisten usw.) die Aufgabe ergibt, die einzelnen Kulturen in ihrer Differenz zueinander zu bestimmen und zu objektivieren. Es wird nach Verständigung und Vermittlung zwischen Einheiten gesucht, von denen zuvor der Eindruck erweckt wurde, dass sie in sich abgeschlossen seien, ihren Mittelpunkt in sich selbst hätten. Diese kulturellen Entitäten, die mit den verschiedensten Medien vorgestellt und in ihrer Eigengesetzlichkeit verständlich gemacht werden, zeichnen sich in der Nachfolge Herders durch die soziale Homogenisierung und durch die Abgrenzung nach außen aus. Herder spricht von ihrer Kugelgestalt und verwendet in diesem Zusammenhang die Begriffe des „Nationalcharakter" und des „Volksgeist": Jede Nation trägt „das Ebenmaas ihrer Vollkommenheit, unvergleichbar mit anderen in sich."[2]

Obgleich das klassische Kulturkonzept Herderscher Prägung nicht mit unserem modernen Verständnis von Globalisierung und der „Einen Welt" kompatibel ist, erfreut es sich – schon wieder treffen wir bei unserer Auseinandersetzung mit dem Begriff der Identität auf ein Paradoxon – im Alltagsdiskurs höchster Popularität. Kulturen werden nach wie vor als Deutungs- und Orientierungssysteme verstanden, die zwar aus unterschiedlichen religiösen und traditionalen Quellen gespeist sein können, aber dennoch ein Ganzes ergeben, das konsistent und kohärent ist und über Kontinuität in der Zeit verfügt. So ist es eine weit verbreitete Praxis, mit der Rede von den Kulturen das auf den Punkt bringen zu wollen, was die Lebenspraxis der Menschen im Kontext ihrer Ethnizität oder auch im Rahmen ihrer Nationalität bestimmt. Viele meinen sogar, in den Kulturen ein Wesen (Essentialismus) oder sogar eine Art der Bestimmung erkennen zu können, von denen die Menschen in ihrem Denken und Tun geleitet werden. Man fühlt sich in diesem Zusammenhang an die Computersprache erinnert, die von *hardware* und *software* spricht, wobei in unserem Kontext das Gemeinwesen (die Gemeinde, der Stamm, die Nation usw.) die *hardware* und die Kultur die *software* ist. Es

---

2 Ebenda, Bd. 14, S. 227.

werden auf diese Weise das Denken und Handeln ganzer Nationen und Völker zu verstehen versucht – wobei es, bei genauerer Betrachtung, nicht um die natürlichen Ordnungen, sondern um die symbolischen geht. Im Rahmen eines symbolischen Verständnisses werden die Dinge auf eine Weise mit Bedeutungen versehen, die jedem einzelnen seine Identität in einem bestimmten Kontext, der Kultur, zuweisen.

Wie aber können Kulturen, die in sich kugelartig geschlossen sind, miteinander kommunizieren oder sogar kooperieren? Um dieser Frage in vorliegendem Aufsatz mit Gewinn nachgehen zu können, möchte ich neben dem Begriff der „Identität der Kulturen" – der uns in diesem Kontext nur bedingt weiter hilft – den Begriff der „Begegnung zwischen den Kulturen" einführen. Denn die Begegnung geht der Erfahrung von Identität immer voraus.

Nicht nur seit der Moderne kommt der Mensch mit einer Vielzahl von Kulturen, mit oder auch ohne sein Zutun, in Berührung. Im Laufe der Geschichte sind immer wieder fremde Kulturen aus der Fern- in die Nahperspektive eingetreten. Das Fremde hat dabei auf je eigene Weise seine Fremdheit im Kontext einer „Philosophie der Geschichte" (Herder) verloren, in deren Verlauf die Reflexion über das Fremde wie auch über sich selbst nicht nur möglich, sondern auch nötig wurde. Dies gilt im Moment umso mehr, wenn einer Nation, wie der VR China, attestiert wird, dass ihr das 21. Jahrhundert gehöre.

Im 20. Jahrhundert hat die Globalisierung die Menschen einander nicht nur ökonomisch, sondern auch kulturell näher gebracht. Viele teilen rund um den Globus ihre Mitgliedschaft in der „McWorldKultur", andere wiederum sind sich einig in deren Ablehnung. Ein konservativer Konfuzianer und ein ebenso konservativer Christ dürften in dem letztgenannten Punkt übereinstimmen, obwohl sie ganz unterschiedlichen Kulturen angehören. Sie bilden eine kulturübergreifende Wertegemeinschaft, durch die sich ganz neue Möglichkeiten des interkulturellen Miteinanders im globalen Maßstab ergeben. Indem aber mit den Globalisierungsbewegungen Tendenzen zur Lokalisierung einhergehen, werden Verstehen und Kooperation auch deswegen befördert, um aus der Zukunft eine gemeinsame Zukunft zu machen. Das Ziel ist, dass diese nicht nur eine Form hat: eine asiatische, eine europäische oder eine US-amerikanische. Denn sie wird entweder *allen* oder keinem gehören. Ganz gleich, ob wir uns der Umweltproblematik, der Frage der Menschenrechte, der Demokratie oder der Friedenspolitik, der ethischen, sozialen oder religiösen Dimension von Konflikten in Europa, Afrika und Asien oder auch der Frage des Zusammenlebens von Ethnien zuwenden – all diese Problemstellungen haben den Ruf nach einer grenzüberschreitenden Orientierung im Handeln unüberhörbar gemacht.

Ganz allgemein wird zum Zwecke einer verbesserten Kooperation zwischen den Nationen und Kulturen „interkulturelle Kompetenz" eingefordert. Wen meinen wir aber zu verstehen und mit wem meinen wir zu kooperieren, wenn wir uns in unserem Denken und Handeln grenzüberschreitend orientieren?

Von dieser Frage und ihren vertrackten Implikationen in Bezug auf das Thema der Identität werden meine nachfolgenden Ausführungen handeln. Meine Inspiration hierzu verdanke ich der Literatur und dem Phänomen, dass Schriftsteller oftmals eine Existenz in der Transnationalität führen. Bei Literaten handelt es sich nicht allzu selten um Persönlichkeiten, die Grenzen überschreiten und in ihrem Denken an verschiedenen Orten beheimatet sind. Sie bewegen sich jenseits des Diktats und der Festschreibung von Identitäten oder spielen ganz einfach, im wahren Sinne des Wortes, mit ihnen. Es kommt zu einem Weiterdenken, auch ohne Grund und Zweck, im freien Raum zwischen den Identitäten und über die Identitäten hinaus, weil uns die Sprache der „transnationalen" Schriftsteller dazu verführt, in Metamorphosen zu denken und das in den Blick zu bekommen, was noch im Verborgenen keimt.

Vor diesem Hintergrund werde ich in meinen nachfolgenden Ausführungen von 1. „Begegnung: Ich-Identität, Kollektive Identität", 2. der „Offenheit zur Welt: Anmerkungen zum Kulturbegriff", 3. der „Begegnung zwischen den Kulturen – Ernsthafter Dialog", 4. der „Beziehung von „Vergangenheit – Zukunft", 5. den „Verschiedenen Aspekten chinesischer Identität", 6. der „Narrativen und gebrochenen Identität" sprechen. Meine Ausführungen werden um das Beispiel des ersten „chinesischen" Literaturnobelpreisträgers Gao Xingjian und Aussagen des chinesischen Dichters Yang Lian kreisen.

1 Begegnung: Ich-Identität, Kollektive Identität[3]

Es ist nicht immer genau festzustellen, wer in der interkulturellen Gesprächssituation konkret mein Gegenüber ist: Ist zum Beispiel jemand, der als Chinese geboren und also durch seine Abstammung als chinesisch definiert wird, auch gleichzeitig ein Chinese im Sinne eines Trägers und auch Repräsentanten der chinesischen Kultur? Und wenn es sich bei ihm tatsächlich um einen Repräsentanten handeln soll, was bedeutet dann sein Chinesentum? Für welche chinesische Kultur, die seit alters nicht allein aus der einen, im wesentlichen höfisch bestimmten Kultur besteht, darf er, wenn überhaupt, als Repräsentant gelten?

Diese Fragen werfen sich unter anderem bei der Lektüre zweier Presseausschnitte auf, die dem chinesischen, seit 1987 in Paris lebenden Literaturnobel-

---

3 Siehe auch: Heinrich Geiger: „Ich" und „Wir". – In: Heinrich Geiger (Hrsg.): An der Schwelle.

preisträger des Jahres 2000, Gao Xingjian (geb. 1940)[4], gelten: Die Auszeichnung mit dem Nobelpreis bezeichnete der in einem Pariser Vorort lebende Schriftsteller als „Wunder". Damit gerechnet habe er nicht, sagte Gao, der China 1987 verließ. „Vielleicht wissen Sie mehr über China als ich", sagte er zu einem Journalisten.[5]

Von der NZZ um einen Kommentar zur Auszeichnung Gao Xingjians gebeten, fragt ein Sprecher der Kulturabteilung der chinesischen Botschaft in Paris – ratlos oder verschlagen – zurück: „C'est un Chinois?"[6] Obgleich das Gegenüber in einer bestimmten Gesprächssituation, wie der im ersten Text angeführten, eine individuelle Person ist, ist sie in der Wahrnehmung des Journalisten von dem Platz des „Ich" auf den Platz des „Wir" gesetzt, sodass aus dem Befragten nicht nur ein Vertreter einer bestimmten Kultur, sondern auch noch einer Nation, deren Grenzen mit denjenigen der Kultur in eins gesetzt werden, geworden ist. Gao Xingjian hätte in dieser Situation die Möglichkeit zum Spiel mit den Identitäten gehabt und entweder die Position eines Vertreters seiner Kultur einnehmen oder zu einem Verfechter ganz eigener, individueller Auffassungen mutieren können. Beide Möglichkeiten wären für ihn gleichermaßen offen gewesen. Er hat sich aber vielmehr zum Ernst seiner Situation bekannt und die mögliche Differenz zwischen persönlicher und kollektiver Identität nicht übergangen, sondern explizit thematisiert. In dem in französischer Sprache verfassten Theaterstück aus dem Jahr 1998 *Quatre quatuors pour un week-end* (deutscher Titel: Wochenendquartett) heißt es:

> Du bist ein Fremder, bestimmt, für immer ein Fremder zu sein. Du hast keine Heimatstadt, kein Land, keine emotionalen Bindungen, keine Familie und keine Verpflichtungen außer der, deine Steuern zu bezahlen […]. Du hast keine Feinde, und wenn jemand dich zu seinem Feind machen will, so ist es seine Sache. Dein einziger Widersacher – du selbst – wurde bereits viele Male getötet; es ist nicht nötig, nach Feinden zu suchen.[7]

Im Sinne einer Haltung, die im Rahmen und unter den Bedingungen der interkulturellen Begegnung als „wahrhaft" bezeichnet sei, hat Gao Xingjian nicht zur kulturellen Identität als einem Konstrukt gegriffen, hinter dem das Subjekt ver-

---

4 In deutscher Sprache liegen von ihm u. a. folgende Werke vor: Die Busstation: eine lyrische Komödie aus der VR China, 1988; An der Grenze zwischen Leben und Tod, 1992; Flucht. Eine moderne Tragödie, 1992; Auf dem Meer. Erzählungen, 2000; Nächtliche Wanderung. Reflektionen über das Theater, 2000; Der Berg der Seele. Roman, 2001; Das andere Ufer, 2001; Das Buch eines einsamen Menschen, 2006; Die Angel meines Großvaters, 2008. Neben chinesischen Texten verfasste Gao Xingjian mehrere Theaterstücke und Prosatexte in französischer Sprache.
5 Generalanzeiger vom 20.10.2000.
6 Zitiert nach Marc Zitzmann: „C'est un Chinois?", S. 33.
7 Zitiert nach Sabine Muscat: Zen und die Kunst des Absurden, S. II.

schwindet. Vielmehr räumt er freimütig in dem Interview vom Oktober 2000 ein, dass er als Chinese unter Umständen weniger über die mit dem Begriff „China" bezeichnete Kultur und Nation weiß, deren Repräsentant er sein soll, als der fragende Journalist oder die westliche Öffentlichkeit. In der Antwort, die Gao Xingjian gibt, meint man die satirische Spitze zu hören, die sich gegen den global denkenden und alles wissenden Weltbürger westlichen Zuschnitts und dessen Universalitätsanspruch auf Wissen und Urteilskraft richtet. Vielleicht aber stellt er auch nur ganz einfach und lakonisch fest, dass sich ihm die Frage aufgrund der Unschärfe des Gegenstands („China") entzieht, weil er mit dem Fragenden nicht die Gewissheit über diesen teilt. „China" ist für ihn unter Umständen ein völlig unfassbarer Begriff, dessen Unfassbarkeit in der Vielschichtigkeit und völligen Disparität der eigenen Erfahrungen liegt, die sich für ihn nicht einfach nach einem bestimmten Raster und unter Vorgabe zentraler und unveränderlicher Identitätsmerkmale auf den Punkt bringen lassen. Gao Xingjians Aussage nach ist „Ehrlichkeit der absolute Wert der Literatur", in deren Umfeld dem Zweifel an jeglicher Konstruktion von Identität und damit auch an kulturellen und nationalen Identitätszuschreibungen eine besondere Funktion zukommt. Er sagt: „Wenn ein Volk keinen Platz hat für diese Art nicht-utilitaristischer Literatur, so ist das nicht bloß ein Unglück für den Autor, sondern eine Tragödie für das Volk."[8] Gao Xingjian darf als Vertreter einer in ihren Konsequenzen bewusst reflektierten Ich-Identität[9] gelten:

> Als Schriftsteller bemühe ich mich darum, mich zwischen Ost und West anzusiedeln. Als Individuum unternehme ich alles, um am Rande der Gesellschaft zu leben.
> Ein Mensch, der sich seiner selbst ganz bewusst ist, ist immer im Exil. Erst wenn du Stück für Stück alles ablegst, was dir von anderen aufgebürdet, aufgezwungen wird, baust du allmählich deine eigenen Werte auf – das schließt auch den Selbstzweifel mit ein.[10]

Damit unterscheidet er sich von dem westlichen Journalisten, aber auch dem Vertreter der chinesischen Botschaft in Paris, der in Entsprechung zu seiner Funktion als *Repräsentant* der Volksrepublik China nichts anderes macht, als seiner Aufgabe gerecht zu werden und ein bestimmtes Bild von „China" transportiert. Völlig folgerichtig, wie es gar nicht anders sein kann, stellt er die Frage nach der Identität des Exilanten Gao, dessen Werk in der Volksrepublik China

---

8 Zitiert nach Christine Hammer: Randständig aus Prinzip, S. 51.
9 Die Begriffe für die unterschiedlichen Identitätstypen wurden in Anlehnung an Paul Ricoeur: Das Selbst als ein Anderer gewählt. Bezugspunkt war auch das Kapitel „Die diskursive Konstruktion der nationalen Identität" in: Ruth Wodak, u.a.: Zur diskursiven Konstruktion nationaler Identität, S. 41–103.
10 Zitiert nach Christine Hammer: Randständig aus Prinzip, S. 51–52.

überdies nahezu unbekannt ist: „C'est un Chinois?" Interessant wäre es zu wissen, ob sich der Journalist, als er die für ihn unbefriedigende Antwort Gao Xingjians hörte, ebenso die Frage stellte: „Ist er ein Chinese?"

Bezogen auf die beiden Typen 1. einer durch Abstammung definierten und 2. einer durch Formung (Sozialisation und Bildung) entstandenen Kulturzugehörigkeit ist zu vergegenwärtigen, dass im Verlauf eines beiderseitigen Durchdringungsprozesses von Kultur und Erziehung persönliche und kollektive Identitäten miteinander verschmelzen *können*, es aber *nicht müssen*. Auch wenn es in vielen Fällen gelingen mag, die Differenz von „Ich" und „Wir", von Person und Kulturgruppe durch Erziehung zu überbrücken, gilt es die *Möglichkeit von deren Differenz*, was sehr wichtig erscheint, bei der interkulturellen Begegnung immer im Bewusstsein zu halten. Weil die Differenz zwischen persönlicher und kollektiver Identität grundsätzlich nicht aufhebbar und, in Entsprechung dazu, die interkulturelle Gesprächssituation durch vorgegebene Kulturmuster nicht deterministisch bestimmbar ist, darf es nicht verwundern, dass sie vielen zeitgenössischen Werken der Kunst und Literatur ihren Stempel aufgedrückt hat. Im Falle Gao Xingjians ist es, wie auch bei zahlreichen anderen chinesischen Künstlern und Autoren, darüber hinaus gehend das Leben im Exil, das die Kluft zwischen persönlicher – der Ich-Identität – und der kollektiven bzw. der nationalen, kulturellen Identität zu einer das literarische Werk prägenden Erfahrung gemacht hat.

1993 führte Gao Xingjian mit dem chinesischen Lyriker Yang Lian (geb. 1955)[11], mit dem er seit den 1980er Jahren persönlich bekannt ist, ein Gespräch über chinesische Literatur. Vor dem Hintergrund der Weltliteratur und der Rolle von Literatur im Bezugsfeld von Schreiben und Rezeption mit sprachlichen Mitteln, die trotz ihrer Heimatlosigkeit tief in einer bestimmten Tradition und Kultur verwurzelt sind, wurde von ihnen bei dieser Gelegenheit das Thema der kulturellen Identität auf eine sehr persönliche, aber damit auch unverstellte Art und Weise behandelt. Die Aufzeichnung des Gesprächs wurde 2001 unter dem Titel *Was hat uns das Exil gebracht?* in deutscher Sprache publiziert[12]. Ihm ist ein Vorwort Yang Lians vorangestellt, das er im Oktober 2000 nach der Kür Gaos zum Literaturnobelpreisträger verfasste.

Yang Lian, der in der Schweiz als Sohn eines chinesischen Diplomaten geboren wurde, in Beijing aufwuchs und seit 1989 im Londoner Exil lebt, ist ebenso wie Gao Xingjian an dem Begriff von „China" unsicher geworden. Auch er stellt als eine Person, die auf Grund ihres Chinesentums mit größter Selbstverständlichkeit

---

11 In deutscher Übersetzung liegen von ihm u. a. vor: Pilgerfahrt. Gedichte, 1987; Gedichte. Drei Zyklen, 1993; Masken und Krokodile. Gedichte, 1994; Geisterreden. Essays, 1995; Der Ruhepunkt des Meeres. Gedichte, 1996.
12 Gao Xingjian und Yang Lian. Siehe Literaturverzeichnis.

in die Rolle eines Repräsentanten Chinas gesetzt werden könnte, Fragen, die in Bezug auf „China" nicht grundlegender sein können:

> Wer weiß, was „China" ist?" Wer weiß, ob es ein „China" gibt? Auf der Welt war und ist „China" immer nur ein Wort. Ein „Nichtsein", das sich in der Vorstellung der Menschen eingenistet hat. Ein allzu tiefes Schweigen in der Geschichte, eine allzu große Leere.[13]

An anderer Stelle ist von ihm zu lesen:

> Nun, was ist dann China, das Reich der Mitte? Vor langer Zeit war China für die Welt ein Mythos, die Welt für China eine Erzählung. Auch wenn die Chinesen in China lebten, so war es doch ein Geheimnis für sie. Uns bleibt nichts anderes übrig, als uns Schritt für Schritt selbst in die Schule zu schicken für einen Kurs in gründlicher kultureller Selbstüberprüfung.[14]

2 Die Offenheit zur Welt: Anmerkungen zum Kulturbegriff

Die Lebendigerhaltung der vitalen Bezüge von Kultur und Politik sowie das Erschließen des Kulturbegriffs als eines in sich offenen und nach außen nicht abschließbaren Begriffs sind für mich die zentralen Momente einer Kulturtheorie im globalen Maßstab. Aus einer kulturwissenschaftlichen und -philosophischen Perspektive, die an dem pragmatischen Ziel der Entwicklung im nationalen, aber auch im globalen Maßstab orientiert ist, geht es darum, diese auf eine Art und Weise zu ermöglichen, die aus dem Innern der Gesellschaft kommt, dabei aber, was ich hervorheben möchte, vermeidet, beliebig zu sein.

„Beliebigkeit" in der Beziehung zwischen den Kulturen möchte ich als willkürliche Bezugnahme eines der beteiligten Partner auf die eigene Kulturtradition mit dem Ziel bezeichnen, sich der unendlichen Verpflichtung zu entledigen, dem Anderen dialogisch zu begegnen. Nicht zuletzt weil der freie Dialog zwischen den Kulturen über einen langen Zeitraum hinweg unmöglich war, kommt der Einforderung einer „allgemeinen Diskursbereitschaft" jenseits der Orthodoxien und Institutionen immer noch ein große Bedeutung zu. Angesichts der oben genannten „Beliebigkeit" im interkulturellen Diskurs hat diese Forderung aber am Ende des 20. und zu Beginn des 21. Jahrhunderts, wie ich festhalten möchte, etwas von der großen Aktualität eingebüßt, die sie noch in den 60er Jahren bis zu den 80er Jahren des letzten Jahrhunderts auszeichnete. Der Dialog hat nun, um nicht

---

13 Yang Lian: China?, S. 40.
14 Yang Lian: Der Himmel ändert sich nicht, S. 20.

der Ernsthaftigkeit verlustig zu gehen, seine Befähigung unter Beweis zu stellen, in tragfähige Kooperationsstrukturen[15] einzumünden.

Angesichts der Tatsache, dass es mehrere Tausende von Kultur- und Religionstraditionen gibt, aber nur ein wenig mehr als 180 Staaten den Vereinten Nationen angehören, mag diese Forderung sicherlich wenig praktikabel erscheinen, da sie nach einer institutionellen Absicherung des Dialogs zwischen den Kulturen auf einer Ebene verlangt, auf der die kulturelle Vielfalt, wie die genannten Zahlen zeigen, in nicht entsprechendem Maße repräsentiert ist. Wie sich an dieser Stelle ganz deutlich zeigt, darf das problematische Verhältnis von Einheit und Vielfalt in der Weltgesellschaft nicht unberücksichtigt bleiben! Um aber die Herausforderungen, die sich aus der Begegnung zwischen den Kulturen ergeben, in tragfähige Kooperationsstrukturen einmünden lassen zu können – was für mich ein vordringliches Anliegen ist –, gilt es für alle Beteiligten, sich aus dem Nirgendwo zwischen den Kulturen zu befreien und eine Position in einem übergeordneten Kontext zu beziehen, in dem ein fairer Umgang mit dem Verschiedenen möglich ist, ohne sich aber in dem widersprüchlichen Kontext von nationalstaatlichen Identitäten und Abgrenzungen zu verlieren. Und hierfür scheint mir die Vorstellung von Kultur als identitätsstiftendem Ganzen, das seine Universalität nicht aus einem Absolutheitsanspruch, sondern aus seiner Offenheit zur Welt bezieht, nötig zu sein. Ich bin der festen Überzeugung, dass die heutige Weltgesellschaft schwerlich funktionsfähig sein wird, wenn sie nicht zu einem elementaren Basiskonsens findet und dabei den Reichtum kultureller Vielfalt bewahrt.

3 Die Begegnung zwischen den Kulturen – Ernsthafter Dialog[16]

Die Begegnung zwischen den Kulturen kann nicht mehr den Geistern entkommen, die der Plural des Kulturbegriffs gerufen hat: Wir sprechen von Kulturen und meinen damit nicht übertragbare Lebensstile und Werte. Gleichsam als Bestätigung dessen werden wir, wenn wir das Weltgeschehen aufmerksam verfolgen, Zeugen einer Zersplitterung, die sich jeder begrifflichen Eingrenzung entzieht und keiner Entwicklungslogik unterliegt, auch wenn uns das der Begriff der „Globa-

---

15 Den Gedanken der „Kooperation" verdanke ich Heinz Theisen; siehe u. a.: Theisen: Zukunftspolitik. Langfristiges Handeln in der Demokratie, S. 195–212.

16 Siehe auch: Heinrich Geiger: Interkultureller Dialog – Ernster Dialog. – In: Hermann-Josef Scheidgen (Hrsg.), u. a.: Philosophie, Gesellschaft und Bildung in Zeiten der Globalisierung, S. 309–324

lisierung" glauben macht. Natürlich haben wir gelernt, „Andersartigkeit" und „Ungleichwertigkeit" fein säuberlich voneinander zu unterscheiden, setzen aber oftmals im gleichen Atemzuge den Begriff der „Kultur" mit lokaler kultureller Identität gleich. Ein gutes Beispiel ist hierfür Samuel Huntingtons Kulturbegriff. Für diesen hat Thomas Meyer aufgezeigt, dass er zum einen auf Herders Kugeltheorie der vollkommenen Geschlossenheit kultureller Einheiten, von der bereits die Rede war, und zum anderen auf Parsons Wertetheorie, nach der grundlegende soziale Werte das Sinnzentrum von Kulturen ausmachen, zurückgeht.[17] Wer ist aber dann das Gegenüber in der Situation der interkulturellen Begegnung, die auf Ernsthaftigkeit setzt?

Obgleich mein Gegenüber eine individuelle Person ist, habe ich sie, indem ich von geschlossenen Kulturkreisen ausgehe, in meiner Wahrnehmung von dem Platz des „Ich" auf den Platz des „Wir" gesetzt, sodass aus meiner Perspektive zum Beispiel in der Diskussion um die Rechte der Frau aus einem Bürger eines bestimmten Landes ein Vertreter einer bestimmten Kultur wird. In Entsprechung dazu wird mein Gegenüber selbst, je nach Gesprächssituation, entweder die Position eines Vertreters seiner Kultur einnehmen oder zu einem Verfechter ganz eigener, individueller Auffassungen mutieren. Beides ist möglich und geschieht in der Praxis sehr häufig, womit wir schon bei der Gesprächssituation angelangt sind, die ich als „beliebig" bezeichne. Sie ist in meinen Augen beliebig, da mein Gegenüber für mich nicht „greifbar" und das Argument zum Spielball zwischen den wechselnden Identitäten des „Ich" und des „Wir" verkommen ist. Dagegen stellt sich für mich „Ernsthaftigkeit" im interkulturellen Dialog immer erst dann ein, wenn die mögliche Differenz zwischen persönlicher und kollektiver Identität vorausgesetzt und unter Umständen auch thematisiert wird. Im Sinne der „Wahrhaftigkeit" der Begegnung zwischen den Kulturen ist es auszuschließen, dass die kulturelle Identität zu einem Konstrukt wird, hinter dem das Subjekt verschwindet.

Um die Begegnung zwischen den Kulturen zu einem „ernsthaften Dialog" werden zu lassen, der auf dem „Sich-in-der-Verantwortung-Finden" des Anderen aufbaut, möchte ich mich nicht nur gegen die Theorie der Abgeschlossenheit der Kulturen wenden, sondern auch gegen die Beschwörung von Kultur als „Ursprung"[18]. Gerade an den ausländischen „Funktionseliten", die im Zentrum meiner Überlegungen stehen, lässt sich sehr deutlich ersehen, dass der Kulturbegriff erst aufgrund des ihm innewohnenden Bildungs- und Erziehungsgedankens die Dimension entfaltet, die nötig ist, um die interkulturelle Begegnung im

---

17 Thomas Meyer: Identitäts-Wahn, S. 66.
18 Ich beziehe mich hier auf Alain Finkielkraut: Die Niederlage des Denkens, S. 86–92.

Sinne der Ernsthaftigkeit fruchtbar zu machen. Auf der Konferenz von Mexico über die Kulturpolitik, UNESCO, 1982 hieß es: „Kultur und Erziehung bleiben keineswegs zwei parallele Bereiche, sie durchdringen sich gegenseitig und müssen sich in Symbiose entwickeln, wobei die Kultur die Erziehung bewässert und speist und die Erziehung sich als das Mittel schlechthin erweist, um die Kultur weiterzugeben und somit die kulturelle Identität zu fördern und zu stärken."[19]

In diesem beidseitigen Durchdringungsprozess von Kultur und Erziehung *können* persönliche und kollektive Identitäten miteinander verschmelzen, *müssen es aber nicht.* Auch wenn es in vielen Fällen gelingen mag, die Differenz von „Ich" und „Wir", von Person und Kulturgruppe durch Erziehung zu überbrücken, gilt es die *Möglichkeit von deren Differenz,* was mir sehr wichtig erscheint, bei der Begegnung zwischen den Kulturen immer im Bewusstsein zu halten. Weil die Differenz zwischen persönlicher und kollektiver Identität grundsätzlich nicht aufhebbar und, in Entsprechung dazu, die interkulturelle Gesprächssituation durch vorgegebene Kulturmuster nicht deterministisch bestimmbar ist, bedarf es eines Bezugspunkts jenseits nationaler Identitäten.

4 Vergangenheit – Zukunft

Darüber hinaus scheint mir die Praxis des interkulturellen Dialogs aufgrund des diffusen Gleichheitsgedanken, der die Diskussion oftmals bestimmt, mehr oder weniger beliebig und, was für mich noch schwerer wiegt, unverbindlich zu sein. Ganz im Gegensatz dazu ist es mir ein Anliegen zu betonen, dass Kulturen nicht „gleich", sondern „gleichwertig" sind. Damit möchte ich den Blick für die Differenzen zwischen den Kulturen offen halten und für deren Begegnung einen Rahmen schaffen, der die Auseinandersetzung mit all der Schärfe zulässt, die aus der Differenz und nicht aus einer vorgeblichen Einheit entsteht. Mit dem deutschen Soziologen Dirk Baecker plädiere ich dafür, in die Praxis des interkulturellen Dialogs die Perspektive der „offenen Zukunft" einzubringen. Mit dieser ist eine Form der „kulturellen Kompetenz" verbunden, die zu einer Kultur führt, „die diese Weltgesellschaft ihr eigen nennen kann."[20] Baecker beschreibt diese folgendermaßen:

> Dieses Verfahren verschiebt den Akzent von der sozialen Problemdimension der Identifikation des Anderen als Fremden in die zeitliche Problemdiskussion einer offenen Zukunft. Es nimmt jede Kultur nicht als Verweis auf eine vergangene und daher nicht mehr zu ändernde,

---

19 Ebenda, S. 87–88.
20 Dirk Baecker: Wozu Kultur?, S. 32.

also entweder abzulehnende oder zu verteidigende Vergangenheit, sondern als Verweis auf ein durchweg unklares Schicksal nicht nur dieser Kultur, sondern der Weltgesellschaft insgesamt. Jede Kultur wäre dann nicht mit Blick auf ihre Herkunft, sondern mit Blick auf eine denkbare Ankunft zu deuten – so wie Derrida von Sprachen spricht, die nicht mehr wissen, woher sie kommen, und das, was sie sagen, daher nur von einer Ankunft, einer niemals stattfinden Ankunft her denken und wollen können.[21]

Für den Begriff und die Leistung der Kultur erwächst angesichts der „offenen" Zukunft eine neue Dimension, für die allerdings meiner Meinung nach neben der „Ankunft" auch die „Herkunft" eine wichtige Rolle spielt, insofern sie mit dieser in ein dynamisches, wechselvolles Verhältnis gesetzt wird. Dies lässt sich einem Vortrag Hans-Georg Gadamers mit dem Titel „Zukunft ist Herkunft" entnehmen. Diesen Titel hat der deutsche Philosoph bei Martin Heidegger entliehen. Er kommentiert ihn folgendermaßen, dass es „ein Rückblick (sei), der zugleich die Zukunft meint". Weiterhin erinnert Gadamer daran, dass die Kultur eine Leistung der Natur für den Menschen sei, die es diesem ermögliche „tätig zu werden, schöpferisch zu werden, erfinderisch zu werden", indem sie ihm die Stunde seines Todes verborgen halte und durch die Ungewissheit der Zukunft das Offene des weiteren Lebens schenke. In seinem am 13. Juli 1997 gehaltenen Festvortrag sagt er:

> Wir sind in ein Jahrhundert gesetzt, in dem unsere Frage gerade nicht nur eine Frage an das Unverständliche und Verhüllte der Zukunft ist, sondern wo wir auch noch darüber hinaus in unserer eigenen Lebenserfahrung immer wieder damit konfrontiert werden, dass wir neu anfangen, neu wiederkehren müssen, uns wieder dem stellen müssen, was sich im Laufe der Geschichte unseres Lebens und unseres Landes ereignet hat. Dazu brauchen wir einander, wenn wir Kultur wollen.[22]

Während Baecker bei der Erschließung der offenen Zukunft für die Kulturdiskussion einem rein kognitiven Element das Wort redet und dabei gerade den Abstand zu der eigenen Tradition voraussetzt, kommt bei Gadamer das sich bewusste Konfrontieren mit der eigenen Geschichte, ja das sich der eigenen Geschichte Anvertrauen zum Ausdruck. In diesem Zusammenhang nimmt der Bildungsbegriff eine zentrale Stellung ein: in ihm schließt sich der Kreis zwischen Subjekt und kultureller Tradition in Bezug auf die Herausforderungen der Gegenwart und Zukunft. Bei Gadamer heißt es:

> Das Wort Bildung wagt man kaum noch auszusprechen. Aber Bildung ist nicht, was irgend ein Mensch gemacht hat. Es hat sich gebildet, und jeder, der wirklich Bildung hat, weiß nichts

---

21 Ebenda, S. 30–31.
22 Hans-Georg Gadamer: Zukunft ist Herkunft, S. 132.

davon. Er hat sich gebildet wie die Konturen der Erde, wie die Konturen der Dinge, die den großen Maler plötzlich stillhalten lassen und dem Gesetz seiner Ausgestaltung dienen müssen.[23]

Vor diesem Hintergrund möchte ich nochmals das Thema der Identität im chinesischen Kontext aufgreifen.

5 Verschiedene Aspekte chinesischer Identität

Die eigentliche Bedeutung der zitierten Texte der Dichter Gao Xingjian und Yang Lian liegt in dem ästhetisch zu verstehenden Widerstand gegen die Übermacht der Begriffe bzw. gegen einen bestimmten, ideologisch deformierten Begriff von Kultur, der zum Spielball zwischen den Ideologien geworden ist. Weil der Mensch in der Moderne sich so sehr für das direkte Verhältnis zur Welt, für das Habenwollen, für den Begriff, für den Gewinn und gegen den Verlust entschieden hat, wohnt dem anschauenden Sein-lassen und der Fähigkeit zu sehen, was einfach geschieht, wie es dem unvoreingenommen Umgang mit Geschichte zukommt, ein wahrer Affront inne. So lassen sich die Aussagen Gaos und Yangs auch dahingehend auslegen, dass das menschliche Leben, das ja Gao als einzig unbezweifelbaren Wert ansieht, und mit ihr die Literatur/ die Kunst nur solange *wirklich* (real) sein können, als sie in einem begrifflich unverfügbaren Sein ruhen, das mit der Metapher des Spiels hinsichtlich seiner Unverfügbarkeit charakterisiert ist. Fällt dieses Spiel aus, sei es durch Geringschätzung oder durch Missachtung der Regeln, dann verkommt das Leben zur wahnhaften Unwirklichkeit und zum „Spiel" im negativen Sinne, das alle Beteiligten in die Rolle von Marionetten zwingt und nichts mehr zeigt. Der Spielcharakter von Kunst und Literatur darf als Garant für einen unverstellten Wirklichkeitsbezug gelten.

Friedrich Schiller (1759–1805) spricht im 27. Brief seiner *Briefe über die ästhetische Erziehung des Menschen* vom Willen, der „muss Freiheit lassen, weil er der Freiheit gefallen will".[24] So führt er über den „dynamischen Staat der Rechte" und den „ethischen Staat der Pflichten" in den „ästhetischen Staat ... des freien Spiels", dessen „Grundgesetz" ist, „Freiheit zu geben durch Freiheit".[25] Das Spiel als ästhetische Kategorie ist demgemäß nicht nur von Bedeutung für die Wahrheit des Lebens, sondern auch für die freiheitliche Organisation des politischen

---

[23] Ebenda.
[24] Friedrich Schiller: Über die ästhetische Erziehung des Menschen. – In: Schillers Werke (Nationalausgabe), Bd. 20, S. 409.
[25] Ebenda, S. 410.

Gemeinwesens, wodurch Identität und Aufklärung miteinander in Berührung gekommen. Aber auch die Dimension der Geschichte (Historie) ist von Bedeutung, weil das Spiel gelebte wie auch gestaltete Zeit ist, die in Bezug auf die Identitätsfrage neben den Begriffen der Ich-Identität und der kollektiven Identität, die bereits genannt wurden, die Einführung des Begriffs der *ununterbrochenen Identität* in der Dimension der Zeit, die gleichzeitig Werden wie Vergehen bedeutet, nötig macht.

Die Zeit stellt als Faktor einer unmerklich zunehmenden und am Schluss begrifflich nicht mehr fassbaren Unähnlichkeit eine große Gefahr für die ununterbrochene Geschichtlichkeit Chinas dar. Sie droht die immer wieder postulierte wesensmäßige Dauer der chinesischen Kulturnation innerhalb einer mehrtausendjährigen Kultur- und Zivilisationsgeschichte auszuhöhlen, weswegen ihrem durch Wachstum und Altern entstellenden Wirken mit aller Kraft und auch allen Mitteln entgegengewirkt wird. An dem Heldenepos Zhang Yimous *Hero*, das 2003 in den deutschen Kinos anlief, lässt sich ersehen, dass vor diesem Hintergrund das kollektive Gedächtnis zum Zwecke der ununterbrochenen Identität aktiviert wird. Darüber hinaus wird auf der politischen und nationalen Ebene Identität mit einem höchst geschickten Kunstgriff hergestellt, der interessante Einblicke in das Wesen von Identitätsbildung im Rahmen von Kultur und Gesellschaft ermöglicht.

Hero spielt in dem historischen Moment, in dem sich das Königtum Qin zur Vorherrschaft über die anderen Königtümer aufzuschwingen und kraft seiner militärischen, wirtschaftlichen und organisatorischen Macht die vielen Kleinstaaten zu dem einen Reich zu vereinen beginnt. Im Zentrum des Films steht ein Attentäter, der, obgleich die Gelegenheit zum Tyrannenmord immer näher rückt und am Ende nur mehr am Schopfe gepackt werden muss, auf sie verzichtet und sich sogar selbst opfert, um nicht die Einheit Chinas im letzten Augenblick scheitern zu lassen. Der Gedanke der Einheit und, mit ihr, der durchgängigen *institutionellen Identität* ist bedeutender als alle anderen Erwägungen, das ist die Botschaft des Films. Und weil die Einheit des Reichs und die Bewahrung des Friedens höchste Güter darstellen, sind ihnen selbst Gerechtigkeit und Menschlichkeit unterzuordnen, wie der zu Beginn des neuen Jahrtausend gedrehte Film den Kritikern der jetzigen chinesischen Regierung mit diesem historischen Beispiel deutlich machen will.

Über nahezu die gesamte Länge des Filmes hinweg kann der Zuschauer sich ungestört mit der Geschichte und den Motiven von „Regimegegnern" in Gestalt von potentiellen Attentätern vertraut machen und, was ganz wichtig ist, sich mit ihnen identifizieren. Kritisches Potential kann sich also im Laufe des Films entfalten und auch personifizieren. Umso gewaltiger und nachhaltiger ist dann die Wirkung, wenn sich das Ansinnen der potentiellen Attentäter, mit deren Person und mit deren Zielen der Zuschauer eine emotionale Bindung eingegangen ist, am

Ende des Films plötzlich ins Nichts auflöst, sodass die frei werdenden Energien ungebremst, da unvermittelt frei geworden, der Botschaft des Regisseurs zufließen. Was auf Grund seiner Unmenschlichkeit und kalten Macht zuerst dem Zuschauer fremd gegenübersteht und von ihm als Ziel eines möglichen Attentats akzeptiert wird, gewinnt auf einer neuen Ebene, der ideellen Ebene des Reichsgedankens, eine positive Bedeutung, da sich ja die antagonistischen Elemente selbst liquidiert bzw. aus dem Rennen gezogen haben.

In *Hero* wird der Film seiner Rolle als ein Medium gerecht, das zur Erhaltung der Einheit des Reichs / der Nation beizutragen hat. Er hat eine identitätsstiftende Funktion. Mit der im Film eindrucksvoll dargestellten Lösung – der Erste Kaiser von China wird nicht getötet, um den Bestand des Reichs nicht zu gefährden – überlebt die Institution des Tyrannen, was Rückschlüsse auf die derzeitige politische Situation zulässt. Ein weiterer Gegenwartsbezug ist dadurch gegeben, dass im Film *Hero* die Machtfrage innerhalb eines engen Kreises von Eliten, ausgehend von Machtüberlegungen und nicht basierend auf moralischen Gesichtspunkten, gelöst wird, wie es nach wie vor gängige Praxis in China ist. Macht wird im „Land der Mitte" nicht durch Übertragen eines Staatsamtes verliehen, sondern auf der parallelen Schiene der Parteiämter erworben. Politisch stockt jede Reform an der Frage, welche Stellung der Partei im politischen und rechtlichen System zukommt. So müssen auch in der Gegenwart, folgt man dem Plot des Films *Hero*, die Hoffnungen auf zivilgesellschaftliche Reformen und gesellschaftliche Pluralisierung zerschellen an der Idee der ununterbrochenen Identität in der Zeit, die sich bis zum heutigen Tage an dem Reichsgedanken orientiert. Auf der institutionellen Ebene ist dieser mit dem Vorzeichen der *ewigen Identität* versehen.

6 Narrative und gebrochene Identität

Die lange Geschichte Chinas setzt sich aus den vielen Schichten der sie begleitenden wie auch erst in ihrer Identität konstituierenden chinesischen Geschichtsschreibung zusammen. Dadurch betritt ein weiteres Identitätsmoment die Bühne: das der *narrativen Identität*. Durch diese wird die erzählte Geschichte als Ganzes verständlich. Sie repräsentiert in Ergänzung zu dem eben erwähnten Typus der „ununterbrochenen Identität" die dynamische Komponente der Identität, sie stellt ein dynamisches Beständigkeitsmodell her. Im Falle Chinas schließt dieses den Gedanken der Transformation allerdings nicht ein, sondern setzt auf die Beständigkeit der Institutionen und bestimmte Werte und Traditionen, die, wie es die Kulturessentialisten sagen würden, den Wesenskern der chinesischen Kultur und Nation bilden.

Unter den Bedingungen der Moderne brechen sich allerdings die verschiedenen Identitätsformen, sodass eine weitere Identitätsform, die für das China des 19. und 20. Jahrhunderts von großer Bedeutung ist, in den Blick kommt. Es handelt sich um diejenige der *gebrochenen Identität* zwischen Westorientierung und Chinesentum sowie Konservativismus und Utopismus.

7 Zusammenfassung und Ausblick

Kultur ist keine feste Größe, verkörpert in einer bestimmten Gruppe von Menschen. Sie hat nichts mit Uniformität zu tun und ist auch kein Zustand, der gegen einen anderen starr abgegrenzt werden könnte. Als dynamische Größe ermöglicht sie Entwicklung im nationalen wie im internationalen Maßstab, was als Erkenntnis im konfuzianischen Kulturkreis allgemein akzeptiert ist. So kommt in den Ausführungen des Konfuzius zum Lernen (*xue*) unmissverständlich zum Ausdruck, dass Kultur eine Lerngemeinschaft darstellt, in der alle wichtigen menschlichen Tugenden aufs engste mit dem Lernen verknüpft sind. In den *Gesprächen* (*Lunyu*) steht geschrieben: „Lernen (*xue*) und das Gelernte bei jeder Gelegenheit, die sich bietet, anwenden – ist das nicht sehr befriedigend?"[26]

Zu den „sechs Entartungen" des Lernens (*xue*) sagt Konfuzius:

> Die Humanität (*ren*) lieben, ohne das Lernen (*xue*) zu lieben – das entartet zur Einfältigkeit. Die Klugheit (*zhi*) lieben, ohne das Lernen zu lieben – das entartet zur Zerstreuung. Die Ehrlichkeit (*xin*) lieben, ohne das Lernen zu lieben – das entartet zur Sturheit. Die Gradlinigkeit (*zhi*) lieben, ohne das Lernen zu lieben – das entartet zur Grobheit. Die Tapferkeit (*yong*) lieben, ohne das Lernen zu lieben, das entartet zur Wildheit.[27]

An den Aussagen des Konfuzius zum Lernen (*xue*) wird offensichtlich, dass der Bezug des Menschen zur Welt nicht nur ein mittelbarer und über das Studium vermittelbarer ist, sondern dass er sogar, wie sich an den „sechs Entartungen" zeigt, aus einer souveränen Distanz heraus in Rückkopplung zur Welt erfolgen kann. Während das Tier in seiner Beziehung zur Umwelt einseitig determiniert ist und dem weisen Einspruch eines Gelehrten wie Konfuzius überhaupt nicht zugänglich zu sein braucht, zeichnet es gerade den Menschen aus, eines Konfuzius zu bedürfen. Allein der Mensch vermag die Kontingenz von Handlungsmöglichkeiten im Sinne von prinzipiell gegebenen Freiheitsgraden zu meistern und sich die Ebene der guten Praxis zu erschließen.

---

26 Lunyu 1:1. Zitiert nach Peter J. Opitz: Konfuzius, S. 54.
27 Lunyu 17:8. Zitiert nach ebenda, S. 57.

Entscheidend ist

a) die Unterscheidung von „Kultur" im Singular und im Plural als „Kulturen" und
b) die Folgerung, die sich aus dieser Unterscheidung ergibt.

Wenn Kultur eine Größe ist, die

a) alles umfasst und den Menschen über die Natur erhebt (Kultur im Singular-begriff), und
b) gleichzeitig die Menschheit in unterschiedliche Kulturen unterteilt (Kultur im Pluralbegriff)

dann folgt daraus, dass Kultur, trotz aller Pluralisierung, im Singular einen Maßstab darstellt, an dem sich alle Kulturen messen lassen müssen. In diesem Sinne darf die Betonung des Lernens (*xue*) durch den Konfuzianismus als Grundbaustein einer „Kultur" (Singular) im globalen Maßstab gelten.

Mit meinem Plädoyer für den „ernsten Dialog" trete ich dafür ein, den Singularbegriff von Kultur als den Ausgangspunkt für die Form des Dialogs zu wählen, die auf der gegenseitigen Anerkennung der einzelnen Kulturen basiert. Der Singularbegriff von Kultur als Menschheitskultur soll dazu dienen, den permanenten Austausch zwischen Personen und Völkern nicht einzuschränken und künstlich zu begrenzen, sondern ihn *ernst* zu nehmen. Kultur ist *ernst* zu nehmen als globale Herausforderung, was sich unter anderem an dem Phänomen der „McWorldKultur" zeigt. Interessant dabei ist, dass sich dieser gegenüber, und zwar kulturübergreifend, sowohl eine bejahend-affirmative als auch eine ablehnend-abwehrende Haltung eingestellt hat. Wie bereits festgestellt wurde, hat die kulturelle Globalisierung, die im Bereich der Populärkultur erfolgte, auf der Ebene der Werte die Menschen, jenseits aller Trennung durch Nation oder Kultur, im positiven wie im negativen Sinne einander näher gebracht. Viele teilen rund um den Globus ihre Mitgliedschaft in der „McWorldKultur", andere wiederum sind sich einig in deren Ablehnung. Deswegen muss ein traditioneller Konfuzianer, was die Skepsis gegenüber der „McWorldKultur" anbelangt, gar nicht so weit von einem Katholiken entfernt sein, obgleich die Theorie von der Kugelgestalt der Kulturen eigentlich eine andere Erwartung nahelegen würde. Er hat mit diesem unter Umständen mehr Gemeinsamkeiten als mit einem seiner Landsleute und bildet auf diese Weise mit ihm eine Wertegemeinschaft, von der aus gesehen sich ganz neue Möglichkeit des Miteinanders ergeben.

In diesem Zusammenhang sind die Begriffe der Bildung und der Spiritualität von Bedeutung. Sie verweisen auf einen Begriff von Kultur, dem eine bestimmte Wertestruktur zugrunde liegt. Dadurch steht „Kultur" für die Art und Weise, wie die Erfahrung von Welt durch Überzeugungen gefiltert und das Handeln geprägt wird. Sie umfasst die unterschiedlichen Erfahrungen, welche Individuen in einer bestimmten Gesellschaftsform und zu einer bestimmten Zeit auf der Grundlage ihrer Glaubens- und Wertesysteme machen. Hinsichtlich der entwicklungsfördernden Bedeutung eines Begriffs von Kultur, der durch Werte begründet ist, kann ausgehend von der europäischen Geschichte gesagt werden, dass der christliche Rahmen des Mittelalters eine geeignete Grundlage abgab für einen Lernprozess, der dem politisch-wirtschaftlichen Wandel förderlich war (ein Argument, das Max Weber namentlich in Bezug auf den Protestantismus angeführt hat). Ausschlaggebend war die damalige politische und geistige Verfasstheit Europas, das zwar aufgesplittert war, aber über eine gemeinsame, vom Christentum hergeleitete Wertestruktur verfügte und über integrierte Informations- und Transportverbindungen, die deren Ausbreitung begünstigte.

Die Bewahrung der vitalen Bezüge von Kultur und Politik sowie die Ermöglichung von Kultur als eines in sich und nach außen offenen Geschehens sind für mich vor diesem Hintergrund die zentralen Momente einer Theorie der interkulturellen Beziehung. Dies zu ermöglichen, muss das Ziel sein, ohne dabei aber, wie ich betonen möchte, beliebig zu sein.

Literaturverzeichnis

Quellen

Gao, Xingjian: Die Busstation. Eine lyrische Komödie aus der VR China. Mit einem Nachwort von Wolfgang Kubin. Übers. von Hsien-chen Chang und Wolfgang Kubin. Bochum: Brockmeyer 1988 (Chinathemen. 34).

Gao, Xingjian: An der Grenze zwischen Leben und Tod. Übers. von Mark Rennè. – In: Hefte für ostasiatische Literatur 13 (1992) H. 11, S. 18–49.

Gao, Xingjian: Flucht: Eine moderne Tragödie. Übers. von Helmut Forster-Latsch und Marie-Luise Latsch. Bochum: Brockmeyer 1992.

Gao, Xingjian: Auf dem Meer. Erzählungen. Übers. von Natascha Vittinghoff. Frankfurt a. M.: Fischer 2000.

Gao, Xingjian: Nächtliche Wanderung: Reflektionen über das Theater. Mit einem Nachwort von Natascha Vittinghoff. Übers. von Martin Gieselmann u. a. Neckargemünd: Edition Mnemosyne 2000.

Gao, Xingjian: Tuschmalerei 1983–1993. Anlässlich der Ausstellungen Gao Xingjian, Tuschmalerei, im Morat-Institut für Kunst und Kunstwissenschaft Freiburg i.Br., vom 15. Dezember 2000 bis 2. März 2001. Freiburg i.Br.: modo Verlag 2000.

Gao, Xingjian: Das andere Ufer. Übers. und eingeleitet von Bernd Eberstein mit Evelyn Birkenfeld-Du. Hamburg: Hamburger Sinologische Ges. 2001 (Mitteilungen der Hamburger Sinologischen Gesellschaft. 16).

Gao, Xingjian: Der Berg der Seele. Roman. Aus dem Chinesischen von Helmut Forster-Latsch und Marie-Luise Latsch. Frankfurt a. M.: Fischer 2001.

Gao, Xingjian: Das Buch eines einsamen Menschen. Aus dem Chinesischen von Natascha Vittinghoff. Frankfurt a. M.: Fischer 2006.

Gao, Xingjian: Die Angel meines Großvaters. Erzählungen. Aus dem Chinesischen von Natascha Vittinghoff. Frankfurt a. M.: Fischer 2008.

Gao, Xingjian und Yang, Lian: Was hat uns das Exil gebracht? Ein Gespräch zwischen Gao Xingjian und Yang Lian über chinesische Literatur. Aus dem Chinesischen von Peter Hoffmann, Berlin: DAAD, Berliner Künstlerprogramm 2001 (Spurensicherung. 4).

Herder, Johann, Gottfried: Sämmtliche Werke. Hrsg. von Bernhard Suphan. Bd. 1–33. Berlin: Weidmann 1877–1913.

Schiller, Friedrich: Über die ästhetische Erziehung des Menschen in einer Reihe von Briefen. – In: Schillers Werke (Nationalausgabe). Julius Petersen (Hrsg.). Bd. 20: Philosophische Schriften: Erster Teil: IV. Die großen Abhandlungen. Weimar: Böhlau 1962.

Yang, Lian: Pilgerfahrt. Gedichte. Hrsg. von Karl-Heinz Pohl. Innsbruck: Handpresse 1987.

Yang, Lian: The Dead in Exile. Übers. von Mabel Lee. Kingston: Tiananmen 1990.

Yang, Lian: Gedichte. Drei Zyklen. Übers. von Huang Yi und Albrecht Conze. Zürich: Ammann 1993.

Yang, Lian: Masken und Krokodile: Gedichte. Übers. und mit einem Nachwort von Wolfgang Kubin. Berlin: Aufbau Verlag 1994 (Literarisches Kolloquium Berlin, Berliner Künstlerprogramm des DAAD: Text und Porträt. 13).

Yang, Lian: Geisterreden: Essays aus Auckland, Berlin, New York. Übers. von Mark Rennè. Zürich: Ammann 1995.

Yang, Lian: Der Ruhepunkt des Meeres: Gedichte. Übers. von Wolfgang Kubin. Stuttgart: Akademie Schloss Solitude 1996.

Yang, Lian: China? Kein Vorwort des Herausgebers. – In: Lettre International 41 (1998) H. 2, S. 40–42.

Yang, Lian: Der Himmel ändert sich nicht: Kontinuität und Umbruch in China. – In: Frankfurter Rundschau vom 30. Januar 1999.

Zitzmann, Marc: „C'est un Chinois?" – In: Neue Zürcher Zeitung vom 14./15.10.2000, S. 33.

Darstellungen

Baecker, Dirk: Wozu Kultur? Berlin: Kadmos 2001.

Finkielkraut, Alain: Die Niederlage des Denkens. Hamburg: Rowohlt 1989.

Gadamer, Hans-Georg: Zukunft ist Herkunft. – In: KulturAustausch 3 (1997), S. 132–133.

Geiger, Heinrich: „Ich" und „Wir": Reflexionen zum Thema des Dialogs und der Kooperation mit der VR China. – In: Heinrich Geiger (Hrsg.): An der Schwelle. Gesellschaft und Religion im Transformationsprozess Chinas. Bonn: KAAD 2005, S. 105–120.

Geiger, Heinrich: Interkultureller Dialog – Ernster Dialog Zur Bedeutung entwicklungspolitischer Bildungszusammenarbeit. – In: Hermann-Josef Scheidgen u. a. (Hrsg.): Philosophie, Gesellschaft und Bildung in Zeiten der Globalisierung. Amsterdam, New York: Rodopi 2005 (Studien zur Interkulturellen Philosophie. 15), S. 309–324.

Generalanzeiger: Gao Xingjian glaubt nicht an Rückkehr nach China. – In: Generalanzeiger vom 20.10.2000.

Golden, Séan and Minford, John: Yang Lian and the Chinese Tradition. – In: Worlds apart. Recent Chinese Writing and its Audiences. Howard Goldblatt (Hrsg.). Armonk u.a.: Shape 1990, S. 119–137.

Hammer, Christine: Randständig aus Prinzip: Gao Xingjian als Schriftsteller und Maler. – In: Neue Zürcher Zeitung vom 5./6. 1.2002, S. 51–52.

Hartmann, Sascha: JA oder / und NEIN (1992): Ein Drama von Gao Xingjian. Übersetzung und Studie. Bochum: projekt verlag 1999.

Meyer, Thomas: Identitäts-Wahn. Die Politisierung des kulturellen Unterschieds. Berlin: Aufbau 1997.

Muscat, Sabine: Zen und die Kunst des Absurden: Der chinesische Exil-Dramatiker Gao Xingjian hinter dem Vorhang der Verblendung. – In: FAZ vom 3. 6.2000 (Bilder und Zeiten), S. II.

Opitz, Peter Joachim: Konfuzius. – In: Peter Joachim Opitz (Hrsg.): Chinesisches Altertum und konfuzianische Klassik: Präkonfuzianische Spekulation. Konfuzius. Menzius. Hsün-tzu. Chung-yung und Ta-hsüeh. München: Paul List 1968, S. 35–68.

Theisen, Heinz: Zukunftspolitik: Langfristiges Handeln in der Demokratie. München: Olzog 2000.

Wodak, Ruth u.a.: Zur diskursiven Konstruktion nationaler Identität. Frankfurt a. M.: Suhrkamp 1998.

Zitzmann, Marc: „C'est un Chinois?" – In: Neue Zürcher Zeitung vom 14./15.10.2000, S. 33.

Wei Yuqing

Sprachskepsis und Sprachkritik im chinesischen und deutschen Sprachraum

Abstract: Sprachskepsis und Sprachkritik ist ein fast universelles Phänomen im Westen wie im Osten. Im deutschen Sprachraum lässt sich eine Entwicklung von Goethe, Kleist, über Nietzsche, Mauthner bis hin zu neueren Bewegungen in der Gegenwartsliteratur verfolgen. Besondere Aufmerksamkeit verdient die Zeit um 1900 mit Hofmannsthals *Chandosbrief*, während in China Sprachskepsis bzw. -kritik viel früher zu datieren sind. Bereits im „Buch der Wandlung" findet sich ansatzweise die sprachkritische These, die dann u. a. in „Zhuangzi", in der „Wort-Sinn-Debatte" (yan yi zhi bian), im Zen-Buddhismus aufgenommen und vertieft wird. Der Auffassung „yan bu jin yi" kam auch in literaturtheoretischen Überlegungen wie in der Praxis der Künste ein hoher Stellenwert zu. Die Sprachkrise, oft als ein Indikator für Gesellschafts-, Identitäts- und Erkenntniskrise, und die Kritik, die der Bezeichnungs- wie auch der Ausdrucks- und Appellfunktion der Sprache gilt, muss nicht zum resignierenden Verstummen führen. In dem chinesischen Wort für „Krise" (weiji) ist „Chance" (ji) enthalten, die im deutschen wie im chinesischen Sprachraum wahrgenommen, ausgenutzt, ausgeschöpft wird.

> Ich fürchte mich so vor der Menschen Wort.
> Sie sprechen alles so deutlich aus:
> Und dieses heißt Hund und jenes heißt Haus,
> und hier ist Beginn, und das Ende ist dort.
>
> Mich bangt auch ihr Sinn, ihr Spiel mit dem Spott,
> sie wissen alles, was wird und war;
> kein Berg ist ihnen mehr wunderbar;
> ihr Garten und Gut grenzt grade an Gott.
>
> Ich will immer warnen und wehren: Bleibt fern.
> Die Dinge singen hör ich so gern.
> Ihr rührt sie an: sie sind starr und stumm.
> Ihr bringt mir alle die Dinge um.[1]

Während das lyrische Ich in diesem Gedicht von Rilke der menschlichen Sprache, durch die die Dinge in der Welt ihre Wunder verlieren würden, kritisch gegenübersteht, bedeutet bei Tao Yuanming, einem der bekanntesten Naturlyriker in China, die „Sprachvergessenheit" (wang yan) des Chrysanthemen pflückenden

---

1 Rilke: Sämtliche Werke, Bd. 3, S. 257.

Eremiten: In der Natur versteckt sich die Wahrheit des Lebens, die unsagbar, nicht sprachlich vermittelbar ist.

> Ich pflücke still am Ostzaun Chrysanthemen,
> Seh nach dem Südberg am entlegenen Ort,
>
> Des Berges Hauch so schön im Abendlicht;
> Im Schatten ziehn die Vögel heimwärts fort.
>
> Und in dem allen liegt ein tiefer Sinn.
> Ich will ihn sagen – und vergaß das Wort.[2]

In der okzidentalischen wie orientalischen Welt klagt man immer wieder so oder auf ähnliche Weise über die Unzulänglichkeit der Worte, der Sprache, die ignoriert, sogar abgeschafft werden soll. Dabei ist es auffällig, dass sich große Kritiker der Sprache oft als große Verwender der Sprache entpuppen. Bei der Behauptung, nicht mehr schreiben zu können, schreibt man nach wie vor, und zwar mit einer sprachlichen Virtuosität, die bis heute weltweit fasziniert. Diese Paradoxie lässt sich sowohl bei dem erfolgreichen deutschsprachigen Dichter Hofmannsthal konstatieren, dessen fiktiver *Ein Brief* (*Chandosbrief*) oft als eines der wichtigsten Dokumente der Sprachkrise im Westen zur Zeit der Jahrhundertwende ausgelegt wird, als auch bei dem philosophischen Literaten der chinesischen Antike Zhuangzi. Evident ist in der nach diesem benannten Schrift[3] eine sprachkritische Haltung, die unter dem Begriff „yan bu jin yi" (mit Worten ist der Sinn, sind die Gedanken nur unvollkommen zu vermitteln, nicht erschöpfend darzustellen) subsumiert werden kann. Dabei erfreut sich diese auch als dichterisch zu bezeichende Schrift von jeher großer Bewunderung, und selbst im Westen erregt Zhuangzi Aufmerksamkeit. Für Alfred Forke[4] beispielsweise handhabt er die chinesische Sprache so meisterhaft wie Nietzsche die deutsche. Bei Richard Wilhelm, Martin Buber, Karl Jaspers usw. finden sich ebenfalls durchaus positive Äußerungen über seinen hervorragenden und originellen Stil, der auch in Übersetzungen nicht viel an Attraktivität eingebüßt zu haben scheint.

Sprachmächtig ist auch der *Chandosbrief*, in dem sich der erfundene Briefschreiber Philipp Lord Chandos bei seinem Freund Francis Bacon entschuldigt

---

2 Debon: Mein Weg verliert sich fern in weißen Wolken, S. 55.
3 Aufgrund der Untersuchung der stilistischen Abweichungen und teils auch der ideeninhaltlichen Modifikationen kann man davon ausgehen, dass das Buch zumindest nicht ganz aus der Feder des Zhuangzi stammen kann und dass insbesondere in den letzten zwei Teilen spätere Ergänzungen einen großen Raum einnehmen. Obwohl der Zweifel bis zur völligen Verleugnung der Autorschaft des Zhuangzi reicht, wird das Buch als Niederschlag seines Denkens angesehen.
4 Forke: Geschichte der alten chinesischen Philosophie, S. 313.

und zu begründen versucht, warum er sich enttäuscht von der literarischen Betätigung abwendet. Ihm, der seine bisherigen Werke pejorativ als „unter dem Prunk ihrer Worte hintaumelnde Schäferspiele" (S. 461)[5] bezeichnet, bleibt nun nichts anderes übrig als zu schweigen, weil er sich nicht mehr in der Lage fühlt, die Wirklichkeit sprachlich zu erfassen. Der Weltbezug der Sprache ist brüchig geworden, vor allem allgemeine Ausdrücke der Kulturkonventionen erscheinen ihm „so unbeweisbar, so lügenhaft, so löcherig wie nur möglich" (S. 466). Beim Zugriff auf die Dinge entziehen sich ihm Begriffe, und dieses Phänomen gehört zu „seltsamen geistigen Qualen" und wird dargestellt mit Bildern wie „Emporschnellen der Fruchtzweige über meinen ausgereckten Händen" und „Zurückweichen des murmelnden Wassers vor meinen dürstenden Lippen" (S. 465). Die Worte lassen ihn im Stich – oder auch nicht im Stich: paradoxerweise wird sprachlich eloquent und virtous von der eigenen Unfähigkeit berichtet, „irgend etwas Zusammenhängendes zu denken oder zu sprechen." (S. 465)

Wie bei diesem Sprachskeptiker ist bei Zhuangzi eine Verzweiflung an der Möglichkeit, die Wirklichkeit sprachlich aufzunehmen, nicht zu übersehen. Für den zweitbekanntesten Daoisten, bei dem sich die Natur an der Spitze der Werthierachie befindet, ist die menschliche Sprache wesentlich anders als die „himmlische und irdische Stimme", anders denn der Wind als der Atem, den die große Natur ausstößt, ist also etwas Künstliches, Unnatürliches und damit Minderwertiges – somit kann die menschliche Sprache nicht das „Haus des Seins" sein, nicht als Medium dienen, das unsere Welt erschließt. Gegenüber der natürlichen Ordnung des *dao* erweisen sich die Menschen als machtlos, gleichsam Fackeln gegenüber Sonne und Mond, künstliches Bewässern gegen Regen (1/8).[6] Die menschlichen Bemühungen sind im Grunde genommen vergeblich und sollen deswegen aufgegeben werden, ein Nicht-Handeln-Prinzip, welches auch beim sprachlichen Handeln gültig ist. Wissen und Sprechen schließen einander aus: Wer erkennt, der redet nicht; und wer redet, der erkennt nicht. Anders als bei Chandos ist das Vertrauen in die Sprache insofern nicht verloren gegangen, als es noch nie gegeben hat.

Während die Wortlosigkeit bei Zhuangzi fast als ein Indiz für die Übereinstimmung mit der Natur interpretiert wird, steht die Verstummung in der Sprachkrise bei Chandos mit dem Zerfall des ganzen Daseins als einer großen

---

5 Der Chandosbrief wird mit Seitenzahlen im laufenden Text zitiert nach: Hofmannsthal: Gesammelte Werke. [Bd. 7:] Erzählungen, Erfundene Gespräche und Briefe, Reisen.

6 Die Kapitelnummern und Seitenzahlen in Klammern beziehen sich auf das Original nach der Ausgabe: Cao Chuji: Zhuangzi qianzhu; deutsch nach der unvollständigen Übersetzung von Richard Wilhelm: Dschuang Dsi: Das wahre Buch vom südlichen Blütenland; der Übersetzungstext wurde eventuell ergänzt oder leicht geändert.

Einheit aufs engste im Zusammenhang. Verstand er sich vorher als Teil der „großen Einheit", in der die „geistige und körperliche Welt" nicht gegensätzlich erschienen, sieht er nun, dass die Integration von Ich und Welt gestört ist. Der Welt entfremdet gegenüberstehend reflektiert er den Zustand der geistigen Erstarrung aus einer Distanz, wobei ihm die Sprachsouveränität abhanden gekommen ist. Erst in der dritten Phase seiner Entwicklung gibt es Augenblicke, in denen „etwas völlig Unbenanntes und wohl auch kaum Benennbares" „irgendeine Erscheinung meiner alltäglichen Umgebung mit einer überschwellenden Flut höheren Lebens wie ein Gefäß erfüllend, mir sich ankündet"(S. 467). In solchen Momenten spürt Chandos in einer dichterischen Ekstase „Gegenwart des Unendlichen", eine „mich und die ganze Welt durchwebende Harmonie"(S. 469), ein Entzücken, das wortlos und damit schrankenlos ist.

Auch in der Schrift „Zhuangzi" wird immer wieder ein Entzücken beim innerlich-mystischen Erleben geschildert. Unabhängig davon, ob die schrankenlose Freiheit, für die Zhuangzi mit seinem Sinnbild des Großen Vogels plädiert, auch auf die Wortlosigkeit, oder anders gesagt, auf das Hinwegsetzen über symbolische Ordnung zurückzuführen ist, gibt es bei ihm auch etwas, was auszudrücken, um mit Chandos zu sprechen, „alle Worte zu arm scheinen" (S. 467). Die Wirklichkeit sprachlich bis zur Restlosigkeit zu bewältigen, ist nichts anders als eine Pathologie der menschlichen Arroganz. „Worüber man reden kann, das ist das grobe Ding. Worüber man sich besinnen kann, das ist das feine Ding. Was sich dagegen allen Worten und Vorstellungen durchaus entzieht, das ist etwas, woran von fein und grob nicht unterschieden wird" (17/242). In dieser Hierarchie steht das Benennbare ganz unten. Verbal kann das Feine der gedanklichen Welt nicht erreicht und wiedergegeben werden, geschweige denn das „Chaotische" von dao als dem Ursprung des Seins. Aus Zhuangzis Sicht sind die Eigenschaften der Erkenntnisobjekte kaum bestimmbar. Die Welt wird grundsätzlich als eine Einheit angesehen, in der keinerlei Unterschiede existieren können und unzweifelhaftes Wahrheitskriterium kaum vorhanden ist. Untersagt wird jedwedes Streben nach etwas, was die Welt differenziert, analysiert, kategorisiert und sie dadurch als eine ganzheitliche Totalität zerstört. Keiner vermag das *dao* sprachlich zu erlangen, wenn sich nichts der Relativität entzieht. Ungewiss ist sogar der Unterschied zwischen Traum und Wachsein, was aus einer der bekanntesten Zhuangzi-Geschichten hervorgeht: Einst träumt Zhuangzi, dass er ein flatternder Schmetterling ist, der sich wohl und glücklich fühlt und nichts von Zhuangzi weiß. Plötzlich wacht er auf: Da ist er wieder wirklich und wahrhaftig Zhuangzi und weiß nicht, ob Zhuangzi geträumt hat, dass er ein Schmetterling sei, oder ob der Schmetterling geträumt hat, dass er Zhuangzi sei. (2/41)

Auch bei Chandos ist man versucht, festzustellen, dass es um eine wachende und zugleich träumende Figur geht, die in der Krise der zweiten Phase mit einer

Gesundung bei Seneca und Cicero an der „Harmonie begrenzter und geordneter Begriffe" (S. 466) rechnet, damit also, was schließlich nicht gelingen kann. Denn „das Tiefste, das Persönliche meines Denkens blieb von ihrem Reigen ausgeschlossen. Es überkam mich unter ihnen das Gefühl furchtbarer Einsamkeit; mir war zumuth wie einem, der in einem Garten mit lauter augenlosen Statuen eingesperrt wäre." (S. 466 f.) Wenn der Versuch von Chandos, durch Lektüre antiker Autoren einen Ausweg aus der Sprachkrise und aus der geistigen Starre zu finden, gescheitert ist, so erklärt sich Zhuangzi von Anfang an gegen die fortwährende Berufung auf klassische Schriften. Denn auch diese sind in der Sprache verfasst, die sich als defizitär erweist und mit der keine Möglichkeit verfügbar ist, persönliche Erfahrungen zu vermitteln. Dies wird in einem Vergleichnis wie folgt veranschaulicht: Als der Herzog sich in „Heilige Worte" vertiefte, bezeichnete ein alter Wagner sie als „Abfall und Hefe der Männer des Altertums", was er dann, von dem lesenden Herzog wegen der Blasphemie zur Rechenschaft gezogen, vom Standpunkt seines Berufs aus zu erklären versuchte: „Wenn man beim Rädermachen zu bequem ist, so nimmt man's zu leicht, und es wird nicht fest. Ist man zu eilig, so macht man zu schnell, und es paßt nicht. Ist man weder zu bequem noch zu eilig, so bekommt man's in die Hand, und das Werk entspricht der Absicht. Man kann es mit Worten nicht beschreiben, es ist ein Kunstgriff dabei", den er nicht einmal seinem Sohn beibringen könne, weshalb er im hohen Alter noch selbst Räder machen müsse. Analog dazu „nahmen die Männer des Altertums das, was sie nicht mitteilen konnten, mit sich ins Grab." (12/204) Was man von schriftlichen Überlieferungen zu profitieren glaubt, ist in Wirklichkeit nicht viel wert, weil die Essenz eben unsäglich ist.

Offenbart sich das „Unsägliche" bei Stefan George, an den der *Chandosbrief* eigentlich adressiert werden soll, innerhalb der Kunst, so erblickt der fiktive Briefschreiber die Möglichkeit, das Wesentliche der natürlichen Dingwelt zu erhellen, in einem epiphanischen Erleben, ohne das keine sprachliche und künstlerische Arbeit sinnvoll ist. Nun „denkt" Chandos in einem Material, „das unmittelbarer, flüssiger, glühender ist als Worte" (S. 471). Bei diesem Material handelt es sich u. a. um unscheinbare Dinge der alltäglichen Umgebung, in denen ihm, wie bei dem „sehenden" Rilke später auch, die große Offenbarung sichtbar wird. Woran ihm als Künstler liegt, ist, die Dinge als „Gleichnis" selbst sprechen zu lassen, sie in ihrer „Helligkeit" zu bestätigen.

„Es wurden mir auch im familiären und hausbackenen Gespräch alle die Urtheile, die leichthin und mit schlafwandelnder Sicherheit abgegeben zu werden pflegen, so bedenklich, daß ich aufhören mußte, an solchen Gesprächen irgend teilzunehmen." (S. 465 f.) Für den einsamen Chandos, der sich so aus der sprachlichen Kommunikation mit Mitmenschen zurückzieht, gibt es „freudige und belebende Augenblicke" (S. 467), wo er sich von der außersprachlichen Welt angesprochen fühlt und ihm das eigentlich Triviale und Banale zu einem wunderbaren „Gefäß der Offenbarung" wird, sei es „eine Gießkanne, eine auf dem Felde verlassene Egge", sei es „ein Hund in der Sonne, ein ärmlicher Kirchhof." (S. 467) Eine epiphanische Kommunikation mit den Dingen findet statt, und all dies, was sonst keinerlei ernsthafte Aufmerksamkeit verdient, nimmt nun „ein erhabenes und rührendes Gepräge" (S. 467) an, welches sprachlich kaum wiedergegeben werden kann. Selbst die abwesenden Gegenstände wie der Todeskampf der im Keller eingesperrten und vergifteten Ratten und der Untergang von Alba Longa werden ihm – fast in einem Zustand des Traums *und* Wachseins – „vollste erhabene Gegenwart". Bei dem „Hinüberfließen" in die Totalität des Daseins ist ihm dingmystisch „alles, was es gibt, [...] etwas zu sein." Sogar sein Körper bestünde „aus lauter Chiffern, die mir alles aufschließen." (S. 469)

Dies würde chinesische Rezipienten an Zhuangzi erinnern, behauptet der doch auch in nichtigen Erscheinungen des Alltags das dao zu erblicken. Auf die Frage: „Was du den Urgrund des Seins nennst – wo ist es zu finden?" antwortet er: „Es ist in dieser Ameise, in diesem Unkraut, in diesem Tonscherben, in diesem Kothaufen", „es ist allgegenwärtig" (22/333), lässt sich aber sprachlich nicht beschreiben. Diese Theorie, in der manche Autoren etliche mit der Naturtheorie und dem Pantheismus vergleichbare Ansätze wiederentdecken, birgt viele mystisch-introspektive Züge in sich, die, obwohl als Heterodoxie, in der Geschichte chinesischer Dichtung und Kunst nicht ohne Einfluß geblieben sind. Beispielsweise über das Zen (den Chan-Buddhismus), in dem sich einiges findet, was mit dem Ansatz von Zhuangzi im Wesentlichen übereinstimmt.

Zu den Gemeinsamkeiten gehört beispielsweise auch radikale Sprachkritik, die aber ironischerweise sprachlich präsentiert wird. Nach dem Zen als dem „einheimischen", weil vom Daoismus durchdrungenen Buddhismus wäre die Erleuchtung eher durch meditative Vensenkung, nonverbale Andeutung usw. als durch Studium der Schriften zu erlangen. Umso erstaunlicher ist, dass uns heute unzählige Zen-Schriften überliefert vorliegen. Widerspricht das denn nicht der zen-buddhistischen Forderung, „frei von der Schrift zu sein"? Diese Frage könnte man eigentlich auch an Zhuangzi stellen: Worin besteht denn der Sinn, ein Buch wie „Zhuangzi" zu verfassen, um u. a. die Idee von „yan bu jin yi" zu verbreiten, wenn der Mensch mittels der Sprache selten Zugang zur Wirklichkeit hätte, wenn eine sprachliche Übertragung und Tradierung der Gedanken und Erfahrungen nur eine unmögliche Möglichkeit wäre? Ist die Sprache nicht etwas Überflüssiges, wenn „Himmel und Erde mit ihrer großen Schönheit nicht reden, die vier Jahreszeiten mit ihren klaren Gesetzen nicht sprechen, alle Dinge in der Welt mit ihren festen Grundsätzen keinen Laut von sich geben" (22/325)?

Wichtig und vielleicht auch nicht ganz ohne Widerspruch ist in diesem Zusammenhang eine viel zitierte Äußerung in „Zhuangzi", die in der Geschichte der chinesischen Literatur, Kunst und Ästhetik von außerordentlicher Bedeutung ist: „Fischreusen sind da um der Fische willen; hat man die Fische, so vergißt man die Reusen. Hasennetze sind da um der Hasen willen; hat man die Hasen, so vergißt man die Netze. Worte sind da um der Gedanken willen; hat man den Gedanken, so vergißt man die Worte". (26/419) Was hier mit Fischreuse und Hasennetz metaphorisiert wird, entspricht dem zen-buddhistischen Bild von einem – an sich wertlosen – Floß, das man aber braucht, um an das andere Ufer eines Flusses zu gelangen. Hervorgehoben wird hier wie dort, dass die Sprache kein ontologisches Gewicht und höchstens eine instrumentelle Funktion hat. Es kommt nicht so sehr auf die Sprache an, auf die man notdürftig doch zurückgreifen muß, sondern vielmehr darauf, was über die Worte hinausgeht bzw. sich hinter ihnen verbirgt. Diejenigen aber, die nicht an der sprachlichen Oberflächenstruktur hängenbleiben und sich von ihrem Wesen nach begrenzten Worten befreien können, sind nach Zhuangzi derart selten anzutreffen, dass er seufzen muß: „Wo finde ich einen Menschen, der die Worte vergißt, auf dass ich mit ihm reden kann?" (26/419)

„Zhuangzi" besteht aus drei Arten von Worten, die von dem normalen Sprachgebrauch abweichen. Nach der eigenen Aussage des Verfassers sind in dieser Schrift „neun Zehntel Gleichnisreden, sieben Zehntel Zitate von Worten, die von andern schon früher ausgesprochen sind, und die Worte endlich, die täglich wie aus einem Kippbecher hervorkommen und gestimmt sind auf die Ewigkeit." (27/420) Der Sinn der zitierenden Wiederholung besteht darin, dadurch das Gesagte zu relativieren. Der Becher, der sofort kippt, wenn er voll ist, und wieder aufrecht steht, wenn er leer ist, symbolisiert eine Bereitschaft, fortwährend Neues aufzunehmen und dann aber immer wieder das Aufgenommene zu dekonstruieren, demonstriert eine Vorurteilslosigkeit, Aufgeschlossenheit, Nichtfixiertheit, einen offenen Interpretationsraum. Der überwiegende Teil besteht aber aus Gleichnissen und Bildern, in denen, wenn überhaupt, eher nahegebracht werden kann, was unsagbar ist.

In einem diametralen Verhältnis zu Zhuangzi befindet sich der erdachte Empfänger des *Chandosbriefs*, Bacon, nach dem die Bildhaftigkeit, wie sie an der antiken Weisheit in Fabeln und Parabeln zu erkennen ist, eher für die frühere Entwicklungsstufe der Menschheit typisch ist und nach der Logik des linearen Fortschritts und der empirischen und exakten Wissenschaft als etwas Rückständiges und Minderwertiges angesehen werden soll. Dieser Ansicht steht Chandos kritisch gegenüber, wenn er in diesem eindrucksvollen Essay in Briefform bildhafte und metaphorische Ausdrücke favorisiert und die „mythischen Erzählungen" als „die Hieroglyphen einer geheimen, unerschöpflichen Weisheit" aufzuschließen versucht, die „hinter einem Schleier" liegen. In der Bildsprache, in der Sprache der Natur, wird ihm der sonst verborgene Gott sichtbar. Wenn die konventionellen Begriffszusammenhänge zerfallen, treten an ihre Stelle nun auch

Bilder des Traums: Die Worte sind selbständig geworden, sie gerinnen zu Augen, die ihn anstarren und in die er auch hineinstarren muss, sie werden zu sich unaufhaltsam kreisenden Wasserwirbeln, durch die man sich ins Leere, ins Nichts bewegt.

In seiner Interpretation weist Helmstetter allerdings darauf hin, dass „Chandos schon vor seiner Krise der Schrift verfallen war" und dass für ihn die „Abwertung des Direkten, des sinnlich und sozial Vermittelten und die Bevorzugung des Inneren, Indirekten, ‚Geistigen', Abstrakten [...] über die Krise hinweg charakteristisch" ist. Chandos denke die Sprache von der Schriftlichkeit aus, von Sprache lediglich als Medium des Bewusstseins, des von den anderen ungestörten „einsamen Seelenlebens." „Der Preis der Abspaltung der Sprache vom Sprechen ist ihr ‚Tod', eine Leblosigkeit und Erstarrung, die auch ihren (Nicht)Sprecher erfaßt. [...] Chandos verkörpert nicht Sprachskepsis, sondern Sprachverfallenheit und genauer Schriftverfallenheit."[7]

Hingegen unterscheidet Zhuangzi, statt allgemein von Sprache zu sprechen, zwischen Oralität und Literalität der Sprache im Zusammenhang mit *yi* (Gedanken, Begriff, Bedeutung) und *dao*. Dem folgenden Abschnitt ist zu entnehmen, wie bei diesem Sprachmeister und -kritiker das Verhältnis zwischen Rede, Schrift, Gedanken und *dao* definiert wird:

> Der Welt Wertschätzung des *dao* ist Wertschätzung der Bücher. Doch Bücher enthalten nur Worte. Es gibt aber etwas, wodurch die Bücher wertvoll werden. Was die Worte wertvoll macht, sind die Gedanken. Es gibt etwas, wonach sich die Gedanken richten; das aber, wonach sich die Gedanken richten, läßt sich nicht durch Worte überliefern. Die Welt aber überliefert um der wertvollen Worte willen die Bücher. Obwohl die Welt sie schätzt, sind sie in Wirklichkeit der Wertschätzung nicht wert, weil das, was sie wert hält, nicht wirklich wertvoll ist. So ist das, was man beim Anschauen sieht, nur Form und Farbe, was man beim Hören vernimmt, nur Name und Schall. Ach, daß die Weltmenschen Form und Farbe, Name und Schall für ausreichend erachten, das Ding an sich zu erkennen! Form und Farbe, Name und Schall sind wirklich nicht ausreichend, um das Ding an sich zu erkennen. Darum: „Der Erkennende redet nicht, der Redende erkennt nicht." Die Welt aber, wie sollte die es wissen. (13/203)

Wonach sich die Gedanken richten, das ist das *dao*, das grenzlos über „Form und Farbe" und „Name und Schall" hinausgeht. Da man mit der begrenzten Sprache nicht zum Wesenskern aller Dinge vordringen kann, ist dieser eben nur schweigend, mystisch und unmittelbar zu erleben. Dieses Erlebte, das *yi*, lässt sich nicht durch mündliche Sprache, die ja künstlich, nicht nätürlich ist, ausdrücken und übertragen, schon gar nicht durch Schrift, weil diese als Signifikant des Signifi-

---

7 Helmstetter: Entwendet. Hofmannsthals Chandos-Brief, S. 457, 464.

kanten, Imitation der Imitation gilt und noch weiter von dem *dao* entfernt ist als die menschliche Stimme. – Man erinnert sich an Platon, Saussure, Derrida, die hier und im Zusammenhang mit der langen Geschichte der philosophischen Schriftverachtung in Betracht kommen. – Nach Zhuangzi ist das Schrifttum daher nur zu verstehen als „Abfall und Hefe" bei dem Versuch, sich dem dao zu nähern, keineswegs aber als dao an sich, das unbenennbar ist.

Sprachkritik ist oft auch Kulturkritik, Abweichung von kulturellen Konventionen und Normen, die Chandos und den altrömischen Senator Crassus verbinden soll. Diesem wurde einmal das närrische Verhalten vorgeworfen, über den Tod seiner Muräne Tränen zu vergießen. Darauf antwortet Crassus: „So habe ich beim Tod meines Fisches getan, was Ihr weder bei Eurer ersten noch Eurer zweiten Frau Tod getan habt". (S. 471) Mit seinem „Herz-Fasten" als Ausschaltung der bewussten Reflexion und seinem „Vergessen im Sitzen" als einer totalen Gleichgültigkeit verhält sich Zhuangzi, der beim Sterben seiner Frau singend auf eine Schüssel trommelt, geradezu lächerlich, moralisch inakzeptabel, besonders für die Orthodoxie der konfuzianischen Tradition in China, in der die Liebe, die Familie genauso fundamental wie die Schrift ist.

Die Sprachkrise und -kritik, die bisher exemplifiziert an *Chandosbrief* und „Zhuangzi" vergleichend dargestellt wurde, kann als ein fast universelles Phänomen sowohl im Westen wie im Osten – natürlich in verschiedenen Kontexten und Konstellationen – betrachtet werden.

Schon in der deutschen Literatur um 1800 glaubt Bartl einen ersten Höhepunkt sprachskeptischer Reflexionen erblicken zu können, der die Sprachkrise des 20. Jahrhunderts antizipiere, und zitiert gleich am Anfang seines Buchs die von Schiller mehrmals variierten Verse, die ursprünglich für den *Don Karlos* bestimmt waren[8]:

Schlimm, daß der Gedanke
erst in die Elemente trokner Silben
zersplittern muß, die Seele zum Gerippe
verdorren muß, der Seele zu erscheinen [...].[9]

Zweifelhaft scheint auch für Goethe die Funktionstüchtigkeit der Sprache zu sein, wenn er sagt: „Was ich recht weiß, weiß ich nur mir selbst; ein ausgesprochenes Wort fördert selten, es erregt meistens Widerspruch, Stocken und Stillstehen."[10]

---

8 Bartl: Im Anfang war der Zweifel, S. 20, S. 9, vgl. auch S. 190 f.

9 Im Brief vom 15. April 1786 schrieb er an Körner, vgl. Schiller: Werke (Nationalausgabe), Bd. 7. II, S. 310.

10 Goethe: Wilhelm Meisters Wanderjahre – Werke (Hamburger Ausgabe), Bd. 8, S. 476.

Wie ein echtes Kunstwerk, dessen Wesen und Verdienst nicht verbal mitgeteilt werden könnte,[11] sind nach seiner Naturauffassung im Jahre 1809 alle Erscheinungen unaussprechlich:

> Ich meinerseits möchte mir das Reden ganz abgewöhnen und wie die bildende Natur in lauter Zeichnungen fortsprechen. Jener Feigenbaum, diese kleine Schlange, der Kokon, der dort vor dem Fenster liegt und seine Zukunft ruhig erwartet, alles das sind inhaltschwere Signaturen; ja, wer nur ihre Bedeutung recht zu entziffern vermöchte, der würde alles Geschriebenen und alles Gesprochenen bald zu entbehren imstande sein! Je mehr ich darüber nachdenke, es ist etwas so Unnützes, so Müßiges, ich möchte fast sagen Geckenhaftes im Reden, dass man vor dem stillen Ernste der Natur und ihrem Schweigen erschrickt, sobald man sich ihr vor einer einsamen Felswand oder in der Einöde eines alten Berges gesammelt entgegenstellt![12]

Nach seiner vielbeschriebenen „Kant-Krise" betrachtet Kleist die Sprache zunehmend skeptisch, weil er das rationale Erkenntnismodell der überwiegend optimistischen Aufklärung für fragwürdig hält. Ebenfalls problematisch scheint die zwischenmenschliche Verständigung durch die Sprache zu sein, was in vielen Dramen der deutschen Literatur manchmal recht radikal dargestellt wird. Man kann sich auch fragen, ob in gewissem Maß der Kernaussage des anfangs zitierten Gedichtes von Rilke entspricht, was am Ende des Romans *Die Verwirrungen des Zöglings Törleß* von Musil steht – „Er konnte nicht viel davon erzählen. Aber diese Wortlosigkeit fühlt sich köstlich an."[13] Im deutschen Sprachraum lässt sich vor allem in den letzten zwei Jahrhunderten eine Entwicklung von Goethe, Kleist, über Nietzsches *Über Wahrheit und Lüge im aussermoralischen Sinn*, Mauthners *Beiträge zu einer Kritik der Sprache*, Hofmannsthals *Chandosbrief* bis hin zu neueren Bewegungen in der Gegenwartsliteratur verfolgen.

In diesem Zusammenhang verdient im Westen die Jahrhundertwende – *Chandosbrief* gilt als paradigmatisch dafür – besondere Aufmerksamkeit, während in China die Sprachskepsis bzw. -kritik viel früher zu datieren wäre. Bei Mauthner, dem deutschsprachigen Schriftsteller der Jahrhundertwende, liest man: „Ich könnte mich versucht fühlen, in Tao eine uralte Sprachkritik zu entdecken; denn Lao-Tse sagt: ‚Der Name, der genannt werden kann, ist nicht der ewige Name.'"[14] Aber bereits im *Buch der Wandlung* findet sich ansatzweise die sprachkritische These „yan bu jin yi", die dann in „Zhuangzi" wiederaufgenommen und wesentlich vertieft wird. Interessant in der folgenden Entwicklung ist vor

---

11 Bartl: Im Anfang war der Zweifel, S. 79.
12 Gespräch vom Juni 1809 mit Johann Daniel Falk – Goethe: Gespräche, Bd. 2, S. 256.
13 Musil: Die Verwirrungen des Zöglings Törleß, S. 140.
14 Mauthner: Wörterbuch der Philosophie, Bd. 3, S. 267, zit. n. www.zeno.org/Mauthner-1923/K/ mauthnerwbp-003 – 0267 (1.7.2013).

allem die sogenannte „Wort-Sinn-Debatte" (yan yi zhi bian), die in der Wei-Jin-Zeit des 3. und 4. Jahrhunderts stattfand. Nach Ouyang Jian, der in China für seine positive Betrachtung der menschlichen Sprache bekannt ist, verhalten sich „Sinn" und „Wort", Bezeichnetes und Bezeichnendes zueinander wie die Dinge und ihre Schatten, die miteinander eng verbunden sind. Dem Wandlungsprozess der Welt kann man durch die Sprache gerecht werden, indem diese sich selbst auch entsprechend verändert. Allerdings bezieht sich hier der „Sinn" nicht so sehr auf Metaphyisches, wie es bei seinen zahlreichen Gegnern häufig der Fall ist.

Derartige optimistische Ehrgeiz fehlt beispielsweise bei Xun Can, für den die „feine und große Wahrheit des himmlischen Wegs" sprachlich nicht vermittelbar ist, weswegen man den klassischen Kanon nur als „Abfall" bezeichnen kann. Ähnliche sprachskeptische Positionen finden sich explizit bei Ji Kang und Wang Bi, der letztere als einer der bedeutendsten Kommentatoren der daoistischen Schriften. In dem weit oben zitierten Natur-Gedicht von Tao Yuanming, wo eine Skepsis gegenüber der unzulänglichen Sprache des Menschen durchscheint, sind Welt und Ich miteinander verschmolzen, von einer Subjekt-Objekt-Spaltung kann nicht die Rede sein – etwa im Sinne von Hölderlin, der von „Urtheil" und „Seyn" spricht.

Für den dritten Ansatz mit seiner Kompromisslösung gilt das „Wort" nur als ein Mittel, das man vergessen kann, sobald der „Sinn" erreicht wird. Dies erinnert an die Metaphern Reuse und Fisch bei Zhuangzi, der sich der „drei Arten von Worten" als Notbehelf bedient, und vielleicht auch an das Bild der Leiter von Wittgenstein und an die folgende Aussage von Kleist in *Brief eines Dichters an einen anderen:*

> [...] dem Durstigen kommt es, als solchem, auf die Schale nicht an, sondern auf die Früchte, die man ihm darin bringt. Nur weil der Gedanke, um zu erscheinen, wie jene flüchtigen, undarstellbaren, chemischen Stoffe, mit etwas Gröberem, Körperlichen, verbunden sein muß: nur darum bediene ich mich, wenn ich mich Dir mitteilen will, und nur darum bedarfst Du, um mich zu verstehen, der Rede. Sprache, Rhythmus, Wohlklang usw., so reizend diese Dinge auch, insofern sie den Geist einhüllen, sein mögen, so sind sie doch an und für sich, aus diesem höheren Gesichtspunkt betrachtet, nichts, als ein wahrer, obschon natürlicher und notwendiger Übelstand; und die Kunst kann, in bezug auf sie, auf nichts gehen, als sie möglichst verschwinden zu machen.[15]

Es ist eine unbestreitbare Tatsache, dass der Aufassung „yan bu jin yi" in der chinesischen Geistesgeschichte von der „mysteriösen Lehre" (xuan xue) bis zum Zen-Buddhismus ein nicht geringzuschätzender Stellenwert zukam. Sowohl in ästhetisch-literaturtheoretischen Überlegungen als auch in den Praktiken der

---

15 Kleist: Sämtliche Werke und Briefe, Bd. 3, S. 565–566.

Dichtung, Malerei, Kalligraphie, Architektur usw. ist die Bedeutung des „yan bu jin yi" auch eindeutig zu erkennen, beispielsweise in der Theorie des sogenannten „yijing" (nur annähernd als „atmosphärische Stimmung der Kunst" zu überset-zen), die in einer eigenartigen Verbindung mit dem konfuzianisch orientierten „jiaohua" (Belehrung, Bildung und Kultivierung) den Charakter der chinesischen Kultur überhaupt prägt.

Allerdings scheint ein differenzierter Zugang zu dem Phänomen der Sprachkrise und -kritik möglich. Sprachkritik kann ein Indikator und Faktor für Gesellschafts-, Identitäts- und Erkenntniskrise usw. sein. Betont man die konsti-tutive Funktion der Sprache für das Denken, hat die Sprachkrise dann auch mit der Denkkrise zu tun. Es ist auch vorstellbar, die Sprachkritik, etwa nach dem Orga-non-Modell von Karl Bühler oder die sogenannte „Dreistrahligkeit der semanti-schen Relation"[16] berücksichtigend, zu klassifizieren. Wenn man klagt, dass die menschliche Sprache die Gegenstände, Sachverhalte, Vorgänge der realen Welt – und auch metaphysische Welt – nicht, oder nicht adäquat, nicht erschöpfend darstellen kann, gilt diese Kritik vorwiegend der Bezeichnungsfunktion der Sprache. Die Sprachkritik kann sich auch auf andere Dimensionen beziehen, wenn sich mit der expressiven und appellativen Funktion der Sprache die intersubjek-tive Kommunikation, zwischenmenschliche Verständigung vor allem auf der Beziehungsebene nicht gewährleisten lässt. Es darf aber nicht unerwähnt bleiben, dass diese drei Typen sich nicht ausschließen, sondern oft nebeneinander exis-tieren, miteinander verknüpft, in Mischformen und Übergängen anzutreffen sind.

Es gilt aber auch darauf hinzuweisen, dass die Sprachkrise nicht notwendi-gerweise zum resignierenden Verstummen führt, sondern auch zur innovativen, kreativen Auseinandersetzung mit der Sprache auf verschiedene Art und Weise. Fromm hat in seiner Untersuchung von literarischen, essayistischen und theo-retischen Texten nicht nur „Unsagbarkeit als Phänomen beschrieben (Sprach-kritik)", sondern auch „Strategie ihrer Überwindung (Sprachmagie und Sprach-messianismus) in der Literatur aufgezeigt".[17] In dem chinesischen Wort für „Krise" (weiji) ist auch „Chance" (ji) enthalten, die in der Tat unterschiedlich wahrge-nommen, ausgenutzt, ausgeschöpft wird und durchaus produktiv und fruchtbar sein kann. In diesem Sinne kann man vielleicht sagen, dass es sich bei der anfangs erwähnten Paradoxie nur um eine scheinbare handelt.

Obwohl Goethe sagt, „Jeder prüfe sich, und er wird finden, dass dies viel schwerer sei, als man denken möchte; denn leider sind dem Menschen die Worte gewöhnlich Surrogate: er denkt und weiß es meistenteils besser, als er sich aus-

---

16 Vgl. Heintel: Einführung in die Sprachphilosophie, S. 75 f.
17 Fromm: An den Grenzen der Sprache, S. 8.

spricht"[18], will er die Sprache mit ihren vielfältigen Möglichkeiten nicht in Frage stellen. Eine besondere Leistungsfähigkeit in dieser Hinsicht weist beispielsweise die Poesie auf: Sie „hat in Absicht auf Gleichnisreden und uneigentlichen Ausdruck sehr große Vorteile vor allen übrigen Sprachweisen, denn sie kann sich eines jeden Bildes, eines jeden Verhältnisses nach ihrer Art und Bequemlichkeit bedienen. Sie vergleicht Geistiges mit Körperlichem und umgekehrt; den Gedanken mit dem Blitz, den Blitz mit dem Gedanken, und dadurch wird das Wechselleben der Weltgegenstände am besten ausgedrückt."[19]

Nach Novalis, in dessen Sprachreflexionen die Selbstbezüglichkeit von zentraler Bedeutung ist, soll „das Eigenthümliche der Sprache" darin bestehen, „daß sie sich blos um sich selbst bekümmert", und „daß wenn einer blos spricht, um zu sprechen, er gerade die herrlichsten, originellsten Wahrheiten ausspricht." Damit plädiert er für eine autonome, selbstreferentielle Sprechhandlung, eben für einen *Monolog*, der sich gegen das allgemeine Verständnis der sprachlichen Kommunikation richtet: „Der lächerliche Irrthum ist nur zu bewundern, daß die Leute meinen – sie sprächen um der Dinge willen."[20] Was hingegen Zhuangzi als notdürftige Ausdrucksmöglichkeiten und Überwindungsstrategien vorschwebt, ist nicht ein solches Sprechen um des Sprechens willen, nicht ein solches Spiel mit der Sprache als Selbstzweck mit Eigendynamik, wenn er wie gesagt eine eigentümliche Wort-Typologie aufstellt: Gleichnis-Wort, Zitat-Wort, Kippbecher-Wort als Mittel mit Grenze, mit denen versucht wird, trotz aller Unzulänglichkeit und Unvollkommenheit der menschlichen Sprache das Unsagbare zu sagen. In diesem „Trotzdem!" und „Dennoch!" befinden sich Sprachmisstrauen und Sprachvertrauen in einem dialektischen Verhältnis mit einem kreativen Potential, das in der chinesischen Dichtung zu dem idealen Zustand von „Schönheit oder Sinn außerhalb der Worte" oder der „Schwingung zwischen Anwesenheit und Abwesenheit" führen soll. Traditionell wird eine indirekte, andeutende, Phantasie anregende, Vorstellungskraft fördernde Art der sprachlichen Darstellung angestrebt, die man in China oft mit den weitverbreiteten Metaphern von Yan Yu, einem Dichter und Theoretiker aus der Song-Zeit, charakterisiert: wie „die Antilopen, die mit ihren Hörnern an den Ästen hängend schlafen, um auf dem Boden keine Spuren zu hinterlassen", oder wie „der Ton in der Luft, die Farbe im Schein, der Mond im Wasser, das Bild im Spiegel".[21]

---

18 Goethe: Wilhelm Meisters Wanderjahre – Werke (Hamburger Ausgabe), Bd. 8, S. 469.
19 Goethe: Geschichte der Farbenlehre – ebenda, Bd. 14, S. 105.
20 Novalis: Monolog. – Novalis: Werke, Tagebücher und Briefe, Bd. 2, S. 438–439, hier S. 438.
21 Zhou Manjiang, Zhang Baoquan (Hrsg.): Songdai shihua xuanshi, S. 645.

Literaturverzeichnis

Quellen

Cao, Chuji: Zhuangzi qianzhu [Zhuangzi mit einführenden Bemerkungen]. Beijing: Zhonghua Shuju 1982.

Dschuang Dsi: Das wahre Buch vom südlichen Blütenland. Nan Hua Dschen Ging. Aus d. Chines. verdeutscht u. erl. von Richard Wilhelm. Düsseldorf, Köln: Diederichs 1951.

Goethe, Johann Wolfgang: Gespräche. Hrsg. von Woldemar Freiherr von Biedermann. Bd. 1–4. Leipzig: Biedermann 1889–1896.

Goethe, Johann Wolfgang: Werke. Hamburger Ausgabe in 14 Bdn. Textkritisch durchgesehen und mit Anmerkungen versehen von Erich Trunz. Bd. 8: Romane und Novellen III. 15. Aufl. Bd. 14: Naturwissenschaftliche Schriften II. 11. Aufl. München: Beck 2002 und 2008.

Hofmannsthal, Hugo von: Gesammelte Werke in zehn Einzelbänden. Hrsg. von Bernd Schoeller in Beratung mit Rudolf Hirsch. Frankfurt a.M.: Fischer Taschenbuch Verl. 1979–1980 (Fischer-Taschenbuch.2159–2168).

Kleist, Heinrich von: Sämtliche Werke und Briefe in vier Bänden. Hrsg. von Ilse-Marie Barth, Klaus Müller-Salget, Stefan Ormanns und Hinrich C. Seeba. Frankfurt a. M.: Deutscher Klassiker Verlag 1987–1997.

Mauthner, Fritz: Wörterbuch der Philosophie. Bd. 3. Leipzig: Meiner 1923 – Zit. n. http://www.zeno.org/Mauthner-1923.

Musil, Robert: Die Verwirrungen des Zöglings Törleß. Reinbeck bei Hamburg: Rowohlt 1983.

Novalis [d. i. Friedrich von Hardenberg]: Werke, Tagebücher und Briefe Friedrich von Hardenbergs. Hrsg. von Hans-Joachim Mähl und Richard Samuel. Bd. 1–3. Darmstadt: Wissenschaftliche Buchgesellschaft 1999. Liz. Ausg. des Hanser Verlags, München, 1978.

Rilke, Rainer Maria: Sämtliche Werke. Hrsg. vom Rilke-Archiv in Verb. mit Ruth Sieber-Rilke. Besorgt durch Ernst Zinn. Bd. 3. Wiesbaden: Insel 1959.

Schiller, Friedrich: Werke. Nationalausgabe. Begründet von Julius Petersen. Fortgeführt von Lieselotte Blumenthal und Benno von Wiese. Hrsg. [...] von Norbert Oellers und Siegfried Seidel. [Bisher:] Bd.1–19.1; 20–42. Weimar: Böhlau 1949–2003.

Zhou, Manjiang; Zhang, Baoquan (Hrsg.): Songdai shihua xuanshi (Ausgewählte Interpretationen der essayistischen Texte über Gedichte aus der Song-Zeit). Guilin: Verlag der Pädagogischen Universität 2007.

Darstellungen

Bartl, Andrea: Im Anfang war der Zweifel. Zur Sprachskepsis in der deutschen Literatur um 1800. Tübingen: Francke 2005.

Debon, Günther: Mein Weg verliert sich fern in weißen Wolken. Chinesische Lyrik aus drei Jahrhunderten. Heidelberg: Lambert Schneider 1988.

Forke, Alfred: Geschichte der alten chinesischen Philosophie. 2., unveränd. Aufl. Hamburg: Cram, De Gruyter 1964 (Abhandlungen aus dem Gebiet der Auslandskunde. 25).

Fromm, Waldemar: An den Grenzen der Sprache. Über das Sagbare und das Unsagbare in
Literatur und Ästhetik der Aufklärung der Romantik und der Moderne. Freiburg i. Br.,
Berlin: Rombach 2006.

Heintel, Erich: Einführung in die Sprachphilosophie. Darmstadt: Wissenschaftliche
Buchgesellschaft 1991.

Helmstetter, Rudolf: Entwendet. Hofmannsthals Chandos-Brief, die Rezeptionsgeschichte und
die Sprachkrise. – In: Deutsche Vierteljahrsschrift für Literaturwissenschaft und
Geistesgeschichte 77 (2003), S. 446–480.

Zhao Jin

Textstile, Kulturstile – Am Beispiel von deutschen und chinesischen Texten zum Thema „Unternehmensprofil"

Abstract: Texte sind allgemeines Kulturgut der Menschheit und Textstile weisen als Realisierungen auf der Textoberfläche auf entsprechende Kulturstile hin. Textuelle Besonderheiten sind somit von bestimmten Kulturgemeinschaften geprägt und kulturell zu erklären. In diesem Beitrag wird exemplarisch die Textsorte „Unternehmensprofil" in deutschen und chinesischen Imagebroschüren analysiert und die sprachkulturell bedingten textuellen Besonderheiten werden aus der deutschen und der chinesischen Wirtschafts- wie Geistesgeschichte erklärt.

1 Textstile und Kulturstile

Texte sind als allgemeines Kulturgut der Menschheit zu betrachten. Dies besagt, dass Texte als Kommunikationsokkurrenz die grundlegenden Erscheinungen der Sprachverwendung darstellen und zugleich selbst Hervorbringungen der Kultur sind. Allerdings realisieren sich Texte in verschiedenen Kulturgemeinschaften anders und geben sich so in für das jeweilige Kollektiv spezifischer Weise zu erkennen. D.h., dass verschiedene Kulturgemeinschaften unterschiedliche Textstile aufweisen, die zugleich die verschiedenen Kulturstile zum Ausdruck bringen. Da die Textstile als die Art und Weise der textuellen Realisierung auf der Oberfläche von einer bestimmten Kulturgemeinschaft geprägt sind, sind die textuellen Besonderheiten in der Tiefenstruktur entsprechender Kultur verwurzelt und somit kulturell erklärbar.

Das Erfassen der Besonderheiten oder Eigenschaften der Textstile in einer Kulturgemeinschaft bringt zwangsläufig den Vergleich der in verschiedenen Kollektiven praktizierten Texte mit sich. Die Analyse der Textstile kann sich nach Brinker[1] auf die folgenden Textbeschreibungsebenen beziehen:
- Die kommunikativ-pragmatische Ebene (Wie wird die Textfunktion in der Situation realisiert? Welche Sprachmittel werden zur Realisierung der Textfunktion eingesetzt?)

---

1 Brinker: Zum Zusammenhang von Text- und Stilanalyse, S. 195–199.

- Die thematische Ebene (Wie wird die thematische Entfaltung realisiert? Durch welche Sprachmittel wird die Textthematik ausgedrückt?)
- Die grammatische Ebene (Wie kommt die grammatische Kohärenz zum Ausdruck? Welche sprachlichen Formen werden zur Herstellung der Textkohärenz bevorzugt verwendet?)[2]

In diesem Beitrag wird der Textstil der Textsorte „Unternehmensprofil" im Deutschen und im Chinesischen vergleichend analysiert und die Unterschiede aus der deutschen und chinesischen Wirtschafts- sowie Geistesgeschichte erklärt.

2 Analyse des „Unternehmensprofils" in Imagebroschüren

Wenn Imagebroschüren als Visitenkarte eines Unternehmens angesehen werden und als eine der wichtigen PR-Maßnahmen sowohl informationenanbietend als auch interesseerweckend sowie verkaufsfördernd sind, dann zeigt die Textsorte „Unternehmensprofil", die fast in jeder Imagebroschüre inklusiv ist, am direktesten das Selbstverständnis des Unternehmens.

Das zu untersuchende Korpus umfasst jeweils 7 chinesische und 7 deutsche Texte aus Imagebroschüren der Pharmabranche. Im Folgenden werden die unterschiedlichen Textstile dieser Textsorte in Deutschen und im Chinesischen vorgestellt.

2.1 Die thematische Analyse

Die jeweils in den chinesischen und deutschen Texten vorkommenden Teilthemen bzw. Teilthemensegmente, – unabhängig davon, ob sie ausführlich behandelt oder nur gestreift werden –, werden unten tabellarisch dargestellt:

---

2 Die grammatische Ebene zur Herstellung der Textkohärenz zeigt nur einen bestimmten Aspekt des Sprachstils. In dieser Arbeit wird somit stattdessen die sprachliche Ebene analysiert.

Teilthemen		Text 1	Text 2	Text 3	Text 4	Text 5	Text 6	Text 7
Unternehmen an sich	Eigenschaft	x		x	x	x		x
	Ort	x	x	x			x	
	Gründungsjahr	x	x				x	
	Abstammung/Gründer				x			x
	Mitarbeiteranzahl	x	x				x	x
	Qualifizierte Mitarbeiter	x	x	x			x	x
	Anlagevermögen/Investition	x	x	x				x
	Größe des/der Unternehmens(teile)	x	x	x				x
	Zusammensetzung	x				x		
Produkte	Produktionsgebiete	x	x			x		
	Wichtige Produkte	x		x	x	x	x	x
	Anzahl der Produkte	x					x	x
	Darreichungsformen	x	x		x	x		
Qualitätssicherung	Moderne Produktionseinrichtungen	x	x	x				
	GMP-Zertifikat	x	x	x		x	x	x
	Qualitätskontrolle	x						
Vertrieb	Ort	x						
Forschung/Entwicklung	Neue Produkte	x			x			
Anerkennung/Stellung	Ehrentitel	x		x	x	x	x	x
	Besichtigung von hohen Politikern							x
Motto/Philosophie		x	x	x				x
Willensausdruck		x	x	x		x		x
Umweltschutz		x						

Abb. 1 Zusammensetzung der Themen bzw. Themensegmente bei der Textsorte „Unternehmensprofil" im chinesischen Teilkorpus

Teilthemen		Text 1	Text 2	Text 3	Text 4	Text 5	Text 6	Text 7
Unternehmen an sich	Eigenschaft	x	x					
	Ort				x	x	x	x
	Gründungsjahr	x	x	x	x	x	x	x
	Abstammung/Gründer				x	x	x	x
	Mitarbeiteranzahl	x				x	x	x
	Gebäude/Größe der Unternehmensfläche					x	x	x
	Zusammensetzung				x		x	
Produkte	Produktionsgebiete			x			x	x
	Wichtige Produkte				x			x
	Anzahl der Produkte	x		x				x
	Darreichungsformen							x
Vertrieb	Internationale Geschäfte	x			x		x	x
	Umsatzvolumen	x		x				x
	Wachstum	x				x		
Forschung/Entwicklung	Forschungsinvestition	x						x
	Forschungspartner					x		
Stellung im deutschen bzw. Weltmarkt		x		x		x	x	
Motto/Philosophie			x	x				
Bedeutung des Unternehmensnamens							x	
Bedeutung des Unternehmenslogos								x

Abb. 2 Zusammensetzung der Themen bzw. Themensegmente bei der Textsorte „Unternehmensprofil" im deutschen Teilkorpus

Obwohl diese Textsorte sowohl im Chinesischen als auch im Deutschen eine ähnliche thematische Zusammensetzung aufweist und sich hauptsächlich aus Teilthemen wie „Unternehmen an sich", „Produkte", „Vertrieb", „Forschung/ Entwicklung", „Stellung" und „Motto/Philosophie" zusammensetzt, sind doch noch deutliche Unterschiede zwischen den beiden Teilkorpora festzustellen.

In chinesischen Texten werden zusätzlich zwei Teilthemen hervorgehoben, nämlich die „Qualitätssicherung" und der „Willensausdruck". Bei dem ersteren werden als Voraussetzung der hohen Qualität oft die modernen fortgeschrittenen

Produktionseinrichtungen (wie automatisierte Produktionslinien) erwähnt, die meistens aus technisch entwickelten Ländern importiert sind[3]. Zudem steht der Erwerb des GMP[4]-Zertifikates als Qualitätsgarantie ebenfalls im Vordergrund, der von sechs Texten vorgestellt wird[5]. Das andere Teilthema, nämlich der Willensausdruck, kommt in fünf Texten vor und stellt somit einen wichtigen thematischen Bestandteil dieser Textsorte im Chinesischen dar. Es steht immer am Ende des Textes, seine Ausdrucksweise ist oft politischen Slogans ähnlich und entspricht der aktuellen politischen Linie[6.]

Darüber hinaus beinhaltet in den chinesischen und in den deutschen Texten dasselbe Teilthema oft unterschiedliche Teilthemensegmente oder es legt auf dasselbe Teilthemensegment ein unterschiedliches Gewicht. Bei der Darstellung des Unternehmens an sich werden in den chinesischen Texten z. B. nicht nur die Mitarbeiteranzahl genannt, sondern häufig auch das Team oder die Anzahl der qualifizierten Mitarbeiter unterstrichen. Dabei werden unter „qualifizierten Mitarbeitern" diejenigen verstanden, die einen bestimmten akademischen Titel[7] bzw. einen brancheninternen technischen Grad[8] besitzen. Auch die Präsentierung der Summe des Anlagevermögens bzw. der Investitionen bildet ein zusätzliches Teilthemensegment im chinesischen Teilkorpus[9]. Dies wird von vier Texten un-

---

3 Z.B. „Das Unternehmen verfügt außerdem über moderne biopharmazeutische Forschungs- und Produktionseinrichtungen, die aus den USA, Deutschland, Japan etc. importiert worden sind." (ch. Text 3)

4 GMP ist die Abkürzung für „Good Manufactory Practice". Es sind „Richtlinien zur Qualitätssicherung der Produktionsabläufe und -umgebung in der Produktion von Arzneimitteln, Wirkstoffen und Medizinprodukten, aber auch bei Lebens- und Futtermitteln. [...] Ein GMP-gerechtes Qualitätsmanagementsystem dient der Gewährleistung der Produktqualität und der Erfüllung der für die Vermarktung verbindlichen Anforderungen der Gesundheitsbehörden." (Wikipedia: 16.10.2006).

5 Z.B. „In das Entwicklungszentrum für Medikamente durch biologische Technologie von der Qilu Pharmazeutischen Fabrik wurden knapp 100 Millionen RMB investiert, und es hat bereits das GMP-Zertifikat vom Staat erhalten." (ch. Text 1)

6 Z.B. „Heute schreitet die Qilu Pharmazeutische Fabrik gerade voller Begeisterung im Frühlingswind (in der Gunst) der Reformpolitik für Staatsunternehmen wegbahnend im neuen Jahrhundert voran. Sie bemüht sich, einen noch größeren Beitrag zum Beleben der pharmazeutischen Industrie des Vaterlandes und für das Gesundheitswesen der Menschheit zu leisten." (ch. Text 1)

7 Z.B. „Das Unternehmen hat ungefähr 800 registrierte Angestellte und Arbeiter, darunter haben mehr als 200 einen Bachelor-Titel oder einen Fachschulabschluss [...]." (ch. Text 6)

8 Z.B. „Zur Zeit werden 480 Mitarbeiter beschäftigt, unter denen 18 einen hohen brancheninternen fachlichen Grad besitzen und 68 % Fachleute mit einem mittleren brancheninternen fachlichen Grad bzw. anderen Graden sind." (ch. Text 2)

9 Z.B. „Es befindet sich in dem Feinchemie-Gewerbepark an der Hangzhou-Bucht und hat eine Fläche von 180.000 Quadratmetern. Sein Gesamtkapital beträgt 280 Millionen RMB." (ch. Text 2)

ternommen. Zudem scheint die Darstellung der Unternehmenseigenschaft[10] und der einzelnen Unternehmensteile bzw. -gebäude in den chinesischen Texten eine wichtigere Rolle zu spielen als in den deutschen Texten. Denn die Unternehmenseigenschaft haben fünf chinesische Texte in sich eingebaut, während dies nur in zwei deutschen Texten der Fall ist. Und was die Unternehmensteile bzw. -gebäude betrifft, so werden in vier chinesischen Texten nicht nur die modernen Gebäude relativ ausführlich beschrieben, sondern die Größe der Unternehmensfläche bzw. der dazu angehörigen Fabriken, Produktionsstätten usw. auch immer genau angegeben[11]. Hingegen wird in den drei deutschen Texten oft lediglich mit wenigen Worten erwähnt, wann ein neues Gebäude bzw. neuer Gebäudekomplex aufgrund des Wachstumsbedarfs entstand[12] oder wie groß die Werknutzfläche geworden ist, um die Entwicklung des Unternehmens zu schildern[13]. Demgegenüber legen die deutschen Texte mehr Wert auf die Tradition des Unternehmens. Denn alle sieben deutschen Texte haben das Gründungsjahr des Unternehmens angegeben und vier davon auch die Gründer vorgestellt. Dagegen wird das Datum der Unternehmensgründung nur von drei und die Unternehmensherkunft von zwei chinesischen Texten erwähnt.

Die Vorstellung der Produkte nimmt im Allgemeinen eine wichtige Stellung in den beiden Teilkorpora ein. Allerdings haben vier chinesische Texte die Darreichungsformen der Medikamente konkret dargestellt, die hingegen nur ein deutscher Text marginal erwähnt hat. Zudem wird im chinesischen Teilkorpus ein größerer Wert auf die Darstellung der wichtigen bzw. Markenprodukte des jeweiligen Unternehmens gelegt, denn dies wird von sechs chinesischen Texten

---

10 Dabei beziehen sie sich auf die Unternehmensform oder andere Besonderheiten, was den ersten Eindruck von dem Unternehmen vermitteln sollte. Wie z. B. „Qilu Pharmazeutische Fabrik wurde im Jahr 1958 gegründet und ist ein starkes und stabiles sowie multiproduzierendes großes modernes Pharmaunternehmen." (ch. Text 1)

11 Z.B. „Auf einer Fläche von 70 Hektar, die wie ein Teppich aus grünem Gras ist, liegen weiße Hochhäuser (wie Schmuck) hineingesetzt, verstreut, aber mit einer bestimmten Ordnung: die 1500 Quadratmeter große Vorverarbeitungswerkstätte, das 5500 Quadratmeter große hoch gelegte Lagerhaus, das 3000 Quadratmeter große Standardbürogebäude, die nach dem GMP-Standard entworfene 6600 Quadratmeter große multiproduzierende Werkstätte sowie Gebäude für Wissenschaft und Technik, für Qualitätsverwaltung, für Umweltschutz, für Benzinlieferung, für Stromverteilung usw." (ch. Text 6)

12 Z.B. „Ein neues Verwaltungsgebäude entstand und die Mitarbeiterzahlen stiegen kontinuierlich." (dt. Text 6)

13 Z.B. „Anfang der achtziger Jahre werden auf der 20000 qm großen Werksnutzfläche mit 220 Mitarbeiterinnen und Mitarbeitern für rund 40 Millionen Deutsche Mark Arzneimittel produziert und ausgeliefert." (dt. Text 7)

vorgenommen, während im deutschen Teilkorpus nur zwei Texte die wichtigen Medikamente vorgestellt haben.

Im Vergleich zu chinesischen Texten werden die Teilthemen „Vertrieb" und „Forschung/Entwicklung" in deutschen Texten für wichtiger gehalten. In Bezug auf „Vertrieb" wird lediglich in einem einzigen chinesischen Text erwähnt, dass die Produkte des Unternehmens „weit in die Länder und Regionen in Europa, Amerika, Südostasien usw. exportiert werden" (ch. Text 1). Hingegen wird dieses Teilthema im deutschen Teilkorpus nicht nur von sechs Texten aufgegriffen, sondern auch weitaus ausführlicher behandelt. Neben der Darstellung der internationalen Partner, der auf der ganzen Welt verteilten Tochtergesellschaften bzw. Repräsentanten wird auch das konkrete Umsatzvolumen angegeben und eventuell auf ein Exportwachstum hingewiesen. Bei „Forschung/Entwicklung" wird in zwei chinesischen Texten die Entwicklung neuer Produkte thematisiert, während in zwei deutschen Texten die genaue Summe der Forschungsinvestitionen und in einem die konkreten Forschungspartner vorgestellt werden, um die wichtige Stellung der Forschung im Unternehmen zu akzentuieren.

Da Imagebroschüren nicht nur informierend, sondern auch interesseweckend und verkaufsfördernd sind, versuchen die Unternehmen, bei der Selbstdarstellung ihre wichtige Stellung auf dem Markt bzw. in der Branche zu unterstreichen. Jedoch sind die Darstellungsperspektiven in chinesischen und in deutschen Texten völlig anders. Während die chinesischen Unternehmen durch die Präsentation der gewonnenen Ehrentitel (in sechs Texten)[14] bzw. durch die Darstellung der Besichtigung von internationalen hohen Politikern[15] die Branchen- und soziale Anerkennung argumentieren, versuchen die deutschen Unternehmen, in Bezug auf die Anzahl der Verordnung ihrer Medikamente[16] oder mit Blick auf den Umsatz bzw. die Anzahl der Vertriebsländer[17] ihre wichtige Marktstellung zu rechtfertigen.

Auch die thematische Funktion vom Einbau des Unternehmensmottos bzw. der Unternehmensphilosophie ist in den beiden Teilkorpora unterschiedlich. In

---

14 Z.B. „Es ist ein pharmazeutisches Schlüsselunternehmen der Provinz Zhejiang, '[eins der] fünf der ersten Gruppe' der Schwerpunkt- bzw. Rückgratunternehmen der Provinz, [eins der] zehn stärksten Handelsunternehmen in der Pharmabranche der Provinz, ein kleines Riesenunternehmen der Provinz, logistisches Versuchsunternehmen im Handel der Provinz und Zivilisationsunternehmen der Provinz." (ch. Text 5)

15 Z.B. „Die verehrten ausländischen Gäste wie der ehemalige deutsche Bundeskanzler Kohl, der ehemalige Präsident der USA Carter, die Delegation des europäischen Parlaments usw. sind auch mit Bewunderung gekommen." (ch. Text 7)

16 Z.B. „Nach Anzahl der Verordnungen liegt HEXAL in Deutschland auf Platz 2." (dt. Text 1, Fettdruck im Original).

17 Z.B. „Mit weit mehr als 200 Mitarbeitern gehört die Unternehmensgruppe Verla-Pharm nach Umsatz heute zu den 'TOP 100 im deutschen Pharmamarkt." (dt. Text 5, Teiltext 1)

den vier chinesischen Texten wird die Darstellung des Mottos als Teil der Selbstdarstellung angesehen und steht somit thematisch parallel zu anderen Informationen[18]. Dagegen fungiert die Unternehmensphilosophie in den beiden deutschen Texten als zentrales Thema, als Aspekt der Selbstdarstellung, die im weiteren Verlauf des Textes spezifiziert wird[19].

Was die thematische Entfaltung anbelangt, so sind alle 14 Texte in den chinesischen und deutschen Teilkorpora durch die Spezifizierungsrelation gekennzeichnet, d.h., ein Thema wird in seinen Komponenten (Teilthemen) dargestellt und in Raum und Zeit eingeordnet[20]. Neben der deskriptiven thematischen Entfaltung sind in den beiden Teilkorpora noch die explikative und die argumentative Themenentfaltung als Ergänzung zu finden. Dieser wird hier nicht weiter nachgegangen, denn es besteht keinen signifikanten Unterschied zwischen den beiden Teilkorpora in dieser Hinsicht.

2.2 Die funktionale Analyse

Die Textsorte „Unternehmensprofil" im Chinesischen wie im Deutschen hat eine dominierende Informationsfunktion. Sie versucht, aus einem bestimmten oder aus verschiedenen Aspekten den Rezipienten Informationen über das Unternehmen zu vermitteln. Allerdings bieten alle 14 Texte neben den Sachinformationen über das jeweilige Unternehmen auch die sogenannten Einstellungsinformationen an, d.h., der „Emittent gibt dem Rezipienten dann seine (positive bzw. negative) Bewertung eines Sachverhalts kund"[21]. Diese evaluative Einstellung wird vorwiegend durch zahlreiche Adjektive zur positiven Beschreibung des Unternehmens bzw. der Unternehmensprodukte, -einrichtungen usw. zum Ausdruck gebracht, wie „starkes und stabiles sowie [...] großes modernes" Pharmaunternehmen (ch. Text 1), „inlandsmoderne" Fließbände (ch. Text 2) oder „moderne" Generika und „innovative" Pharmazeutika (dt. Text 1), die „mutige" unternehmerische Initiative (dt. Text 3) usw. Darüber hinaus wird die Bewertung durch eingeschobene kommentierende Sätze realisiert, wie im chinesischen Text 1 „Die drei Produktionsbasen [von der Qilu Pharmazeutischen Fabrik] haben eine

---

18 Z.B. „Xinhua Bio wird nach dem Motto 'Personen als Fundament nehmen, ehrlich und vertrauenswürdig bleiben, Wege bahnen, Neues hervorbringen', ununterbrochen vorwärts streben [...]." (ch. Text 3)
19 Das Motto steht z.B. bereits als Titel des Textes da: „Leistung und Verantwortung Mundipharma – ein Unternehmen stellt sich vor" (dt. Text 2).
20 Vgl. Brinker: Linguistische Textanalyse, S. 65.
21 Ebenda, S. 109.

wissenschaftliche rationelle Verteilung gebildet und einen grandiosen Rahmen für die Entwicklung der Qilu Pharmazeutischen Fabrik im einundzwanzigsten Jahrhundert geformt." Im deutschen Teilkorpus sind ebenfalls ähnliche Beispiele zu finden, wie „Mit unserer Philosophie, [...], ist es gelungen, einen erheblichen Beitrag zur Kostensenkung im Gesundheitswesen zu leisten und seither Einsparungen in Milliardenhöhe zu ermöglichen." (dt. Text 3).

Diese wertenden Aussagen haben neben ihrer informierenden Funktion jedoch noch eine implizierte appellative Funktion, damit das Interesse der Rezipienten am Unternehmen geweckt und das Unternehmen bzw. seine Produkte positiv eingeschätzt wird oder werden.

Die Appellfunktion wird in den chinesischen Texten im Vergleich zu den deutschen allerdings durch den Einbau des Teilthemas „Willensausdruck" expliziter und stärker zur Geltung gebracht, dabei wird der eigene Wille konkret bezeichnet. Dies dient vor allem dazu, den Rezipienten emotional anzusprechen und ihn in seiner Einstellung zu beeinflussen.[22]

2.3 Die sprachliche Analyse

Aufgrund der Fülle der sprachlichen Indikatoren und der großen Unterschiede zwischen Chinesisch und Deutsch ist ein systematischer Vergleich der Textsorte „Unternehmensprofil" auf der verbalen Ebene nicht möglich und zugleich nicht nötig. Im Folgenden wird die Aufmerksamkeit auf die emotionalen Sprachausdrücke gerichtet. Nach Lehker[23] werden folgende fünf Kategorien von Ausdrücken bzw. Textteilen als affektiv verstanden:

1. „direkte und indirekte Gefühlsäußerungen des Textproduzenten wie Abscheu, Hass, Ablehnung, Bedauern, Freude, Rührung, Zustimmung oder evaluative Ausdrücke"
2. „Ausdruck des Einfühlungsvermögens gegenüber Gefühlen der Rezipienten"
3. „Ansprechen von Werten, von denen angenommen werden kann, dass sie auch vom Rezipienten geteilt werden"
4. „Lebendiger Ausdruck wie Metapher, rhetorische Fragen usw."
5. „Emotive Sprache mit vager deskriptiver aber intensiver emotiver Bedeutung"

---

22 Z.B. „Wir werden uns um die menschliche Gesundheit bemühen und für eine gute Zukunft kämpfen." (ch. Text 2)
23 Lehker: Texte im chinesischen Aufsatzunterricht, S. 17 f.

Während die evaluativen Ausdrücke in den beiden Teilkorpora relativ häufig vorkommen (vgl. 2.2.), was auch im Zusammenhang mit der spezifischen Funktion der Imagebroschüre zum Interessewecken steht, heben die chinesischen Texte durch ihr Ansprechen von Werten und häufigeres Benutzen von lebendigem Ausdruck sowie von emotiver Sprache ihre emotionale Ausdrucksweise besonders hervor.

Wie die Abbildung 1 bereits gezeigt hat, haben vier chinesische Texte die Unternehmensmottos als ihre Handlungsprinzipien dargestellt. Sprachlich gesehen erscheinen diese Mottos im Chinesischen sloganartig mit mindestens zwei Wortgruppen, zwischen denen eine symmetrische Beziehung bezüglich der Wortart und der Zeichenanzahl angestrebt wird. Die einzelnen Wortgruppen sind ferner durch sprachliche Prägnanz gekennzeichnet, die nicht selten durch Abkürzungen realisiert wird, so dass sich ihre komprimierte Bedeutung erst im gesellschaftlichen Kontext verstehen lässt[24]. Diese sprachlichen Besonderheiten haben eine mitreißende stilistische Auswirkung auf die Rezipienten, damit sie die Handlungsprinzipien bzw. die Unternehmenswerte anerkennen und teilen können. Dagegen wird die Unternehmensphilosophie zwar auch von zwei deutschen Texten thematisiert, die beiden fungieren aber erstens lediglich als Thema des Textes und werden relativ nüchtern vorgestellt. Zweitens sind sie stilistisch nicht markiert und besitzen somit keine derartige Wirkung wie die chinesischen Mottos („Dabei steht der Mensch im Mittelpunkt" im dt. Text 2 und „qualitativ hochwertige Medikamente kostengünstig zu entwickeln, zu produzieren und unter generischer Bezeichnung preiswert anzubieten" im dt. Text 3).

Das Ansprechen von Werten im Chinesischen aber wird nicht nur durch die Thematisierung des Unternehmensmottos vollzogen, sondern auch durch den Einbau des Teilthemas „Willensausdruck" in die fünf Texte realisiert. Denn dieser Willensausdruck zeigt die Entschlossenheit und eine hohe Kampfmoral des Un-

---

24 Beispielsweise besteht das Motto im Text 1 „以人才为根本、以科技求发展" (Yi rencai wei genben, yi keji qiu fazhan) aus zwei Wortgruppen, die jeweils wiederum aus sechs Zeichen gebildet sind. Die Wortarten sind in jeder Wortgruppe der Reihe nach Präposition (yi), Nomen (rencai, keji), Verb (wei, qiu) und Nomen (genben, fazhan), so dass eine symmetrische Relation zwischen den zwei Wortgruppen entsteht. Sie bedeuten etwa „Die qualifizierten Arbeitskräfte als Fundament nehmen und die Entwicklung in Abhängigkeit von Wissenschaft sowie Technik anstreben". Die sprachliche Knappheit zeigt sich besonders im Motto „人本、诚信、开拓、创新" (Renben, chengxing, kaituo, chuangxin) im Text 3, das sich aus vier Wortgruppen mit jeweils zwei Zeichen zusammensetzt. Das Motto bedeutet „Personen als Fundament nehmen, ehrlich und vertrauenswürdig bleiben, Wege bahnen, Neues hervorbringen". Dabei ist „人本" (Renben) die Abkürzung von „以人为本" (yi ren wei ben) und bildet an sich kein konventionelles Wort. Da „以人为本" (yi ren wei ben) einer der politischen Leitsätze der jetzigen chinesischen Regierung darstellt, versteht man die Abkürzung erst in diesem gesellschaftlichen Kontext.

ternehmens, das voller Begeisterung nicht nur sich weiter positiv entwickeln, sondern auch zum Fortschritt der Gesellschaft sowie des Gesundheitswesens beitragen und für eine gute Zukunft der Menschheit kämpfen will. Der Willensausdruck versucht somit, die Rezipienten emotional mit einem kämpferischen Geist anzustecken und zu motivieren.

Die affektiven Sprachausdrücke zeigen sich in den chinesischen Texten außerdem noch in sprachlichen Bildern wie Metaphern und Personifizierung, in stark emotional beladenen Formulierungen und in lebendigen Beschreibungen mit Redewendungen bzw. sloganartigen Formulierungen. Im Folgenden werden ein paar Beispiele genannt:

1. sprachliche Bilder – Metapher:
 – „乘着国有企业改革的东风" (Text 1, Satz 37): hier bedeutet „东风" (dong feng) Frühlingswind, steht für die revolutionäre Kraft.
 – „在70亩绿草如茵的地面上，镶嵌着一幢幢错落有致的白色高楼" (Text 6, Satz 3): „绿草如茵" (lücaoruyin) bedeutet „wie ein Teppich aus grünem Gras"; „镶嵌" (xiangqian) bedeutet „einsetzen" oder „einlegen", wird vorwiegend im Bereich der handwerklichen Arbeit benutzt (z. B. „mit Gold und Jade eingelegt", „mit Silberdraht eingelegte Lackwaren"). Hier wird die Beziehung zwischen den Gebäuden und dem Boden so beschrieben, dass die Feinheit und Schönheit der Gebäude und des Bodens sowie ihrer Kombination metaphorisch hervorgehoben wird.

2. sprachliche Bilder – Personifizierung:
 – „今天, 齐鲁制药厂正以高昂的姿态, 乘着国有企业改革的东风, 在新世纪开拓前进" (Text 1, Satz 37): Hier wird das Unternehmen wie eine Person beschrieben, die mit hoch erhobenen Kopf (以高昂的姿态 yi gaoang de zitai) mit dem Frühlingswind (乘着... 东风 chengzhe...dongfeng) wegbahnend fortschreitet (开拓前进 kaituo qianjin).
 – „实现公司经济在"十五„期间的新跨越" (Text 5, Satz 6): Mit „跨越" (kuayue) wird „überschreiten" oder „überspringen" gemeint. Damit wird auf anschauliche Weise beschrieben, dass das Unternehmen mit schnellem Tempo etwas Neues erreichen wird.

3. stark emotional beladene Formulierungen:
 – „宏伟框架" (Text 1, Satz 9): „宏伟" (hongwei) im Sinne von „großartig" bzw. „bombastisch" beschreibt hier den Rahmen (框架 kuangjia) oder
 – „巨大的挑战和机遇" (Text 3, Satz 11) und „巨大关怀和鼓励" (Text 7, Satz 9): Hier werden „die Herausforderungen und Chancen" (挑战和机遇 tiaozhan he jiyu) und „Anteilnahme und Ansporn" (关怀和鼓励 guanhuai he guli) mit dem Adjektiv „enorm" bzw. „gewaltig" (巨大 juda) beschrieben

4. lebendige Beschreibungen:

– Mit sprichwörtlicher Redensart in Vier-Zeichen-Form (成语 chengyu): wie „绿草如茵" (lücaoruyin, „wie ein Teppich aus grünem Gras") (Text 6, Satz 3), „错落有致" (cuoluoyouzhi, „verstreut aber Ordnung besitzend") (Text 6, Satz 3), „脱颖而出" (tuoyingerchu, „wie die Spitze einer Ahle durch die Tasche gestochen") (Text 6, Satz 5), „慕名而至" (mumingerzhi, „aus Bewunderung für eine berühmte Persönlichkeit angekommen") (Text 7, Satz 10). Diese festgeformten Redewendungen beinhalten nicht nur oft ein historisch überliefertes Wissen und haben eine metaphorische Bedeutung, sondern sie besitzen durch ihre einsilbige, amorphe Wortstruktur rhythmische Merkmale bzw. spezifische Klangmuster. Somit kommt ihre Lebendigkeit zum Ausdruck.

– Mit sloganartigen Ausdrücken: wie „国内首创, 独家生产" (guoneishouchuang, dujiashengchan, „Pionierprodukte im Inland, Produktion vom einzigen Hersteller") (Text 4, Satz 2). Die zwei Wortgruppen sind zwar keine Redewendungen, aber sie haben die Vier-Zeichen-Form von Chengyu übernommen und versuchen, mit einer symmetrischen Wortstruktur (Präpositionsgruppe plus Verb) ein bestimmtes Klangmuster zu bilden, damit sie lebhaft vorkommen und man sie sich gut merken kann.

In dem deutschen Teilkorpus werden einige sprachliche Bilder eruiert:

1. Metapher:
– „Rund **250 Wirkstoffe** bilden die Grundlage der breiten Palette rezeptfreier und verschreibungspflichtiger Präparate" (Text 1, Satz 2) und „eine breite Arzneimittelpalette von höchster Qualität anzubieten" (Text 3, Satz 3): „Palette" bezieht sich ursprünglich auf die Scheibe zum Farbenmischen beim Malen und bedeutet hier eine reiche Auswahl oder ein vielfältiges Angebot.
– „Ein erster Meilenstein ist 1907 die Patentierung von Euphyllin" (Text 4, Satz 4): „Meilenstein" bedeutet Stein zur Angabe der Entfernung am Rande von Wegen und Straßen, metaphorisiert hier hervorragendes Ereignis.
– „...legte damit den Grundstein für das heute international renommierte Unternehmen PASCOE Naturmedizin." (Text 6, Satz 5): „Grundstein" bedeutet den ersten Stein beim Beginn eines Baues und beschreibt hier metaphorisch die Grundlage.

2. Personifizierung:
„Hier schlägt das Herz von ALTANA Pharma, und von hier aus steuert die Konzernzentrale eine international ausgerichtete Forschung und Entwicklung sowie den weltweiten Vertrieb." (Text 4, Satz 15): Hier wird das Unternehmen als Mensch und die Konzernzentrale als das Herz personifiziert, und die Konzernzentrale kann wie das Herz die ganze Person steuern.

Aus dieser Darstellung ist ersichtlich, dass die emotionale Ansprache in den chinesischen Texten zahlreicher und vielfältiger als in den deutschen Texten erscheint.

2.4 Zusammenfassung der Unterschiede

Aus den obigen Analysen lassen sich die unterschiedlichen Textstile zu den folgenden Unterschieden der deutschen und chinesischen Kulturstile zusammenfassen:

1. Die chinesischen Unternehmen haben noch als Neulinge und die deutschen Unternehmen als weit entwickelte Akteure am marktwirtschaftlichen Geschehen teil. Denn bei der Vorstellung der Produkte werden im chinesischen Teilkorpus die wichtigen bzw. Markenprodukte des Unternehmens verstärkt in den Vordergrund gestellt, um ihre Popularität zu unterstreichen bzw. auszubauen. Zudem wird zur Betonung der Unternehmensstärke meistens die Anzahl der qualifizierten Mitarbeiter mit einem bestimmten akademischen Titel bzw. einem brancheninternen technischen Grad hervorgehoben. Anscheinend ist es noch nicht eine Selbstverständlichkeit, dass alle Mitarbeiter qualifiziert sind. Auch die Vorliebe der Präsentation der Unternehmensgebäude wie aus den technisch entwickelten Ländern importierten Maschinen von den chinesischen Unternehmen deutet darauf hin, dass sie sich noch auf einer bestimmten Entwicklungsphase befinden, in der Hardware in einem Unternehmen eine wichtigere Rolle als Software spielt. Dagegen wird in den deutschen Teilkorpus nicht selten ein deutlicher Akzent auf die Unternehmensgeschichte gesetzt. In allen deutschen Texten werden das Gründungsjahr und in den meisten auch der Gründer des Unternehmens vorgestellt. Selbst die Darstellung des Unternehmens vollzieht sich in den vielen Texten chronologisch, um die Unternehmensgeschichte in den Vordergrund zu bringen. Außerdem wird „Forschung und Entwicklung" in den deutschen Texten als Unternehmensstärke mit Betonung und Details vorgestellt. Auch die Schilderung der internationalen Kontakte bei dem Thema „Vertrieb" vermittelt nichts anderes als die Information der Internationalisierung des jeweiligen Unternehmens.

2. Die chinesische indirekte bzw. emotionale Darstellungsweise und die deutsche Sachlichkeit kommen zum Ausdruck. Die thematische Darstellungsweise in den chinesischen Texten ist weniger durch sachliche Daten und Fakten geprägt, sondern sie gewährt den Lesern oft in einer symbolischen Art einen größeren Spielraum zur Selbstinterpretation. Beispielsweise vermitteln die wiederholten Erwähnungen von erworbenen Ehrentiteln, Urkunden bzw. Zertifikaten sowie von der Besichtigung von hohen Politikern nichts anderes als

Anzeichen für die Markt- und Gesellschaftsanerkennung des Unternehmens und der Unternehmensprodukte sowie die entsprechende Qualitätssicherung bzw. -garantie. Die Emotion in den chinesischen Texten wird vor allem in der Formulierung des Unternehmensmottos geäußert. Diese klangvollen kurzen Sprüche voller Emphase bringen die Appellationsfunktion gut zur Geltung. Auch der Willensausdruck am Textende zeigt den Kampfgeist des Unternehmens und zugleich die Liebe zur Menschheit, was ebenfalls voller Emotion zur Sprache gebracht wird. Außerdem zeigt sich der Emotionsausdruck in der konkreten Sprachanwendung, insbesondere in dem viel häufigeren Benutzen von Metaphern, Personifizierungen, stark emotional beladenen Formulierungen und sprichwörtlichen Redensarten in Vier-Zeichen-Form sowie sloganartigen Ausdrücken. Dagegen erfolgt die thematische Darstellung in deutschen Texten sachlich mit Daten und Fakten. Dies betrifft nicht nur die Thematisierung der Produktion, die sich durch konkrete Nennung der Anzahl der Produktionsstätten, des Produktionspersonals usw. und durch Vorstellung des Herstellungsverfahrens, der Maßnahmen der Qualitätssicherung sowie -kontrolle vollzieht. Auch das Thema „Forschung und Entwicklung" wird auf diese sachliche Art und Weise ausgeführt. Die Betonung der Marktstellung des Unternehmens wird ebenfalls durch konkrete Nennung der Zahl der Verordnungen, des Umsatzes bzw. der Vertriebsländer realisiert, statt durch die Präsentation der Urkunden usw. darauf anzuspielen.

3 Unterschiede der Kulturhintergründe

3.1 Die Entwicklungsgeschichte der chinesischen und der deutschen Unternehmen

Zur Erklärung der Situation, dass die chinesischen Unternehmen noch als Neulinge und die deutschen Unternehmen als weit entwickelte Akteure am marktwirtschaftlichen Geschehen teilhaben, ist es nötig, jeweils einen Blick auf die Entwicklungsgeschichte der chinesischen und der deutschen Unternehmen bzw. die Industrialisierungsprozesse Chinas und Deutschlands zu werfen.

Die chinesische Industrialisierung und die Einführung des Unternehmens als Organisationsform begannen erst nach dem Opiumkrieg (1839–1842)[25], der die

---

25 Obwohl sich die handwerklichen Werkstätten bereits seit der Mitte des 16. Jahrhunderts entwickelten und vor allem in der Textil- sowie Porzellanbranche auch ein großes Ausmaß annahmen, was als Keim des chinesischen Frühkapitalismus betrachtet wird (vgl. Jiang:

Niederlage Chinas durch den „ungleichen Vertrag" von Nanjing besiegelte. Danach wurde China durch westliche Mächte mit Gewalt geöffnet. Denn nach dem Vertrag wurden z. B. wichtige Hafenstädte für den ausländischen Handel geöffnet und ausländische Waren mit niedrigen Zöllen importiert.[26] Es entstanden außerdem ausländische Industrieunternehmen, die durch maschinelle Massenproduktion gekennzeichnet waren. Bis 1894 waren über 100 ausländische Fabriken wie maschinelle Seidenhaspeleien, Schiffbaufabriken, Seifenfabriken usw. zu verzeichnen. Das westliche Fabriksystem wurde somit nach China eingeführt.[27] Nach dem Chinesisch-Japanischen Krieg (1894–1895) vollzog sich die massive wirtschaftliche Invasion Chinas durch den westlichen Kapitalismus. Denn nach dem ungleichen Vertrag von Shimonoseki im Jahre 1895 waren Staatsangehörige Japans oder westlicher Mächte in den Vertragshäfen zur Öffnung von Fabriken berechtigt, so dass es um die Jahrhundertwende in China bereits über 900 ausländische Unternehmen gab.[28]

Auf der anderen Seite hatten die chinesischen Militärführer durch die katastrophale Niederlage die Überlegenheit der westlichen Kanonen und Gewehre im Opiumkrieg zur Kenntnis genommen, was zu Modernisierungsanstrengungen einiger Militärreformer der Qing-Dynastie (1644–1911) wie Zeng Guofan (1811–1872) und Li Hongzhang (1823–1901) führte. Sie versuchten in den 1860er bis 1880er Jahren, durch die Nutzung moderner westlicher Militärtechnologie, später auch auf anderen Gebieten, die Dynastie zu restaurieren. Unter der Parole „Selbststärkung" wurden einheimische Werft- sowie Rüstungsindustrien unter staatlicher Ägide aufgebaut und langsam auch Unternehmen im Bereich des mechanisierten Kohlenbergbaus, der Telegraphenkommunikation, der Textilindustrie, des Eisenbahnbaus usw. gegründet. Kurz vor dem Chinesisch-Japanischen Krieg (1894–1895) waren circa 30 wichtige Industrieunternehmen entstanden, die ausländische Produktionsmaschinen importierten und die Produktion nach westlichen Modellen organisierten.[29]

Zugleich gab es seit den 60er Jahren des 19. Jahrhunderts auch auf privaten Investitionen beruhende chinesische Fabriken, die vor allem aus den ursprünglichen Handwerksbetrieben hervorgegangen sind. So wurden allein im Zeitraum

---

Zhongguo qiye fazhan jianshi, S. 3–19), herrschte vor dem Opiumkrieg Naturalwirtschaft vor, und die Handwerkstätten existierten vorwiegend im Familienhaushalt.

26 Osterhammel: IV. China und der Westen im 19. Jahrhundert, S. 106 ff.

27 Wang/Liu/Zhang: Zhidu bianqian yu zhongguo jindai gongyehua – yi zhenfu de xingwei wei fenxi wei zongxin, S. 189–190.

28 Li: Zhongguo jindai gongye de chansheng yu fazhan, S. 80.

29 Vgl. ebenda, S. 1–29; Wang/Liu/Zhang: Zhidu bianqian yu zhongguo jindai gongyehua – yi zhenfu de xingwei wei fenxi wei zongxin, S. 190–191.

von 1895 bis 1898 mehr als 60 Unternehmen gegründet. Allerdings waren sie viel kleiner als die von der Regierung unterstützten Unternehmen.[30]

Aufgrund der politischen Unruhen in der nachfolgenden Zeit, die durch verschiedene Aufstände und Kriege[31] verursacht wurden, entwickelte sich die chinesische Industrie ganz langsam. Im Jahr 1949 betrug die Industrieproduktion lediglich 17 % des Bruttosozialproduktes, während die industrielle und die handwerkliche Produktion zusammen auch nur 30 % ausmachten[32]. China war weiterhin eine Agrargesellschaft.

Nach der Gründung der Volksrepublik China im Jahr 1949 beschlagnahmte die neue Regierung die der Nationalregierung angehörigen Unternehmen, während die privaten Unternehmen schrittweise verstaatlicht und im Rahmen des sozialistischen Umbaus neu strukturiert wurden[33]. Im ersten Fünfjahresplan (1953–1957) begab sich China auf den Weg einer Planwirtschaft sowjetischen Modells und konzentrierte die Kräfte der Nation auf den Aufbau der Schwerindustrie[34]. Bis Ende 1957 gab es 160.950 Industrieunternehmen in China, die vorwiegend Staatsunternehmen und Kollektivunternehmen waren[35]. Die Staatsunternehmen waren in der Planwirtschaft dem staatlichen Gesamtplan verpflichtet und kannten keine separaten einzelwirtschaftlichen Entscheidungen. Die feste Planung sowie der Egalitarismus erstickten Leistungswillen und Initiative der Unternehmen, die Produktivität konnte nicht gesteigert werden.

Die wirtschaftliche Reform Chinas begann im Jahr 1978. Auf dem Land erfolgten die Dekollektivierung der Landwirtschaft und die Gründung der Bauern- sowie Kollektivunternehmen der Dörfer und Gemeinden. In den Staatsunternehmen wurde die Produktionsverantwortlichkeit der Manager eingeführt und den Unternehmen eine gewisse Entscheidungsbefugnis über Produkte, Quanti-

---

30 Vgl. Li: Zhongguo jindai gongye de chansheng yu fazhan, S. 82; vgl. Wang/Liu/Zhang: Zhidu bianqian yu zhongguo jindai gongyehua – yi zhenfu de xingwei wei fenxi wei zongxin, S. 191.
31 Es handelt sich z. B. um den Boxer-Aufstand 1900, den Russisch-japanischen Krieg 1904/05 auf chinesischem Boden, eine Serie von Aufständen und Protestbewegungen gegen die Qing-Regierung im Zeitraum von 1906 bis 1909, die Beendigung des konfuzianischen Kaisertums durch die Revolution von 1911 sowie die Gründung der Republik, die Zeit der Kriegsherren zwischen 1916 und 1927, die jeweils eine unabhängige Kontrolle über eine bestimmte Region Chinas ausübten und gegeneinander Kriege führten, der Antijapanische Krieg zwischen 1937 und 1945, der Machtkampf zwischen der kommunistischen Partei und der Nationalpartei zwischen 1921 und 1949 sowie der Bürgerkrieg zwischen 1945 und 1949. (vgl. Fischer: Anhänge 1–7, S. 570–573)
32 Jiang: Zhongguo qiye fazhan jianshi, S. 337.
33 Ebenda, S. 336.
34 Vgl. Seitz: China: Eine Weltmacht kehrt zurück, S. 160.
35 Vgl. Jiang: Zhongguo qiye fazhan jianshi, S. 336.

täten, Preise und Investitionen eingeräumt. Bestimmte marktwirtschaftliche Elemente ließen sich somit in die Planwirtschaft einführen.[36]

Ein tiefergreifender Strukturwandel der Staatsunternehmen erfolgte allerdings erst nach dem XIV. Parteitag 1992, auf dem der Aufbau der „sozialistischen Marktwirtschaft" als neues Ziel verkündet wurde. Seit 1995 wurden die großen Staats- und Kollektivunternehmen in Aktiengesellschaften umgewandelt bzw. zu internationalen Unternehmensgruppen ausgebaut, wobei der Staat oder ein Kollektiv einen kontrollierenden Anteil daran hält. Dagegen wurden die kleinen Unternehmen durch Fusion oder Verpachtung neu strukturiert, in Genossenschaftsunternehmen auf Aktienbasis[37] privatisiert oder verkauft bzw. versteigert. Dadurch stellte die private Wirtschaft, oder anders gesagt, die nichtgemeineigene Wirtschaft in der chinesischen Wirtschaft einen wichtigen Bestandteil dar und chinesische Unternehmen wurden dazu gezwungen, nach Marktwirtschaftsregeln zu arbeiten.[38]

Aus der obigen Darstellung lässt sich ersehen, dass die Durchsetzung der Marktwirtschaft in China einen langen Weg durchlaufen hat. Die Gründe liegen wohl in der langen Existenz der autarken Naturalwirtschaft und später in der politischen Entwicklung. Vor dem Opiumkrieg bildeten in China vor allem Familien die Grundeinheit des Wirtschaftens, wobei handwerkliche Arbeit lediglich als Ergänzung der Agrararbeit betrieben wurde. Diese atomisierten bäuerlichen Haushalte als Wirtschaftseinheiten verhinderten die Entstehung komplexerer, kapitalintensiverer Organisationsformen. Der ideologische Hintergrund dafür kann die traditionell-konfuzianische Geringschätzung des Händlers sein. Denn die soziale Stellung der Händler war in der konfuzianischen Gesellschaft hinter Gelehrten, Bauern und Handwerkern am niedrigsten[39]. Dementsprechend begünstigte die Staatspolitik Agrararbeit und schränkte die Handelstätigkeiten ein[40]. Die Unternehmensorganisationsform, deren volle Entwicklung in eine Marktwirtschaft aus politischen Gründen erst ab der Mitte der 90er Jahre des letzten Jahrhunderts zu sehen ist, entstand somit nicht aus der chinesischen Wirtschaft selbst, sondern wurde vom Westen eingeführt.

---

36 Vgl. ebenda, S. 563–579; vgl. Seitz: China: Eine Weltmacht kehrt zurück, S. 221–250.

37 Diese Aktien sind nicht frei handelbar, sondern nur unter den Unternehmensangehörigen zu verkaufen; vgl. Seitz: China: Eine Weltmacht kehrt zurück, S. 356.

38 Vgl. ebenda, S. 352–357; vgl. Jiang: Zhongguo qiye fazhan jianshi, S. 873–897.

39 Händler wurden in der klassischen chinesischen Gesellschaft diskriminiert. In der Zeit von Kaiser Wu (140–86 v.Chr.) der Westhan-Dynastie (206 v.Chr. – 24 n.Chr.) wurde sogar gesetzlich festgelegt, dass Händler die gleiche Stellung hatten wie Verbrecher; vgl. Wang/Liu/Zhang: Zhidu bianqian yu zhongguo jindai gongyehua – yi zhenfu de xingwei wei fenxi wei zongxin, S. 29).

40 Vgl. ebenda, S. 208.

Gerade weil sich die chinesische Marktwirtschaft noch in der Anfangsphase der Entwicklung befindet, entstehen mit der ursprünglichen Akkumulation von Kapital auch viele Probleme, wie z. B. hinsichtlich der Qualifizierung der Mitarbeiter, der Qualität der Produkte, der Glaubwürdigkeit der Unternehmen usw., die z. T. gravierend sind. Insofern werden in den chinesischen Texten die relativ hohe Anzahl der qualifizierten Mitarbeiter, die Qualitätssicherung durch viele Zertifikate und Urkunden sowie moderne Maschinen, die Glaubwürdigkeit des Unternehmens durch Ehrentitel und Besuche bzw. Besichtigungen hoher Politiker angepriesen. Denn all diese Punkte sind noch keine Selbstverständlichkeit in einem chinesischen Unternehmen und werden als Stärken zur Aufstellung eines guten Unternehmensimages angesehen.

Dagegen beginnen die deutsche Unternehmensgeschichte bzw. die deutsche Industrialisierung[41] viel früher als in China. Das ganze Mittelalter war zwar durch die Agrarwirtschaft gekennzeichnet[42], aber die Entstehung einer Städtelandschaft, die Umwälzung des kaufmännischen Betriebs durch Schriftlichkeit und Rechenkenntnisse und das gestiegene Ansehen des Kaufmanns zwischen 1000 und 1250 schafften eine entscheidende Voraussetzung für die wirtschaftliche Expansion im Hochmittelalter[43]. Im deutschen Wirtschaftsraum entwickelte sich z. B. die Wolltuchherstellung, die Massen von Handwerkern Arbeit gab und erstmals standardisierte Waren produzierte. Im Rahmen der Montanindustrie trennten sich dagegen zum ersten Mal in der Geschichte Deutschlands Arbeit und Kapital, weil hier kapitalintensive industrielle Großanlagen errichtet wurden. Dadurch begann in Deutschland die Entwicklung vom Hausgewerbe zum berufsmäßigen Gewerbe.[44] Außerdem erwuchs im Laufe des Mittelalters ein mächtiger deutscher Binnen- und Außenhandel, und damit einhergehend entstanden verschiedene Formen von Handelsgesellschaften.[45]

Gefördert vom Humanismus durchbrach in der nachfolgenden Frühneuzeit der unternehmende Geist in der Wirtschaft die Schranken der feudal-handwerksmäßigen Subsistenzwirtschaft und trieb die Menschen in die Wirbel der

---

41 Da Deutschland im Sinne eines Staatsgebiets mit einem Staatsvolk und mit einer souveränen Staatsgewalt erst im 19. Jahrhundert Realität war, bezieht sich der deutsche Wirtschaftsraum in der Geschichte seit dem 11. Jahrhundert auf die deutschsprachigen Territorien des Heiligen Römischen Reiches deutscher Nation nördlich der Alpen, nach den Flurbereinigungen im Westfälischen Frieden und vor allem in den Jahren 1803 und 1815 auf den Deutschen Bund; vgl. North: Einleitung, S. 12–13.

42 Vgl. Jenks: Von den archaischen Grundlagen bis zur Schwelle der Moderne (ca. 1000–1450), S. 41.

43 Vgl. ebenda, S. 29–31.

44 Vgl. ebenda, S. 53–68.

45 Vgl. ebenda, S. 68–76.

Erwerbswirtschaft. Im Bergbau- und Hüttenwesen gab es gewerbliche Großbetriebe. Im Bereich von Porzellan, Gläsern, Gobelins, Textilien etc. gründeten der Staat, Kaufleute und Handwerker Manufakturen, wobei die privaten Gründungen dominierten.[46]

Das 19. Jahrhundert wird als das Zeitalter der deutschen Industrialisierung, die die Fesseln der traditionellen gewerblichen und landwirtschaftlichen Wirtschaftsweisen sprengte, angesehen. Die Frühindustrialisierung begann mit der Durchsetzung der Wirtschafts- und Gesellschaftsreformen in Preußen und in den Rheinbundstaaten im zweiten Jahrzehnt des 19. Jhds. Aufgrund der katastrophalen Niederlage gegen Napoleon 1806 begann man in Preußen Reformen durchzuführen, durch welche Marktwirtschaft und Marktgesellschaft durchgesetzt wurden. Zugleich führten die Rheinbundstaaten unter dem Druck des französischen Schutzherrn ebenfalls eine Wirtschaftsreform durch. Die Reichsgründung 1871 leitete dann die Hochindustrialisierung ein und die deutsche Wirtschaft durchlebte einen einzigartigen Boom: Die modernen kapitalintensiven Industrien und ein leistungsfähiges Bankensystem wurden errichtet, die durch den gezielten Einsatz wissenschaftlicher Forschung vorangetriebenen neuen Industrien (wie Elektro-, Chemie-, optische Industrie und Automobilindustrie) wurden aufgebaut. Darüber hinaus wurde im Jahr 1870 die staatliche Genehmigungspflicht für Aktiengesellschaften aufgehoben und somit die Voraussetzungen für die Entstehung von Großunternehmen in der Industrie und im Bankwesen verbessert. Die Großbetriebe konnten durch die Trennung von Besitz und Leitung sowie durch die Arbeitsteilung neu organisiert und effektiver verwaltet werden.[47]

Zwischen 1914 und 1945 herrschten in Deutschland abwechselnd Kriegs-, Friedens- oder Rüstungswirtschaft vor, die von Staatsinterventionismus gekennzeichnet waren. Während in der Zeit der beiden Kriege die marktwirtschaftlichen Koordinationsmethoden durch bürokratische Lenkungsmethoden ersetzt wurden, griff der Staat in der Weimarer Zeit mit einer gewissen Intensität in das Wirtschaftssystem ein.[48] Nach dem Zweiten Weltkrieg war Deutschland zwei geteilt: In den Westzonen wurde durch die Währungsreform von den Alliierten und die Wirtschaftsreform von den Deutschen die „Soziale Marktwirtschaft" ein- bzw. durchgeführt, die einerseits den Erfordernissen privatwirtschaftlicher Dynamik Rechnung trägt, andererseits durch staatliche Regulierung soziale Ungerechtigkeit korrigiert. In der Ostzone wurden volkseigene Betriebe aus dem Besitz von „Nazis und Volksverbrechern" gebildet, im Laufe der ersten beiden Jahrzehnte fast

---

46 Vgl. North: Von der atlantischen Handelsexpansion bis zu den Agrarreformen 1450–1815. S. 107–149.

47 Vgl. Ziegler: Das Zeitalter der Industrialisierung (1815–1914), S. 192–242.

48 Vgl. Ambrosius: Von Kriegswirtschaft zu Kriegswirtschaft (1914–1945), S. 284.

alle Gewerbebetriebe in sozialistisches Eigentum umgewandelt und somit die sozialistische Planwirtschaft eingeführt. Diese unterschiedlichen Wirtschaftssysteme führten in der Bundesrepublik Deutschland zum Wirtschaftswunder bzw. Wirtschaftsboom und zur Stärke der Unternehmen auf dem internationalen Markt, in der ehemaligen DDR dagegen zum relativen Niedergang der Wirtschaft. Nach der Wiedervereinigung im Jahr 1990 wurden die Staatsunternehmen aus der DDR-Zeit schnell privatisiert und die Wirtschaft der neuen Bundesländer in die soziale Marktwirtschaft der alten Bundesländer integriert.[49]

Zusammenfassend kann man feststellen, dass sich die deutsche Wirtschaft bereits im Mittelalter in Form von Gewerben zu entwickeln begann, und nach der Einführung der Marktwirtschaft und durch die Industrialisierung im 19 Jahrhundert die deutschen Unternehmen in verschiedenen Branchen prosperierten. Das marktwirtschaftliche Bewusstsein ist trotz des Staatinterventionismus zwischen 1914 und 1945 und trotz der Durchführung der Planwirtschaft in der ehemaligen DDR in den deutschen Unternehmen verwurzelt. Das Marktwirtschaftssystem hat in Deutschland im Vergleich zu China eine längere Tradition. Der ideologische Hintergrund dafür waren die Aufwertung des kaufmännischen Berufs im 13. Jahrhundert durch die Kirche sowie der Humanismus im 15. Jahrhundert, der die Menschen in eine Eroberungs- und Herrscherrolle gegenüber der Natur versetzte und den Wirtschaftsgeist hervorrief.

3.2 Die chinesische indirekte bzw. emotionale Darstellungsweise und die deutsche Sachlichkeit

Die indirekte und emotionale Darstellungsweise in chinesischen Texten kann von verschiedenen Seiten erklärt werden.

Ein Grund liegt zunächst in der chinesischen Sprache an sich. Chinesisch ist eine analytische Sprache, bei deren Flexion und syntaktischer Fügung die verschiedenen Angaben auf verschiedene Wörter verteilt werden. Was die Morphosyntax betrifft, gibt es z. B. im Chinesischen keine Flexion. Konkret gesagt, hat Chinesisch kein Genus, keinen Kasus, nur bedingten Numerus und eingeschränkte Tempusformen, und die Realisierung der letzten beiden Formen erfolgt mit Hilfe von entsprechenden Ergänzungspartikeln. Es gibt deswegen keine Adjektivdeklination und Verbkonjugation. Außerdem kann im Chinesischen die Benutzung von Funktionswörtern wie Präpositionen, Konjunktionen stark redu-

---

49 Vgl. Schröter: Von der Teilung zur Wiedervereinigung (1945–2000), S. 359–417.

ziert und die Bedeutung durch die Anreihung von Begriffswörtern realisiert werden. Chinesisch ist somit kontextabhängig.

Nach Tao[50] ist Chinesisch aufgrund dieser Sprachstruktur stark in der künstlerischen Darstellung aber schwach im logischen Denken. Denn die lockere Sprachstruktur, die durch Anreihung der Begriffswörter und aufgrund des Fehlens entsprechender grammatischer Markierungen verursacht wird, führt dazu, dass ein Text mehr als die von den Wörtern bzw. Sätzen getragenen Informationen vermitteln kann. Diese werden aber von den Rezipienten nach eigenen Erfahrungen selbst ergänzt.

Eine andere Besonderheit der chinesischen Sprache ist die semantische Mehrdeutigkeit der Begriffe. Ein Begriff wird im Chinesischen nicht durch Definition denotiert, sondern durch symbolische Darstellungsweise und ästhetische Sprache veranschaulicht. Beispielsweise ist „Menschlichkeit" (ren 仁) ein wichtiger Begriff im Konfuzianismus, der aber durch direkte Erfahrungen vermittelt und nach eigenen Vorstellungen zu verstehen ist. Konfuzius erklärte den Begriff „ren" an verschiedenen Stellen jeweils als „sich selbst zügeln und Riten einhalten", „Was du nicht willst, das man dir tu, das füge auch keinem anderen zu", „Menschenliebe"[51] usw., was lediglich verschiedene Erscheinungsformen von „ren" zeigt.[52]

Die strukturellen und semantischen Besonderheiten der chinesischen Sprache gewährt Rezipienten mehr Interpretationsspielraum und kann die ästhetische Funktion von Sprache besser ausüben. Chinesisch eignet sich somit besonders zur indirekten Darstellungsweise und zum Emotionsausdruck.

Zum anderen ist die chinesische traditionelle Weltanschauung dadurch gekennzeichnet, dass Materie und Geist zusammen gehören sowie eine Einheit bilden. Nach Xunzi (313–238 v. Chr.), dem bekannten Konfuzianer, entsteht der Geist, wenn die Form vorhanden ist.[53] In der traditionellen chinesischen Medizin z. B. wird zwischen Körperseele (po 魄) und Geistseele (hun 魂) unterschieden, die jeweils Energie (qi 气) und Blut (xue 血) als materielle Grundlage haben. Der Körper wird deswegen als eine geistige und materielle Einheit angesehen[54].

---

50 Tao: Xiezuo yu wenhua, S. 21.

51 Diese Zitate sind im *Lunyu (Schulgespräch)* auf Chinesisch jeweils: „克己复礼为仁" (Ke ji fu li wei ren), „己所不欲，勿施与人" (Ji suo bu yu, wu shi yu ren), „爱人" (Ai ren) – Wang/Zhang/Lan/Wan Si Shu (Die Vier Bücher), S. 56–61.

52 Tao: Xiezuo yu wenhua, S. 18.

53 „形具而神生" (Xing ju er shen sheng), stammt aus dem *Buch Xunzi – über den Himmel* (Sun/Ma: Xunzi, S. 190).

54 In dem *Huangdi neijing (Medizinischer Klassiker vom Gelben Kaiser)* steht, dass sich „po" in der Lunge und „hun" in der Leber befänden, die jeweils Energie und Blut als Grundlage hätten

Diese Denkweise zeigt sich z. B. in der chinesischen Malerei, bei der nicht lediglich die Gegenstände wirklichkeitsgetreu abgebildet, sondern die Objekte nach dem subjektiven Empfinden gemalt werden und ein bestimmter Sinn ausgedrückt wird.[55] Sie schlägt sich auch in dem Schrifttum nieder, in dem nicht streng zwischen wissenschaftlicher und literarischer Sprache getrennt wird[56]. In dem Buch *Wen xin diao long (Literarische Gesinnung und das Schnitzen von Drachen)* von Liu Xie (465–522), einem chinesischen Klassiker der Literaturkritik, wird darauf hingewiesen, dass die Kriterien des Textverfassens in den konfuzianischen Klassikern zu suchen seien, weil sie gleichzeitig „Blumen und Früchte tragen"[57], d. h., sie haben sowohl sprachliche Farbenpracht als auch inhaltliche Bedeutung. Sechs Kriterien hat Liu Xie dabei zusammengefasst: „Erstens (sollte) das Gefühl tief aber nicht abnorm, zweitens der Stil frisch aber nicht vermischt, drittens der Inhalt wahrhaft aber nicht seltsam, viertens der Sinn richtig aber nicht täuschend, fünftens die Form prägnant aber nicht kompliziert, sechstens die Sprache schön aber nicht übertrieben" sein[58]. Danach soll ein chinesischer Text nicht nur einen bestimmten Inhalt vermitteln, sondern auch die Rezipienten emotional berühren bzw. moralisch erziehen und sprachlich farbig sein.

Farbige Sprache, z. B. die Anwendung von Redewendungen, der Vier-Zeichen-Form, von rhetorischen Figuren wie Metapher, Personifizierung usw. wird als wichtiges Kennzeichen für die Brillanz eines Textes angesehen, als die „Seele des Himmels und der Erde"[59]. Sie trägt schließlich auch zum emotionalen Ausdruck bei. Denn dadurch werden Informationen anschaulich und manchmal auch symbolisch vermittelt. Die Rezipienten werden emotional direkt angesprochen und ein größerer Interpretationsspielraum wird angeboten.

In der westlichen Schreibweise wird aber zwischen wissenschaftlicher und literarischer Sprachverwendung unterschieden. In *Principle of Literature Criticism* hat Ivor Armstrong Richards (1985) in den 20er Jahren des letzten Jahrhunderts

---

(„肺藏魄, 肝藏魂" Fei cang po, gan cang hun, „肝藏血, 血舍魂" Gan cang xue, xue she hun, „肺藏气, 气舍魄" Fei cang qi, qi she po) (Xie: Huangdi neijing shiyi, S. 103, S. 487).

55 Nach der Theorie von dem Maler Zhang Zao (？–1093) ist das höchste Niveau der chinesischen Malerei in folgendem Fall gegeben: „Das Äußere zeigt die natürlichen Phänomene und das Innere drückt das Herzensgefühl aus" (外师造化, 内得心源。Wai shi zao hua, nei de xin yuan) – vgl. Yang: Zhongguo hua jianshang (1), S. 1.

56 Vgl. Tao: Xiezuo yu wenhua, S. 26.

57 „（然则圣文之雅丽，）固衔华而佩实者也" ([Ran ze sheng wen zhi yali,] gu xian hua er pei shi zhe ye) – Liu: Wen xin diao long , S. 67.

58 „一则情深而不诡, 二则风清而不杂, 三则事信而不诞, 四则义[直]贞而不回, 五则体约而不芜, 六则文丽而不淫" (Yi ze qing shen er bu gui, er ze feng qing er bu za, san ze shi xin er bu dan, si ze yi [zhi] zhen er bu hui, wu ze ti yue er bu wu, liu ze wen li er bu yin) – Ebenda, S. 77.

59 „言之文也, 天地之心哉！" (Yan zhi wen ye, tian di zhi xin zai). (Liu 2005:55).

bereits die Theorie der zwei Sprachfunktionen aufgestellt. Demnach nehme die Referenz eine bevorzugte Stellung in der wissenschaftlichen Sprachverwendung ein, die wiederum einem Wahrheitskriterium unterliege. Die wissenschaftliche Sprache sei somit ein Bezugsmittel auf konkrete Objekte und der wissenschaftliche Sprachgebrauch müsse logisch sein, um Objekte korrekt, neutral und verständlich zu vermitteln. An erster Stelle steht folglich die sachbezogene Sprachverwendung. Dagegen unterliege der literarische Sprachgebrauch dem Relevanzkriterium und diene einer unmittelbaren emotionalen Befriedigung. Die Funktion der literarischen Sprache bestehe im Herbeiführen und in der Stützung der Einstellungen, so dass Worte aufgrund ihrer Wirkung auf die gewünschten Haltungen und Emotionen der Rezipienten benutzt werden könnten. Dabei spielt die sprachliche ästhetische Form eine wichtige Rolle.[60] Diese Theorie hat einen wesentlichen Beitrag zur unterschiedlichen Sprachverwendung bezüglich Textsorten geleistet und untermauert zugleich die sachliche und nüchterne Schreibweise der Fachtexte, die je nach ihrer Fachlichkeit und Fachsprachlichkeit von wissenschaftlich-theoretischen bis zu Sachtexten variieren.[61]

Diese sachliche Schreibweise der Fach- bzw. Sachtexte ist vor dem europäischen geistigen Hintergrund zu sehen. In Europa wurde Wissenschaft nach dem Humanismus von der Religion abgenabelt und auf der Grundlage der Vernunft und Erfahrung als Selbstzweck und für die praktische Anwendung betrieben. Durch die Aufklärung wurde die autonome Stellung der Wissenschaft weiter verstärkt, indem weitere irrationale Elemente zurückgedrängt und alle Lebensprobleme gegen traditionelle autoritäre Mächte intellektuell behandelt wurden. Dementsprechend entstand ein wissenschaftlicher Stil bzw. eine wissenschaftliche Sprache.

Die besonders ausgeprägte deutsche Sachlichkeit im Vergleich zu anderen europäischen Ländern steht außerdem in engem Zusammenhang mit dem Protestantismus, der sich auf die deutsche Nationalgeschichte maßgeblich auswirkte[62]. Eins der wesentlichen Merkmale des Protestantismus ist die Konzentration auf die Bibel, die für die Protestanten die einzige Grundlage des christlichen Glaubens ist, so dass viele Sakramente abgeschafft wurden und auf viele Ausschmückungen verzichtet wurde.[63] Die nüchternen Gotteshäuser, die höchstens mit Bibelsprüchen dekoriert sind, sowie die Abschaffung der liturgischen Form der Messe zugunsten des Wortgottesdienstes führen nicht weniger zu einer Ver-

---

60 Vgl. Richards: Prinzipien der Literaturkritik, S. 307–318.
61 Vgl. Kalverkämper: Die Fachwelt in der allgemeinen einsprachigen Lexikographie, S. 101. Kalverkämper: Rahmenbedingungen für die Fachkommunikation, S. 31.
62 Vgl. Schroll-Machl: Die Deutschen – Wir Deutsche, S. 44.
63 Vgl. Gössmann: Deutsche Kulturgeschichte im Grundriß, S. 68.

drängung der sakralen Emotion. Das Verhältnis der Menschen zur Religion ist seitdem intellektuell geworden, im Sinne der Suche nach Antworten für konkrete Probleme.[64] Die dadurch entwickelte sachliche Lebenseinstellung schlägt sich ebenfalls in der deutschen Schreibweise nieder.

Literaturverzeichnis

Ambrosius, Gerold: Von Kriegswirtschaft zu Kriegswirtschaft (1914–1945). – In: North (Hrsg.): Deutsche Wirtschaftsgeschichte, S. 282–350.

Brinker, Klaus: Zum Zusammenhang von Text- und Stilanalyse am Beispiel eines Offenen Briefes von Günther Grass. – In: Ulla Fix, Hans Wellmann (Hrsg.): Stile, Stilprägungen, Stilgeschichte: Über Epochen-, Gattungs- und Autorenstile; sprachliche Analyse und didaktische Aspekte; vergleichende Analysen. Heidelberg: Winter 1997 (Sprache – Literatur und Geschichte. 15), S. 195–206.

Brinker, Klaus: Linguistische Textanalyse: Eine Einführung in Grundbegriffe und Methoden. 5., durchges. und erg. Aufl. Berlin: Schmidt 2001 (Grundlagen der Germanistik. 29).

Fischer, Doris: Anhänge 1–7. – In: Carsten Herrmann-Pillath, Michael Lackner (Hrsg.): Länderbericht China: Politik, Wirtschaft und Gesellschaft im chinesischen Kulturraum. Bonn: Bundeszentrale für politische Bildung 1998, S. 576–666.

Gössmann, Wilhelm: Deutsche Kulturgeschichte im Grundriß. Düsseldorf: Grupello 2006.

Jenks, Stuart: Von den archaischen Grundlagen bis zur Schwelle der Moderne (ca. 1000–1450). – In: North (Hrsg.): Deutsche Wirtschaftsgeschichte, S. 15–106.

Jiang, Hengxiong: Zhongguo qiye fazhan jianshi. (Kurze Entwicklungsgeschichte der chinesischen Unternehmen). Beijing: Xiyuan Verlag 2001.

Kalverkämper, Hartwig: Die Fachwelt in der allgemeinen einsprachigen Lexikographie (deutsch-englisch-französisch-italienisch). – In: Special Language/Fachspache 10 (1988), S. 98–123.

Kalverkämper, Hartwig: Rahmenbedingungen für die Fachkommunikation. – In: Lothar Hoffmann, Hartwig Kalverkämper, Herbert Wiegand (Hrsg.): Fachsprachen: Ein Internationales Handbuch zur Fachsprachenforschung und Terminologiewissenschaft. Berlin, New York: de Gruyter 1998 (Handbücher zur Sprach- und Literaturwissenschaft; 41.1), S. 24–47.

Lehker, Marianne: Texte im chinesischen Aufsatzunterricht. Heidelberg: Groos 1997.

Li, Zhiying: Zhongguo jindai gongye de chansheng yu fazhan. (Das Entstehen und die Entwicklung der chinesischen gegenwärtigen Industrie). Beijing: Verlag für Wissenschaft und Technik Beijing 1995.

Liu, Xie, übersetzt und kommentiert von Zhou, Zhenpu: Wen xin diao long (Literarische Gesinnung und das Schnitzen von Drachen). Nanjing: der pädagogische Verlag Jiangsu 2005.

North, Michael (Hrsg.): Deutsche Wirtschaftsgeschichte: Ein Jahrtausend im Überblick. München: Beck 2000.

---

64 Vgl. Schroll-Machl: Die Deutschen – Wir Deutsche, S. 63.

North, Michael: Einleitung. – In: North (Hrsg.): Deutsche Wirtschaftsgeschichte, S. 11–14.

North, Michael: Von der atlantischen Handelsexpansion bis zu den Agrarreformen 1450–1815. – In: North (Hrsg.): Deutsche Wirtschaftsgeschichte, S. 107–191.

Osterhammel, Jürgen: IV. China und der Westen im 19. Jahrhundert. – In: Carsten Herrmann-Pillath, Michael Lackner (Hrsg.): Länderbericht China: Politik, Wirtschaft und Gesellschaft im chinesischen Kulturraum. Bonn: Bundeszentrale für politische Bildung 1998, S. 102–117

Richards, Ivor Armstrong: Prinzipien der Literaturkritik. Übers. von Jürgen Schlaeger. Frankfurt a. M.: Suhrkamp 1985 (Suhrkamp-Taschenbuch Wissenschaft. 484).

Schroll-Machl, Sylvia: Die Deutschen – Wir Deutsche. Fremdwahrnehmung und Selbstsicht im Berufsleben. Göttingen: Vandenhoeck & Ruprecht 2003.

Schröter, Harm G.: Von der Teilung zur Wiedervereinigung (1945–2000). – In: North (Hrsg.): Deutsche Wirtschaftsgeschichte, S. 351–420.

Seitz, Konrad: China. Eine Weltmacht kehrt zurück. Berlin: Siedler 2000.

Tao, Jiawei: Xiezuo yu wenhua (Schreiben und Kultur). Shanghai: Shanghai foreign language education press 1998.

Sun, Anbang, und Yinghua Ma (übersetzt u. kommentiert): Xunzi. Taiyuan: Verlag für alte Schriften Sanxi 1998.

Wang, Yuru / Liu, Foding / Zhang, Donggang: Zhidu bianqian yu zhongguo jindai gongyehua – yi zhenfu de xingwei wei fenxi wei zongxin. (Systemwandel und Industrialisierung in der chinesischen Gegenwart – mit dem Schwerpunkt auf der Analyse des Regierungsverhaltens). Xi'an: Volksverlag Shanxi 2000.

Wang, Guoxuan, Yanyin Zhang, Xue Lan, Lihua Wan (übersetzt): Si Shu (Die Vier Bücher). Beijing: Zhonghua Shuju 2007.

Wikipedia: http://de.wikipedia.org/wiki/Good_Manufacturing_Practice (16.10.2012).

Xie, Hua: Huangdi neijing shiyi (Erklärung und Übersetzung des Medizinischen Klassikers vom Gelben Kaiser). Beijing: Verlag für alte Schriften der chinesischen traditionellen Medizin 2000.

Yang, Xin: Zhongguo hua jianshang (1). (Kennerblick auf die chinesische Malerei (1)). In: Yang, Xin/Barnhart, R.M.: Zhongguo huihua san qian nian (Dreitausend Jahre chinesische Malerei). Beijing: Verlag für Fremdsprachen; New Haven: Yale University Press 1997, S. 1–5.

Ziegler, Dieter: Das Zeitalter der Industrialisierung (1815–1914). – In: North (Hrsg.): Deutsche Wirtschaftsgeschichte, S. 192–281.

II China und Deutschland im Kulturvergleich

Claudia Bickmann

Immanuel Kants ‚Ideal des höchsten Guts' im Horizont neu-konfuzianischer Annäherungen

Abstract: Die neu-konfuzianische Idee der ‚Harmonie der Zwecke' soll – wie Kants ‚Ideal des höchsten Guten' – nicht vornehmlich auf eine innerphilosophische Problemlage bezogen sein, sondern als Leitidee einer zu schaffenden gesellschaftlichen Ordnung – letztlich Idee einer möglichen Weltordnung – dienen. Für Konfuzius wie für Kant sollen jedoch zunächst die Bedingungen unserer Rede bezogen auf die Idee der Übereinstimmung aller Zwecke in einer natürlichen und sittlichen Ordnung zu klären sein. Konfuzius' Rede der ‚Richtigstellung' der Begriffe (in den *Analects*) ist jedoch in einem zentralen Punkt von der Kantischen Idee der Einheit der Zweckordnung in der *Kritik der reinen Vernunft* unterschieden. Kant sucht in transzendentaler Analyse zu zeigen, wie weit eine Selbsterkenntnis der Vernunft erforderlich ist, um weder der Gefahr einer skeptischen Relativierung noch einer dogmatischen Setzung ausgesetzt zu sein.

> [...] bis vollkommene Kunst [oder Kultur, C.B.] wieder Natur
> wird: als welches das letzte Ziel der sittlichen Bestimmung der
> Menschengattung ist.
>
> Kant: *Mutmaßlicher Anfang der Menschheitsgeschichte*[1]

1 Einführung: Ortsbestimmung der Idee des Guten: West-östliche Annäherungen

Wird innerhalb der neueren chinesischen, der neu-konfuzianischen Philosophie, die Idee der ‚Harmonie der Zwecke', als Leithorizont einer zu vollführenden sittlichen Ordnung zur Sprache gebracht, so scheint hier ein Prinzip formuliert, das nicht allein auf innerphilosophische Traditionen, sondern vor allem auf eine zu schaffende gesellschaftliche Ordnung – letztlich auch auf die Idee einer neuen Weltordnung – bezogen ist, auf die sich die Weltgemeinschaft soll verständigen können. Soll die Idee der ‚Harmonie der Zwecke' darum zugleich das Maß für die Idee eines ‚sittlichen Gemeinwesens' sein und der gegebenen Seins- und Sol-

---

1 Kant: Gesammelte Schriften (Akademie-Ausgabe [AA]), Bd. 8, S. 118.

lensordnung als Leithorizont dienen, so wird zunächst in einer Begriffsklärung nach den Bedingungen möglicher Rede von der Übereinstimmung aller Zwecke in einer natürlichen und sittlichen Ordnung zu fragen sein. Dazu bedarf es – so Konfuzius in den Analects[2] wie auch im Sinne von Kants Darlegung der Motivlage seines kritischen Hauptwerkes, der *Kritik der reinen Vernunft*, – einer vorherigen Klärung der Begriffe. Dabei scheint Konfuzius' Rede von der ‚Richtigstellung' der Begriffe aus dem fünften Jahrhundert vor unserer Zeitrechnung von der Kantischen Idee der ‚Selbsterhellung der Vernunft' im europäischen 18. Jahrhundert in einem nicht unerheblichem Punkte zugleich auch unterschieden. Für Konfuzius war es ‚der Edle', der für eine Richtigstellung der Begriffe zu sorgen habe, damit das Volk orientiert sei. Eher darum der Rolle des Philosophenherrschers der griechischen Polis vergleichbar als der Kantischen Idee der Selbsterhellung der Vernunft, soll es Aufgabe des Edlen sein, für die ‚Richtigstellung der Begriffe' zu sorgen:

> Wenn die Begriffe nicht richtig sind, so stimmen die Worte nicht; stimmen die Worte nicht, so kommen die Werke nicht zustande; kommen die Werke nicht zustande, so gedeiht Moral und Kunst nicht; gedeiht Moral und Kunst nicht, so treffen die Strafen nicht; treffen die Strafen nicht, so weiß das Volk nicht, wohin Hand und Fuß setzen. Darum sorge der Edle, daß er seine Begriffe unter allen Umständen zu Worte bringen kann und seine Worte unter allen Umständen zu Taten machen kann. Der Edle duldet nicht, daß in seinen Worten irgend etwas in Unordnung ist. Das ist es, worauf alles ankommt.[3]

So ist es im Sinne des Konfuzius der Edle, der seine Worte wägen, die Begriffe klären, nach rechten Begriffen handeln, Moral und Kunst gedeihen lassen soll. Kants Interesse der Selbsterhellung der Vernunft gilt demgegenüber der Kritik an der Dogmatik eines bloß spekulativen Gebrauchs der Begriffe, durch den – in Unkenntnis ihrer Grenzen und Möglichkeiten – in hypostatischer Weise von ersten Gründen, von der menschlichen Seele oder von einem göttlichen Wesen die Rede sein solle. Gegen die Dogmatik eines unbefragten Gebrauchs unserer Begriffe von Freiheit, Seele und Gott sollte die Analyse der Grenzen und Möglichkeiten der menschlichen Vernunft als Instanz einzusetzen sein, durch die wir deutlich zwischen einem bloß spekulativen und einem auf Erkenntnis bezogenen Gebrauch unserer Begriffe unterscheiden können. Dabei soll Kants Idee der Selbsterhellung der Vernunft einem jeden Einzelnen selbst zuzumuten sein: Ein jeder Mensch habe „den Mut, sich seines eigenen Verstandes zu bedienen".[4] Kant

---

2 Vgl. Kungfutse: Gespräche, S. 131.
3 Ebenda.
4 Vgl. Kant, Immanuel: Beantwortung der Frage: Was ist Aufklärung? – Kant: Gesammelte Schriften (Akademie-Ausgabe) Bd. 8, S. 35: „Aufklärung ist der Ausgang des Menschen aus

suchte darum zunächst in reflektierender und analysierender Weise die Bedingungen möglicher Rede von der Idee der Übereinstimmung aller Zwecke in einer sinnlich-sittlichen Ordnung zu klären. Auch ihm gilt die Idee der Übereinstimmung aller Zwecke nicht allein als Leithorizont einer philosophischen Theorie, sondern einer zu vollführenden sinnlich-sittlichen Ordnung in einer Welt unter moralischen Gesetzen gleichermaßen.

Doch um einen jeden dogmatischen oder gar skeptischen Gebrauch unserer Begriffe zu vermeiden, wird, so Kant, aller ontologischen Perspektive voraus auf transzendentalen Fährten zu klären sein, wie die einander entgegengesetzten Bestimmungen und Gesetzesformen der natürlichen und der sittlichen Ordnung überhaupt widerspruchsfrei zusammengedacht werden können, ohne in dogmatischer Setzung des Übersinnlichen, Unbedingten, Zeitübergreifenden, dem Erfahrungsbezug unserer empirischen Erkenntnisse zuwider zu sein oder andererseits mit Blick auf die Fallibilität der empirischen Erkenntnisse etwa Freiheit als Bestimmungsort des Unbedingten zu gefährden? Die Frage nach der Einheit einander entgegengesetzter Bestimmungen hatte die abendländischen Philosophie seit dem platonischen ‚Gigantenstreit‘ zwischen Parmenides und Heraklit – in seinem Spätdialog *Sophistes* – in einen nahezu unversöhnlichen Streit einander entgegengesetzter feindlicher Lager gerückt. Dabei gerieten die polar entgegengesetzten Traditionslinien in die Gefahr, je eine der beiden Seiten zu verabsolutieren und mal das Intelligible wie die Ideen des Unbedingten zu naturalisieren oder dem Natürlichen als bloßem Ausdruck des Intelligiblen alles Eigenrecht zu nehmen.

Darum attestierte Martin Heidegger den Spuren abendländischen Denkens seit ihrem *Ausstieg* aus Parmenides' Logos der vernehmenden Rede und ihrem *Einstieg* in die begriffsdifferenzierende, die dianoetische Annäherung durch Platon und Aristoteles, einen unvermeidlichen Streit zwischen den vereinseitigten Polen: Sobald sich, so die These, das Denken nicht mehr vom Sein bestimmen lasse und von diesem sein Maß und Gesetz empfange, werde mal – wie in den Positionen idealistischer Spekulation – der Seins- im Wissenssinn, mal – wie in der nachhegelschen Ära seit Nietzsche – der Wissens- im Seinssinn absorbiert. Platon hatte die Dualität und Irreduzibilität von Sinnlichem und Übersinnlichem, raum-zeitlich Bedingtem und überzeitlich Ewigen erstmals in aller Klarheit zur Sprache gebracht und ein dem steten Wandel der Erscheinungswelt verpflichteten

---

seiner selbst verschuldeten Unmündigkeit. Unmündigkeit ist das Unvermögen, sich seines Verstandes ohne Leitung eines anderen zu bedienen. Selbstverschuldet ist diese Unmündigkeit, wenn die Ursache derselben nicht am Mangel des Verstandes, sondern der Entschließung und des Mutes liegt, sich seiner ohne Leitung eines andern zu bedienen. *Sapere aude!* Habe Mut, dich deines eigenen Verstandes zu bedienen! ist also der Wahlspruch der Aufklärung.“

Denken nur Doxa, Meinung, nicht aber Wissen zugesprochen, während Wissen allein durch die notwendigen und allgemeinen Dimensionen zeitübergreifender Ideen möglich sei. Doch nicht allein die frühen, sondern insbesondere die späten Dialoge (der *Sophistes*, der *Theaitetos* und der *Parmenides*) sind mit der Frage nach der Art der Teilhabe (methexis) beider Sphären aneinander befasst. Der Gedanke einer in-sich widersprüchlichen Selbstidentität, nach der alle Erscheinungen in ihrer Materialiät und Besonderheit an einer je bestimmten Form einen Anteil haben müssen und darum als raum-zeitlich begrenzte Entitäten auf die Intelligibilität der Form notwendig bezogen sind, schien Platon zwar ein Problem, – nicht aber bereits seine Lösung anzuzeigen.

Gewahrt bliebe die Idee einer inneren Verbindung der Pole jedoch, so Heidegger, – in den vielfältigen nicht-europäischen Philosophien wie auch in der vorsokratischen griechischen Philosophie – im versuchten Ausgleich zwischen den Extremen von Natur und Geist, Freiheit und Notwendigkeit etc. Auf präsokratisch-orientalischen Fährten suchte Heidegger darum, aller Polarität voraus, im ‚An-denken‘ an den ‚Ort der Mitte‘ das einigende Band ihrer Verbindung zu lichten: Ähnlich dem Tao Laotses solle ein solcher Weg jenes ‚Zwischen‘ erreichen, das die genannten Urpolaritäten trägt und erhellt und einen zeitlich bestimmten, stets gefährdeten Ausgleich mal im Bilde naturwissenschaftlicher Forschung (in der Gestalt der planetarischen Technik) mal – wie erhofft – im neuen Dichten und Denken finde.

Doch nicht allein bezogen auf die innerphilosophischen Streitlagen, sondern – in der Ausweitung des Blicks auf die für lange Zeiten gegeneinander selbstständigen Traditionslinien des westlichen und des asiatischen Denkens beziehen neuere chinesische Philosophien nun ihren Impuls aus dem ‚Geiste des Ausgleichs‘ zwischen den unterschiedlichen kulturellen Hemisphären: In Lik Kuen Tongs Suche etwa nach einer Auflösung der Gegensätze zwischen dem ‚Logical inquiry‘ westlicher Rationalität, wie er den dominanten Traditionsstrang neuerer europäischer Philosophie charakterisiert, und dem östlichen – eher Lebenswegorientierten ‚Dao-learning‘ soll ein dritter Weg, der mittlere Weg, ihre Verbindung erreichen.[5]

Von der Idee der Einheit der Kräfte zwischen der westlichen Dominanz der theoretischen Philosophie und dem chinesischen Primat der Ethik ist auch Guo Yi's Idee einer neuen, neu-konfuzianischen Metaphysik getragen: Das Weltgefüge der gedanklichen Ordnungen bewege sich, so Guo Yi, – in der Wechselver-

---

5 Lik Kuen Tong: Dao and Logos. Prolegomena to a Quintessential Hermeneutics. With Specific Reference to its Implications for Intercultural Philosophy. – In: Bickmann (Hrsg.): Tradition und Traditionsbruch, S 461–469. Ferner: Lik Kuen Tong: The Art of Appropriation: Towards a Field-Being Conception of Philosophy.

schränkung der Pole – auf einen Ausgleich zu: Aus den Defiziten beider Seiten – der westlichen wie der chinesischen Philosophie – müssten Wege in eine welt-philosophisch tragfähige Komplementarität der Pole gefunden werden:

> We need a clear understanding of the defects and tasks of Chinese and Western philoso-phies. The major defect of Chinese philosophy is the *absence of a theory of knowledge*, while the major defect of Western philosophy is the *breakdown of its theory of value*. There-fore the challenge for Chinese philosophy is to construct a theory of knowledge to support its theory of value. The challenge for Western philosophy is to reconstruct its theory of value to oversee its theory of knowledge.[6]

Gesucht werde somit nach einem philosophischen System, einer Weltphilosophie, durch die die *ethischen Maximen* oder Zwecke in eine *verpflichtende* Rolle, die *theoretische Philosophie* aber in eine *helfende Stellung* gebracht werde.

Die Suche nach einem geeigneten Ort der Vermittlung der genannten Extreme hat jedoch bereits die europäische Philosophie in den verschiedensten Epochen ihrer Entwicklung traditionsbildend geprägt. So war es die Philosophie Platons, der die auf Protagoras zurückgehende ‚homo mensura-Lehre' mit der Seinsspe-kulation des Parmenides systematisch zu verklammern suchte; die Bemühung Kants, das erfahrungsbezügliche Wissen mit dem vernunftbezüglichen einer aus Freiheit möglichen moralischen Welt in Einklang zu bringen; die Bemühung der nachkantischen Systementwürfe, den Ort der Vermittlung zwischen den Extremen systematisch zu erkunden wie auch die Philosophie Martin Heideggers in ihrem Versuch, den Ort des ‚Zwischen' in seiner ontisch-ontologischen Differenz zur Sprache zu bringen. In diesen Traditionslinien finden wir fruchtbare und an-schlussfähige Modelle der Integration der Extreme:

Kants systemtragendes Prinzip der Vermittlung zwischen theoretischer und praktischer Vernunft, dem ich mich im Folgenden widmen möchte, gewinnt dabei seine Zentralstellung für das abendländische Denken aus der Umbruchlage in-nerhalb der europäischen Philosophie: Indem sie bezogen auf die Hinwendung der neuzeitlichen Philosophie zu den Wissenschaften wie der damit verbundenen ‚Überwindung der Metaphysik' nach einer Vermittlung zwischen den Extremen sucht, thematisiert sie implizit bereits eine Herausforderung der Gegenwarts-philosophie: Die im Horizont des Neu-Konfuzianismus wiedererwachte Idee der Fundierung unseres Wissens und Handelns in übersinnlichen Horizonten, in leitenden Wertvorstellungen, metaphysischen oder spirituellen Leitideen sieht

---

6 Vgl. Guo Yi: Knowledge, Value and Life-World. A New Philosophical View based on Confu-cianism and Taoism. Unveröffentlichter Kolloquiums-Vortrag während des Kongresses der DGPhil im September 2008.

sich, wie Kant zuvor, mit den Ansprüchen eines auf Beobachtbarkeit und Überprüfbarkeit verbundenen (natur-)wissenschaftlichen Wissens konfrontiert.

Um dabei jedoch nicht in einen Widerstreit einander entgegengesetzter, gleichberechtigter Ansprüche zu geraten, hatte Kant auf transzendentalen Fährten durch eine Klärung der je in Gebrauch genommenen Begrifflichkeit nach den Bedingungen möglicher Metaphysik wie auch den Möglichkeiten des erfahrungsorientierten Erkennens gefragt, wenn das erfahrungsbezogene Wissen mit der Vernunftidee einer zu gestaltenden sinnlich-sittlichen Welt widerspruchsfrei in einem einigen Theorieentwurf zusammenbestehen soll. Indem Wissen und Erkennen dann nur noch dasjenige genannt werden konnte, was mit den Bedingungen der raum-zeitlichen Erfahrung kompatibel ist, sollte der Weg frei werden, unserem freien Handeln am Maß ‚des höchsten Guten' in einer Welt unter moralischen Gesetzen Raum zu schaffen.

2 Das Integral einer sinnlich-sittlichen Weltordnung – aus transzendentaler Perspektive

Wie nun soll die Kantische Synthese zwischen Natur und Freiheit, unserem theoretischen wie dem handlungsleitenden Vernunftgebrauch nicht allein im Rahmen von Kants eigener kritischer Philosophie, sondern zugleich bezogen auf die extremen Zugangsarten einer ethisch motivierten Philosophie des Daolearning und der eher epistemisch orientierten Logos-Philosophie abendländischer Prägung als Modell der Vermittlung dienen können?

Mit Kant wäre zunächst – gegen Leibniz – in Rechnung zu stellen, dass die Übereinstimmung aller sinnlichen und sittlichen Kräfte nicht mehr a priori im Horizont einer Universalmonade oder eines einigen sinnlich-sittlichen Kosmos, als prä-etabliert zu begreifen sei: Vielmehr wird die Fallibilität unserer empirischen Weltorientierung eine jede mögliche Übereinstimmung der natürlichen und der moralischen Bestrebungen zu einer stets bedrohten Herausforderung machen, die in unserem als vereint gesetzten Willen – im moralischen Gebot – zwar erstrebt, nicht aber durch diesen auch erreicht werden kann.

Wie aber sollte nun mit Blick auf Kants Philosophie die Einheit zwischen diesen kontradiktorisch entgegengesetzten Kräften, der aus Freiheit möglichen Selbstgesetzgebung wie der auf die Sinnessphäre, die phänomenale Welt bezogenen durchgängig bestimmten Kausalität der gegebenen Erscheinungen in einem einigen Theorierahmen widerspruchsfrei zu erreichen sein? War nicht der Widerstreit der Vernunft mit sich selbst Kants letztes Wort, weshalb dieser Dualismus entgegengesetzter Kräfte zugleich zum produktiven Anstoß für die nachkantische

Philosophie werden konnte, die Idee der Verbindbarkeit der Extreme prinzipientheoretisch zu sichern? Doch sehen wir näher hin. Kant selbst war sich des Problems eines Prinzips der Verbindung von Naturkausalität und Freiheit als Problem der Vermittlung zwischen theoretischer und praktischer Vernunft wohl bewusst.

Kants *Mutmaßliche Anfänge der Menschheitsgeschichte* benennen nun den letzten – alle weiteren Zwecke integrierenden – ‚Endzweck' seines Unternehmens: Eine Kultur gelte es zu erstreben, die so beschaffen sei, als sei sie von Natur aus so gewollt. Zu erkunden, wie dies möglich sei, so die These, sei das letzte Ziel der Philosophie. Dieses aber ist, wie wir sehen werden, nur über die Idee einer Wechselverschränkung von Natur und Freiheit zu erreichen. Das erklärte Ziel wird dabei sein, so Kant, „soweit den in der Welt zu integrierenden Zwecken zu folgen [...] bis vollkommene Kunst [oder Kultur, C.B.] wieder Natur wird: (als) welches das letzte Ziel der sittlichen Bestimmung der Menschengattung ist"[7]. Zunächst reflektiert Kant einleitend in seine *Metaphysik der Sitten*, die ‚Obereinteilung', „unter welcher die eben jetzt erwähnte steht, nämlich die der Philosophie in die theoretische und praktische": Diese könne „keine andere als die moralische Weltweisheit" sein, durch welche allein eine wechselseitige Integration von theoretischem, auf die natürlichen Phänomene bezogenem Verstande und der Vernunftbezüglichkeit freier Selbstgesetzgebung der Vernunft möglich sei. In der Idee der Weltweisheit seien sie wechselseitig aufeinander bezogen: „Alles Praktische, was nach Naturgesetzen möglich sein soll (die eigentliche Beschäftigung der Kunst)" hänge, so Kant „seiner Vorschrift nach, gänzlich von der Theorie der Natur ab." Im Bereich des Praktischen jedoch, der „nach Freiheitsgesetzen" nur „Prinzipien haben" kann, solle demgegenüber „von Theorie im engeren Sinne" nicht die Rede sein können; „[...] denn über die Naturbestimmungen hinaus", so Kant, „gibt es keine Theorie." Einer technisch-praktischen Vernunft, die – als abhängig gebunden – in Kunst und Technik von Naturgesetzen bestimmt sei, steht somit eine prinzipiengeleitete freie Vernunft gegenüber, für die es im eigentlichen Sinne keine Theorie, sondern bloß eine *„moralisch-praktische Lehre"*[8] geben kann, welche zugleich aber für ihre Manifestation in einer kausal bestimmten Welt mit den Naturgesetzen kompatibel sein muss. Weltweisheit nennt Kant darum das einigende Band zwischen den beiden Vermögensleistungen: Als praktisches Vermögen vermag die Weltweisheit den sittlich geleiteten moralischen Menschen, der aus vernünftigen Prinzipien zu handeln vermag, mit der Weltbezogenheit der

---

7 Kant: Mutmaßlicher Anfang der Menschheitsgeschichte – Kant: Gesammelte Schriften (Akademie-Ausgabe), Bd. 8, S. 118.
8 Kant: Die Metaphysik der Sitten Gesammelte Schriften (Akademie-Ausgabe), Bd. 6, AB 12ff.

Verstandesfunktionen, die auf die raum-zeitliche, die phänomenale Welt bezogen sind, in einem einigen Vermögen zu verbinden: Dabei würde dann der praktische Teil der Philosophie, insofern er nach der „Fertigkeit der Willkür nach Freiheitsgesetzen" auch *Kunst* genannt werden könne, gleich dem System der Natur ein System der Freiheit möglich machen, wenn denn der Mensch die für ihn nahezu unerreichbare göttliche Kunst beherrsche, dasjenige, „was uns die Vernunft vorschreibt, vermittelst ihrer auch völlig auszuführen, und die Idee davon ins Werk zu richten," – wozu jedoch, so wird einschränkend betont, die endlichen, die natürlichen menschlichen Wesen kaum „im Stande wären"[9].

Eine derartige Zweckordnung, die sich im Moralisch-Praktischen nur als ‚Kunst' begreifen lässt, die analog dem System der Natur ein System der Freiheit möglich mache – wäre im Sinne Kants darum eine geradezu ‚göttliche Kunst', an der sich die endlichen Wesen regulativ das Maß für die Gestaltung einer moralischen Welt nehmen können, um auf diese Weise das Glück aller Einzelnen zu befördern. Eine solche allein durch die Weisheit der Einzelnen mögliche Ordnung aus Zwecken mache nun, so Kant, zugleich „einen obern Zweck" erforderlich, „in welchem die andern Zwecke ihre Einheit"[10] finden.[11] Dieser höchste Zweck gilt ihm dann als Ort des Integrals, in dem sich unser bewusstes Leben auszulegen sucht, als jenes letzte Worum-Willen der gesamten Seins- und Sollensordnung, das Kant mit der Idee eines ‚höchsten Guts'[12] anzuzeigen sucht.

3 Der Weg zum ‚höchsten Gut'

Auf drei Ebenen wollen wir nun Kants Idee des höchsten Guts als Quelle für die Übereinstimmung aller Zwecke in der natürlichen und der sittlichen Ordnung zur Sprache bringen:

(I) In einem ersten Verwendungssinn werden wir dabei den sinnlichkeitsbezüglichen Gedanken der Übereinstimmung zwischen den Extremen, auf der zweiten Ebene (II) das vernunftbezügliche Verständnis der Übereinstimmung aller sinnlichen und sittlichen Zwecke und schließlich in einem dritten Sinn (III) das sinn-bezügliche Verständnis vereint-entgegengesetzter Kräfte zur Sprache bringen. Mit diesem letzten Ort ist dann zugleich auch der Sinnhorizont eröffnet, der

---

9 Ebenda, AB 13.
10 Ebenda.
11 Vgl. auch: Bickmann: Immanuel Kants Weltphilosophie, auch Bickmann: Differenz oder das Denken des Denkens.
12 Kant: Kritik der reinen Vernunft – Gesammelte Schriften (Akademie-Ausgabe), Bd. 3, A 804 B 832.

sich nur im Wissen um die Grenzen des Wissbaren erschließt und der uns in der Idee eines selbst nicht mehr relativierbaren Sinnpostulates entgegentritt, das eine Antwort auf die (für uns unausweichliche) Frage nach einem letzten Worumwillen zu geben vermag, indem es die Möglichkeiten der Erfüllung unserer Hoffnungen in einem glückenden Leben in einer Welt unter moralischen Gesetzen in Aussicht stellt. Es ist dies eine Finalität, die wir in verschiedensten Ansätzen der neueren chinesischen Philosophie als ,ultimate reality', als ,final value' wie als ,Dao' ausgelegt finden:

> The sphere of Dao is the transcendent and absolute ontological world. It is the origin of the universe and the root of the world. It is an absolute 'great whole', boundless, ceaseless, all-embracing, without beginning or end. The sphere of Dao is formed by three fundamental elements, namely Zhi, Li and Qi. Zhi is the being of value and meaning. Qi is the being of energy and matter. Li is the being of form, reason, law and principle.[13]

3.1 Der sinnlichkeitsbezügliche Ort der Übereinstimmung der sinnlichen und sittlichen Zwecke

Der erste Schauplatz der gesuchten wechselseitigen Integration von natürlicher und sittlicher Ordnung ist die ästhetische Urteilskraft in Kants dritter Kritik: Von unten auf werden wir Zeuge der Integration unserer sinnlichen mit unserer übersinnlichen Natur, d. h. einer ins Sinnliche eingelassenen, eingebetteten Vernunft, die verdeutlicht, wie sinnliche und übersinnliche, intelligible Momente je schon integriert und aufeinander verwiesen sind. Dabei gilt die Kunst als erster Indikator jener Wechselintegration: Sie offenbart sowohl Einheit wie Differenz von Sinnlichem und Übersinnlichem, indem sie – im Geschmacksurteil des Schönen – in Harmonie mit der Natur oder – in der Sphäre des dynamisch Erhabenen – im Widerstreit mit ihr der ,ästhetischen Idee' Ausdruck verleiht, durch die die Sinnessphäre sich entweder in einem Kunstwerke organisiert oder aber aller Repräsentanz entzogen bleibt. Die ästhetische Idee indiziert dann das Zusammenspiel der Kräfte, indem sie vereint und trennt, teilhat am Bedingten wie am Unbedingten gleichermaßen.

Im freien Spiel der Einbildung finden der frei apprehendierende Verstand und der Sinnesbezug in den verstreut gegebenen Erscheinungen zusammen; als Organ der Vermittlung zielt die Einbildung – rezeptiv den Phänomenen zugewandt – zugleich apprehendierend, ordnend, über diese hinaus auf ein Übersinnliches, auf die ästhetische Idee, die ihrerseits dann das Sittlich-Moralische vorzubereiten

---

13 Vgl. Guo Yi: Knowledge, Value and Life-World.

vermag. Die Sphäre der Kunst gilt Kant darum als ein erstes Indiz für die sinnlich-übersinnliche Doppelstruktur unseres Weltbezugs: Wir vermeinen jenes vorgegebene ästhetische Objekt in spontanen Akten selbst zu erzeugen, und werden doch (im freien Spiel unserer Einbildung) am Schattenriss der phänomenalen Welt in eine Übereinstimmung mit dieser gebracht. Allein in der Sphäre des Schönen jedoch erreichen wir ein harmonisches Zusammenspiel von Intelligibilität und Materialität, – um in der Gestalt des Dynamisch-Erhabenen zugleich auch Zeuge der Unverträglichkeit beider Sphären zu werden.

Doch ist dieses freie Zusammenspiel beider Gemütskräfte für Kant nicht maßstabslos. Die raum-zeitliche Beschaffenheit setzt vielmehr (quasi) ‚von unten her‘ der frei spielenden Einbildungskraft enge Grenzen. Und so wie dann „zur Beurteilung schöner Gegenstände als solcher Geschmack erfordert“ sei, so „zur schönen Kunst, d. h. der Hervorbringung solcher Gegenstände“[14], ein Talent, das der Natur die Regeln abzulauschen vermag[15] und das es vermag, die an sich zweckmäßige Organisation der Natur, ihre Zweckmäßigkeit ohne Zweck, als das ‚natürliche‘ Leitbild seiner Produktion wie Rezeption in sich aufzunehmen und einen Gegenstand rein aus Ideen zu entwickeln.[16]

Ein Gegenstand aber, der nur aus Ideen möglich ist, gilt Kant als ein in sich gefügtes Gebilde, in dem die Teile als Teile des Ganzen nur durch Bezug auf diese Idee als ihren Zweck begreiflich sind. Ein solcher Gegenstand ist im Sinne der *Kritik der Urteilskraft* dann sowohl das Kunstwerk als auch das zweckmäßig organisierte Gebilde der Natur. Und es ist dieser Bezug auf ein sinnlich gegebenes, zweckmäßig organisiertes Ganzes, den Kant ‚ästhetische Idee‘ nennt.

Worauf beruht nun die einheitsstiftende Kraft der ästhetischen Idee? Kant lässt es bezogen auf die sinnlichkeitsbezügliche Harmonie der Kräfte an Klarheit nicht fehlen, indem er zu der – bereits genannten – doppelten Spiegelung greift: Ihm gilt als schöne Kunst „eine Kunst, sofern sie zugleich Natur zu sein scheint“[17]. Und dennoch müsse man sich bewusst bleiben, „dass es Kunst sei, und nicht Natur“[18]; und gleichwohl muss die Zweckmäßigkeit in der Form desselben so erscheinen, „als ob es ein Produkt der bloßen Natur sei. [...] Die Natur war schön,

---

14 Kant: Kritik der Urteilskraft – Gesammelte Schriften (Akademie-Ausgabe), Bd. 5, A 185 B 187.
15 Ebenda, V 307: „Genie ist das Talent (Naturgabe), welches der Kunst die Regel giebt. Da das Talent als angebornes productives Vermögen des Künstlers selbst zur Natur gehört, so könnte man sich auch so ausdrücken: Genie ist die angeborne Gemüthsanlage (*ingenium*), durch welche die Natur der Kunst die Regel giebt.“
16 Vgl. Bickmann: Kants Sinnliches Scheinen der Idee. Die Einheit von Ethik und Ästhetik in Kants Ethiko-theologie.
17 Kant: Kritik der Urteilskraft – Gesammelte Schriften (Akademie-Ausgabe), Bd. 5, A 177, B 179.
18 Ebenda.

wenn sie zugleich als Kunst aussah; und die Kunst kann nur schön genannt werden, wenn wir uns bewusst sind, sie sei Kunst, und sie uns doch als Natur aussieht"[19].

3.2 Der vernunftbezügliche Harmoniegedanke

Die ästhetische Idee ist zugleich Schlüssel für das Verständnis der moralischen Idee. Denn darin ist die ästhetische Idee der Vernunftidee verwandt, dass wir mit ihr in gleicher Weise intuitiv-synoptisch ein Ganzes in den Blick zu nehmen vermögen. Ästhetische Idee und Vernunftidee sind Platzhalter eines Einheitsgedankens – verantwortlich dafür, ein Ganzes als die Einheit polar entgegengesetzter Bestimmungen vorzustellen.

Bezogen auf Kants Idee einer harmonischen Welt gilt somit der Zweckbegriff, die Finalität der gesamten Seins- und Sollensordnung als das einheitsstiftende Prinzip, durch das unsere höchsten natürlichen Bestrebungen mit unseren sittlichen auch harmonieren können.

Nicht die Idee einer höchsten Substanz oder aber die Kausalität determinierender Gesetzlichkeit, auch nicht die Idee der Kosmologie, oder aber die Prinzipien der teleologischen Urteilskraft gelten Kant als letzte Horizonte für die Idee einer harmonischen Welt, sondern vielmehr dasjenige, was am Ende der *Kritik der Urteilskraft* als die Finalität einer aus Freiheit möglichen Gesetzesordnung und damit als ‚Endzweck' des Seinsganzen begreiflich gemacht werden soll.

Mit dem Endzweck harmonisch sich fügender Zwecke in einer Welt unter moralischen Gesetzen werden jedoch zwei Ebenen des vernunftbezüglichen Harmoniegedankens *zugleich* betreten: Vernunftbezügliche Harmonie betrifft nämlich nicht allein die ontische Sphäre lebendiger Zwecksetzung der freien moralischen Wesen, sondern betrifft auch die epistemisch-metaphysische Ebene der Vernunft selbst und ihre Prinzipien, durch die wir diese Ordnung zugleich sehen, ergründen und gestalten können. Denn auch die Vernunft wird als in sich gefügtes Ganzes, als Organ ausgelegt, durch das die Idee des gelingenden Lebens im Selbstbewusstsein der Einzelnen verankert ist. Die Einheit aus Zwecken muss darum mit der *Selbstbezüglichkeit* dieser Ordnung zugleich kompatibel sein, soll sie nicht blind und ohne Selbstbewusstsein bleiben. Und darum wird das Prinzip dieser Einheit – um der Intelligibilität jener höchsten Zweckordnung willen – als ein vernünftiges Prinzip auszulegen sein. Denn erst diese sich selbst sehende und begreifende Vernunft wird auch in der Lage sein, die notwendige Übersetzungs-

---

19 Ebenda, A 177, B 180.

leistung zwischen den kulturell geprägten Weltauslegungen zu leisten. Dafür bedarf es nämlich nicht allein einer in die Naturordnung eingelassenen welt-haltigen Vernunft, sondern einer Vernunft, die *ihre Einheit und Differenz mit der natürlichen Ordnung zugleich auch ergründen und begreifen* und mit anderen Zugangsarten in ein Verhältnis setzen kann.

3.3 Der sinn-bezügliche Harmoniegedanke im Horizont der Idee des ‚höchsten Guts‘

Diese notwendige Wechselintegration von Sinnlichkeit und Sittlichkeit, Intelli-gibilität und Materialität, setzt nun, so Kant, zugleich voraus, dass wir in Bezug auf „etwas im Subjekte selbst und außer ihm"[20] ein Prinzip annehmen, das weder das Eine noch das Andere ist, mithin „nicht Natur, auch nicht Freiheit"[21] (oder Geist) genannt werden kann; – welches aber gleichwohl, wenn auch auf unbekannte Art, ihre Einheit begrifflich machen kann. Denn gäbe es nicht ein solches ‚über-sinnliches intelligibles Substrat‘, wodurch Mensch und Kosmos, Ich und Welt, Freiheit der Zwecke und durchgängig bestimmte Erscheinungswelt, in ihrer Ein-heit begreiflich würden: Eine Antwort auf die Frage, wie denn Intelligibilität und Materialität in Natur und Kunst wechselseitig integriert sind, wäre, so Kant, nicht möglich.[22]

So können wir in diesem dritten, dem sinn-bezüglichen Verwendungssinn des Harmoniegedankens, den inneren Zusammenhang der harmonisch gedachten Seins- und Sollensordnung nur begreifen, wenn wir uns dieses durchgängig be-stimmte Ganze als, wie Kant in der *Kritik der reinen Vernunft* ausführt, „aus einer Idee entsprungen [...] vorstellen".[23]

Einen vergleichbaren Gedanken finden wir im ersten programmatischen Ka-pitel von Laotses *Tao te King*, in dem die beiden polar entgegengesetzten Kräfte als nur mehr zwei Namen des einen Ursprungs begriffen werden. „Beides habe", wie es dort heißt, „einen Ursprung und nur verschiedenen Namen. Diese Einheit ist das Große Geheimnis. Und des Geheimnisses noch tieferes Geheimnis: Das ist die Pforte der Offenbarwerdung aller Kräfte".[24]

---

20 Kant: Kritik der Urteilskraft – Gesammelte Schriften (Akademie-Ausgabe), Bd. 5, A 255 B 258.
21 Ebenda.
22 Vgl. zu diesen Ausführungen auch: Bickmann: Kants Sinnliches Scheinen der Idee.
23 Kant: Kritik der reinen Vernunft – Gesammelte Schriften (Akademie-Ausgabe), Bd. 3, A 815 B 843.
24 Laotse: Tao-Te-King, S. 41 .

Dabei ist die für die reflektierende Urteilskraft leitende Annahme eines ‚Endzwecks der Schöpfung', keineswegs der Schluss von der moralischen Teleologie auf eine Theologie. Der moralphilosophische Beweis der Existenz eines einigen Urwesens nehme nicht ein von unseren moralisch bestimmten Zwecken unabhängiges höchstes Wesen an, sondern dieses ‚einige Urwesen' sei uns „allein durch unseren freien moralischen Willen verbindlich".[25] Dies bedeutet für uns allein, so zu tun, als ob dieser sein Maß von einer höchsten Instanz außer ihm selbst empfangen könne. Doch ist das Göttliche nur *ein immanentes Maß* und Prinzip unserer Handlungen. Denn wir selbst sind es, ‚die vereinten Kräfte der Menschheit, die ihr moralisch verbindliches Handeln am Maß der Idee des höchsten Guts bemessen' – *als ob* es ein von unserem Handeln und Wollen unabhängiges höchstes Wesen wäre. Die Rede vom ‚Als-ob-Charakter' des Göttlichen erhält ihren Sinn daraus, dass wir, so Kant,

> so weit praktische Vernunft uns zu führen das Recht hat, Handlungen nicht darum für verbindlich halten, weil sie Gebote Gottes sind, sondern sie darum als göttliche Gebote ansehen, weil wir dazu innerlich verbindlich sind. Wir werden die Freiheit, unter der zweckmäßigen Einheit nach Prinzipien der Vernunft, studieren, und nur so fern glauben, dem göttlichen Willen gemäß zu sein, als wir das Sittengesetz, welches uns die Vernunft aus der Natur der Handlungen selbst lehrt, heilig halten, ihm dadurch allein zu dienen glauben, daß wir das Weltbeste an uns und an andern befördern. Die Moraltheologie ist also nur von *immanentem* Gebrauche, *nämlich unsere Bestimmung hier in der Welt zu erfüllen, indem wir in das System aller Zwecke passen*".[26]

Somit schließt Kant, um der Moralität einer zu gestaltenden Weltordnung und mit dieser der Idee eines Endzwecks der Schöpfung willen,

> daß [...] zu dieser Schöpfung, d.i. der Existenz der Dinge gemäß einem Endzwecke, erstlich ein verständiges, aber zweitens nicht bloß (wie zu der Möglichkeit der Dinge der Natur, die wir als Zwecke zu beurtheilen genöthigt waren) ein verständiges, sondern ein zugleich moralisches Wesen als Welturheber, mithin ein Gott angenommen werden müsse.[27]

So haben wir im Sinne Kants und dies ist der Kern seiner Ethikotheologie, „nicht bloß einen moralischen Grund [...], einen Endzweck der Schöpfung (als Wirkung), sondern auch ein moralisches Wesen als Urgrund der Schöpfung" anzunehmen[28].

---

25 Kant: Kritik der Urteilskraft – Gesammelte Schriften (Akademie-Ausgabe), Bd. 5, A 819 B 847.
26 Ebenda, A 819 B 847; kursiv C.B.
27 Ebenda, A 428 B 433.
28 Ebenda.

4 Das ‚ethische Gemeinwesen' in einem weltbürgerlichen Ganzen[29]

Mit dem Sittengebot, so Kant, sei darum nicht bereits die hinreichende Bedingung für ein gelingendes Leben erreicht; dazu bedarf es jedoch nach bisher Gesagtem noch eines ‚materialiter erfüllenden Gehaltes', den der Mensch mit seinen moralischen Zwecken verbinden kann. Mit diesem allein, dem ‚höchsten in der Welt zu realisierenden Gut' sollte dann erst eine Aussicht auf eine Erfüllung unseres moralisch bestimmten Willens in einem glückseligen Leben möglich sein.

Was nun für das gelingende Leben der Einzelnen gilt, lässt sich nach Kant auch für die Herausbildung eines ‚ethischen Gemeinwesens' sagen: so wie für den Einzelnen die Form der Sittlichkeit nur die eine Seite eines Verhältnisses ist und die Erfüllung seiner Hoffnungen allererst in dem ihr proportional zugemessenen materialen Gehalt, in der Glückseligkeit, zu finden ist, – so kulminiert der höchste Zweck der Menschheit auch in einem Prinzip, in dem die formale Seite des Prozesses – die Gesetzesform der ethischen Gemeinschaftlichkeit[30] – mit dem materialen Gehalt einer gelingenden Vergemeinschaftung auch zusammenfinden kann: Im Prinzip ihrer Verbindung, im ‚höchsten abgeleiteten Gut', als dem Prinzip einer gelingenden weltbürgerlichen Gemeinschaft. In diesem sind wir dann nicht nur als sittliche Wesen präsent, sondern in ihm ist auch die Idee unserer Glücksversprechen aufgehoben: Glückswürdigkeit und Sittlichkeit sind in dieser Idee wie apriorische Form und aposteriorischer Gehalt miteinander vereint. Was nun in diesem Ideal des ‚höchsten Guts' als a priori vereint gedacht werden kann, wird in der endlichen Welt zur unendlichen Aufgabe einer sich zum Besseren hin entwerfenden freien Menschheit. Dass ein solches ‚höchstes Gut' aber angenommen werden muss, ergibt sich für Kant aus einem negativen Beweisgang: Denn insofern „die Beförderung des höchsten Guts, [...] ein a priori notwendiges Objekt unseres Willens ist, und mit dem moralischen Gesetze unzertrennlich zusammenhängt" so *muss die Unmöglichkeit des höchsten Guts auch die Falschheit des moralischen Gesetzes* beweisen. „Ist also das höchste Gut nach praktischen Regeln unmöglich, so muss auch das moralische Gesetz, welches gebietet, dasselbe zu befördern, phantastisch und auf leere eingebildete Zwecke gestellt, mithin an sich falsch sein."[31]

---

29 Vgl. dazu: Kant: Religion innerhalb der Grenzen der bloßen Vernunft (Akademie-Ausgabe), Bd. 6, A 283 B 301; ferner: Kant: Kritik der Urteilskraft – ebenda, Bd. 5, A 389 B 394.
30 Ebenda, A 389 B 394.
31 Kant: Kritik der praktischen Vernunft, Gesammelte Schriften (Akademie-Ausgabe), Bd. 5, A 205.

Somit gilt für Kant, dass der Mensch zur Hoffnung auf einen mit seiner sittlichen Handlung verbundenen glücklichen Ausgang auch berechtigt ist, da die Welt selbst so beschaffen ist, dass *Sinnliches und Übersinnliches, Sittlichkeit und Glückseligkeit, in ihr prinzipiell zur Übereinstimmung gebracht werden können.* Beide Gesetzestypen, Kausalität aus Freiheit und die natürliche Kausalität, müssen darum in einem Prinzip zusammenfinden können, das die Integrierbarkeit beider Sphären in einem System harmonisch aufeinander bezogener Kräfte auch begreiflich machen kann.

5 Die Idee des ‚höchsten Guts'

Einleitend in seine Religionsschrift *Die Religion innerhalb der Grenzen der bloßen Vernunft* verdeutlicht Kant nun die Art der Abhängigkeit zwischen Religion und Moralität:

> Moral, so fern sie auf dem Begriffe des Menschen, als eines freien, eben darum aber auch sich selbst durch seine Vernunft an unbedingte Gesetze bindenden Wesens, gegründet ist, bedarf (zwar) weder der Idee eines andern Wesens über ihm, um seine Pflicht zu erkennen, noch einer andern Triebfeder als des Gesetzes selbst, um sie zu beobachten.[32]

Denn Moralität setze Freiheit voraus, und so sei eine jede Legitimationsinstanz, die nicht „aus ihm selbst und seiner Freiheit entspringt" (ebd.), eine eigene Schuld. Die Moralität bedarf also „keineswegs der Religion, sondern, vermöge der reinen praktischen Vernunft, ist sie sich selbst genug".[33]

Doch auch wenn unser Wille frei und der Bestimmungsgrund unseres Willens allein auf der Übereinstimmung mit dem moralischen Gesetz beruht, so ist die freie moralische Willensäußerung gleichwohl an den notwendigen Folgen seiner Maximen interessiert.

Denn Finalität unserer Handlungen kann nicht nur der Form nach, sondern muss auch „ihrem Gehalte nach als das Vollkommenste und Beste gelten" können. Und so können diese Zwecke nicht nur dasjenige betreffen, „was wir allein aus Pflicht tun sollen", sondern auch dasjenige, was wir dementsprechend – proportioniert – als unser Lebensglück erhoffen dürfen.[34]

---

32 Immanuel Kant: Religion innerhalb der Grenzen der bloßen Vernunft, BA III.
33 Ebenda, BA IV.
34 Immanuel Kant: Kritik der praktischen Vernunft – Gesammelte Schriften (Akademie-Ausgabe), Bd. 5, A 211: „durch diese Vorstellungsart aber kann man allein erreichen, was man sucht,

Nun kann jedoch das erstrebte Objekt unseres freien Willens nicht ein je bestimmtes, konkretes Objekt sein, worum willen unser Handeln moralisch ist, sondern der bloßen Gesetzesform gemäß ist allein die

> *Idee von einem Objekte,* welches die *formale Bedingung aller Zwecke,* wie wir sie haben sollen (die Pflicht), und zugleich alles damit zusammenstimmende Bedingte aller derjenigen Zwecke, die wir haben (die jener ihrer Beobachtung angemeßne Glückseligkeit), zusammen vereinigt in sich enthält, *das ist, die Idee des höchsten Guts in der Welt,* zu dessen Möglichkeit wir ein höheres moralisches, heiligstes und allvermögendes Wesen annehmen *müssen,* das allein beide Elemente desselben vereinigen kann.[35]

Nicht ein singulärer Gegenstand darum, ein einzelnes empirisches Objekt kann jenes erstrebte, durch unsere moralische Willensbekundung ermöglichte Objekt sein, sondern es muss – quasi inbegrifflich – die formale Bedingung aller Zwecke genannt werden können, muss alle diese in höchster Vollendung in sich vereinen, mithin also Ermöglichungsgrund aller höchsten Zwecke, der natürlichen wie der sittlichen gleichermaßen sein können.

Dieses formale Objekt der Harmonie sinnlich-sittlicher Zwecke nennt Kant die „Idee eines höchsten Guts in der Welt".[36] Umwillen dieser Idee einer harmonisch sich fügenden Weltordnung wird eine aufgeklärte Religion darum unvermeidlich: Nicht zur Ausführung unseres moralisch bestimmten Willens, – dazu bedarf es nach Kant „keines Zwecks, sondern das Gesetz", – aber für die *Realisierung* der damit verbundenen höchsten Zwecke, nämlich das zu erreichende höchste Gut in dieser Welt, müssen wir ein „höheres, moralisches, heiligstes und allvermögendes Wesen annehmen [...], das allein beide Elemente desselben vereinigen kann". Denn bezogen auf unsere moralischen Handlungen kann diese Idee nicht leer sein – da sie allem „unserem Tun und Lassen doch irgendeinen Endzweck" beigesellt, „der von der Vernunft gerechtfertigt werden kann".[37]

So ist Moralität an die Idee eines Endzweckes gebunden. Erst durch diesen nämlich verschafft sie ihren Pflichten „einen besondern Beziehungspunkt der Vereinigung aller Zwecke"[38]. Und es ist allein durch jenen Endzweck, dass eine Verbindung der „Zweckmäßigkeit aus Freiheit mit der Zweckmäßigkeit der Na-

---

nämlich daß Handlungen nicht bloß pflichtmäßig (angenehmen Gefühlen zu Folge), sondern aus Pflicht geschehen, welches der wahre Zweck aller moralischen Bildung sein muß."

35 Ebenda.

36 Immanuel Kant: Religion in den Grenzen der Vernunft – Gesammelte Schriften (Akademie-Ausgabe) Bd. 6, BA VII.

37 Ebenda.

38 Ebenda. BA VIII.

tur"[39] möglich wird. Die Einheit beider liegt unserem Handeln wie der Welt gegebener Abhängigkeiten nicht als präetablierte Ordnung bereits zugrunde, sondern wird als Endzweck bloß erstrebt; mithin also fluchtpunktartig als ein projiziertes Ziel in eine zu erstrebende Weltordnung gelegt. Einer solchen Verbindung aber können wir, so Kant, auch gar nicht entbehren, denn es ist allein dieser Endzweck, der ihrer Verbindung „objektiv praktische Realität verschafft"[40].

Auch wenn nur aus Vernunftgründen möglich, so sollte dieser zu realisierende Endzweck doch gleichwohl so aufzufassen sein, als sei er von Natur aus so gewollt. Und so, wie das gelingende, das schöne Kunstwerk zugleich so erscheinen sollte, als ob es ein Stück Natur sei, so sollte auch die aus freien Akten geschaffene, die moralische Welt die Welt zugleich so erscheinen lassen, als sei auch sie von Natur aus so gewollt.

Darin war Kant, wie wir sahen, Rousseau und auch der Stoa gefolgt und darin ist er auch vom Taoismus nicht weit entfernt: Nicht das Künstliche oder prinzipiell Transzendente in dieser Welt zu befördern, sondern diejenigen Gesetze aufzuspüren und zu vollführen, die unsere innere Übereinstimmung mit den Gesetzen der Natur möglich und begreiflich machen, um auf diese Weise das Göttliche in der Welt zur Erscheinung zu bringen. Kants Revolution der Denkungsart beruht darum auf seinem Versuch, Religion weder als unmittelbares Gefühl noch als Weltanschauung, noch auch in ‚sensu scholastico' in rein begrifflicher Gestalt neben den Wissenschaften zu wahren. Seine Idee der aufgeklärten Religion soll vielmehr allein im Durchgang durch die weltaufschließende Funktion der Wissenschaften als derjenige unvordenkliche Horizont zu gewinnen sein, der als das Ideal der Harmonie der Zwecke unserem moralischen Streben wie unserer Hoffnung auf ein glückseliges Leben in einer zu vollführenden weltbürgerlichen Gemeinschaftlichkeit je schon zugrunde liegt.

An diese Reflexionsgestalt ließe sich anschließen, wenn wir Epistemologie und Ontologie, Metaphysik und Erfahrungswissen, Anthropologie und Naturphilosophie, Kunst, Religion und Philosophie in gemeinsamer Annäherung der vereint entgegengesetzten Kräfte des westlichen und des östlichen Denkens im Horizont einer Weltphilosophie integrieren wollen, die am Maß ‚des höchsten Guten' der Beförderung einer friedliche Welt dienlich ist. Die Frage nach einer Verständigung bezogen auf den Gedanken der Übereinstimmung aller Zwecke in einem humanen Gemeinwesen lässt uns am Ende unserer Ausführungen zum Ausgang unserer Problemstellung zurückkehren: zur Idee einer Kongruenz der Zielsetzungen zwischen Kant und verschiedenen neu-konfuzianischen Annähe-

---

39 Ebenda.
40 Ebenda.

rungen bezogen auf das Ideal des ‚höchsten Guts' als Ziel und Fluchtpunkt einer möglichen Seins- und Sollensordnung.

Versucht werden sollte, auf eine Schwierigkeit aufmerksam zu machen, die dieser das Gemeinwesen orientierenden Zielsetzung in beiden Traditionen zugrunde liegt: Will man die Möglichkeit der Harmonie von sinnlichen und sittlichen Zwecken in einer zu gestaltenden Welt nicht dogmatisch setzen, oder aber umgekehrt, grundlegende Skepsis bezogen auf ihre mögliche Kompossibilität walten lassen, so lässt sich eine Unterscheidung gewinnen, die zwischen den empirisch kontingenten Bedingungen unseres Handelns, unserer gleichwohl notwendigen moralischen Selbstgesetzgebung wie der damit verbundenen Idee einer möglichen Übereinstimmung von natürlichen und sittlichen Zwecken eine Richtung weist:

Begreift man nämlich den Charakter des notwendigen mit unserem sittlichen Bemühen verbundenen Objekts, des ‚Ideals des höchsten in dieser Welt zu schaffenden Guts', nicht als Bestimmungsgrund und Motiv unseres Handelns, sondern versteht es recht allein als eine erhoffte Größe angesichts maximaler menschlicher Bemühungen um ein sittliches Gemeinwesen, so lässt sich eine Wegmarke für eine gemeinsame Weltordnung finden, in der die Einzelnen ihre freie Selbstbestimmung zugleich am Maß einer moralischen Welt orientieren, dem sie sich innerlich verpflichtet fühlen, auch wenn die damit verbundenen Hoffnungen in der endlichen, der empirischen Welt unerfüllt bleiben.

Literaturverzeichnis

Quellen

Kant, Immanuel: Gesammelte Schriften. Hrsg. von der Königlich Preußischen Akademie der Wissenschaften (Akademie-Ausgabe). Abt. I: Werke. Bd. 1–9. Abt. II: Briefwechsel. Abt. II: Briefwechsel. Bd. 10–13. Abt. II: Handschriftlicher Nachlass. Bd. 14–23. Berlin: Georg Reimer 1910–1955.
Kant, Immanuel: Vorlesungen über die Metaphysik. Fotomechanische Nachdruck der Originalausgabe Erfurt 1821). Darmstadt: Wissenschaftliche Buchgesellschaft 1975.
Kungfutse: Gespräche (Lun-yü, dt.) Aus dem Chines. verdt. und erl. von Richard Wilhelm. Düsseldorf: Diederichs 1955.
Laotse: Tao-te-king. Das Buch vom Sinn und Leben. Übers. und mit einem Kommentar von Richard Wilhelm. Erw. Neuausg., Sonderausg. München: Diedrichs 1998 (Diederichs gelbe Reihe. 19: China).

Darstellungen

Bickmann, Claudia: Differenz oder das Denken des Denkens: Topologie der Einheitsorte im Verhältnis von Denken und Sein im Horizont der Transzendentalphilosophie Kant. Hamburg: Meiner 1996 (Schriften zur Transzendentalphilosophie. 11).
Bickmann, Claudia: Kants Sinnliches Scheinen der Idee: Die Einheit von Ethik und Ästhetik in Kants Ethikotheologie. – In: Dieter Wandschneider (Hrsg): Das Geistige und das Sinnliche in der Kunst: Ästhetische Reflexion in der Perspektive des deutschen Idealismus. Würzburg: Königshausen und Neumann 2005, S. 13–29.
Bickmann, Claudia: Immanuel Kants Weltphilosophie. Nordhausen: Bautz 2006.
Bickmann, Claudia, u. a. (Hrsg.): Tradition und Traditionsbruch zwischen Skepsis und Dogmatik: Interkulturelle philosophische Perspektiven. Amsterdam, New York: Rodopi 2006 (Studien zur interkulturellen Philosophie. 16).
Tong, Lik Kuen: The Art of Appropriation: Towards a Field-Being Conception of Philosophy. – In: The International Journal for Field-Being 1(1) (2001), Part 1, Article No. 1, 2001. URL: http://www.iifb.org/ijfb/LKTong-1–1.
Yi, Guo: Knowledge, Value and Life-World: A New Philosophical View based on Confucianism and Taoism. Unveröffentlichter Vortrag während des Kongresses der Deutschen Gesellschaft für Philosophie im September 2008.

Thomas Zimmer
Frühe chinesische Moderne-Erfahrungen bei der Begegnung mit dem Westen

Abstract: Der Aufsatz beschäftigt sich mit den frühen Modernisierungsanstrengungen Chinas im 19. Jahrhundert, als man damit begann, Diplomaten in die führenden Länder des Westens zu entsenden. Nach einführenden Bemerkungen zu der Frage, wie man Modernisierung und Modernismus vor dem Hintergrund unterschiedlicher Kulturen zu deuten hat, zeigt der Beitrag auf der Grundlage von Tagebucheinträgen eines prominenten Diplomaten im späten 19. Jahrhundert, wie problematisch der Zugang zu dem „modernen" Wissen des Westens seinerzeit tatsächlich war. Neben den Fragen der materiellen Moderne versucht der Verfasser dabei auch deutlich zu machen, mit welchen Techniken sich Chinas Diplomaten und Gelehrte einen begrifflichen Zugang zu den Moderneerscheinungen des Westens unter Berücksichtigung der eigenen chinesischen kulturellen Überlieferungen zu verschaffen suchten.

„Modernität" stellt ein wichtiges Kriterium für die Selbstdefinition der Gesellschaften in der Gegenwart dar. Die Frage, wie „modern" eine Gesellschaft ist, wird oft auch als Grundlage für die gesamtgesellschaftliche Identität angesehen und hat Auswirkungen bis hin zum einzelnen Angehörigen einer Gesellschaft.

Der Beginn der Moderne im Westen ist eng mit einer neuen Raumerfahrung verknüpft und nimmt diesbezüglich ihren Ursprung in den Entdeckungsreisen der Europäer seit dem 18. Jahrhundert. Vor allem der Glaube an die Beherrschbarkeit der Welt konnte jene Dynamik und jenen Fortschrittsglauben entfesseln, die für die Moderne so typisch sind. Die Moderne gilt daher nicht zu Unrecht als eine der Errungenschaften der Kultur des Westens und hat diesem einen wichtigen Teil seines heutigen Wesens verliehen. Die Annahme, die vom Westen begründeten Vorstellungen der Moderne, ihre Wertebasis und Lebensweise besäßen überall auf der Welt Gültigkeit und würden im Zuge der Modernisierung früher oder später von allen Staaten und Kulturen übernommen, gehörte lange Zeit zum Selbstverständnis des Westens.

Dass gerade *China* im Zusammenhang mit der für die Modernvorstellung so wichtigen Zeit der Aufklärung eine herausragende Rolle spielte – man denke an die Schriften von Leibniz (*Novissima Sinica*) – ist heute weit bekannt und soll hier nicht weiter erörtert werden. Bei meinem Thema geht es vielmehr um Folgendes: Heute, mehr als zwei Jahrhunderte nach dem Einsetzen der Moderne im Westen, sieht sich die Welt in einem grundlegenden strukturellen Wandel begriffen. Die

Globalisierung, die zunehmende Vernetzung und der wirtschaftliche wie politische Aufstieg nicht-westlicher Staaten haben zu weitreichenden Veränderungen geführt, die Vorstellung des Westens von seiner Einzigartigkeit wurde durch die kulturelle Pluralität zunehmend relativiert.

Bevor wir uns der Frage zuwenden, wie sich Chinas Verhältnis zur Moderne herausgebildet hat, erscheinen mir einige grundsätzliche Überlegungen notwendig zu sein. Dies beginnt schon damit, wenn man sich darum bemüht, einen verbindlichen Nenner der Bestimmung von Moderne und Modernität zu finden. Nimmt man als Bestimmungskriterium politische, soziale und technologische Erscheinungen an, so taucht zugleich die Frage auf, wie ausgewogen das Verhältnis dieser Kriterien zueinander sein muss. Wie findet man, so eine weitere Frage, ein Verhältnis zu all dem aus der Vergangenheit, was offensichtlich nicht nahtlos an die „Moderne" in der Gegenwart anknüpft oder sogar in einem Gegensatz zu ihr steht? Fragen wie diese, auf die auch hier keine Antwort zu finden sein wird, sind seit beinahe einem Jahrhundert Gegenstand von Überlegungen, die unter dem Begriff der „Modernisierungstheorien" zusammengefasst worden sind.[1]

Wirft man einen Blick auf diese Modernisierungstheorien, so fällt auf, dass sie der Vielfalt der empirischen und nicht-empirischen Beobachtungen weltweit oft nicht gerecht werden, was oft mit dem starren theoriegläubigen Streben zu tun hat, „Modelle" für eine Entwicklung hin zur Moderne zu entwerfen. Angesichts des Hinweises auch aus Kreisen der Soziologie, dass immer noch geeignete theoretische Modelle fehlen, um die Frage der Vielfalt, in der sich die Moderne auf der Welt zeigt, zu klären, stellt sich die Frage, ob es überhaupt möglich und seriös ist, nach Modellen zu suchen.[2] „Moderne" gerade im interkulturellen Kontext lässt sich eher in mosaikartigen Beschreibungen als mit starren Modellen erfassen, die auf gesetzmäßige Abläufe von Mechanismen hinauslaufen.

Bevor hier auf die Frage nach der Bestimmbarkeit von Moderne weiter eingegangen werden soll, ist es mein Anliegen, kurz einige definitorische Annahmen zu erörtern, die auch Einfluss genommen haben auf die Untersuchung des zugrunde gelegten chinesischen Textes.

Was ist überhaupt unter einer „traditionellen" und einer „modernen" Gesellschaft zu verstehen? Unter einer „traditionellen" Gesellschaft werden oftmals solche Gemeinschaften in einem nationalen Kontext bezeichnet, die vor allem „Defizite" in verschiedenen Bereichen aufweisen. Anzuführen sind hierunter zum

---

1 Vgl. dazu einführend Berger: Was behauptet die Modernisierungstheorie wirklich – und was wird ihr nur unterstellt?; Rullmann: Modernisierung und Dependenz. Paradigmen internationaler Kommunikationsforschung. Aktuelle Debatten finden Berücksichtigung bei Ziblatt: How did Europe democratize?

2 Vgl. dazu Schwinn: Multiple Modernities: Konkurrierende Thesen und offene Fragen, S. 455.

Beispiel ein geringer Grad an Urbanisierung, eine fehlende bzw. geringe Indu-strialisierung, eine geringe Produktivitätsleistung, eine hohe Zahl an Analpha-beten usw. Begleitet werden diese Defizite – so die Annahme – von allgemein als starr und unbeweglich empfundenen gesellschaftlichen Strukturen, die eine dynamische Entwicklung weitgehend verhindern und nur wenig Raum für Indi-vidualisierung lassen. Es sei an dieser Stelle bereits auf das Unbehagen hinge-wiesen, das sich bei einer derart negativen Beurteilung zwangsläufig einstellt. Im Ländervergleich hat sich vielmehr die Praxis bewährt, dass länder- und kultur-spezifische Variationen nicht als Defizite, sondern als eigenständige Ausprä-gungen wahrgenommen werden sollten.[3]

Schafft es eine Gesellschaft nun, sich zu modernisieren, so „befreit" sie sich vermeintlich von diesen alten und defizitären Zuständen. Für eine derart „moderne" Gesellschaft gelten dann im weitesten Sinne genau entgegengesetzte Attribute: Eben ein hoher Urbanisierungsgrad und Bildungsstand, eine starke Individualisierung und hohe Produktivitätsleistung, begünstigt weiterhin von Massenkonsum und verstärktem Unternehmertum. Darüber hinaus befördern das wirtschaftliche Wachstum, die Entstehung einer breiten Mittelschicht sowie die Zunahme des Bildungsgrads der Bevölkerung den Prozess der Demokratisierung der Gesellschaft. Aber auch dem Bürger werden neue Charakteristika zuge-schrieben. Er wird zum mündigen Bürger, der flexibel und gut ausgebildet ist sowie leistungsorientiert agiert.

Zu den besonders für China fruchtbar zu machenden Modernisierungstheo-rien gehört nun fraglos die auf Shmuel N. Eisenstadt zurückgehende Vorstellung von den „Multiple Modernities".[4] Es war Eisenstadt, der die Auffassung, „Mo-derne" alleine an den vom Westen vorgegebenen Maßstäben zu messen, in Frage stellte. Zwar geht auch Eisenstadt im wesentlichen davon aus, dass die Moderne eine im Westen entstandene Entwicklung sei, doch wird bei ihm hinzugefügt, dass sich durch die verschiedenen kulturellen Gegebenheiten in einem jeden Land auch verschiedene Muster entwickelt hätten, die aber nicht in allen Charakteris-tika mit der westlichen Modernevorstellung konform sein müssten. Somit ent-stünden keine homogenen Zivilisationen, sondern multiple Modernen.[5] Eine Modernisierung wie z.B. in China hat daher nicht automatisch mit einer Ver-westlichung einherzugehen. So interessant diese Theorie auch sein mag, ihr Manko bleibt, dass eben Kriterien fehlen, die die Vielfalt, mit der Modernität in

---

3 Vgl. dazu ausführlicher Gaonkar: Alternative Modernities.
4 Vgl. dazu wichtige Werke Eisenstadts wie Eisenstadt: Social Change, Differentiation, and Evolution; Eisenstadt (Hrsg.): Patterns of Modernity; Eisenstadt: Die Vielfalt der Moderne.
5 Vgl. Eisenstadt: Multiple Modernen im Zeitalter der Globalisierung, S. 37.

Erscheinung tritt, einigermaßen angemessen charakterisieren.[6] Auch auf eine weitere Schwierigkeit in der Beschäftigung mit „Moderne" und „Modernität" sei an dieser Stelle bereits hingewiesen: den Umstand nämlich, dass bei den (westlichen) Untersuchungen zu diesem Problem allzu oft keine „fremden Stimmen" (etwa solche aus China) für eine Standortbestimmung herangezogen werden. Insbesondere die Fragen, in welchem Maße sich die „Latecomer" in der Moderne positionieren und wiederfinden und auf welche Entwicklungen ihre eigenen Moderneerfahrungen basieren, bleiben vielfach unbeantwortet.

Dennoch bietet gerade der Ansatz von Eisenstadt hier Möglichkeiten, eine quasi historische und länderspezifische Moderneforschung zu betreiben. Anders als andere Moderne-Theorien geht der Ansatz von den Multiple-Modernities nämlich davon aus, dass kulturelle Erbschaften eine große Rolle spielen. Mit anderen Worten und um Schwinn zu zitieren: „Wenn Modernisierungsprozesse auf längerfristigen historischen Erbschaften aufsitzen, muss eine zentrale Annahme der Modernisierungstheorie und der neueren Systemtheorie korrigiert werden: die Annahme, dass sich mit der Einführung moderner Strukturen automatisch die entsprechende Kultur einstelle. [...] Wenn Kultur nicht nur eine abhängige, sondern auch eine Modernisierungsprozessen kausal vorgelagerte Variable darstellt, werden kulturelle Erbschaften über das institutionelle Arrangement von Ländern und Regionen mitentscheiden."[7] An dieser Stelle ist die Frage der Vergangenheit wichtig: wie haben Länder, die ein „Modernisierungsdefizit" aufgewiesen haben, zu ihrer eigenen Kultur gestanden und welche Entwicklungsmöglichkeiten haben sie für ihre Kultur in der „modernen" zeitgenössischen Kultur des Westens gesehen?

Eine besondere Herausforderung bildet dabei der Aufstieg Chinas, denn während der bisherige Modernisierungsprozess nicht-westlicher Länder trotz kultureller Differenzen mehr oder weniger innerhalb des vom Westen abgesteckten Rahmens verlief, scheint das chinesische Entwicklungsmodell das westliche Selbstverständnis in Frage zu stellen. Hieran lassen sich eine Reihe von Fragen knüpfen, die auch für die Gegenwart eine große Bedeutung besitzen, etwa: Wird China die Werte und Grundannahmen der westlichen Moderne auf lange Sicht hin verwirklichen?[8] Schließlich behaupten chinesische Politiker gemeinhin

---

6 Vgl. Schwinn: Multiple Modernities, S. 456f.

7 Vgl. ebenda, , S. 462f.

8 Die Diskussionen über Chinas Weg in die Moderne halten gerade in China bis in die unmittelbare Gegenwart an. An einschlägigen Werken in westlichen Sprachen seien u.a. genannt Chow Tse-tsung: The May Fourth Movement; Klaus Birk: Totale Verwestlichung; Thomas Heberer: Modernisierung ohne Verwestlichung; Bettina Gransow: Konzeptionen chinesischer Modernisierung.

viel lieber, es werde in China niemals eine Demokratie nach westlichem Muster geben. Oder: Liegen den unterschiedlichen Entwicklungsprozessen womöglich kulturelle Unterschiede zugrunde, die China mit dem Blick auf seine eigenen Traditionen begründet und die im Zuge einer voranschreitenden Modernisierung auch bestehen bleiben sollen?[9] Wie auch immer man an diese Fragen herangeht, man tut – so meine ich – gut daran, zum besseren Verständnis der Gegenwart wichtige Abschnitte der historischen Entwicklung genauer zu betrachten. Entscheidend waren dabei Prozesse im 19. Jahrhundert. Genauer gesagt hat die Beschäftigung mit dem Problem der Moderne in China in der Mitte des 19. Jahrhunderts nach der Begegnung mit den Mächten des Imperialismus begonnen. Hieran an schlossen sich intensive Debatten und Anstrengungen, auch China zu „modernisieren" und in die Lage zu versetzen, es politisch, militärisch und kulturell mit dem Westen aufzunehmen. Die konkret damit im Zusammenhang stehenden Vorgänge angefangen von einer radikalen Ablehnung der Modernisierung bis zu der ebenso radikalen Forderung nach einer totalen Verwestlichung mit der um einen Ausgleich bemühten sogenannten *tiyong* -Formel sind immer wieder beschrieben worden und sollen hier nicht weiter erörtert werden.[10]

Bereits mit der vorstehend angeführten Formel wird ein Spannungsfeld erkennbar, in dem Chinas frühzeitiges Bemühen deutlich wird, innerhalb eines weitgehend als aufgezwungen und fremd empfundenen Prozesses der Modernisierung einen Weg zu finden, der angesichts der vorgegebenen Bedingungen im Land als machbar und angemessen erschien.[11] Die Berücksichtigung des Ansatzes

---

9 Eine zentrale Rolle spielt hierbei vor allem der Konfuzianismus, vgl. dazu etwa Nora Sausmikat: Gibt es eine chinesische Moderne mit konfuzianischen Charakteristika?; Tu Weiming: Eine konfuzianische Sicht auf die Grundwerte der globalen Gemeinschaft; Eisenstadt: Über die Beziehung zwischen Konfuzianismus, Entwicklung und Modernisierung; He Ping: China's Search for Modernity; Carsten Herrmann-Pillath: Konfuzianismus und chinesische Religionen; Jürgen Osterhammel: Gesellschaftliche Parameter chinesischer Modernität.

10 Einen sehr guten Überblick vor allem über die einzelnen Phasen der Modernisierungsanstrengungen findet man immer noch Immanuel C.Y. Hsü: The Rise of Modern China. Die angeführte *tiyong*-Formel lautet vollständig *zhongxue weiti, xixue wei yong* 中学为体，西学为用 und wird auf den zum Ende der Kaiserzeit aktiven Staatsmann Zhang Zhidong 张之洞 (1837–1909) zurückgeführt. Im Zentrum steht dabei die Überlegung, einen Ausgleich zwischen den kulturellen und geistigen Traditionen Chinas und den vor allem materiell-technischen Erscheinungen des Westens herzustellen. Die Formel taucht auch in den im China der Gegenwart geführten Diskussionen zu dem Thema immer wieder auf.

11 Es sei an dieser Stelle darauf hingewiesen, dass auch heute, mehr als eineinhalb Jahrhunderte nach den ersten Modernisierungsanstrengungen in China die Diskussionen darüber, welcher Entwicklungsweg für China angemessen erscheint und wie weit man sich dabei auf die eigenen Traditionen stützen kann, nicht abgebrochen sind. So wird interessanterweise von bestimmten intellektuellen Strömungen in China selbst der klassische Marxismus als fremd und

der Multiple Modernities ist bei den weiteren Erörterungen nun überaus hilfreich, da mit seiner Hilfe der Fehler anderer Modernisierungstheorien vermieden werden kann, Entwicklung als ein binnengesellschaftliches Geschehen zu begreifen. Versteht man nämlich Modernisierung als einen Vorgang zwischen mehreren Ländern oder Regionen, in dem es Vorreiter und Nachzügler gibt, so ist natürlich davon auszugehen, dass institutionelle Ähnlichkeiten, die sich heute quer durch die Länder identifizieren lassen, nicht das Ergebnis eines überall gleich verlaufenden binnengesellschaftlichen Modernisierungsprozesses sind, sondern „das Resultat von Nachahmungsprozessen, des wechselseitigen Lernens und Kopierens der Nationen untereinander."[12] Eben an der Stelle kommt wieder die wichtige Rolle von „Kultur" ins Spiel: auf der Grundlage historisch-kultureller Erfahrungen schätzt jedes Land ab, welche Formen und welches Maß an Modernisierung passend sind. Nicht notwendig kommt es zu konvergenten Entwicklungen und Ergebnissen.

Ziel der folgenden Erörterungen kann es nicht sein, einen neuen Ansatz für die Beschäftigung mit dem Problem der Moderne in China zu liefern. Vielmehr soll versucht werden, den bereits in erheblichem Umfang vorliegenden Arbeiten zu dem Thema eine neue Note zu verleihen, indem der Blick auf frühe Äußerungen in China zur Modernisierungserfahrung gerichtet wird.

Tun möchte ich das mit Hilfe der Raumvorstellungen, die sich in der frühen Phase des Modernisierungsdiskurses Chinas seit der Mitte des 19. Jahrhunderts herausgebildet haben.[13] Wie vorstehend erwähnt worden ist, zeichneten sich die frühen chinesischen Modernisierungsanstrengungen durch eine intensive Suche nach praktikablen Lösungen für eine umfassende vor allem wirtschaftliche und militärische Entwicklung aus, die den chinesischen Gegebenheiten entsprechen sollte. Führende chinesische Politiker waren dabei auf Informationen vor allem über die Verhältnisse im Westen angewiesen, um sich ein konkretes Bild machen zu können. Eine zentrale Rolle beim Prozess dieser Informationsbeschaffung spielten dabei Diplomaten, die sich über einen verschieden langen Zeitraum hinweg in meist diversen Ländern Europas und Amerikas aufhielten und Auf-

---

in vieler Sicht für China unpassend angesehen. Vgl. den aufschlussreichen Diskussionsband herausgegeben von Zeng Yi 曾亦 und Guo Xiaodong 郭晓东: *Was heißt Universalität? Wessen Werte? Konfuzianer in der Gegenwart erörtern die Universalität von Werten* 何谓普世？谁之价值？当代儒家论普世价值.

12 Vgl. Schwinn: Multiple Modernities, S. 464.

13 Zu einer grundsätzlichen Beschäftigung mit der Raumwahrnehmung und der Sicht auf die Welt samt den sich daraus ergebenden Tatsachen für Politik, Gesellschaft, Kultur usw. vgl. Schlögel: Im Raume lesen wir die Zeit. Zu den Zusammenhängen zwischen Geographie, Reisen und einem entstehenden Modernebewusstsein im Westen. Vgl. an neueren Arbeiten u.a. Thompson: Travel Writing; Potter: Modernist Literature; Müller: Die Welt des Baedeker.

zeichnungen über ihre Reisen und Entdeckungen anfertigten.[14] Auch das Tagebuch Zhang Yinhuans, das als Quelle für die hier vorgenommene Untersuchung herangezogen wurde, ist verfasst worden aus dem Anspruch der Informationsbeschaffung, um Veränderungen in China zustande zu bringen. Die Beschäftigung mit Zhangs Tagebuch dient also vor allem dem Zweck, den Prozess der Moderne-Entdeckung in China transparenter zu machen.

Werfen wir zunächst einen kurzen Blick auf die Person. Bei dem Diplomaten Zhang Yinhuan 张荫桓 (1837–1900) handelt es sich um einen aus der Provinz Guangdong stammenden Beamten, der seinen Aufstieg der Nähe zu dem mächtigen Staatsmann Li Hongzhang 李鸿章 (1823–1901) verdankte. Nach verschiedenen Verwaltungsposten trat Zhang 1884 in das Außenamt ein, 1885 erfolgte seine Ernennung zum chinesischen Gesandten für die USA, Spanien und Peru. Zhangs Hauptaufenthaltsort war Washington, doch unternahm er während seiner Zeit als chinesischer Gesandter zwischen 1886 und 1889 sowohl Reisen nach Spanien wie nach Peru. Nach der Rückkehr nach 1890 verblieb er zunächst weiter im Außenamt, wurde 1892 Vizeminister des Ministeriums für Finanzen, 1894 entsandte man ihn zu Friedensverhandlungen nach Japan. Während der „Hundert-Tage-Reform" im Jahre 1898 wurde er vom Kaiserhof der Reformerseite zugerechnet, nach dem Scheitern der Reformbewegung verlor Zhang alle seine Ämter und wurde nach Xinjiang verbannt, wo man ihn im Anschluss an die Boxerbewegung von 1900 vermutlich auf Einwirken seitens der Kaiserinwitwe Cixi hinrichtete.[15]

Von Zhang sind neben dem *Tagebuch über die Reisen auf drei Kontinenten* 三洲日记 auch Tagebücher über seine Mission in Japan und die Reformbemühungen 1898 überliefert. Am umfangreichsten ist allerdings sein Tagebuch über die Reise als Gesandter in den USA, Spanien und Peru, das den Zeitraum zwischen dem 13. März 1886 und dem 5. Dezember 1889 abdeckt. Es geht zurück auf die zunächst pflichtgemäß nach Ende der diplomatischen Mission bei Hofe abgelieferte Aus-

---

14 Zu einem kleinen Überblick zum Problem des sich herausbildenden Weltbildes in China während des 19. Jahrhunderts vgl. einführend Zimmer: Das Volk der Dichter, Denker und Kanonenbauer.

15 Zhang Yinhuan steht bislang eher am Rande der wissenschaftlichen Auseinandersetzung, dies betrifft die historische Forschung in China ebenso wie die im Westen. Einige spärliche Hinweise über Zhangs politische Rolle vor allem in den 1890er Jahren sind zu finden in Immanuel Chung-yueh Hsü: The Rise of Modern China, S. 416 u. 426. Wertvolles Material über Zhangs Leben haben die Herausgeber seiner Tagebücher zusammengestellt, erschienen unter dem Titel *Die Tagebücher des Zhang Yinhuan* 张荫桓日记, zusammengestellt von Ren Qing und Ma Zhongwen (任青、马忠文整理). Die Angaben hier beziehen sich das Vorwort S. 1–4. Die angeführte Ausgabe diente auch der Analyse des Tagebuchs, auf das im weiteren Bezug genommen wird.

gabe (Titel *Tagebuch über die Mission als Botschafter* 奉使日记) und ist u.a. 1896 in Peking erschienen. Auf diesem Wege wurden Kenntnisse über Zhangs diplomatische Reisen einer breiteren Öffentlichkeit bekannt. Sein bewegtes Leben und seine kritische Beschäftigung mit Chinas Traditionen im Lichte der Notwendigkeit zu einem umfassenden Wandel machten ihn auch für die zeitgenössischen Literaten zu einer faszinierenden Gestalt.[16]

Wie andere Gelehrten-Beamte, so hat sich auch Zhang Yinhuan – so viel weiß man – neben dem Verfassen von Tagebüchern mit der Kalligraphie und der Anfertigung von Essays beschäftigt, doch ist offenbar vieles davon aufgrund der Zeitumstände verloren gegangen. In der Forschung ist Zhang wie bereits festgestellt bislang kaum beachtet, anders als im Falle der Tagebücher anderer Diplomaten seiner Zeit ist von Zhangs faszinierenden Schriften meines Wissens bislang auch nichts übersetzt worden.

Es macht den besonderen Reiz des angeführten Textes aus, dass er der Raumfrage in einer bestimmten Form nachgeht: der im amtlichen Auftrag verfasste Tagebuchtext des Diplomaten Zhang Yinhuan folgt einem klaren Streben nach Erkundung der fremden Welt und soll neues Wissen und Fakten bereitstellen. Es sei mir an dieser Stelle bereits der Hinweis erlaubt, dass ich gerade den umfassenden und äußerst vielschichtigen Tagebuchtext Zhangs nur sehr unvollständig werde vorstellen können. Für eine zweifellos lohnende Beschäftigung mit dem Tagebuch wäre eine intensivere Beschäftigung notwendig, die mehr Raum benötigt.

Ich will meine Analyse der Raumvorstellungen mit den Ausführungen Zhangs in seinem Tagebuch beginnen und werde dabei mehrere Ebenen unterscheiden. Zunächst die ganz konkrete Ebene: Auffällig ist zunächst der enorme Zuständigkeitsbereich Zhangs und die Entfernungen, die er zur Wahrnehmung seiner diplomatischen Mission zurückgelegt hat. Seine Reise zum Antritt der Mission in den Vereinigten Staaten beginnt im März 1886 in Peking und führt zunächst nach Hongkong, ein Schiff bringt ihn vorbei an Taiwan nach Japan, wo er sich mit japanischen Außenpolitikern über die Zustände in den USA und dortige Maßnahmen, Chinesen des Landes zu verweisen, austauscht. Es folgt die Fahrt über den Pazifik mit Ankunft in San Francisco, wo ihm Beamte der US-Einwanderungsbehörde Schwierigkeiten machen. Weiter geht die Reise in die US-Hauptstadt Washington, wo Zhang seine Arbeit als Gesandter aufnimmt: Empfänge beim Präsidenten, Kontakte mit Landsleuten, Beratungen mit US-Außenbeamten und

---

16 Vgl. dazu den Roman von Huang Xiaopei 黄小配 (1872–1912): *Wogen des Beamtentums* 宦海潮. Der 32 Kapitel lange Roman, in dem eben Zhang Yinhuans Leben beschrieben wird, erschien 1906 und 1907 zunächst in einer Zeitschrift und wurde 1908 als Roman herausgegeben. Eine neuere Ausgabe erschien 1995.

Wahrnehmung der Interessen Chinas sowie Hilfe bei der Regelung von Problemen der Chinesen in den USA (Kriminalfälle, das Rock-Springs-Massaker etc.). Mehrere Touren während seines immer wieder von weiteren Missionsreisen unterbrochenen Aufenthaltes in den USA führen Zhang nach New York und Umgebung, nach Philadelphia und an die Niagara-Fälle bis an die Grenze zu Kanada. Ende April 1887 schifft sich Zhang mit seiner Delegation in New York für die Reise nach Europa ein, im nordfranzösischen Le Havre empfangen ihn bei seiner Ankunft chinesische Studenten und französische Beamte und man reist weiter nach Paris. Dort kommt es zu einem Treffen mit dem französischen Außenminister. Mitte Mai 1887 dann die Weiterfahrt mit dem Zug nach Madrid, dort Empfänge und Verhandlungen: speziell geht es dabei um die Einrichtung einer chinesischen Vertretung auf dem (heute) philippinischen Luzon. Ende Juli 1887 erfolgt schließlich die Rückreise wieder über Paris und Liverpool nach New York, wo Zhang im August 1887 ankommt. Im Mai 1888 unternimmt Zhang eine Schiffsreise nach Peru durch den noch unvollendeten Panama-Kanal. Zhang nimmt in Peru an Empfängen, Gesprächen und Informationsreisen durch das Land teil, Ende September 1888 tritt er die Rückreise in die USA an. Es folgt endlich Ende Januar 1889 noch eine Reise in das zu der Zeit von Spanien kontrollierte Kuba, in dem sich Zhang mehrere Wochen aufhält. Im September 1889 übergibt der weit gereiste Diplomat die Geschäfte an seinen Nachfolger, für die Rückreise hat er die Route über Europa gewählt. Über London und Paris kommt Zhang nach Südfrankreich und schifft sich in Marseille ein, vorbei an Nordafrika kommt man nach Alexandrien, durchquert den 1869 eröffneten Suezkanal, gelangt in den Indischen Ozean und erreicht das ceylonesische Colombo. Nachdem Singapur angesteuert worden ist, fährt man schließlich in die im Westen so genannte „China Sea" ein, laut Zhang ein Beleg dafür, dass es sich um Gewässer und Inseln handelt, die zu China gehörten. Diese Feststellung ist angesichts des aktuellen Inselstreits zwischen China, Japan und den Anrainern von besonderem Interesse, zeigt sie doch, dass die Frage der territorialen Zugehörigkeit bereits vor mehr als einem Jahrhundert umstritten war. Das Tagebuch endet mit dem Eintrag am 5. Dezember 1889 und der Ankunft in Hongkong.

Für die Raumfrage und den damit zusammenhängenden Modernediskurs in diesem Teil mit den konkreten Angaben Zhangs wichtig ist der Umstand, dass Zhang alle ihm zu der Zeit zur Verfügung stehenden Verkehrsmittel benutzt hat, nämlich Schiff, Bahn und Kutsche. Deutlich erkennt man, dass sich bei ihm eine Bewusstheit für die raum-zeitlichen Verkürzungen in der Moderne entwickelt: immer wieder gibt Zhang akribisch Auskunft darüber, welche Strecken in welcher Zeit zurückgelegt worden sind. So etwa ganz am Schluss der Hinweis, die Strecke Marseille-Hongkong in 32 Tagen zurückgelegt und dabei über 30.000 chinesische *li*-Meilen hinter sich gebracht zu haben.[17] (Zhang führt regelmäßig auch die im Westen gebräuchlichen nautischen Meilen an). Zhangs modern anmutendes Bewusstsein für die Bewegung durch den Raum wird z.B. auch daran deutlich, dass er – wie auf der Rückreise – genau die Zeiten nennt: Aufbruch von London am 24.10.1889 um 10.30 mit einem ihm zur Verfügung gestellten Sonderwagen; Ankunft Dover 13.00; Ankunft auf dem europäischen Festland (Le Havre) um 14.05, weiter mit dem Zug nach Paris und dort Eintreffen um 20.00.[18] Auch die modernen Neuerungen bei der Raumerkundung entgehen Zhang nicht, es finden sich mehrere Hinweise auf Ballonfahrer und den beginnenden Luftverkehr.[19]

Dienen die beschriebenen Verkehrsmittel Zhang zur konkreten Raumüberwindung und der Bewegung im geographischen Raum, so weiß er sehr wohl, wie wichtig es ist, die ihm in seiner Zeit zur Verfügung stehenden *Medien* einzusetzen, um die *Raumkontrolle* in Form von *Kommunikation und Informationsbeschaffung* zu gewährleisten: hier führe ich nur kurz die Hinweise im Tagebuch auf die Sendung und den Empfang von Briefen und Telegrammen und die Lektüre von Zeitungen an.[20]

Auf einer weiteren Ebene, auf der es dem Diplomaten um die *politischen Ordnungsvorstellungen* geht, bemüht sich Zhang um die Formulierung des chinesischen Standpunktes und der chinesischen Interessen. Diesem Thema wird angesichts von Zhangs Aufenthalt im Westen im Tagebuch viel Aufmerksamkeit gewidmet: es geht um „Konflikte", mit denen sich Zhang als Gesandter im Rahmen seiner diplomatischen Tätigkeit von Amts wegen beschäftigen muss. Auslöser sind aktuelle Vorfälle aus Zhangs Zeit – angefangen von erlittener Benachteiligung der in den USA und anderswo auf den amerikanischen Kontinenten lebenden Chinesen bis hin zu Mord und Verfolgung. Hier nehmen Zhangs Ausführungen einen *politischen Charakter* an, wie wir ihn ebenfalls aus der Gegenwart kennen. Vor dem Hintergrund der bei Zhang früh konstatierten Abneigung der Amerikaner gegenüber den Chinesen seit den 1880er Jahren (man denke an Zuwanderungsbeschränkungen und das Rock-Springs-Massaker), plädiert Zhang hier immer wieder für strenge Gleichbehandlung: keine Seite soll sich Rechte herausnehmen, die der anderen Seite vorenthalten bleiben.

Auf der *kulturellen Ebene* sind Zhangs Ausführungen bestimmt von *Selbstversicherung* und *Selbstbehauptung* – in unserer Zeit ebenfalls nichts Unbe-

---

17 Vgl. Die Tagebücher des Zhang Yinhuan, S. 439.
18 Vgl. ebenda, S. 426f.
19 Vgl. ebenda, S. 118 und 317ff.
20 Vgl. ebenda, etwa Hinweise auf die telegraphischen Verbindungen mit Europa (S. 45), den Austausch von Telegrammen zur Informationsbeschaffung (S. 80) und die ständige Lektüre von Zeitungsberichten zur Einschätzung der Lage vor Ort (S. 124f.).

kanntes. Es geht um die Versicherung des eigenen, Chinesischen, im anderen, fremden Raum. Die Länder, durch die sich Zhang bewegt, werden zunächst zusammenfassend und weitgehend undifferenziert als „der Westen" (*xi* 西) bezeichnet und bilden das eine größere Andere gegenüber China. Im fremden, fernen Raum, versichert sich Zhang der Bedeutung „seiner" eigenen Welt in der Regel mittels des Vergleiches. Er weist z.B. früh auf die Ähnlichkeit bei der Unterscheidung von Verwandtschaftsgraden im Westen hin,[21] stellt die Unterschiede in der Kalenderrechnung außerhalb Chinas fest (angeführt Russland, Türkei und das jüdische Volk, ebd.), nennt abweichende Längen- und Gewichtsmaße in China und im „Westen". Diese Unterscheidungen bleiben i.d.R. unbewertet bzw. scheint sich eine Bewertung in der Form von „besser", „schlechter" usw. einfach zu erübrigen. Ein harmonisches Miteinander unterschiedlicher Formen und Normen. Doch das Kulturelle besitzt für Zhang eine weitere Dimension.

Offenbar in der Überzeugung von der Größe und Bedeutung der eigenen Kultur liegt Zhang deutlich daran, den „Westen" mit Hilfe der chinesischen Tradition „*zu bereichern und zu verändern*". Der hierfür bei Zhang verwendete Begriff des *quanhua* 劝化 findet bis in die Gegenwart Entsprechungen in den Anstrengungen Chinas, auf der Welt um mehr Verständnis für seine Kultur zu werben. Man denke hier nur an die von China seit mehr als einem Jahrzehnt betriebene Schaffung von Konfuziusinstituten auf der ganzen Welt.

Seiner Zeit weit voraus, erkennt Zhang, dass die Inhalte der chinesischen Philosophie und Gesellschaftslehre (genannt *yili* 义理) in Amerika weitgehend unbekannt sind und dass man sich mit der Übersetzung der chinesischen Klassiker große Verdienste erwerben kann.[22] Die Begegnung mit fremden Kulturen bei seinen Reisen lässt Zhang gerade dann immer wieder in einen Wettbewerb mit dem Anderen treten, wenn es darum geht, die Vorzeitigkeit Chinas bei der Würdigung frühester Kulturleistungen zu beweisen. Dies wird zum Beispiel sehr schön bei der Begegnung mit Zeugnissen der längst untergegangenen ägyptischen Kultur deutlich, die westliche Forscher bei ihren Ausgrabungen zutage gefördert haben und in Ausstellungen der Weltöffentlichkeit präsentieren.[23] Hieran an schließt sich – vor allem da immer wieder die technischen Errungenschaften des Westens wie etwa Dampfmaschinen, Züge und Schiffe im Modernediskurs der Zeit hohe Beachtung finden – ein Blick zurück in die eigene chinesische Technikgeschichte. Formuliert wird ein früher Anspruch im Rahmen des „Wissenstransfers". Intensiv beschäftigt sich Zhang mit chinesischen Dokumenten zum Kanonenbau, aus

---

21 Vgl. ebenda, S. 18.
22 Vgl. zu dem Problemkomplex, die Welt zu einem besseren Verständnis Chinas zu führen ebenda, S. 36.
23 Vgl. ebenda, S. 371f.

denen hervorgeht, dass eine chinesische Kanone während der Feldzüge Tschingis Khans Richtung Westen in der Yuan-Zeit (12./13. Jhr.) verloren gegangen ist. In einem Akt des *Plagiarismus* – dies wäre die heutige Lesung des an der Stelle verwendeten Zeichens *fang* 仿 – hätten die Menschen im Westen schließlich einen Nachbau zustande gebracht. Die fragliche Waffe jedenfalls, so Zhang, sei ein Produkt der Yuan-Zeit und mehr als 570 Jahre alt, mithin stehe fest, dass die wundersamen Produktionen (*qizhi* 奇制) des Westens (hier *taixi* 泰西 genannt) ihren Ursprung auf chinesischem Boden genommen hätten.[24] Weit vor den Arbeiten Max Webers und später Joseph Needhams beklagt Zhang den Mangel an Wunsch, Willen und Antrieb seiner Landsleute, die einst erfundene Technik forschend, nachdenkend und umfassend weiterzuentwickeln.[25]

Weit stärker ist freilich noch Zhangs (und Chinas) kulturelle Selbstgewissheit, insbesondere das sichere Gefühl, *die* Spendernation schlechthin zu sein, wenn es um *künstlerische* Ausdrucksformen geht. Ein angeblich aus China stammendes Bronzegefäß und eine Porzellanvase, die man ihm zeigt, erkennt Zhang schnell als japanische Nachschöpfungen.[26] Ein Zirkusbesuch, bei dem ein Jongleur mit zwölf Flaschen hantiert, veranlasst Zhang zu der lapidaren Feststellung, derlei Aufführungen (*xi* 戏) habe es bereits in der Tang-Dynastie gegeben, und er fragt: „Ich weiß nicht, wann diese Kunst ins Ausland geflossen ist.“[27]

Die Distanz zur fremden Kultur schärft offenbar Zhangs Blick für das Wesentliche und die Besonderheiten des kulturell Anderen. Es ist faszinierend zu lesen, wie Zhang bei seinen Recherchen und Begegnungen aus scheinbar kleinen, unwichtigen Details, blitzartig einen Grundzug der westlichen Moderne erkennt, wie ihn auch (westliche) Historiker heute auf der Grundlage freilich weit umfassenderer Quellen festgestellt haben:[28] Eines Tages wird Zhang die Familie eines Beamten des ehemaligen US-Präsidenten vorgestellt. Als die 13jährige Tochter des Hauses eine Reihe chinesischer Ortsnamen aufsagt, lobt Zhang in seinem Tagebuch zunächst die Bemühungen im Westen, Jungen und Mädchen gleichermaßen Unterricht zu erteilen. Mit Blick auf das erworbene Wissen stellt er fest, dass „neues Wissen“ vor allem *Weltwissen* – also geographisches Wissen – darstellt und die zentrale Rolle in der Erziehung und Aufklärung des Westens spielt: „Gemäß der Sitten des Westens beginnt man bei der Erziehung und Aufklärung mit

---

24 Der entsprechende Terminus lautet *yuan zhongtu er chu* 缘中土而出, vgl. ebenda, S. 39.
25 Vgl. ebenda, S. 39.
26 Der zentrale Begriff ist wieder das o.g. *fang*, vgl. ebenda, S. 118.
27 Vgl. ebenda, S. 180.
28 Vgl. dazu die o.g. Arbeit von Thompson: Travel Writing, insbesondere S. 56f. Zur Rolle von Erfahrungsberichten und Reiseführern im Zusammenhang mit Moderne vgl. ebenfalls die o.g. Müller: Die Welt des Baedeker, vor allem S. 18f.

Landkarten, daher ist [die Tochter des Beamten] in der Lage, die Ortsnamen der Welt zu nennen".[29]

Bei der *Objektivierung* seiner eigenen Erkundungsanstrengungen bedient sich Zhang des Verfahrens, den Kulturkontakt zu semantisieren, indem er die eigene chinesische Mythologie mobilisiert: So greift er zurück auf berühmte Vorbilder aus der chinesischen Mythentradition, wie sie etwa im Klassiker *Liezi* 列子 genannt werden. Die dort beschriebenen Raumerkundungen und der durch sie bewirkte Wandel – im Klassiker *Liezi* vor allem taoistisch-innerlich zu verstehen – verbinden für Zhang Vergangenes mit Gegenwärtigem. Für Zhang handelt es sich bei diesem Klassiker um ein anhaltendes Wunder der Entdeckung, das bis in die Gegenwart andauert und Chinas „Mitte-Stellung" betonen soll.[30] In der *subjektiven* Wahrnehmung bildet der neue, zu erkundende Raum freilich etwas schon sprachlich schwer zu Verstehendes, kaum Zugängliches und damit für allerlei Verwirrung Anlass Bietendes. Immer wieder nennt Zhang die ganz praktischen Probleme des Übersetzens, die Benennungen von Dingen aus fremden Sprachen bleiben oftmals unklar, die alten Quellen Chinas – bis dahin immer verlässlich – helfen plötzlich nicht mehr weiter. Die länderkundlichen Angaben in den alten Dynastiegeschichten lassen sich mit den Gegebenheiten in der Gegenwart nicht mehr in Einklang bringen. Man spürt angesichts der Neuerungen deutlich Zhangs Unsicherheit, eine eben noch fest gefügte Welt gerät ins Wanken.[31]

Reichen Chinas Anstrengungen überhaupt aus, sich die vielen fremden neuen Dinge sprachlich verständlich zu machen, so fragt sich Zhang an einer Stelle mit Blick auf die in seiner Zeit zahlreicher werdenden Übersetzungsanstalten in seiner Heimat. Hier klingt, vielleicht noch schwach zunächst, etwas an, das man auch aus der frühen westlichen Moderne kennt: eine *Entzauberung* der Welt, die Auflösung von bislang eindeutigen Zusammenhängen, auch Zhang gibt seinem *Zweifel* Ausdruck, ob – hier mit Blick auf die Rollensuche von Chinas Diplomaten für ihr Land – in der eigenen Vergangenheit überhaupt noch Muster vorhanden sind, die in der Gegenwart Gültigkeit besitzen.[32]

Jedes Unglück, von dem man aus den zeitgenössischen Medien erfährt, wirft Fragen auf, ob *dieser* Weg des Fortschritts und die angenommene Beherrschung von Natur und Welt *so* richtig ist. In Paris, so Zhang, sind Menschen nach einem elektrischen Stromschaden Opfer eines Brandunglücks geworden,[33] zahlreiche

---

29 Vgl. Die Tagebücher des Zhang Yinhuan, S. 34: *xisu fameng ji cong ditu rushou, gu huanqiu diming xi neng zhi shuo* 西俗发蒙即从地图入手，故环球地名悉能指说.
30 Vgl. ebenda, S. 73.
31 Vgl. ebenda, S. 105.
32 Vgl. ebenda, S. 109.
33 Vgl. ebenda, S. 167.

Tote bei Zugunglücken in China sind immer wieder Anlass tiefer Zweifel, ob man diese gefährliche Technik im eigenen Land schon einsetzen darf.[34]

Die *subjektive Raumwahrnehmung* verdichtet sich schließlich zu etwas Beängstigendem, die eigene Existenz Bedrohenden vor allem in Phasen (zumal am Ende des Aufenthaltes in den USA), da Zhang erkrankt oder über körperliche Belastungen referiert. Der fremde Raum wird körperlich *erlitten*. Bei der Beschreibung von körperlichen Veränderungen, die chinesische Reisende im peruanischen Andenhochland durchgemacht haben (Schweißausbruch und Nasenbluten lassen sich als Hinweise auf die Höhenkrankheit verstehen),[35] stellt Zhang grundsätzliche Körperunterschiede zwischen Chinesen und Menschen aus dem Westen fest, die ebenfalls unterschiedliche Heilungsmethoden zulassen. Wenigstens für *seinen*, den chinesischen Körper, lehnt Zhang den Nutzen westlicher Medizin weitgehend ab:[36] Nur aus Not und mangels Alternativen setzt sich Zhang angesichts von Herzbeschwerden, Blut im Schleim oder einer Grippe gelegentlich der Betreuung durch westliche Ärzte aus. Mit der Diagnose ist er jedoch immer unzufrieden.[37] Angesichts dieser gravierenden Tatsachen, die ganz existentielle Bedürfnisse betreffen, ist es für Zhang vollkommen natürlich, für die Einrichtung eines chinesischen Krankenhauses in New York zu plädieren, einem Ort mit Tausenden von chinesischen Zuwanderern.[38]

Insgesamt lässt sich sagen, dass Zhang Yinhuan in seinem Tagebuch also weitgehend einer historisch-räumlich angelegten Argumentation folgt, die einerseits der Erkundung/Informationsbeschaffung dient und andererseits eine kulturell-politische Standortbestimmung Chinas im Gefüge der Großmächte des 19. Jahrhunderts zum Ziele hat.

Halten wir also abschließend fest, dass mit Blick auf die angeführte Quelle der Anspruch Chinas auf einen „eigenen Weg" in die Moderne früh sichtbar wird. Die umrissenen Raumvorstellungen können hierbei meiner Meinung nach neue und bisher nur unzureichend benannte Spannungen aufzeigen.

Im chinesischen Erkundungsdiskurs der zu Ende gehenden Kaiserzeit finden *Wissen* und *Fiktion* auf eigentümliche Weise zusammen, um Chinas Nöte und seine

---

34 Vgl. ebenda, S. 120.
35 Vgl. ebenda, S. 326.
36 Vgl. ebenda, S. 132.
37 Vgl. ebenda, S. 68f. Als ein amerikanischer Arzt Zhang rät, bei Erkältungen keinen Reisschleim zu sich zu nehmen, mokiert sich Zhang über diesen Hinweis, schließlich werde in China gerade bei einer Influenza seit Jahrtausenden Reisschleim eingenommen. Vgl. dazu ebenda, S. 427. Zweifel kommen Zhang auch, als ihm ein Arzt davon abrät, das Zigarrenrauchen angesichts von Blut im Schleim besser sein zu lassen. Vgl. ebenda, S. 132.
38 Vgl. ebenda, S. 147.

Rolle in der Welt zu beschreiben. Aufschlussreich ist die neue mediale Dimension: Hatte sich der Erkundungsdiskurs zunächst innerhalb der amtlich angeordneten Berichterstattung in Tagebüchern von Diplomaten abgespielt, so wurde durch die edierten Reiseberichte eine größere Öffentlichkeit in die Unternehmungen mit einbezogen.

Damit einher ging freilich auch, dass die verschiedene Dynamik der Medien, in denen sich die Diskurse entfalteten, deutlichere Konturen annahm: der Legitimationsort für die Erkundung verschob sich von der Instruktion zur Rezeption und ganz konkret vom amtlichen Auftraggeber in die öffentliche Sphäre.

Ich würde mich freuen, wenn deutlich geworden ist, wie sehr manch einer in China bereits in der frühen Phase der Modernisierungsanstrengungen mit sich und seinem Land gerungen hat. Stellenweise klingt bei Zhang auch die Möglichkeit einer Distanz zur eigenen Kultur an, die mir für die Moderne wichtig erscheint. Solch eine gelebte und gefühlte Distanz zu den eigenen kulturellen Überlieferungen kann Raum schaffen für Neues und Fremdes, das auch fremd gefühlt wird. Dabei sollte Distanz sich nicht in einer radikalen Zerstörung erschöpfen, vielmehr entsteht idealerweise aus diesem Prozess des Infragestellens und Sich-Abgrenzens etwas Neues. Bei Zhang, so scheint mir, ist noch ein versöhnlicher Umgang mit der eigenen Tradition erkennbar– ein Aspekt, der – hätte man ihm später ebenfalls mehr Beachtung geschenkt – China auf dem Weg der Suche nach einer „eigenen Moderne" im 20. Jahrhundert womöglich viele Probleme erspart hätte.

Literaturverzeichnis

Berger, Johannes: Was behauptet die Modernisierungstheorie wirklich – und was wird ihr nur unterstellt? – In: Leviathan 1996, Heft 1, S. 45–62.

Birk, Klaus: Totale Verwestlichung: Eine chinesische Modernisierungsdebatte der dreißiger Jahre. Bochum: Brockmeyer 1991.

Chow Tse-tsung: The May Fourth Movement: Intellectual Revolution in Modern China. Stanford: Stanford University Press 1967.

Eisenstadt, Shmuel Noah: Social Change, Differentiation, and Evolution. – In: American Sociological Review 29 (1964), S. 375–386.

Eisenstadt, Shmuel Noah (Hrsg.): Patterns of Modernity. London: Frances Pinter 1987.

Eisenstadt, Shmuel Noah: Über die Beziehung zwischen Konfuzianismus, Entwicklung und Modernisierung. – In: Silke Krieger und Rolf Trauzettel (Hrsg.): Konfuzianismus und die Modernisierung Chinas. Mainz: Hase und Koehler 1990, S. 444–451.

Eisenstadt, Shmuel Noah: Die Vielfalt der Moderne. Weilerswist: Velbrück 2000.

Eisenstadt, Shmuel Noa: Multiple Modernen im Zeitalter der Globalisierung. – In: Thomas Schwinn (Hrsg.): Die Vielfalt und Einheit der Moderne: Kultur- und strukturvergleichende Analysen. Wiesbaden: Verlag für Sozialwissenschaften 2006, S. 37–62.

Gaonkar, D. P.: Alternative Modernities. Durham: Duke University Press 2001.

Gransow, Bettina: Konzeptionen chinesischer Modernisierung: Auf der Suche nach „Wohlstand und Stärke". – In: Thomas Schwinn (Hrsg.): Die Vielfalt und Einheit der Moderne: Kultur- und strukturvergleichende Analysen. Wiesbaden: Verlag für Sozialwissenschaften 2006, S. 151–164.

He, Ping: China's Search for Modernity: Cultural Discourse in the Late 20th Century. Houndsmill: Palgrave MacMillan 2002.

Heberer, Thomas: Modernisierung ohne Verwestlichung: 50 Jahre Volksrepublik China – Eine Bestandsaufnahme. – In: Karl-Heinz Pohl und Dorothea Wippermann (Hrsg.): Brücke zwischen den Kulturen. Münster: LIT 2003, S. 329–34.

Herrmann-Pillath, Carsten: Konfuzianismus und chinesische Religionen. – In: Wilhelm Korff (Hrsg.): Handbuch der Wirtschaftsethik. Bd. 1. Gütersloh: Gütersloher Verlagshaus 1999, S. 605–618.

Hsü, Immanuel C.Y.: The Rise of Modern China. New York: Oxford University Press 1975.

Huang, Xiaopei 黄小配: Wogen des Beamtentums 宦海潮. Hangzhou: Zhejiang guji 1995.

Müller, Susanne: Die Welt des Baedeker: Eine Medienkulturgeschichte des Reiseführers 1830–1945. Frankfurt a. M.: Campus 2012.

Osterhammel, Jürgen: Gesellschaftliche Parameter chinesischer Modernität. – In: Geschichte und Gesellschaft 28 (2002), S. 71–108.

Potter, Rachel: Modernist Literature. Edinburgh: Edinburgh University Press 2012.

Ren Qing 任青 und Ma Zhongwen 马忠文 (Hrsg.:) Tagebücher von Zhang Yinhuan 张荫桓日记. Shanghai: Shanghai guji 2004.

Rullmann, Anja: Modernisierung und Dependenz: Paradigmen internationaler Kommunikationsforschung. – In: Miriam Meckel und Markus Kriener (Hrsg.:): Internationale Kommunikation: Eine Einführung. Opladen: Westdeutscher Verlag 1996, S. 19–47.

Sausmikat, Nora: Gibt es eine chinesische Moderne mit konfuzianischen Charakteristika? Variationen zum Thema. – In: Internationales Asienforum 35 (2004) H 3–4, S. 327–351.

Schlögel, Karl: Im Raume lesen wir die Zeit: Über Zivilisationsgeschichte und Geopolitik. München: Carl Hanser 2003.

Schwinn, Thomas: Multiple Modernities: Konkurrierende Thesen und offene Fragen: Ein Literaturbericht in konstruktiver Absicht. – In: Zeitschrift für Soziologie 38 (2009) H. 6, S. 454–476.

Thompson, Carl: Travel Writing. London: Routledge 2011.

Tu, Weiming: Eine konfuzianische Sicht auf die Grundwerte der globalen Gemeinschaft. – In: Ralf Moritz und Lee Ming-huei (Hrsg.): Der Konfuzianismus: Ursprung – Entwicklung – Perspektiven. Leipzig: Leipziger Universitätsverlag 1998 (Mitteldeutsche Studien zu Ostasien. 1), S. 249–262.

Zeng, Yi 曾亦 und Guo Xiaodong 郭晓东: Was heißt Universalität? Wessen Werte? Konfuzianer in der Gegenwart erörtern die Universalität von Werten 何谓普世？谁之价值？当代儒家论普世价值, Shanghai: Huadong shifan daxue 2013.

Ziblatt, Daniel: How did Europe democratize? – In: World Politics 58 (Jan. 2006), S. 311–338.

Zimmer, Thomas: Das Volk der Dichter, Denker und Kanonenbauer: Die Mechanismen im Wandel des chinesischen Bildes von Deutschland. – In: Orientierungen 2 (2003), S. 1–19.

Shi Fuqi

Kultur und Moderne: Chinas Begegnung mit Ernst Cassirer in den 1980er Jahren

Abstract: Chinas Begegnung mit Ernst Cassirer in den 80er Jahren scheint nach Tragödie der Kulturrevolution unausweichlich. In den Auseinandersetzungen mit Cassirer entdeckte man nicht nur eine neue Definition von Kultur und Menschheit, sondern auch dessen Position in der Kritik der Moderne. In der folgenden Zeit wird Cassirer zwar auch sehr viel gelesen und erforscht, aber das Ansehen, das er einst genoss, ist verloren. Auf der philosophischen Bühne haben Heidegger und Husserl u. a. ihre großen Auftritte gehabt. Das heißt aber nicht, dass Cassirer seinen Einfluss auf die gegenwärtige sowie zukünftige chinesische Wissenschaft ein für allemal verloren hätte; vielmehr glaubt der Autor, dass in einer qualifizierten Kritik der Moderne Cassirer eine unentbehrliche Rolle spielen wird.

Es ist unnötig zu betonen, wie entscheidend die ‚Reform- und Öffnungspolitik‘ Chinas in den frühen 1980er Jahren für die folgenden philosophischen Untersuchungen sind. Wenn wir heutzutage auf diese Zeit zurückblicken, zeigt sich, dass die gedanklichen Elemente, die in den gegenwärtigen philosophischen Diskussionen eine bestimmende Rolle spielen, bereits damals diskutiert wurden. Manche Philosophen wandten sich traditionellen chinesischen Quellen zu und versuchten sie erneut zu deuten; die meisten wollten jedoch die neue westliche Philosophie einführen, um neues Licht auf das alte, aber immer noch hoffnungsvolle Land zu werfen. Nicht zu leugnen ist allerdings, dass manche der westlichen Theorien bis heute eine wachsende Aufmerksamkeit erfahren, die Rezeption anderer hat sich nicht weiter entwickelt, manche sind sogar aus der Diskussion verschwunden. Philosophische Deutungsversuche sind nie nur ein unverbindliches Spiel mit Begriffen innerhalb der Disziplin, sondern vielmehr weit über die Fachzirkel hinausgedrungen und haben gewichtigen Einfluss auf die Gesellschaft genommen.

Nach mehr als dreißig Jahren steht China heute noch einmal an einem geschichtlichen Wendepunkt. Während die Marktwirtschaft als ‚political correct‘ gilt, scheint es andererseits so zu sein, dass die ‚neu-linken Intellektuellen‘, unter denen sich manche früher berühmte Liberale finden, den Krieg gegen die Letzteren gewonnen haben: Viele sind politisch konservativ geworden, in dem Sinne, dass sie wieder an das Kollektiv glauben. Es ist deshalb reizvoll, zu diesem neuerlichen Wendepunkt die Rezeptionsgeschichte der westlichen Philosophie in den 1980er Jahre zu untersuchen, um das Zusammenspiel von Philosophie und Politik, von Ost und West zu erkennen und zu bewerten.

Als Beispiel für diese Phase der Rezeption westlicher Philosophie soll der deutsche Philosoph Ernst Cassirer (1874–1945) dienen. Denn Cassirer gehörte nie ausschließlich einer philosophischen Richtung an, sondern er ist so umfassend geprägt, dass unterschiedliche philosophische Ansätze, mögen sie idealistisch oder empirisch, naturwissenschaftlich oder geisteswissenschaftlich geprägt sein, sich in seiner Philosophie finden und nebeneinander stehen können. Seine Kenntnis der unterschiedlichen Denksysteme ist derart breit, dass Jürgen Habermas Cassirer einmal den letzten universal Gebildeten des 20. Jahrhunderts nannte.[1] Diese Offenheit und Vielseitigkeit ermöglicht es, Cassirers Philosophie als ein ideales ‚Muster' der westlichen Philosophie zu verstehen. Vielleicht auch deshalb hat die Cassirer-Rezeption in China niemals radikale Höhen und Tiefen erlebt, er ist unaufgeregt rezipiert worden, d. h. er stand weder im Rampenlicht, noch ist er aus Chinas Bild westlicher Philosophie verschwunden.

1 Cassirers *An Essay on Man* als Meilenstein

Zweifellos gehört Cassirer zu den wichtigsten deutschen Denkern im 20. Jahrhundert. Er gilt als der einflussreichste Vertreter des Neukantianismus, ist Autor des dreibändigen Hauptwerk *Die Philosophie der symbolischen Formen* (1923–1929) und in den Zwanziger Jahren der mächtigste Konkurrent Martin Heideggers.

Wenn zu Recht festgestellt wird, Cassirer sei ungefähr vom zweiten Weltkrieg bis in die späten 1970er Jahre in Deutschland fast vergessen gewesen, gilt Ähnliches für seine Rezeption in China. 1945 erschien sein Name zum ersten Mal in der chinesischen Literatur,[2] aber erst 40 Jahre danach ist er durch sein auf Englisch geschriebenes Werk *An Essay on Man: An Introduction to a Philosophy of Human Culture* bekannt geworden. Wenn man bei manchen ‚Cassirer-Kennern' nach

---

1 Habermas: Die befreiende Kraft der symbolischen Formgebung, S. 5.
2 Ping-Pi Cheng (Zheng Xin, 1905–1974), Professor an der National South-west Associated University in Kunming, hatte von 1927–1932 an der Universität in Berlin und der Universität in Jena (dort unter der Betreuung von dem Neukantianer Bruno Bauch) Philosophie studiert und 1945 in seinem Buch *Darstellung der Philosophie Kants* (Kangde xueshu) geschrieben, dass Cassirers *Kants Leben und Lehre* für ihn zu den drei hilfreichsten Werken gehöre; die anderen sind jeweils von Bruno Bauch und Hermann Cohen). Siehe Cheng: Darstellung der Philosophie Kants, S. 2.

dessen Philosophie fragt, wird häufig geantwortet: Cassirer sei der Autor des *An Essay on Man* und für ihn sei der Mensch ein *animal symbolicum*[3].

Der Verfasser des *An Essay on Man:* das ist das Standardbild Cassirers. 1985 wurde dieses philosophisch-anthropologische Werk, das er in 1944 im Exil in den USA auf Englisch schrieb, von Yang Gan, damals noch Master-Student an Beijng Universität, ins Chinesische übersetzt. Seither sind weitere sieben Werke Cassirers ins Chinesische übersetzt worden,[4] jedoch wurde keines von ihnen mehr gelesen als *An Essay on Man.* Wenn man heute an die Rezeption Cassirers in China denkt, muss man mit diesem Werk anfangen.

Der Name Cassirer ist durch diese Übersetzung mit dem Namen Yang Gan verbunden und daher auch mit dem sogenannten „Kultur-Fieber" bzw. der „Kultur-Aufklärung" im China der 1980er Jahre. Yang Gan, Jahrgang 1952, stammt aus einer Wohlstandsfamilie in Hangzhou; er wurde 1982 als Master-Student am Institut für ausländische Philosophie an der Bejing Universität eingeschrieben, nachdem er als zur „intellektuellen Jugend" gehörig aufs Land geschickt wurde und dort zwölf Jahre als Arbeiter verbracht hatte. In den frühen 1980er Jahren öffnete sich China gegenüber der westlichen Welt. Entsprechend wurde die Atmosphäre an der Universität von ihm als „äußerst frei" wahrgenommen:

> Der tiefste Eindruck, den die Universität bei mir hinterlassen hatte, war, dass es dort derart viele englische Bücher gab. Am Institut für ausländische Philosophie sollten wir alle nur englische Bücher lesen. Es schien so, als ob uns eine neue Welt aufgegangen wäre. Ich fühlte mich dort sehr wohl, weil man dort so frei war. Das Institut war außergewöhnlich offen, und es gab in der Regel gar keine ideologischen Einschränkungen.[5]

In dieser freien Atmosphäre begann Yang Gan sich für Cassirers Philosophie zu interessieren. Seiner Erzählung nach wollte Professor Tscha Hung (Hong Qian),[6]

---

3 „Reason is a very inadequate term with which to comprehend the forms of man's cultural life in all their richness and variety. But all these forms are symbolic forms. Hence, instead of defining man as an *animal rationale*, we should define him as an *animal symbolicum*", schreibt Cassirer in *An Essay on Man*, S. 26. Ohne Zweifel gehört dieser Satz seit langem zu den bekanntesten philosophischen Zitaten in China.

4 Dies sind die folgenden: *Die Logik der Kulturwissenschaft* (1991 aus einer englischen Übersetzung in 1991; 2004 aus einer deutschen Edition); *Die Philosophie der Aufklärung* (1988 aus einer englischen Übersetzung); *Sprache und Mythos* (1988 aus einer englischen Übersetzung); *Rousseau, Kant, Goethe* (1988 aus einer englischer Übersetzung); *The Myth of the State* (1990); *Philosophie der Symbolischen Formen (Band 2): Das Mythische Denken* (1992 aus einer englischen Übersetzung); *Das Problem Jean Jaques Rousseau* (2009 aus einer englischen Übersetzung in 2009). Des weiteren gibt es noch drei Übersetzungen des *An Essay on Man.*

5 Gan: Disputationen, S. 168.

6 Über Tscha Hungs Beziehung zum Wiener Zirkel siehe Cohen: Recollections of Tscha Hung.

der einst Mitglied des Wiener Zirkels und in den frühen 1980er Jahren der Leiter des Instituts war, eine Sammlung zur Sprachphilosophie herausgeben. Yang Gan wurde von ihm beauftragt, ein Kapitel aus *An Essay on Man* zu übersetzen. Weil Tscha Hung mit der Übersetzung so zufrieden war, empfahl er ihn der Shanghai Yiwen Press, damit er das ganze Buch zu Ende übersetzen konnte. Die Übersetzung wurde 1984 fertig gestellt und im folgenden Jahr dort veröffentlicht, kurz bevor er sein Masterstudium absolviert hatte. Viele Jahre danach erinnerte sich Yang Gan mit Stolz, dass es das ersten Mal gewesen sei, dass im damaligen chinesischen Kreis für westliche Gegenwarts-Philosophie ein solches Buch von einem Studenten allein übersetzt worden sei, und nicht von einem bekannten Gelehrten.[7]

Die Veröffentlichung des Buches wurde dadurch zum philosophischen bzw. kulturellen Meilenstein. Einerseits war der Verkauf so erfolgreich, dass in einem Jahr allein ungefähr 24.000 Exemplare verkauft wurden. Andererseits galt das Buch als Vorspiel eines großartigen Schauspiels – mit Mephistos Worten über die „Gedankenfabrik", die er mit „einem Weber-Meisterstück" vergleicht, zu sprechen: „ein Schlag tausend Verbindungen schlägt"[8]. 1985 wurde die Redaktionskommission der Bücherreihe *Kultur: China und die Welt* von Yang Gan begründet. Das ist ein Symbol dafür, dass die jungen Intellektuellen damals einen großen Auftritt auf der akademischen Bühne hatten. Die bekanntesten und einflussreichsten Intellektuellen, die sich in den letzten dreißig Jahren an unterschiedlichen Diskussionen aktiv beteiligt haben, sind entweder aus dieser Kommission erwachsen oder standen in enger Zusammenarbeit mit dieser Kommission.[9]

Um zu zeigen, was die Kommission geleistet hat, sollen im Folgenden einige Einzelheiten genannt werden: Die Bücherreihe *Kultur: China und die Welt* besteht aus drei Unterreihen, in denen von 1985 bis 1988 mehr als 100 Titel erschienen.[10] Die wichtigste Unterreihe ist die *Übersetzungsreihe der modernen westlichen Akademie*, von der von 1986 bis 1995 mehr als dreißig Bücher zu den wichtigsten Schulen der Philosophie, Soziologie sowie der Literatur der abendländischen Welt im 20. Jahrhundert in Druck gegangen sind. Darunter sind z. B. Husserls *Logische Untersuchungen*, Heideggers *Sein und Zeit*, Gadamers *Wahrheit und Methode* und viele Hauptwerke von Sartre, Derrida und Foucault usw. Solche Werke haben nicht nur der chinesischen akademischen Gesellschaft geholfen, die geisteswissen-

---

7 Gan: Disputationen, S. 174.
8 Goethe: Faust. Eine Tragödie – Werke (Hamburger Ausgabe), Bd. 3, S. 63.
9 Daneben gab es auch zwei einflussreiche Bücherreihen, nämlich die Reihe *Zur Zukunft* (Zouxiang welai, hrsg. von Guantao Jin) und die Reihe *Die Chinesische Kulturakademie* (Zhongguo wenhua shuyuan, hrsg.von Yijie Tang). Sie waren aber nicht so einflussreich wie die Reihe, die Yang Gan herausgegeben hat.
10 Gan: Vorwort. – In: Gan (Hrsg.): Das Kulturbewusstsein der 80er Jahre, S. 1.

schaftlichen Ströme des 20. Jahrhunderts zu verfolgen und eine feste Grundlage für weitere Forschungen zu bilden, sondern sie haben in einem bestimmten Sinne das Kultur-Fieber und die Kultur-Aufklärung der 1980er Jahre wesentlich gefördert. Philosophie und andere Geisteswissenschaften entfalteten sich in einer Spontaneität und Freiheit, die sie schon lange nicht mehr gehabt hatten.[11] Die Übersetzung des *An Essay on Man* galt zweifelsohne als Meilenstein der philosophischen Entwicklung der 1980er Jahre. Das Buch wurde sehr viel gelesen, Kultur war das wichtigste Thema, Seminare und Symposien wurden von vielfältigen Diskussionen über die Kultur und den Menschen bestimmt. Im gewissen Sinne ist das Buch ein Symbol der Zeit gewesen.

Aber wieso wurde Cassirers *An Essay on Man* ein Meilenstein? Was war der besondere Zusammenhang von Cassirer mit der Zeit? Das lag an den zentralen Themen zum Beginn der 1980er Jahre in China: die Menschheit und die Kultur. Nachdem die Kulturrevolution die traditionelle Welt maßgeblich verändert hatte, begannen die Intellektuellen über den Menschen und die Menschheit nachzudenken. Sie suchten in der Geschichte der Menschheit und dem Wesen des Menschen die Grundlagen, die für die Tragödie der Kulturrevolution verantwortlich gewesen sein könnten. Gleichzeitig nahm sich die junge Generation als ‚lost generation' wahr. Sie benutzen die Ästhetik und die Literatur, um die die positiven Seiten von Mensch und Menschheit den negativen Phänomenen der Kulturrevolution entgegenzustellen und so ihr eigenes Schicksal zu begreifen.[12] Es ist also nicht schwer zu verstehen, warum die sogenannten „Mensch-Studien" in den 1980er Jahren so populär waren. Erwähnt werden muss dabei auch, dass die Veröffentlichung der *Ökonomisch-philosophischen Manuskripte aus dem Jahre 1844* von Karl Marx im Jahr 1979 für die Frage nach der Menschheit das ‚politisch korrekte' Material bot. Einige Begriffe aus den Manuskripten, z. B. ‚Entfremdung', sind sehr schnell zu Waffen gegen die herrschende Ideologie geworden. Was ist der Mensch? Was ist das Verhältnis zwischen Menschheit und Freiheit? Einerseits bemühten sich viele Intellektuelle darum, mit den Marxschen Texten solche Fragen zu beantworten; andererseits wandte sich die jüngere Generation der neueren modernen westlichen Literatur zu, z. B. Sartres *L'existialisme est un humanisme*, Heideggers *Brief über den Humanismus*,[13] um eine neue Definition der Menschheit zu bestimmen. Mittlerweile stieg das „Kultur-Fieber". Und so wird deutlich, dass die Überschrift *An Essay on Man: An Introduction to a Philosophy of Human Culture* allein schon sehr auffallend war. Zwanzig Jahren nach der Ver-

---

11 Vgl. Chen: Drei Tendenzen des gedanklichen Auswegs.
12 Vgl. Han: Zehou Li, Zaifu Liu and Yang Gans Einflüsse auf unsere Zeit.
13 Eine weitere Darstellung siehe Yang Gan: Vorwort. – In: Gan (Hrsg.): Das Kulturbewusstsein der 80er Jahre, S. 2–6.

öffentlichung des Buches redete der Übersetzer Yang Gan in einem Interview über das Buch:

> Interviewer: Was ist der Kerngedanke des *An Essay on Man?*
> Yang Gan: Der Kerngedanke [...] das ist nicht wichtig. Warum ist es so populär geworden? Wegen der Überschrift. Schaue mal, *An Essay on Man*. Kannst du dir vorstellen, dass das Thema „Mensch und Humanismus" kurz nach der Kulturrevolution überall besprochen wurde? Dies ist aber total zufällig.
> [...]
> Interviewer: Also, ich vermute, dass viele Leser von der Überschrift irregeführt würden. Ist das Buch leicht zu verstehen?
> Yang Gan: Nicht sehr leicht. Es geht um Geisteswissenschaften.[14]

Dies hört sich zwar etwas ironisch an, es ist aber auch selbstverständlich, dass es für die Leser, die derart lange von der westlichen Welt isoliert waren, die Bücher nach dem Titel, aber nicht nach dem Inhalt, bewerteten. Dennoch galt dies nicht für die Professoren und Studenten der Philosophie. Man braucht nur einen Blick auf das erste Kapitel von Cassirers *Essay on Man* – „The Crisis in Man's Knowledge of Himself" – zu werfen; dort ist zu lesen: „That self-knowledge is the highest aim of philosophical inquiry appears to be general acknowledged".[15] Nach einer philosophisch-geschichtlichen Darstellung der Antworten auf die Frage „what is man" schreibt Cassirer: „Owing to this develoment our modern theory of man lost its intellectual center. We acquired instead a complete anarchy of thought. [...] The paramount importance of the problems was still felt in all the different branches of knowledge and inquiry. But the established authority to which one might appeal no longer existed".[16] Solche Aussagen sind zwar kurz und bündig, jedoch wirkungsvoll. Für die jungen Gelehrten und Studenten galten sowohl die absolute politische Autorität, als auch eine gedankliche „established authority to which one might appeal" nicht mehr. Genau in diesem Sinne bot Cassirers *An Essay on Man* ihnen einen möglichen Zugang zum Menschheits-Problem.

Sicher war die Begegnung der jungen Gelehrten und Studenten mit Cassirer ziemlich zufällig; doch galt das nicht für Tscha Hung: Als ehemaliger Mitglied des Wiener Zirkels und Student von Moritz Schlick und Rudolf Carnap sollte Cassirers Position Tscha Hung nicht fremd sein.[17] Tatsächlich kennt er das Gewicht des

---

14 Gan: Disputationen, S. 187–188.
15 Cassirer: An Essay on Man, S. 1.
16 Ebd. S.21.
17 In der Tat hat sich Prof. Tscha Hung mit Cassirer in den dreissiger Jahren in Wien getroffen. Siehe Haller: Interview mit Professor Tscha Hung. Chinesische Übersetzung in: Hung: Über Logischen Empirismus, S. 310–323.

Cassirerschen „Sprachwende", die im ersten Band der *Philosophie der symbolischen Formen* zum ersten Mal systematisch fertig gestellt und dann im kürzeren Essay dargestellt wird.

2 Yang Gans Interpretation der Cassirerschen Philosophie[18]

Ähnliches wie für Tscha Hung gilt auch für den jungen Studenten Yang Gan. Er zeigt uns, dass er nicht nur dieses Buch selbst verstand, sondern dass er einen Überblick über die Entwicklung der Cassirerschen Philosophie hatte. Auf Cassirers *opus magnum*, die *Philosophie der symbolischen Formen*, zurückblickend, muss ihm sofort klar geworden sein, dass *An Essay on Man* die Entwicklung der Cassirerschen Philosophie spiegelt, die als Erkenntnistheorie begann, dann zur systematischen Philosophie der symbolischen Formen wurde. Nach Yang Gan kann man Cassirers philosophische Entwicklung in zwei Stadien teilen: Im ersten Stadium werde die Philosophie von rein philosophischen Begriffen geprägt; dass ein Übergang von diesem Konzept zu anderen möglich sein, werde dort jedoch ausdrücklich betont. Im zweiten Stadium spiele der Zusammenhang zwischen Philosophie und Kultur eine wesentlich wichtigere Rolle. Cassirers Ziel liege darin, eine „Phänomenologie der Geisteswissenschaften" der modernen Welt zu entwickeln und den in dieser modernen philosophischen Entwicklung dargestellten ‚Geist des Menschen' zu erforschen.[19] Gan schrieb: „Der Symbolbegriff wird der Kernbegriff der Cassirerschen Philosophie; die Theorie der symbolischen Funktion wird Cassirers Methodologie; und schließlich, die Studien der diversen symbolischen Formen machen Cassirers Erkenntnistheorie aus."[20]

Folgt man diesen Erklärungen, wird deutlich, dass durch den Symbolbegriff ein einheitliches Verständnis der Philosophie Cassirers möglich ist, das heißt, Cassirers Philosophie kann weder lediglich als Erkenntniskritik, noch nur als Anthropologie oder Kulturphilosophie verstanden werden. In der Tat vertritt jede dieser Disziplinen nur eine bestimmte Perspektive. Dass Yang Gans Interpretation

---

18 Yang Gan war nicht der Einzige, der Cassirers Philosophie in den 1980er Jahren interpretierte. Xiushan Ye hat 1988 eine ausführliche Abhandlung der Cassirerschen Philosophie – von der Erkenntnistheorie zur Symbolphilosophie, schließlich bis zur Kulturkritik – geschrieben. Weil die Abhandlung damals nur in einem relativ kleinen Fachzirkel gelesen wurde und folglich fast keine öffentliche Aufmerksamkeit erfuhr, werde ich mich hier damit nicht auseinandersetzen. Siehe Ye: Ernst Cassirer.

19 Gan: Vorwort vom Übersetzer. – In: Cassirer: An Essay on Man (auf Chinesisch), S. 3.

20 Ebenda, S. 9.

zukünftigen Untersuchungen bereits den Weg gebahnt hat, sieht man auch daran, dass er in seiner Abhandlung „Von der Vernunftkritik zur Kulturkritik", die als Vorwort für die chinesische Übersetzung von Cassirers *Language and Myth* (1988) geschrieben wurde, diesen Gedanken noch dadurch erweitert hat, dass er nach der Position Cassirers im Kontext der Moderne gefragt hat. Danach sei Ernst Cassirers Kulturkritik ein neues Stadium der von Dilthey und den anderen Neukantianern entwickelten Kulturphilosophie oder Geisteswissenschaft. Die tiefere Bedeutung des Aufschwungs der Kulturphilosophie im zwanzigsten Jahrhundert in Europa liege darin, dass die Kulturphilosophie am Anfang nur beabsichtige, die Tradition der westlichen Philosophie selbst kritisch zu reflektieren, letztendlich aber immer bewusster in die Reflexion der Tradition der westlichen Kultur eindringe. Dies stimme mit den radikal ontologischen Kritiken, die von Heidegger, Husserl und Wittgenstein usw. gegenüber der traditionalen westlichen Kultur geübt wurden, grundsätzlich überein.[21]

Nachdem dem Vergleich zwischen der traditionellen westlichen Kultur und der chinesischen Kultur gelangte Yang Gan zu der Erkenntnis, dass das ideale Ziel, das die kontinentale Kulturphilosophie seit Nietzsche zu erreichen angestrebt hat – nämlich die Sprache und daher auch die Form des Denkens und Seins von der Logik und Grammatik zu befreien – in China schon lange eine Tatsache sei. Bevor die chinesische Kultur der westlichen begegnete, sei sie eine Kultur ohne Logik und Grammatik gewesen. Dass heiße natürlich nicht, dass die Chinesen nie Logik und Grammatik benutzen würden; sondern dass vielmehr die grundlegende Charakteristik der chinesischen kulturellen Entwicklung darin liege, dass sie den Akzent nicht auf die logische Funktion und das Formale gelegt habe. In der Geschichte der chinesischen Kultur/Philosophie wurde immer wieder versucht, der bloßen Logik und dem rein Formalen auszuweichen oder es zu reduzieren. Es sei eben dieser Zug des „Vor-logischen" oder „Vor-Strukturellen", wie es Heidegger genannt hat, welches das chinesische human-kulturelle System zur Geltung gebracht habe.[22]

Mit solchem Verständnis gewinnt Yang Gan nicht nur eine neue Einsichten in Cassirers Philosophie selbst, sondern auch in die potentiellen Verbindungen zwischen Cassirer und China. Die Auseinandersetzung mit Cassirer hilft ihm, nicht nur eine kritische und sachliche Stellung zur chinesischen Tradition zu finden, sondern auch bestimmte Schlüsse daraus zu ziehen. Das Gleiche gilt auch für die westliche Kultur. In einer widersprüchlichen Situation wie zu Anfang der 1980er

---

21 Gan: Von der Vernunftkritik zur Kulturkritik. – In: Cassirer: Language and Myth (auf Chinesisch), S. 9–11.
22 Ebenda, S. 24–25.

Jahre sieht er, dass die zukünftige Aufgabe des Nachdenkens über Kultur darin liege, westliches und chinesische Denken in Bezug zu setzen und Gewinne aus dem Vergleich der Denkweisen zu ziehen.[23]

Gan Zang hat uns nicht nur in seiner Interpretation der Philosophie der symbolischen Formen, sondern auch in seiner Erörterung der Bedeutung Cassirerscher Philosophie für die Kulturreflexion gezeigt, dass er die tieferen Implikation solcher Themen erkannt hat. Auf der einen Seite hat er die Struktur von Cassirers philosophischen Denken beschrieben und damit in China auch zugänglich gemacht. Auf der anderen Seite hat Yang Gan eine weitere Möglichkeit angeboten, über Cassirer hinaus einen Blick auf die westliche Philosophie zu werfen, und Dialoge zwischen unterschiedlichen Kultur-Systemen anzuregen. Cassirer funktioniert für Yang Gan nicht nur als ein Zentrum der westlichen Philosophie, sondern er ist auch ein Verbindungsglied zwischen Ost und West, zwischen Vergangenheit und Zukunft. Durch Cassirer – natürlich auch durch Yang Gans Interpretation – haben die Intellektuellen der 1980er Jahre nicht nur die Vorteile, sondern auch die Nachteile der Moderne erkannt. Ihnen ist gleichzeitig auch klar geworden, dass die chinesische Tradition, die seit Jahrzehnten unterschätzt und unterdrückt worden war, sogar als Gegensatz zur Modernen gelten kann und möglicherweise einen eigenen Beitrag zum interkulturellen Dialog liefern könnte. Das betrifft die meisten Themen, über die in den 1980er Jahren so viel diskutiert und gestritten wurde. Umkehrt gingen aber die meisten Diskussionen auch auf Cassirers Philosophie zurück. In diesem Sinne kann man behaupten, dass Cassirer in den 1980er Jahren nicht nur eine Rolle in der damaligen Kulturkritik gespielt hat, sondern dass er in der Reflexion über die Tradition und die zukünftige Kulturkritik seinen unentbehrlichen Platz gefunden hat. Vielleicht lässt sich auch sagen, dass Cassirers Philosophie das wichtigste Element der damaligen Kulturkritik war, wenn nicht das Einzige.

3 Cassirer: Strohfeuer oder Wegbereiter?

Obwohl Cassirer in den 1980er Jahren eine der wichtigsten Figuren des kulturellen Diskurses war, hat sich die Situation in den zwei folgenden Dekaden verändert. *An Essay on Man* wird weiter gelesen und seine anderen Bücher sind kontinuierlich ins Chinesische übersetzt worden. Zahlreiche Aufsätze über alle Dimensionen seiner Philosophie wurden veröffentlicht. Auch einige Monographien sind mittlerweile erschienen. Aber er ist nicht mehr die Heldenfigur, die er früher war.

---

23 Gan: Vorwort. – In: Gan (Hrsg.): Das Kulturbewusstsein der 80er Jahre, S. 1.

Wenn wir nach den Gründen suchen wollen, können wir zwei Faktoren bestimmen, die in den nächsten Jahren in gewissem Sinn mit dieser Wandlung zu tun haben könnten.

Zunächst hat sich die soziale Grundlage, auf Grund derer die Kulturkritik und das Menschenbild in den 1980er Jahren entstanden, allmählich geändert. Das Kultur-Fieber ist zum Ökonomie-Fieber geworden. Das Streben nach Kultur führte zum ‚Untergang des humanistischen Geistes'. Das Thema ‚Mensch' reizte viele nicht mehr. Viele einflussreiche Intellektuelle haben nach 1989 China verlassen. Yang Gan selber verabschiedete sich von China und wurde Student an der University of Chicago. Die Intellektuellen, die in China geblieben sind, spalten sich in unterschiedliche Gruppen, unter denen die Neu-Linken und die Liberalen die wichtigsten sind.

Zum Anderen haben die philosophisch Interessierten bei anderen Philosophen – besonders bei Heidegger – radikalere Stellungnahmen zum Verständnis der westlichen Welt sowie auch zu einer grundsätzlicheren Kulturkritik gefunden. Vielleicht kann man sagen, dass die 1980er Jahre die Zeit der Kultur und Menschheit und daher in einem bestimmten Sinne auch die Zeit Cassirers gewesen seien und dass die folgenden Jahre die Zeit Heideggers waren. Der Begriff der Kultur ist im chinesischen philosophischen Diskurs nicht mehr so wichtig im Vergleich zum Begriff Da-Sein. Das Cassirer-Fieber wird abgelöst vom Heidegger-Fieber. Für manche hätte also Heidegger noch ein Mal einen Sieg über Cassirer errungen – diesmal nicht in Davos, sondern in China. Im Vergleich zu den unzähligen chinesischen Publikationen und Abhandlungen über Heidegger, Husserl und Foucault usw. sind die wenigen Dissertationen über Cassirer kaum nennenswert, abgesehen davon, dass diese Dissertationen zur Cassirer-Forschung nicht allzu viel beigetragen haben.

Sollen wir Cassirer also nun als ein Strohfeuer oder als stillschweigenden Wegbereiter ansehen? Die obige Darstellung hat klar gezeigt, dass die Rezeption der Philosophie Cassirers in den letzten Jahren in China gewissermaßen die gesellschaftliche Veränderung widergespiegelt hat. Ebenso wie die Geschichte niemals sich wiederholt, scheint eine neuerliche Wiederkehr Cassirers unmöglich zu sein. Aber es ist auch zu früh zu behaupten, dass seine Rezeption in China nur ein Strohfeuer gewesen wäre – er kann vielmehr als Wegbereiter angesehen werden. Dafür gibt es zwei Gründe: Zum Einen ist Cassirers Philosophie zwar nicht mehr so populär, aber sie ist niemals verschwunden. Im Gegenteil, während man mehr und mehr ein Gesamtbild der deutschen Philosophie gewinnt und Cassirers innere Verbindung mit den Zeitgenossen allmählich klar wird, wird seine besondere Position auch immer deutlicher. In diesem Sinne hat die Auseinandersetzung mit Cassirer in den 1980er Jahren schon auf die heutige neue Rezeption vorbereitet. Zum anderen scheint Cassirers zukünftige Rolle in China durchaus positiv sein. Nachdem China in den letzten dreißig Jahren einen wirtschaftlichen Boom erfahren, ist es im Prinzip erst jetzt qualifiziert, über die Moderne oder die Moderne-Kritik mitzureden. Einerseits ist Chinas politisches System erhalten geblieben, andererseits hat sich eine bürgerliche Gesellschaft langsam, aber fortwährend, gebildet. China begegnet ähnlichen oder sogar den gleichen Problemen wie die abendländische Welt in den letzten Jahrhunderten haben. Die Fragen nach Kultur und Menschheit könnten sich noch einmal wiederholen – nun aber in einem neuen Kontext. Die „poetische Kritik der Moderne" in den 1980er Jahren, wie Yang Gan sie genannt hat,[24] wird zu einer wirklichen Kritik der Moderne, in der Cassirer seine wichtige Rolle spielen könnte.

Literaturverzeichnis

Cassirer, Ernst: An Essay on Man: An Introduction to a Philosophy of Human Culture. New Haven: Yale University Press 1944.

Cassirer, Ernst: An Essay on Man (Renlun), übersetzt von Yang Gan. Shanghai: Shanghai Yiwen Press (Shanghai yiwen chubanshe) 1985.

Cassirer, Ernst: Language and Myth (Yuyan yu shenhua), übersetzt von Yu Xiao. Beijing: SDX Joint Publishing Company 1988.

Chen, Lai: Drei Tendenzen des gedanklichen Auswegs (Sixiang chulu de san Dongxiang). – In: Das gegenwärtige Kulturbewusstsein in China (Zhongguo dangdai wenhua yishi), hg. von Yang Gan. Taiwan: Fengyun Shidai Publishing House (fengyun shidai chuban gongsi) 1989, S. 371–379.

Cheng, Ping-Pi (Zheng Xin): Darstellung der Philosophie Kants (Kangde xueshu). 2. Auflage. Beijing: The Commercial Press (Shangwu yinshuguan) 1984.

Cohen, Robert S.: Recolletions of Tscha Hung. – In: Robert S. Cohen, Risto Hilpinen, and Qiu Renzong (eds.): Realism and Anti-realism in the Philosophy of Science. Dordrecht: Kluwer Academic Publishers 1996, S. XIII–XVI.

Fan, Dainian: Hong Qian and the Vienna Circle. – In: Robert S. Cohen, Risto Hilpinen, and Qiu Renzong (eds.): Realism and Anti-realism in the Philosophy of Science. Dordrecht: Kluwer Academic Publishers 1996, S. XVI–XXII.

Gan, Yang: Disputationen zwischen Antike und Gegenwart, Ost und West (Gujin zhongxi zhizheng). Beijing: SDX Joint Publishing Company 2006.

Gan, Yang: Von der Vernunftkritik zur Kulturkritik (Cong lixing pipan dao wenhua pipan). – In: Ernst Cassirer: Language and Myth (Yuyan yu shenhua), übersetzt von Yu Xiao. Beijing: SDX Joint Publishing Company 1988, S. 9–11.

Gan, Yang: Vorwort. – In: Yang Gan (Hrsg.): Das Kulturbewusstsein der 1980er Jahre (Bashi niandai wenhua yishi). Shanghai: Shanghai People's Publishing House (Shanghai renmin chubanshe) 2006, S. 2–6.

---

24 Gan: Disputationen, S. 180.

Gan Yang: Vorwort vom Übersetzer. – In: Ernst Cassirer: An Essay on Man (Renlun). Shanghai: Shanghai Yiwen Press 1985.

Goethe, Johann Wolfgang: Werke. Hamburger Ausgabe in 14 Bänden. Textkritisch durchgesehen und mit Anmerkungen versehen von Erich Trunz. Bd. 3: Dramatische Dichtungen. Vollst. Neubearb. 14. Aufl. München: Beck 2005.

Habermas, Jürgen: Die befreiende Kraft der symbolischen Formgebung: Ernst Cassirers humanistische Erbe und die Bibliothek Warburg. – In: Ernst Cassirer und die Bibliothek Warburg. Berlin: Akademie Verlag 1997 (Vorträge aus dem Warburg-Haus. 1), S. 1–29.

Haller, Rudolf: Interview mit Professor Tscha Hung. – In: Österreichische Philosophie und ihr Einfluss auf die analytische Philosophie der Gegenwart, Bd. II (Originär in: Conceptus XXI (1987, Nr. 53/54). S. 7–17. Vgl. mit der chinesischen Übersetzung des Interviews. – In: Tscha Hung: Aufsatzsammlung Über Logischen Empirismus (Luoji shizheng zhuyi). Hrsg. von Guanyi Guo. Beijing: The Commecial Press 1999, S. 310–323.

Han, Yuhai: Zehou Li, Zaifu Liu and Yang Gans Einflüsse auf unsere Zeit: das Erbe und die Reflektion der 1980er Jahren (Li Zehou, Liu Zaifu he Gan Yang dui women shidai de yingxiang) – In: Review der gegenwärtigen Schriftsteller 2 (Dangdai zuojia pinglun, 2010), S. 64–69.

Ye, Xiushan: Ernst Cassirer. – In: Große Westliche Philosophen (Fortsetzung I). Jinan: Shandong Renmin Press 1988, S. 435–499.

Meng Hong

Die Bedeutung von Luxusgütern in China und Europa: Wie die Werte sich verändern

Abstract: Luxus als Symbol für Erfolg, Reichtum und exklusiven Lebensstil war historisch nur einem kleinen erlesenen Kreis der Oberschicht vorbehalten. Seit den 1980er Jahren erlebt er in Folge der Urbanisierung, Industrialisierung, Internationalisierung und Digitalisierung jedoch einen Prozess der Demokratisierung, der seit der Jahrtausendwende auch in China stattfindet. Während Luxuskonsum in der europäischen Nachkriegsgesellschaft bisher vier unterschiedliche Entwicklungsphasen hinter sich hat und sich zum „aufgeklärten Luxus" wandelt, sind die meisten chinesischen Konsumenten als gegenwärtig weltweite größte Gruppe der Luxusverbraucher noch stark von der besitzorientierten Konsumhaltung geprägt. Infolge der Antikorruptionskampagne und der Wiederkehr der klassischen Tugend von Sparsamkeit lässt sich jedoch feststellen, dass künftig das Wissen, das Erleben, der Wert und das bewusste kulturell nachhaltige und umweltfreundliche Konsumieren immer wichtiger für die Chinesen werden.

Seit der Jahrtausendwende ist das chinesische Stadtbild mit zahlreichen modernen Wolkenkratzern und exklusiven Luxusläden in den Stadtzentren weltweit bekannt. Das Reich der Mitte ist mit der kontinuierlichen Durchführung der Öffnungs- und Reformpolitik seit 1978 binnen weniger Dekaden von einem riesigen armen Land zur weltweit zweitgrößten Wirtschaftsnation aufgestiegen. Während die Chinesen in den 1960er und 1970er Jahren in Europa aufgrund ihrer einheitlichen Bekleidung noch häufig als „blaue Ameisen" bezeichnet wurden, zählen sie heute mit einem Anteil von 29 % am gesamten Weltumsatz zur größten Verbrauchsgruppe von Luxusgütern in der Welt und haben damit bereits die Japaner und Amerikaner überholt. Auch in Europa, wo die meisten Luxusgüter hergestellt werden, herrschte in den vergangenen Jahren eine steigende Konjunktur im Verbrauch von Luxusartikeln. Laut der neuesten Studie der internationalen Managementberatung Bain & Company erreichte der Weltumsatz im Luxusgütermarkt 2013 insgesamt 217 Milliarden Euro, was einen Anstieg von 2 % im Vergleich zum Vorjahr bedeutet. Dabei beträgt das Wachstum in Europa trotz der anhaltenden Finanzkrise 2 %, und China rangiert mit einem Zuwachs von 2.5 % auf dem zweiten Platz hinter den USA.[1]

Was hat dazu beigetragen, dass sich der Bedarf und der Verbrauch von Luxusgütern in China so rasch entwickelt haben und der Umsatz von Luxusartikeln in Europa trotz der Wirtschaftsrezession steigt? Gibt es ähnliche Entwicklungserscheinungen in China wie in Europa, das bereits in postmaterielle Gesellschaft eingetreten ist, oder weisen China und Europa ihre spezifischen Besonderheiten auf? Was sind die wichtigsten Einflussfaktoren? Was haben der Luxuskonsum und die Konsumhaltung mit dem Wertewandel der Gesellschaft zu tun? Das sind die Fragen, auf die der folgende Beitrag näher eingehen wird.

1 Die Begriffe „Luxus" und „Luxusgüter"

Luxus als Symbol des Reichtums und Erfolgs ist keine Neuheit des 21. Jahrhunderts. Schon in der Antike gab es Luxusgüter in Europa wie in China. Nicht nur die Oberschicht und die Herrscher der Antike kannten prächtige Paläste und lebten im Überfluss, auch die Schlösser und Parkanlagen der Könige, Fürsten und Grafen im alten Europa waren seit der Renaissance ein Ausweis von Herrschaft, Macht und Reichtum. Durch zahlreiche wertvolle Grabbeigaben des ersten chinesischen Kaisers Qin in Xian wissen wir ferner, wie sehr das Leben der Kaiser im alten China mit Luxus als Symbol der Macht verstanden wurde.

Das chinesische Wort „Luxus" (奢侈) besteht aus zwei Schriftzeichen „she" (奢) und „chi" (侈), wobei das erste große Familie bedeutet und das zweite sehr viele Menschen heißt. Es weist darauf hin, dass sich ursprünglich nur große Familien Luxusgüter im Reich der Mitte leisten konnten. Das Wort wurde erstmals 5. Jahrhundert v. Chr. in einem Geschichtsbuch über den Staat Jin (《国语·晋语》) erwähnt, mit dem man Verhalten wie die „Verschwendung von Geldmitteln und Streben nach Vergnügen im Übermaß"[2] kritisierte. Nach der konfuzianischen Lehre gilt Sparsamkeit als wichtiges Grundprinzip der Haushaltsführung und wird stets als gesellschaftliche Tugend hervorgehoben. Verschwendung sowie Besitz von privatem Eigentum im Übermaß werden ethisch kritisch beurteilt und stehen in der Öffentlichkeit eher in Verbindung mit dem Schuldgefühl.

Das Wort „Luxus" in Europa stammt aus dem Lateinischen und bedeutet zunächst im Bereich der Botanik „üppiges Wachstum", dann aber auch übertragen

---

1 Vgl. Bain & Company: Bain-Studie zum globalen Luxusgütermarkt 2013. http://www.bain.de/press/press-archive/bain-studie-globaler-luxusguetermarkt.aspx (15. März 2014).

2 Vgl. 《国语·晋语八》：„桓子，骄泰奢侈，贪欲无艺"，《国语》[春秋]，左丘明著，王芳、丁富生译注，卷十四，山西古籍出版社 2007年，第56页。

„Üppigkeit, Schwelgerei, Vergnügungssucht, Genußsucht, Prunkliebe".[3] Seit der Antike „enthält der Begriff des L.[uxus] die pejorative Bedeutungskomponente des Ausschweifenden und Unnatürlichen; in christlicher Sicht gilt L.[uxus] als Sünde."[4] Im allgemeinen Sprachgebrauch bedeutet Luxus „Konsum oder sonstiger Aufwand, der nach Maßgabe historisch oder regional spezifischer, jedoch sich verändernder Normen, das gesellschaftliche betrachtet Notwendige oder Übliche übersteigt."[5] Dabei lässt sich die doppelte Bedeutung des Worts deutlich erkennen, dass Luxus einerseits für die Zielgruppe sehr begehrt, andererseits für den einzelnen jedoch keineswegs unentbehrlich ist, sondern „mit einer über das Normalmaß gehenden Form von Überfluss verbunden"[6] ist. Luxus wird so als „kostspieliger, verschwenderischer, den normalen Rahmen der Lebenshaltung übersteigender, nicht notwendiger, nur zum Vergnügen betriebener Aufwand" in Form von der Sucht nach „Verschwendung", „Prunk" und „Übermut" eher kritisch angesehen.[7]

Aus wirtschaftswissenschaftlicher Sicht wird Luxus meist jedoch neutral bewertet. Erst im Vergleich zu den notwendigen Dingen im Leben kommt eine negative Konnotation hinzu, wie Adam Smith in *An Inquiry into the Nature and Causes of the Wealth of Nations* (1776) betonte. Ökonomisch gesehen werden Güter, die hinsichtlich ihres Wertes und ihrer Qualität hervorragend sind und deren Nachfrage sich bei steigendem Einkommen überproportional zum Einkommensanstieg erhöht, als Luxusgüter bezeichnet.[8] Volkswirtschaftlich kann die Produktion von Luxusgütern dazu beitragen, die Nachfrage, den technischen Fortschritt und Export zu fördern und die Beschäftigung sowie den Wohlstand der Bürger zu erhöhen.

Sozialwissenschaftlich gesehen hat das Streben nach Luxusgütern neben der Verschwendung und dem Wertverfall auch positive Auswirkungen. So sah der französische Soziologe Jean-Noël Kapferer Luxus als „fassbare Zeichen des Geschmacks einer Epoche auf ihrem höchsten Niveau. Die Marken als solche sind alle implizite Träger einer Kultur, einer ihrer eigenen Lebensethik"[9]. Die Luxusgüter erfüllen damit vielmehr einen emotionalen, symbolischen oder ideellen als

---

3 Georges: Ausführliches lateinisch-deutsches Handwörterbuch Bd. 2, S. 736.

4 Art. Luxus – Historisches Wörterbuch der Philosophie, Bd. 5, Sp. 566–569, hier S. 565; siehe auch Weeber: Luxus im Alten Rom, S. 7.

5 Meyers Enzyklopädisches Lexikon, Bd. 15, Stichwort „Luxus", S. 364.

6 Ebenda.

7 Vgl. http://www.duden.de/rechtschreibung/Luxus (30. März 2014).

8 参见杨林、林攀登：中国消费者奢侈品消费特征，《现代商贸工业》第19卷第8期，2007，第29页。

9 Kapferer: Luxusmarken. – In: Franz-Rudolf Esch (Hrsg.): Moderne Markenführung, S. 349.

einen funktionalen Nutzen und dienen als Darstellung des individuellen Geschmacks und der Lebensqualität. Da ihr Erwerb für einen großen Teil der Bezugsgruppe erstrebenswert ist, ist ihr Tauschwert oft erheblich und ihr Preis im Vergleich zu normalen Gütern weitgehend höher. Ihr Erwerb setzt nur Reichtum oder Macht voraus. Luxusgüter gelten in diesem Zusammenhang als Symbol des Erfolgs und der Leistung, was ethisch eigentlich wiederum eine positive Tugend ist.

Luxus bezeichnet heute also im Allgemeinen Gegenstände oder Verhaltensweisen, die über den üblichen Standard bzw. über das in einer Gesellschaft als notwendig oder sinnvoll erachtete Maß hinausgehen und nur dem persönlichen Vergnügen dienen. Es wird sowohl quantitativ als auch qualitativ gemessen und ist zudem der Mode unterworfen und unterliegt dem zeitlichen und gesellschaftlichen Wandel. Was als Luxus angesehen wird, kann von Land zu Land und von Region zu Region verschieden sein und hängt auch von den Verbrauchern selbst und deren Bedürfnissen, der sozialen Stellung sowie der kulturellen, wirtschaftlichen und technischen Entwicklung der entsprechenden Gesellschaft ab. Güter, die früher als Luxus angesehen wurden, können heute eine Selbstverständlichkeit sein. So gehörten beispielsweise in den 1970er Jahren Fernseher, Uhren, Nähmaschinen und Radios zu vier erstrebenswerten „Luxusgütern" in China. Heute verfügen die meisten chinesischen Stadtbürger über Fernseher und Uhren, Nähmaschinen sind sogar für viele chinesische Haushalte überflüssig geworden. Das Urteil über Luxus ist also gekennzeichnet durch die Verfügungsgewalt über knappe Güter sowie deren verschwenderischen und unmäßigen Gebrauch und Verbrauch.

Grundsätzlich wird Luxus heutzutage im Hinblick auf den Wert in materiellen und immateriellen Luxus eingeteilt, wobei materieller Luxus eine Lebensform zeigt, die sich wegen ihrer exklusiven Merkmale vom normalen gesellschaftlichen Leben abhebt, während immaterieller Luxus eher für andere nicht sofort erkennbar ist und lediglich dem eigenen Wohlbefinden und der Verstärkung des eigenen Selbstwertgefühls dient. Aus der Sicht der Konsumenten sollten Luxusgüter jedenfalls Kriterien wie exzellente Qualität, viel höheren Preis im Vergleich zu anderen Marken derselben Produktgruppe, Einzigartigkeit und Knappheit, Ästhetik, Tradition sowie Nichtnotwendigkeit bzw. Überflüssigkeit erfüllen.[10] Diesen Merkmalen entsprechend lassen sich Luxusgüter aus der Produktperspektive heutzutage wiederum in drei Arten einteilen: „der klassische Luxus" mit den Produktkategorien Mode und Accessoires, Uhren und Schmuck, Parfüm und Kosmetik sowie Wein und Spirituosen, „der erweiterte Luxus" mit Branchen

---

10 Vgl. Dubois, Laurent, Czellar: Consumer Rapport to luxury, S. 9–10.

Autos, Küchen, Yachten und Häusern sowie „der neue Luxus" mit Fashion Electronics, Wellness und Urlaub sowie Kunst und Design.[11]

2 Wirtschaftsentwicklung und Demokratisierung des Luxus

In Europa werden gegenwärtig statistisch gesehen etwa 70 % der Luxusgüter produziert, dazu zählen unter anderem Mode aus Italien, Parfüm aus Frankreich, Uhren aus der Schweiz und Autos aus Deutschland. Das Geschäft mit dem Luxus begann im Europa des 14. Jahrhunderts mit der allmählichen Herausbildung der Hofkultur.[12] Luxusgüter als exklusive hochwertige Produkte wurden anfangs nur in geringerer Menge handwerklich hergestellt und waren vermögenden Adligen und reichen Bürgern vorbehalten. Im 17. und 18. Jahrhundert wurden Luxusgüter als wertvolle Exportwaren vom Kaiser und den Fürsten europaweit gezielt gefördert, um die wirtschaftliche Entwicklung in eigenem Land im Zuge des wachsenden regionalen wie internationalen Handels aufrechtzuerhalten. Mit der Industrialisierung Ende des 19. Jahrhunderts und Anfang des 20. Jahrhunderts hat sich die Technik der Produktion immer mehr verbessert und der Produktionsumfang wurde erweitert. Die zwei Weltkriege haben allerdings die Weiterentwicklung der Luxusgüterproduktion weitgehend gedämpft. Erst seit den 1970er Jahren mit der stabilen wirtschaftlichen Entwicklung westlicher Länder fanden Luxusgüter breite Aufmerksamkeit und Beachtung. Immer mehr Unternehmen versuchten nun auf fabrikmäßige Herstellung umzusatteln und durch effizientere Herstellungs- und Vertriebsverfahren größere Käuferkreise zu erreichen. Luxusgüter wurden mit Marken versehen, das Sortiment wurde immer stärker erweitert. Neben der Premium-Linie einer Luxusmarke wurde eine günstigere Linie eingeführt. Ferner wurden preiswertere Einzelprodukte in das Sortiment aufgenommen bzw. die ganze Marke unter dem Durchschnitt derselben Art von Produkten angeboten. Neben in speziellen Geschäften werden Luxusprodukte nun auch in großen Kaufhäusern und in Factory Outlet Stores angeboten, was dazu beiträgt, dass die gewissen Marken bei der Bevölkerung immer populärer werden. Mit der Internationalisierung und in Folge der steigenden Konkurrenz innerhalb der Luxusgüterbranche kommt es ferner zu einer Welle von Fusionen von Unternehmen, indem Multi-Marken-Konzerne, Multi-Sektoren- sowie Regional-Konzerne beispielsweise wie LVMH (LVMH Moët Hennessy – Louis Vuitton S.A., Paris, 1987)

---

11 Vgl. Roland Berger Strategy Consultants: Luxus in Deutschland, S. 5–7.
12 Mehr dazu siehe Paravicini (Hrsg.): Luxus und Integration.

und die Compagnie Financière Richemont S.A. (Genf, 1988) entstanden, wodurch Produktion und Vertrieb von Luxusgütern weltweit wirksam mit neuer Strategie und erweitertem Managementkonzept fördert werden. Durch die Entstehung der neuen Web 2.0-Technologien haben ferner viele Unternehmen seit Anfang dieses Jahrhunderts E-Commerce-Seiten aufgebaut, so wie Gucci und Armani jeweils im Jahr 2006 und 2007.[13] Zugleich sind zunehmend mehr Bürger in Europa infolge gestiegener Einkommen, sicherer Altersversorgung, besserer Ausbildung in der Lage mehr Reisen zu den Herstellungsorten der Luxusgüter zu unternehmen, und sie haben durch Werbung und erweiterte Vertriebskanäle Interesse an Luxusgütern und Zugang zu ihnen gefunden.

Im Bereich Luxusgüterherstellung und -verbrauch gilt China jedoch bisher als Land mit großem Nachholbedarf. Aufgrund ideologischer Auseinandersetzungen wurde der Austausch zwischen China und den westlichen Ländern nach der Ausrufung der Volksrepublik (1949) lange Zeit weitgehend lahmgelegt. Erst 1971 wurde das neue China von der UNO anerkannt, ein Jahr später folgte die Aufnahme der diplomatischen Beziehungen Chinas zur Bundesrepublik Deutschland und 1975 zur EU. 1985 wurde die *Shanghai Volkswagen Automotive* als eines der ersten Joint Venture in China gegründet. Immer mehr ausländische Unternehmen entdeckten China als potenziellen großen Markt. Nach der Einführung der sozialistischen Marktwirtschaft im Jahr 1992 erlebte die Wirtschaft in China durch Zuwachs des privaten Sektors eine rapide Entwicklung. Der WTO-Beitritt Chinas um Jahrtauschendwende brachte ferner eine weitgehende Öffnung chinesischen Markts für ausländische Investoren und Produkte mit sich, was unmittelbar Einfluss auf die Veränderung der Konsumkultur in China ausübt.

Zu Beginn der Öffnungs- und Reformpolitik waren die meisten Chinesen lediglich in der Lage, ihre materielle Existenz zu sichern. Ihr Privateigentum wurde im Verlauf von mehreren politischen Kampagnen in den 1950er und 1960er Jahren enteignet, die Gleichheit aller wurde in der Gesellschaft besonders hervorgehoben. Erst 1982 mit der Fortführung der Wirtschaftsreform wurde der Schutz des privaten Eigentums in die chinesische Verfassung aufgenommen. Nach Jahrzehnten von Armut und Elend, insbesondere nach der schrecklichen zehnjährigen Kulturrevolution und motiviert durch Deng Xiaopings Erfolgsansatz „egal, ob es um eine weiße oder schwarze Katze geht, Hauptsache ist, dass sie Mäuse fängt", ändert sich die Einstellung der Chinesen zum Leben. Schaffung von Reichtum ist ihr Leitwert geworden, was als die innere Triebkraft zum rasanten ökonomischen Wachstum in China beiträgt. Zunehmend mehr Chinesen steigen in die freie Wirtschaft ein: 1978 war der Anteil des wirtschaftlichen Privatsektors am Brutto-

---

13 Vgl. Müller-Stewens: Das Geschäft mit Luxusgütern, S. 9–16.

inlandsprodukt noch von weniger als 1 %, 2005 war er bereist auf etwa 70 % gestiegen.[14]

Die rasche wirtschaftliche Entwicklung und die Erweiterung der beruflichen Entfaltungsmöglichkeiten führen dazu, dass sich die sozialen Schichten und die Kaufkraft der Chinesen zunehmend ausdifferenzieren. Laut einer Studie der Chinesischen Akademie der Sozialwissenschaften (CASS) von 2002 lassen sie sich seit Beginn dieses Jahrtausends in zehn Klassen einteilen (Abb. 1), während man vor der Öffnungs- und Reformpolitik in China von drei Schichten – Bauern, Arbeitern und Fachleuten – sprach. Ab Mitte der 1980er Jahre nimmt vor allem die Anzahl der Manager großer Staatsunternehmen, privater Unternehmer, Angestellter, Mitarbeiter in Joint Venture und in der Dienstleistungsbranche deutlich zu. Um die Jahrtausendwende gab es bereist eine breite Mittelschicht in China. Zugleich nimmt die Anzahl der ‚Neureichen' deutlich zu.[15] Ferner steigt die Zahl der Superreichen in China ständig. Laut der Anfang 2014 veröffentlichten „Welt-Reichenliste" des Hurun-Magazins in Shanghai ist inzwischen fast jeder fünfte Milliardär auf der Welt ein Chinese.[16]

Soziale Schichten	Anteil an Gesamtbevölkerung (%)			
	1952	1978	1991	2002
Verwaltung	0.5	0.98	1.96	1.2
Manager	0.14	0.23	0.79	1.6
Private Unternehmer	0.18	0.00	0.01	1
Fachleute	0.86	3.48	5.01	4.6
Angestellte	0.50	1.29	2.31	8.1
Private Handelsleute	4.08	0.03	2.19	11.1
Mitarbeiter in der Dienstleistungsbranche	3.13	2.15	9.25	11.2
Arbeiter	6.40	19.83	22.16	13.5
Bauer	84.21	67.41	53.01	42.9
Arbeitslose	–	4.60	3.30	4.80

Abb. 1 Struktur der sozialen Schichten in China[17]

---

14 参见刘越：改革开放以来我国公有制经济占主体的„量"的演化分析,《贵州社会科学》总278期，2013年第2期，第111–116页。

15 详见李培林、张翼：中国中产阶级的规模、认同和社会态度，《社会》2008年第2期，第1–19页；张俊山：职业分层、中产阶级与收入分配，《当代经济研究》2012年09期，第32–41页。

16 参见《胡润全球富豪榜》. http://www.hurun.net/CN/HuList.aspx?nid=26 (20. April 2014).

17 Vgl. 当代中国社会阶层结构研究报告. http://www.china.com.cn/zhuanti2005/node_5103458. htm (30. März 2014). 详见陆学艺主编：《当代中国社会阶层研究报告》2002.

Anfang der 1980er Jahre gab es aufgrund der wirtschaftlichen Rückstände bei Luxusgütern kaum Werbung in China. Fast alles aus dem Ausland Importierte wurde als „modern" und „luxuriös" angesehen. Zu dieser Zeit hatten nur sehr wenige Chinesen, die vor allem Verwandte im Ausland hatten oder selber unmittelbar in den Bereichen Außenhandel und internationale Beziehungen tätig waren, Zugang zu importierten „Luxusgütern", die nur sehr eingeschränkt gegen „foreign exchange certificate" (外汇卷) im sogenannten Freundschaftsladen angeboten wurden. Nach dem WTO-Beitritt Chinas haben westliche Konsumgüter schnell Einzug in den chinesischen Markt gehalten. Eine Reihe von Luxusgütergeschäften wie z. B. von Chanel, LV, Hermes und Max Mara wurde anschließend in Großstädten eröffnet, die durch kreative und ästhetisch ansprechende Gestaltung der modernen westlichen Kultur gekennzeichnet sind. Manche westliche Luxushersteller wie Armani und Prada verlagerten aufgrund der billigeren chinesischen Arbeitskräfte ihre Produktionsstätten nach China. 2005 hat die neue ins Leben gerufene World Luxury Association (WLA) Datenzentren und Büros in Hongkong und Peking eröffnet.[18] In den darauffolgenden Jahren wurden unter der Federführung von WLA Luxusmessen in mehr als zehn der größten chinesischen Metropolen wie Peking, Shanghai und Kanton veranstaltet. Darüber hinaus wurden die Luxusgüter durch Fernsehen und Film, Werbung und Berichterstattung in Massenmedien landesweit schnell verbreitet und sind populär geworden. Mit steigenden Einkommen und erweiterten Zugangsmöglichkeiten ist der Konsum von Luxusgütern nun nicht mehr nur der Minderheit von Neureichen vorbehalten. Der gehobene Lebensstil schafft seit der neuen Jahrtauschendwende auch den Einzug in das Leben der normalen chinesischen Bürger. In China entstand auf der Konsumentenebene in der Folge eine pluralistische Gesellschaft mit einem pluralistischen Wertesystem, was in Europa bereits seit den 1980er Jahren der Fall ist.

3 Wandel der Konsumenten und des Konsumverhaltens

Der Luxuskonsum dient soziopsychologisch gesehen nach dem Selbstkonzept dazu, die eigene persönliche Wertvorstellung zu realisieren. Durch Besitz und Verbrauch von bestimmten Luxusgütern oder Dienstleistungen wird das Image der Luxusmarke auf die eigene Persönlichkeit übertragen, was einerseits der Selbst-

---

18 Mehr dazu siehe http://www.wla.org.cn/ und http://www.wla.hk/. Kritisch steht WLA allerdings gegenwärtig in den chinesischen Medien, mehr dazu siehe http://news.xinhuanet.com/le gal/2014-05/12/c_126486961.htm (12. April 2014).

verwirklichung und Selbstbelohnung dient, andererseits auch dazu dienen kann, einen gewissen öffentlichen Effekt zu erzeugen und die eigene Position hervorzuheben und eine Abgrenzung zu bestimmten anderen Gruppen zu schaffen.[19] Hierbei spielen nach der Theorie der sozialen Identität die „sozialen Bedürfnisse" der Konsumenten eine wichtige Rolle. Das Verhalten von Menschen kann nach Taijfel durch die jeweilige Gruppenzugehörigkeit bzw. die Identifikation mit bestimmten sozialen Kategorien beeinflusst werden, wobei man grundsätzlich nach einer positiven sozialen Identität sucht. Durch soziale Vergleiche mit anderen Gruppen wird die eigene soziale Identität bewertet und die Unterschiede der eigenen Gruppe zur Fremdgruppe werden deutlich gemacht. Ein positives Vergleichsergebnis erweckt bzw. bestätigt den eigenen positiven Selbstwert.[20] Durch Verbrauch und Besitz von Luxusgütern, insbesondere durch Tragen einer bestimmten Luxusmarke wird ein Zeichen gesetzt, einer bestimmten Schicht zuzugehören, und diese spezifische Gruppenzugehörigkeit wird nach außen zum Ausdruck gebracht.

Beim Einfluss auf das Verhalten von Konsumenten spielt der kognitive Faktor ebenfalls eine wichtige Rolle. Nach Belz wirken die Luxusmarken als Symbol der Kennerschaft.[21] Luxusgüter zeichnen sich vor allem durch hochwertige Qualität, traditionsreiche Geschichte, begrenzte Anzahl und ihre ästhetische Eigenartigkeit aus. Nur Kenner, die sich umfassend über die Produkte informiert haben, wissen von den feinen Unterschieden. Sie schätzen die Qualität und den besonderen Stil des Produktes und haben trotz des hohen Preises große Freude daran. Als Träger interkulturellen Wissens in Sinne von Exklusivität fungieren Luxusmarken innerhalb einer bestimmten Gruppe, was zur Kommunikation zwischen den jeweils Zugehörigen beitragen kann.[22] Jede Luxusmarke hat nämlich bestimmte Suggestivkraft in sich, indem sie bestimmte Werte, den Lebensstil und den Status durch Qualität, Preis und Zugänglichkeit des Produkts konzentriert zur Erscheinung bringt. Dabei werden nicht nur Distinktion und Geschmack, sondern auch die Macht gezeigt, dass man über die erforderlichen ökonomischen und kulturellen Aneignungsinstrumente verfügt.[23] In der nach wie vor hierarchisch aufgebauten modernen Gesellschaft ist es nach Schulze üblich, dass man, je höher die soziale Position ist, desto mehr Ansehen bei seinen Mitbürgern genießt. Bei der Festlegung der Unterschiede strebt man deshalb in der Regel nach der Zuge-

---

19 Vgl. Drissen: Luxus-Konsumentenanalyse und Managementempfehlungen, S.55.
20 Vgl. Tajfel und Turner: The social identity theory of intergroup behavior. – In: Stephen Worchel und William G. Austin (Hrsg.): Psychology of intergroup relations, S. 7–24.
21 Vgl. Belz: Luxusmarkenstrategie. – In: Bruhn (Hrsg.): Handbuch Markenartikel, Bd. 1, S. 647.
22 Vgl. Bedi: Prestigegeleitetes Konsumverhalten, S. 15.
23 Vgl. Bourdieu: Die feinen Unterschiede, S. 355.

hörigkeit an die Oberklasse.[24] Auch das chinesische Sprichwort „man geht vorwärts" (人往高处走) zeigt seit langem diese gesellschaftliche Regel. Denn
Luxusgüter fungieren dabei nämlich als Brücke auf dem Weg nach oben, indem
man eine gewisse Distinktion zu anderen Gruppen schafft und sich dadurch
gesellschaftlich aufwertet. Pierre Bourdieu betonte, dass

> der Geschmack nicht nur die sozialen Unterschiede spiegelt, [sondern] er auch Mittel ist,
> diese zu etablieren und zu kultivieren. Die Identitäten von Klassen sind nicht unveränderlich
> festgelegt, sie wandeln und bedingen sich. Daraus resultiert jedoch, dass der Konsum
> kulturell die Funktion übernimmt, die Beziehung zwischen den Klassen zu verändern.[25]

Luxuskonsum erlebte in Europa nach einer Untersuchung von Futures 100 in den
vergangenen 30 Jahren vier unterschiedliche Phasen, was den sozioökonomischen
Status des Konsumenten, sein individuelles Werteverständnis, seine Umwelt und
die nationale Volkswirtschaft betrifft. In den 1980er Jahren war der Verbrauch von
Luxusgütern eher „besitzorientiert" und durch Extravaganz gekennzeichnet. Für
die Konsumenten ist es wichtig, den Reichtum dem Klischee der Reichen entsprechend zur Schau zu stellen. In diesem Zusammenhang geht es eher darum,
wer der Reichste ist und das Teuerste leisten kann, und nicht um die Qualität
der konsumierten Luxusgüter. Später wandte man sich zum „wissensbegierigen
Luxus", indem immer mehr Wert auf die Qualität gelegt und nur das Hochwertigste
ausgewählt wird. Es wird wichtig, sich mehr über die entsprechenden Luxusgüter
zu informieren, diese kritisch zu betrachten und gezielt auszuwählen. Die dar-
auffolgende dritte Phase ist durch „verbindlichen Luxus" gekennzeichnet, indem
man dazu tendiert, mit dem inzwischen herausgebildeten Urteilsvermögen nur die
besten Weine, Möbel oder Kunstobjekte zu kaufen bzw. zu sammeln. Trends
spielen für sie keine entschiedene Rolle mehr. In der vierten Phase vom „sin-
nenden Luxus" ist es für viele Konsumenten immer wichtiger geworden, „the way
of life" in den Vordergrund zu stellen und mit Luxuskonsum Selbstverwirklichung, Emotionen und Erlebnisse in Verbindung zu bringen. Man legt in diesem
Zusammenhang zunehmend mehr Wert auf den kulturellen oder politischen
Aspekt der Luxusgüter und konsumiert dann gesellschaftlich nachhaltig und
umweltfreundlicher.

Auf der Grundlage dieser vier differenzierten Haltungen entsteht nun eine
neue Tendenz vom „aufgeklärten Luxus": Man versucht sich durch vernünftigen
und gezielten Luxuskonsum auf höchster Ebene ‚menschlich' und ‚lebendig' zu

---

24 Vgl. Schulze: Die Erlebnisgesellschaft, S. 398.
25 Zitiert nach Zhu Xuedong: Die geheime Logik des Luxus in China. http://www.goethe.de/ins/
cn/lp/kul/mag/dis/beg/de8678701.htm (14. April 2014).

fühlen. Inhalte, Bedeutung und das Erleben gewinnen an Oberhand und nicht mehr nur das Geldausgeben und Zur-Schau-Tragen.[26] Das wird auch darin deutlich, dass der Anteil der Europäer an weltweit allen Luxusverbrauchern vergleichsweise sinkt. 1995 betrug ihr Anteil noch 31 %, 2013 sank ihr Anteil um 10 % auf nur 21 %, was unmittelbar mit der zunehmenden Anzahl von Luxuskonsumenten aus Schwellenländern auch zu tun hat.[27]

In China zeichnet sich der Luxuskonsum gegenwärtig eher durch Mischformen aus, wobei sich ein Wandel vom besitzorientierten zum wissbegierigen Luxus zeigt[28]. Ab September 2013 verbreitete sich rasch landesweit im chinesischen Internet ein neuer Begriff „Tuhao" (土豪). Gemeint sind damit die Personen, die schnell reich geworden sind und keine besondere Ausbildung haben. Sie demonstrieren ihren Erfolg bloß durch teure Gegenstände wie Rolex oder Benz, exklusive Domizile oder private Flugzeuge.[29] Mit dem erhöhten Einkommen ist die Kaufkraft der Chinesen binnen weniger Jahre stark gestiegen. Viele tendieren dazu, den geschaffenen Reichtum durch Häufung westlicher Luxusgüter zur Schau zu stellen. Die Einführung der „goldenen Woche" ab 1999 und die Förderung von Auslandsreisen seit 2005 tragen dazu bei, dass immer mehr Chinesen in der Lage sind, in ihrer Freizeit innerhalb Chinas oder ins Ausland zu reisen. Viele tendieren auch dazu, während der Auslandsreisen Luxusgüter zu kaufen, da dieselben Produkte in China durch Steuern zum Teil um 40 % teuer sein können. 1995 betrug die Anzahl von Chinesen, die Auslandsreise machten, 4,52 Millionen, 2006 stieg ihre Zahl bereits um das Siebenfache auf 34,52 Millionen.[30] 2013 ist China mit etwa 100 Millionen Touristen und einer Verbrauchssumme von insgesamt 102 Milliarden US Dollar bereits zum Land mit den meisten Touristen und zugleich mit dem größten Konsumverbrauch im Ausland geworden.[31] Statistisch gesehen wurden 2013 etwa zwei Drittel der gesamten Luxusgüter von Chinesen im Ausland erworben[32].

---

26 Vgl. Mertens: In Luxus investieren, S. 32.
27 Vgl. Bain & Company: Bain-Studie zum globalen Luxusgütermarkt, 2013, S. 6. http://www. bain.de/press/press-archive/bain-studie-globaler-luxusguetermarkt.aspx (15. März 2014).
28 Vgl. ebenda, S. 2.
29 详见何雄飞；中国土豪化精神分析：人人都有一颗土豪的心，《新周刊》2013年11月15日第 11期，总407期，第30–34页。
30 Vgl. Touristischer Markt. http://german.china.org.cn/china/archive/china2007/2008-01/04/ content_9478641.htm (14. Mai 2014).
31 钱春弦：我国出境游人数和消费均跃居世界第一. http://big5.xinhuanet.com/gate/big5/news. xinhuanet.com/fortune/2014-04/12/c_1110215572.htm (25. Mai 2014).
32 Vgl. Bain & Company: Bain-Studie zum globalen Luxusgütermarkt, 2013, S. 9. http://www. bain.de/press/press-archive/bain-studie-globaler-luxusguetermarkt.aspx (15. März 2014).

Das Konsumverhalten von chinesischen Luxusverbrauchern differenziert sich heute allerdings je nach der Ausbildung, der sozialen Schicht und dem Arbeitsumfeld zunehmend, was ihre kulturelle, gesellschaftliche, individuelle und psychische Haltung betrifft. Gegenwärtig lassen sich die chinesischen Luxuskonsumenten nach einer Studie von Bain und Company in vier Hauptgruppen einteilen: Neben den „klassischen Kernverbrauchern" (15 %) und „Neureichen" (30 %) sind insbesondere zwei neue Gruppen hinzugekommen. Eine davon ist die sogenannte „Gruppe der Sehnsucht" (渴望一族) mit einem jährlichen Einkommen von 100.000 bis 300.000 RMB und einem Alter zwischen 18 und 38 Jahren. 2013 machte sie die Hälfte der gesamten Luxusgüterkonsumenten in China aus.[33] Obwohl die Ausgaben für bestimmte Luxuswaren häufig die Grenze ihres Einkommens übersteigt, scheuen sie nicht davor zurück, um sich damit eine gewisse soziale Identität zu schaffen und sich gesellschaftlich hervorzuheben.

Die andere Gruppe sind die sogenannten „das Modische Anstrebenden" (时尚达人), die insgesamt etwa 5 % von allen Luxuskonsumenten ausmacht.[34] Bei dieser Gruppe dominieren Frauen im Alter von 20 bis 38 Jahren, und zwar hauptsächlich Angestellte mit einem jährlichen Einkommen von 150.000 bis 500.000 RMB und Hausfrauen aus reichen Familien. Ihr Konsummotiv ist vorwiegend von Selbstbelohnung und Selbstbestätigung geprägt. Vor allem in der Wirtschaft ist der Anteil der weiblichen Führungskräfte in den vergangenen Jahren deutlicher gestiegen als in anderen Berufsfeldern. Tendenziell steigt die Anzahl der chinesischen Luxuskonsumentinnen: 1995 betrug ihr Anteil etwa nur 10 % der gesamten Luxusgüterverbraucher, 2013 machten sie bereits die Hälfte der Luxuskonsumenten aus, was sich dem aktuellen Stand in Europa nähert, wo weibliche Konsumenten im vergangenen Jahrzehnt mit einem Anteil von 75 % im Jahr 1995 und 65 % im Jahr 2013 stets die Mehrheit der Luxusgüter-Konsumenten bildeten.[35]

Die „Neureichen" als wichtige Gruppe machen derzeit etwa 30 % der gesamten Konsumenten von Luxusgütern in China aus. Dazu zählen vor allem private Unternehmer und reiche Einzelpersonen, die vorwiegend aus Provinzstädten kommen und jährlich über ein Einkommen von mehr als 500.000 RMB verfügen. Bei dieser Gruppe sind Männer im Alter von 30 bis 50 Jahren in der Mehrzahl. Die Luxusgüter werden von ihnen teilweise selbst, teilweise als Geschenk zum Aufbau

---

33 USD und Euro stehen gegenwärtig zur chinesische Währung RMB (Yuan) jeweils etwa 1:6.2 und 1:8.5. http://www.boc.cn/sourcedb/whpj/ (15. April 2014).
34 Vgl. Bain & Company: Bain-Studie zum globalen Luxusgütermarkt, 2013, S. 9. http://www.bain.de/press/press-archive/bain-studie-globaler-luxusguetermarkt.aspx (15. März 2014).
35 Vgl. ebenda, S. 17.

und zur Pflege sozialer Netze genutzt. Diese Gruppen tragen Luxusmarken gern zur Schau als Symbol ihres Erfolgs und ihres anzustrebenden sozialen Statuts.[36]

Zu gesellschaftlich einflussreichen „klassischen Kernverbrauchern", die etwa 15 % der gesamten Luxusgüterverbraucher ausmachen, gehören Personen mit einem jährlichen Einkommen von über 800.000 RMB. Dazu zählen vorwiegend hochrangige Manager, die Ehefrauen und die Kinder der Superreichen, aber auch berühmte Persönlichkeiten in der Gesellschaft wie Filmstars, die vorwiegend aus den Küstengebieten und Großstädten kommen und häufig weltweite Reisen unternehmen. Bei dieser Gruppe kann man vor allem bei älteren Konsumenten ab etwa 38 bis 64 Jahren ein ‚reiferes' Luxuskonsumverhalten feststellen, da sie mehr Wert auf eine luxuriöse Lebensweise und hochwertige Spitzenprodukte legen bis hin zu Yachten und privaten Flugzeugen. Auch sie benutzen Luxusgüter teils zur Selbstbestätigung und zum Ausweis ihres verfeinerten Geschmacks, teils als Geschenke für Geschäftspartner sowie bedeutende Regierungsbeamte und damit zur Pflege und zum Aufbau geschäftlich profitabler sozialer Netze. Ferner lässt sich bei dieser Gruppe feststellen, dass Jugendliche zwischen 18 und 25 einen wichtigen Bestandteil bilden.[37] Was die erste Generation von Superreichen an Reichtum angehäuft hat, wird allmählich an ihre Kinder weitergegeben. So ist 2013 Yang Huiyan (杨惠妍), die 1981 als zweite Tochter des Bauunternehmers Yang Guoqiang (杨国强) in Kanton geboren wurde und inzwischen den Familienbetrieb übernommen hat, nach einem aktuellen Hurun-Ranking mit einem Vermögen von 51 Milliarden RMB die reichste Frau in China.[38]

Während die klassischen chinesischen Waren wie Kalligraphie, Bilder und Porzellan bei Versteigerungen im Wert steigen und immer mehr von Reichen als Kulturgüter gesammelt werden, werden die europäischen Luxuswaren eher als Symbol der Modernität, Eleganz und des kunstvollen Designs wahrgenommen. Dabei spielt die Bekanntheit von Marken bei den Chinesen eine besonders wichtige Rolle. Chanel, LV, Hermes, Prada und Gucci sind die fünf beliebtesten Luxusmarken, welche die Chinesen hoch schätzen und deren Verkaufsumsatz im Jahre 2013 etwa die Hälfte des gesamten Umsatzes an Luxusgütern in China

---

36 Vgl. ebenda, S. 9.
37 Vgl. ebenda.
38 Vgl. 《2013胡润女富豪榜》和《胡润百富榜》. http://www.hurun.net/CN/HuList.aspxi; bereits 2006 zählte die damalige 26-jährige Yang Huiyan laut der amerikanischen Forbes-Rangliste mit einem Vermögen von 16 Milliarden Dollar sowohl zur reichsten Frau Chinas als auch zur reichsten Frau Asiens, mehr dazu vgl. Tycoon-Tochter: Reichste Frau Asiens ist 26 Jahre alt. http://www.spiegel.de/wirtschaft/tycoon-tochter-reichste-frau-asiens-ist-26-jahre-alt-a-510190.htm (15. April 2014).

ausmachte.[39] Am meisten werden gegenwärtig folgende Arten von Luxusgütern (Abb. 2) gern von Chinesen gekauft.

Arten von Luxusgütern	Verbrauchssumme (Milliarden RMB)	Anteil von gekauften Luxusgütern im Vergleich zum Vorjahr		
		2010–2011	2011–2012	2012–2013
Kosmetik und Parfüm	32	22 %	15 %	10 %
Taschen und Koffer	16	30 %	10 %	5 %
Accessories	8	20 %	10 %	8 %
Juwelen	8	20 %	5 %	5 %
Schuhen	7	20 %	10 %	8 %
Weibliche Bekleidung	6	35 %	15 %	10 %
Uhren	2.7	40 %	-5 %	-11 %
Männliche Bekleidung	1.2	30 %	12 %	-1 %
Insgesamt	1,16	30 %	7 %	2 %

Abb. 2 Die Arten der 2013 in China konsumierten Luxusgüter[40]

4 Luxuskonsum und Wertwandel

Nach der Motivationstheorie von Maslow zeigt sich das Bedürfnis eines Menschen auf fünf Ebenen, die sich teilweise überscheiden. Während die physiologischen Bedürfnisse wie ausreichende Nahrung und genügend Schlaf die Basisstufe der Existenz darstellen, gilt die Sicherheit als die zweite Stufe auf der Bedürfnispyramide, was Recht und Ordnung, Schutz vor Krankheit und Arbeitslosigkeit sowie Wohnraum umfasst. Auf der dritten Hierarchiestufe stehen die sozialen Bedürfnisse wie Kommunikation, Freundschaft und Zugehörigkeit zu einer Gruppe. Nach der Befriedigung dieser drei grundlegenden Bedürfnisse gewinnen die individuellen Bedürfnisse an Gewicht, wozu Aufmerksamkeit, Anerkennung und Ruhm zählen. An der Spitze der menschlichen Bedürfnisse steht die Selbstverwirklichung als Wachstumsbedürfnis, die vom Einzelnen unterschiedlich bewertet wird und auch unmittelbar mit Geld, Macht, Wohlstand und Luxus in Verbindung stehen kann.[41]

---

39 Vgl. Bain & Company: Bain-Studie zum globalen Luxusgütermarkt, 2013, S. 8 und S. 11. http://www.bain.de/press/press-archive/bain-studie-globaler-luxusguetermarkt.aspx (15. März 2014).
40 Vgl. ebenda, S. 3; 郑爽：2012年中国奢侈品消费3060亿元，年内增速骤降，《第一财经日报》2012年12月13日。
41 Vgl. Maslow: Motivation und Persönlichkeit, S. 62–66.

In der europäischen Wohlfahrtsgesellschaft ist im Rahmen der sozialen Marktwirtschaft heutzutage fast überall ein umfassendes soziales Sicherungsnetz aufgebaut. Die neuen Generationen haben meist keine Probleme mehr bei der Befriedigung der existenziellen Grundbedürfnisse sowie körperlichen Sicherheitsbedürfnisse, was für die ältere Generation während des Zweiten Weltkriegs und in den ersten Nachkriegsjahren nicht der Fall war. Auch ihre sozialen Bedürfnisse sind durch Familien, Freunde und zahlreiche soziale Vereinigungen größtenteils gedeckt. Die erweiterten Bildungschancen und die Verbesserung der Ausbildung tragen dazu bei, dass neue Werte wie Selbständigkeit und Selbstentfaltung durch Bildung und Sozialisation der neuen Generation vermittelt werden und immer mehr in den Vordergrund rücken. Mit dem beispiellosen wachsenden Wohlstand in den 1950er und 1960er Jahren gewannen die postmaterialistischen Werte immer mehr an Bedeutung, so dass die materialistischen Werte wie beispielsweise Vermögen und Besitztum zunehmend verblassen. In Westdeutschland ging der Anteil der Materialisten zwischen den 1970er und den frühen 1990er-Jahren nach einer Untersuchung deutlich zurück und sie machten 1989 nur 20 % der Gesamtbevölkerung aus, während 1988 der Anteil der Postmaterialisten dagegen bereits auf 25 % gestiegen war.[42] Mit der Individualisierung und der Pluralisierung von sozialen Milieus und Lebensstilen entsteht die Tendenz, dass man sein Leben nicht mehr nach klassischen kollektiven Lebensweisen und Werten richtet, sondern vielmehr individuell gestaltet und sich einen eigenen Lebensstil bildet, was teilweise auch durch unterschiedliche Arten von Luxuskonsum zum Ausdruck gebracht wurde.

Auf der anderen Seite ist seit der zweiten Hälfte der 1980er Jahre gerade in der jüngeren Generation von Europäern ein Anstieg der materialistischen Werte zu beobachten. Gründe dafür waren zum einen die Ölkrise Ende der 1970er Jahre, steigende Arbeitslosenzahlen und seit 2008 zudem die Finanzkrise, die eine sogenannte künstlich erzeugte Form von Mangel schufen. Nach der Mangelhypothese von Inglehart wirkt das unmittelbare sozioökonomische Umfeld eines Menschen nachhaltig auf seine Wertprioritäten aus. Waren, an denen Mangel herrscht, erlangen so den größten subjektiven Wert.[43] Zum anderen verändern die steigende Vielfalt von Fernsehprogrammen und Modezeitschriften sowie der verbreitete Zugang zum Internet den Blickwinkel vieler westeuropäischer Bürger auf die gesellschaftlichen Realitäten. Luxuriöse Reisen, exklusive Wohnlagen und teure Markenprodukte werden täglich durch Massenmedien Bürgern fast aller

---

42 Vgl. Müller: Wertewandel. http://www.bpb.de/politik/grundfragen/deutsche-verhaeltnisse-eine-sozialkunde/138454/werte-milieus-und-lebensstile-wertewandel (14. April 2014).
43 Vgl. ebenda.

Altersgruppen vor Augen geführt, so dass eine Nichtteilnahme an dieser Konsumwelt als Mangel und als wichtige Form der Selbstdefinition und -darstellung empfunden wird. Seit der Wiedervereinigung Deutschlands und der fortschreitenden Europäisierung sowie Globalisierung erlebt vor allem Westeuropa in diesen Jahren einen Wertewandel: Einerseits wächst die materialistische Orientierung an, was auch zum Anstieg des Luxuskonsums beiträgt, andererseits geschieht die Selbstverwirklichung heutzutage zugleich in einer materialistischen wie in einer „post-materialistischen Version", so dass sich die Konsumhaltung zum verbindlichen sowie aufgeklärten Luxus wandelt.[44]

Die veränderte Einstellung des Luxuskonsumverhaltens steht auch in China in enger Verbindung mit Wertwandel in der Gesellschaft. Während die meisten älteren Chinesen trotz des steigenden Wohlstands noch an einer bescheidenden Lebensweise festhalten, zeigt sich bei den jüngeren Generationen eine deutliche Neigung zu Mode und Luxus. Statistisch gesehen war 2013 etwa die Hälfte der Luxuskunden junge Konsumenten zwischen 18 und 38 Jahren und die Mehrheit von ihnen neue Käufer seit 2010.[45] Dieser Wandel lässt sich mit der Sozialisationshypothese von Inglehart wohl gut erklären. Die Wertprioritäten eines Individuums bilden sich danach zum größten Teil bereits zur Zeit der Sozialisation in der Jugend heraus und werden sich im Lauf der Zeit nicht mehr in der Weise ändern, dass die ersten Wertprioritäten völlig aufgegeben würden.[46] Es ist demnach für viele Chinesen der älteren Generation relativ schwer, nach der durch materielle Knappheit geprägten Lebensphase vor 1980 auf einmal viel Geld für importierte Luxusgüter auszugeben, die ihrer Ansicht nach für ihr Leben entbehrlich sind. Gleichzeitig mit dem Wandel der chinesischen Gesellschaft von einer Industriegesellschaft zur digitalen Informationsgesellschaft und mit wachsendem Wohlstand und steigendem Einkommen legen zunehmend auch immer mehr jüngere Chinesen Wert auf die Selbstentfaltung und Selbstverwirklichung. Wirtschaftlich gesehen stieg bereits 2007 in China das Sozialinlandsprodukt pro Person auf 2.000 US Dollar, nach international üblichen Normen war damit die Grenze zum Postmaterialismus beinahe erreicht.[47]

Während die westlichen Konsumenten zum Teil bereits zur sogenannten fünften Phase der Konsumhaltung übergehen, lässt sich bei der chinesischen

---

44 Mehr dazu vgl. ebenda.

45 Vgl. Bain & Company:《2013年中国奢侈品市场研究》. http://www.bain.cn/news.php?act=show&id=491. (30. März 2014).

46 Vgl. Müller: Wertwandel. http://www.bpb.de/politik/grundfragen/deutsche-verhaeltnisse-eine-sozialkunde/138454/werte-milieus-und-lebensstile-wertewandel (14. April 2014).

47 参见郭莲：中国公众近年价值观的变化——由 "物质主义价值" 向 "后物质主义价值" 转变，《学习论坛》2010 年 10 月第 26 卷第 10 期，第 62 页。

Kundschaft in den vergangenen Jahren ebenfalls ein Wandel feststellen: Der individuell orientierte Verbrauch gewinnt die Oberhand und man richtet sich weniger nach gesellschaftlichen Trends. Diese Veränderung hat wohl unmittelbar mit der neuesten Reform in China zu tun. Seit der Amtsübernahme von Xi Jinping als Staatspräsident im März 2013 wird landesweit eine breite Antikorruptionskampagne durchgeführt. Bei denjenigen, die teure Uhren zur Schau tragen und Luxusautos fahren, werden dem Einkommen entsprechend die Herkunft der Luxusgüter geprüft, sobald jemand über soziale Netzwerke einen Verdacht äußert. Einige Korruptionsfälle wurden auf diese Weise aufgedeckt und die entsprechenden Personen entmachtet bzw. die entsprechenden Organisationen dann untersucht, wie man sich an „Uhr-Onkel" (表叔)[48] und „Fall von Guo Meimei" (郭美美事件)[49] erinnert. Während es zuvor in erster Linie um Zur-Schau-Stellung durch das Geldausgeben ging, werden in Zukunft Inhalte, Bedeutung und das Erleben wohl immer wichtiger für die Luxuskonsumenten. Auch kann man davon ausgehen, dass das soziale Bewusstsein gegenüber der Umwelt das Konsumentenverhalten von Chinesen im 21. Jahrhundert zunehmend prägen wird.

Literaturverzeichnis

Bain & Company: Bain-Studie zum globalen Luxusgütermarkt 2013. http://www.bain.de/en/ press/press-archive/bain-studie-globaler-luxusguetermarkt.aspx (15. März 2014).

---

48 Im Herbst 2012 passierte in Yanan ein Unfall durch Zusammenstoß eines Tankwagens mit einem Reisebus, wobei 36 Passagiere verbrannten. Der damalige Direktor des Sicherheitsaufsichtsamts der Provinz Shanxi, Yang Dacai, fuhr zum Unfallort und wurde von einem Fotografen aufgenommen, als er untätig am Rande stand und grinste. Die Publizierung dieses Fotos im Internet rief Ärger bei der breiten Bevölkerung hervor. Durch Recherchen wurde festgestellt, dass Yang mehr als zehn Luxusuhren besitzt, die er zu verschiedenen Gelegenheiten getragen hat und deren Wert weit über seinem Einkommen liegt. Das führte dazu, dass er danach wegen Korruption zu mehr als zehn Jahren Gefängnis verurteilt wurde. Vgl. http://opinion.huanqiu.com/ special/1222/, http://www.welt.de/politik/ausland/article119762182/Grinsen-wird-chinesischem-Beamten-zum-Verhaengnis.html (2. Juni 2014).

49 Am 21. Juni 2011 zeigte die 20-jährige Guo Meimei Fotos ihres luxuriösen Sportwagens und teurer Handtaschen im Internet und benutzte dabei als Online-Identität, dass sie Geschäftsführerin einer fiktiven Firma namens „Red Cross Commerce" sei. Daraufhin haben die User ihr vorgeworfen, dass Guo für ihre Einkäufe Spendengelder der Business System Red Cross Society veruntreut haben könnte, was schließlich eine Glaubwürdigkeitskrise des Roten Kreuzes in China hervorrief. Mehr dazu vgl. http://german.beijingreview.com.cn/german2010/Focus/2013-01/ 30/content_515491_2.htm, und: http://www.welt.de/vermischtes/weltgeschehen/article13467715/ Maserati-Girl-im-Strudel-der-Fleisch-Suchmaschine.html (2. Juni 2014).

Bedi, Vera: Prestigegeleitetes Konsumverhalten – eine kulturhistorische Betrachtungsweise unter besonderer Berücksichtigung des Tabakkonsums. Saarbrücken: VDM 2007.

Belz, Otto: Luxusmarkenstrategie. – In: Manfred Bruhn (Hrsg.): Handbuch Markenartikel: Anforderungen an die Markenpolitik aus Sicht von Wissenschaft und Praxis. Bd. 1: Markenbegriff, Markentheorie, Markeninformationen, Markenstrategien. Stuttgart: Schäffer-Poeschel 1994, S. 645–652.

Bourdieu, Pierre: Die feinen Unterschiede. Kritik der gesellschaftlichen Urteilskraft. Frankfurt a. M.: Suhrkamp 1982.

Drissen, Anja Meike: Luxus: Konsumentenanalyse und Managementempfehlungen. Saarbrücken: VDM 2006.

Dubois, Bernard, Gilles Laurent, Sandor Czellar: Consumer rapport to luxury: Analyzing complex and ambivalent attitudes. Paris [u. a.]: Chambre de Commerce et d'Industrie de Paris 2001 (Les cahiers de recherche. HEC Paris. 736).

Georges, Karl Ernst: Ausführliches lateinisch- deutsches Handwörterbuch, aus den Quellen zusammengetragen und mit besonderer Bezugnahme auf Synonymik und Antiquitäten unter Berücksichtigung der besten Hilfsmittel ausgearbeitet. Unveränderter Nachdruck der 8., verbesserten und vermehrten Auflage von Heinrich Georges. Bd. 1–2. Darmstadt: Wissenschaftliche Buchgesellschaft 1998 (Reprint der Ausgabe Hannover: Hahnsche Buchhandlung 1913–1918).

Historisches Wörterbuch der Philosophie. [...] In Verb. mit Günther Bien [u. a.] hrsg. von Joachim Ritter, Karlfried Gründer u. Gottfried Gabriel. Bd. 1–13. Darmstadt: Wiss. Buchgesellschaft 1971–2007.

Kapferer, Jean-Noël: Luxusmarken. – In: Franz-Rudolf Esch (Hrsg.): Moderne Markenführung: Grundlagen – Innovative Ansätze – Praktische Umsetzungen. Wiesbaden: Gabler 2001, S. 317–336.

Maslow, Abraham H.: Motivation und Persönlichkeit. Reinbek bei Hamburg: Rowohlt 1999 (Rororo: Sachbuch. 7395).

Mertens, Hans-Lothar: In Luxus investieren: Wie Anleger vom Konsumrausch der Reichen profitieren. Wiesbaden: Gabler 2009

Meyers Enzyklopädisches Lexikon. Bd. 15. 9. Auflage. Mannheim: Bibliographisches Institut 1975.

Müller, Hans-Peter: Wertewandel. http://www.bpb.de/politik/grundfragen/deutsche-verhaeltnisse-eine-sozialkunde/138454/werte-milieus-und-lebensstile-wertewandel (14. April 2014).

Müller-Stewens, Günter: Das Geschäft mit Luxusgütern: Geschichte, Märkte, Management. St. Gallen: Universität St. Gallen 2013.

Paravicini, Werner (Hrsg.): Luxus und Integration: Materielle Hofkultur Westeuropas vom 12. bis 18. Jahrhunderts. München: Oldenbourg 2010.

Roland Berger Strategy Consultants: Luxus in Deutschland. Präsentation für den VKE. Berlin 2007.

Schulze, Gerhard: Die Erlebnisgesellschaft: Kultursoziologie der Gegenwart. Frankfurt a. M.: Campus 1992

Tajfel, Henri, und John C. Turner: The social identity theory of intergroup behavior. – In: Stephen Worchel und William G. Austin (Hrsg.): Psychology of intergroup relations. Chicago: Nelson-Hall 1986 (The Nelson-Hall series in psychology), S. 7–24.

Touristischer Markt. http://german.china.org.cn/china/archive/china2007/2008-01/04/content_9478641.htm (14. März 2014).

Tycoon-Tochter: Reichste Frau Asiens ist 26 Jahre alt. http://www.spiegel.de/wirtschaft/tycoon-tochter-reichste-frau-asiens-ist-26-jahre-alt-a-510190.htm (15. April 2014).

Weeber, Karl-Wilhelm: Luxus im Alten Rom: Die öffentliche Pracht. Darmstadt: Primus Verlag 2003.

Zhu, Xuedong: Die geheime Logik des Luxus in China. http://www.goethe.de/ins/cn/lp/kul/mag/dis/beg/de8678701.htm (14. April 2014).

何雄飞；中国土豪化精神分析：人人都有一颗土豪的心，《新周刊》2013年11月15日第11期，总407期，第30-34页。

李培林、张翼：中国中产阶级的规模、认同和社会态度，《社会》2008年第2期，第1-19页。

刘越：改革开放以来我国公有制经济占主体的„量"的演化分析，《贵州社会科学》总278期，2013年第2期，第111-116页。

陆学艺主编:《当代中国社会阶层研究裉告》, 北京：社会科学 文献出版社, 2002.

张俊山：职业分层、中产阶级与收入分配，《当代经济研究》2012年09期，第32-41页。

杨林、林攀登：中国消费者奢侈品消费特征，《现代商贸工业》第19卷第8期，2007，第29页。

郑爽：2012年中国奢侈品消费3060亿元，年内增速骤降，《第一财经日报》2012年12月13日。

郭莲：中国公众近年价值观的变化——由„物质主义价值"向„后物质主义价值"转变，《学习论坛》2010年10月底26卷第10期，第62页。

钱春弦：我国出境游人数和消费均跃居世界第一. http://big5.xinhuanet.com/gate/big5/news.xinhuanet.com/fortune/2014-04/12/c_1110215572.htm (25. März 2014).

Birte Rafflenbeul, Pamela Hartmann, Frauke Kraas
Deutsche in China und Chinesen in Deutschland: Migrationsprozesse und -politiken im Vergleich

Abstract: China und Deutschland weisen viele volkswirtschaftliche Parallelen auf: Beide Länder zeichnen sich durch hohe Exportzahlen aus, fungieren als ökonomische Motoren für Europa und Asien und sind in Bezug auf Im- und Exporte wirtschaftlich wechselseitig aufeinander angewiesen. Entsprechend bestehen zahlreiche Verbindungen auch durch wechselseitige Migrationsprozesse: Von den in China lebenden Ausländern kommen knapp 15.000 aus Deutschland; gleichzeitig leben rund 93.500 chinesische Migranten in Deutschland (2012). Beide Länder haben ähnliche Chancen und Probleme in Bezug auf die politischen Maßnahmen und Regulierung von Migrationsdynamik, Migrationspolitiken sowie Visa- und Aufenthaltsrechten. Diese sollen im vorliegenden Artikel analysiert werden.

1 Einleitung: Deutsch-chinesische Migrationsprozesse

Chinas ökonomisch proaktives Auftreten auf den internationalen Märkten (z. B.: „China überschüttet Europa mit Geld"[1] oder „Zeitenwende: China kauft Europa auf"[2]) verwundert angesichts der Staatsschuldenkrise in einigen EU-Ländern kaum, denn es mangelt nicht an Möglichkeiten, preiswerte Investitionen zu erlangen. China favorisiert jedoch vergleichsweise sicherere Investitionen im wirtschaftlich stabilen Deutschland, das inzwischen zum bevorzugten Zielland chinesischer Direktinvestitionen erklärt wurde[3]. Dieses gestiegene wirtschaftliche Interesse bringt seit einigen Jahren zunehmende Migrationsprozesse mit sich, deren Rahmenbedingungen und Ausprägungen im folgenden näher untersucht werden sollen.

---

1 Spiegel.de: Milliardeninvestitionen: China überschüttet Europa mit Geld.
2 Handelsblatt.de: Zeitenwende: China kauft Europa auf.
3 The European Institute (Hrsg.): Chinese FDI Growth In Developed Countries Soars. Germany Emerges as a Preferred Target for Chinese Investment.

Im Zentrum stehen als zentrale Fragestellungen: Wie hat sich die Einwanderung von Deutschland nach China und von China nach Deutschland speziell seit den 1980er Jahren entwickelt und auf welche Anreize und Hindernisse sind diese Migrationsdynamiken zurück zu führen. Dabei stehen vornehmlich ökonomische und politische Einflussfaktoren im Zentrum. Zunächst werden die bilateralen Beziehungen im historischen Kontext analysiert, anschließend die Migrationsdynamiken zwischen Deutschland und China verglichen.

2 Deutsch-chinesische Wirtschaftsbeziehungen und Migration im geschichtlichen Rückblick

Mit der Intensivierung internationaler Verflechtungen von Kapital, Produktion und Informationen steigen auch die Migrationszahlen weltweit[4]. Dieser Zusammenhang gilt gleichermaßen für China und Deutschland: Mit zunehmender Globalisierung nehmen in beiden Ländern die Zahlen der Binnen- und internationalen Migration zu.

Historisch gesehen unterlagen die wirtschaftlichen Beziehungen zwischen den beiden Ländern zahlreichen Schwankungen: China wurde zu Beginn des 20. Jahrhunderts durch Umbrüche geprägt (Niedergang der Qing-Dynastie 1911, Gründung der Republik China, gewalttätige Auseinandersetzungen) und musste sich gegenüber dem wirtschaftlichen Druck westlicher Mächte behaupten[5]. Die bilateralen Beziehungen zwischen Deutschland und China kühlten in dieser Zeit ab und wurden mit Gründung der sozialistischen Volksrepublik 1949 vollkommen abgebrochen. Erst nach dem Chinabesuch von US-Präsident Nixon wurden die bilateralen diplomatischen Beziehungen durch die Bundesrepublik Deutschland wieder aufgenommen (1972), was sich zunächst in der Etablierung wissenschaftlicher Institutionen niederschlug: So wurden beispielsweise seit 1973 wechselseitige Aufenthalte von Studierenden und ab 1974 erste Kooperationen zwischen Universitäten und Forschungseinrichtungen gefördert[6]. Die gleichzeitig angestrebte Verbesserung auch des bilateralen Handels zeitigte allerdings erst mit der wirtschaftlichen Öffnung des Landes seit 1978 unter der Leitung von Deng

---

4 Kraas und Bork (Hrsg.): Urbanisierung und internationale Migration. Migrantenökonomien und Migrationspolitik in Städten.
5 Schmitt-Englert: Deutsche in China 1920–1950, Alltagsleben und Veränderungen, S. 40.
6 Auswärtiges Amt: 40 Jahre diplomatische Beziehungen: eine Chronologie wichtiger Ereignisse.

Xiaoping allmählich positive Entwicklungen[7]. Erste diplomatische Beziehungen zur damaligen Europäischen Wirtschaftsgemeinschaft (EWG) wurden bereits 1975 aufgenommen und durch die Unterzeichnung eines gemeinsamen Handelsabkommens 1978 gefestigt. Es folgte die Unterzeichnung der Vereinbarung über Handel und wirtschaftliche Kooperationen 1985[8].

Heute sind die wirtschaftlichen Beziehungen zwischen China und der Europäischen Union (EU) von tragender Bedeutung: Laut Auswärtigem Amt[9] ist China zum wichtigsten Handelspartner Deutschlands in Asien aufgestiegen, Deutschland bildet wiederum für die chinesische Regierung das entscheidende Bindeglied zur EU. Über diese bilateralen Beziehungen zu Deutschland und zur EU hinaus hat China seit dem Niedergang der Sowjetunion und den damit verbundenen geopolitischen Machtverschiebungen seine internationale Rolle aufgewertet und seine multilateralen Beziehungen ausgeweitet. Wichtige Meilensteine, auch im Zusammenhang mit der wirtschaftlichen Globalisierung, sind die Mitgliedschaft in der Welthandelsorganisation (seit 2001) und das vertiefte Engagement in asiatischen multilateralen Organisationen (z. B. ASEAN oder ASEM). Diese proaktive Vorgehensweise verkörpert Chinas Willen, die „Post-Tiananmen-Isolation"[10] zu überwinden und nach außen ein neues Bild seines Staates aufzubauen: In kurzer Zeit hat sich das Land von einer abgeschotteten Nation zu einer aufstrebenden Wirtschaftsnation entwickelt, die nicht mehr nur Empfänger ausländischer Direktinvestitionen ist, sondern inzwischen selbst aktiv im Ausland investiert.

Durch diese Intensivierung der wirtschaftlichen Verflechtungen steigen folglich auch die Wanderungsbewegungen, sodass beide Staaten heute recht hohe Migrationsvolumina aufweisen. Dies war aber nicht immer der Fall: Der historische Rückblick belegt, in welcher Art und Weise sich die Migrationsbeziehungen zwischen China und Deutschland veränderten. Sie basieren zwar auf einer langen historischen Verbundenheit[11], doch waren sie von den jeweils wechselvollen politischen Entwicklungen speziell der zurückliegenden Jahrzehnte abhängig[12]. Erste Beziehungen entwickelten sich mit dem Jesuitenorden zwischen dem 16. und 18. Jahrhundert, der Missionen in China gründete, sowie durch chinesische Ordensmitglieder, die bei Hofe in England als Berater und Gelehrter präsent

---

7 Schmitt-Englert: Deutsche in China 1920–1950, Alltagsleben und Veränderungen, S. 1.
8 European Union External Action Service: EU-China Relations: Chronology.
9 Auswärtiges Amt: Beziehungen zwischen der Volksrepublik China und Deutschland.
10 Medeiros und Fravel: China's New Diplomacy, S. 23 f.
11 Hong: 40 Jahre diplomatische Beziehungen zwischen Volksrepublik China und der Bundesrepublik Deutschland: Vom „Rande" zur „Mitte" der Welt.
12 Schmitt-Englert: Deutsche in China 1920–1950, Alltagsleben und Veränderungen, S. 33 ff.

waren[13]. Erste vereinzelte Ansiedlungen von Chinesen in Deutschland bzw. Europa stehen vor allem im Zusammenhang mit dem Seehandel: Chinesische Seeleute siedelten sich seit dem 19. Jahrhundert in Hafenstädten an, wo sich erste Chinesenviertel entwickelten. Prominente Beispiele bilden London oder Amsterdam, aber auch in Frankreich und Deutschland (Hamburg, Bremen und Bremerhaven) entstanden chinesische Viertel, die heute allerdings nicht mehr existieren[14]. Parallel dazu entwickelten sich in China die historisch bedeutenden französischen, britischen und deutschen Handelsstützpunkte, so vor allem in Shanghai, Qingdao oder Guangzhou. Die Etablierung dieser kolonialzeitlichen Handelszentren bildete den institutionellen Rahmen für die legale Rekrutierung chinesischer Arbeitskräfte durch die Kolonialmächte[15].

3 Einwanderung in China und Deutschland: ein Vergleich

Deutschland und China weisen hohe Migrationsvolumina auf, sowohl mit Blick auf die Binnenmigration als auch die Einwanderungsströme aus dem Ausland. Beide Länder teilen zudem ähnliche demographische Probleme, wie z. B. die Überalterung der Gesellschaft und einen sich verschärfenden Fachkräftemangel.

Für China kann die Migrationsdynamik wie folgt charakterisiert werden: Seit der Öffnung Chinas in den 1980er Jahren und dem damit verbundenen wirtschaftlichen Aufschwung nahmen Migrationsprozesse deutlich zu. 2011 waren 16,5 % der chinesischen Bevölkerung (ca. 221 Millionen Menschen) Binnenmigranten, die überwiegend als Arbeitsmigranten vom Land in die Städte zogen[16]. Daneben traten gewisse Anteile an temporärer oder permanenter Abwanderung auf[17]. Für das Jahr 2010 beziffert das chinesische National Bureau of Statistics die Zahl der im Ausland Studierenden auf etwa 285.000; 2012 waren es der Tageszeitung *China Daily* zufolge schon fast 400.000 und 2013 bereits 450.000[18]. Parallel dazu ließ sich seit der wirtschaftlichen Öffnung des Landes eine wachsende Gruppe von internationalen Migranten im Land nieder, deren Anteile weiter steigen dürften[19]. Im sechsten Zensus des Landes von 2010 wurden erstmals in

---

13 Benton und Gomez: The Chinese in Britain, 1800–Present, S. 23.
14 Amenda: Metropole, Migration, Imagination.
15 Kuhn: Chinese Among Others, S. 111.
16 Gransow: Binnenmigration in China – Chance oder Falle?
17 Z. B. im Ausland lebende Studenten oder Überseechinesen.
18 China Daily: Chinese continue to study overseas.
19 Liu: Chinese Immigration Law, S. 1.

China lebende Ausländer erfasst. Ihre Zahl ist vergleichsweise gering: Offiziell leben 593.882 Ausländer in der Volksrepublik China[20]. Dies ist zwar dreißigmal mehr als 1980, aber gemessen an der Gesamtbevölkerung des Landes beträgt der Anteil an Ausländern gerade einmal 0,1 %[21]. Ein solcher Wert lag bereits im Jahr 2000 unter dem Durchschnitt von Industrienationen (8,74 %), von weniger entwickelten Regionen (1,45 %) und von den am wenigsten entwickelten Ländern (1,57 %)[22]. Die meisten Ausländer in China stammen aus Südkorea (120.750), gefolgt von den USA (71.493) und Japan (66.159). Die Zahl der deutschen Staatsbürger liegt mit 14.446 auf Rang neun[23]. Rund ein Drittel davon sind Studenten, deren Anzahl in den nächsten Jahren wohl weiter steigen wird. Kamen 2010 4.873 Studenten in die Volksrepublik, so lag der Anteil 2011 bereits bei 5.300, und er soll laut Regierungskonsultation bis 2015 auf 20.000 Studenten wachsen[24].

Die Migrationsprozesse in Deutschland weisen demgegenüber folgende Charakteristika auf: Auch wenn Deutschland nicht zu den klassischen Einwanderungsländern, wie beispielsweise die USA oder Australien, gehört, so ist der Migrantenanteil seit Ende des Zweiten Weltkriegs konstant gestiegen. Heute leben knapp 16 Millionen Einwohner mit Migrationshintergrund[25] in Deutschland, was etwa einem Fünftel der Gesamtbevölkerung entspricht[26]. Die Einwanderung von China nach Deutschland ist zahlenmäßig von nachrangiger Bedeutung, wenn auch steigend: Die Zunahme chinesischer Einwanderung setzte mit Beginn der chinesischen Reform- und Öffnungspolitik ein. Die Migration[27] lief in verschiedenen Phasen ab: In den 1980er Jahren gewährte die chinesische Regierung zunächst in geringem Umfang staatliche Stipendien; im Zuge gelockerter Ausreisebestimmungen kamen dann auch vermehrt selbstfinanzierte Migranten nach Deutschland, häufig vorübergehend. Eine Sondersituation nahm die Migrantengeneration von 1989 ein, die sich während des Tiananmen-Vorfalls in Deutschland

---

20 Insgesamt wurden 1.020.145 Ausländer erfasst, doch zählten zu diesen auch 426.313 Einwohner aus Hongkong, Macao und Taiwan.
21 China Daily: New exit and entry law effective. Wu und Liu: Foreigners in China: a complicated love affair. International Organization for Migration: China.
22 Liu: Changing Chinese migration law: from restriction to relaxation, S. 319.
23 National Bureau of Statistics of China: Major Figures on Residents from Hong Kong, Macao and Taiwan and Foreigners Covered by 2010 Population Census.
24 Bös: Bloß nicht am Tisch die Nase putzen. DAAD: Akademischer Austauschdienst mit der Volksrepublik China.
25 Dies beinhaltet alle Einwanderungen seit 1950, alle in Deutschland geborenen mit nichtdeutscher Staatsangehörigkeit sowie hier geborene Deutsche, die mit mindestens einem Elternteil im Haushalt leben, der zugewandert ist oder als Ausländer in Deutschland geboren wurde.
26 Meier-Braun: Einleitung: Deutschland Einwanderungsland, S. 16.
27 Giese: New Chinese Migration to Germany, S. 164.

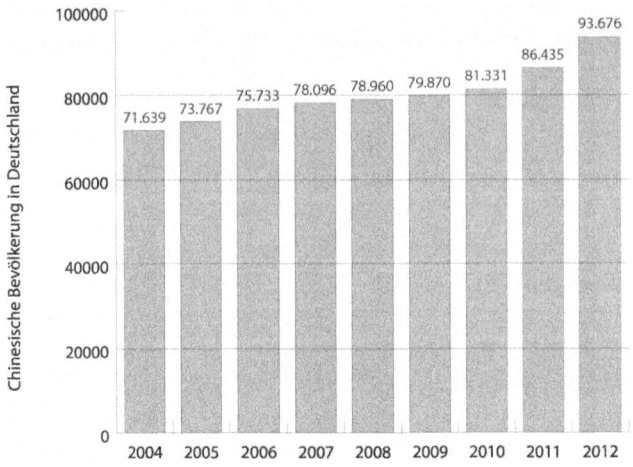

Abb. 1 Chinesische Bevölkerung in Deutschland (Quelle: Statistisches Bundesamt: Bevölkerung und Erwerbstätigkeit, S. 30–41).

befand. Die Bundesregierung nahm die Ereignisse auf dem Pekinger Tiananmen-Platz zum Anlass, allen Chinesen, die sich zu diesem Zeitpunkt in Deutschland aufhielten, ein dauerhaftes Bleiberecht und Familiennachzug zu ermöglichen, was von fast allen Migranten in Anspruch genommen wurde. Jüngere Zahlen belegen ein stetiges Wachstum: Im Zeitraum von 2004 bis 2012 stieg die Zahlen der chinesischen Migranten von 71.639 auf 93.676 (Abb. 1).

Heute ist davon auszugehen, dass die wachsende Anzahl von Chinesen, die zum Zweck des Studiums einreist, nur vorübergehend in Deutschland bleibt und sogar ein erheblicher Anteil „zwischen China und Deutschland pendelt"[28].

4 Anreize und Hindernisse deutsch-chinesischer Migration

Das Migrationsgeschehen zwischen Staaten wird von unterschiedlichen sozialen, ökonomischen sowie politischen Faktoren geprägt und zusätzlich durch spezifische Anreize und Hürden von Anwerbestaaten beeinflusst. Mit Blick auf Deutschland und China stehen der Mangel an Fachkräften sowie die politische

---

28 Groeling-Che und Yü-Dembski: Migration und Integration der Auslandschinesen in Deutschland, S. 29.

Einflussnahme durch Visarichtlinien im Vordergrund der bilateralen Wanderungsdynamiken, wie im folgenden genauer analysiert wird.

4.1 Hochqualifizierte Migranten gegen den Fachkräftemangel?

Sowohl China als auch Deutschland leiden an Fachkräftemangel, der sich bedingt durch den demographischen Wandel in den nächsten Jahrzehnten verstärken wird. Daher sind beide Länder auf Zuwanderungen angewiesen, wenn sie ihre Volkswirtschaften weiter ausbauen wollen. In Deutschland gibt es derzeit bereits sowohl in einzelnen geographischen Regionen als auch bei einigen Qualifikationen Engpässe[29]. Trotz steigender Studierendenzahlen in den sog. MINT-Bereichen[30] wächst der Fachkräftemangel in den technischen und naturwissenschaftlichen Bereichen, was zur Schwächung der nationalen Volkswirtschaft beitragen und zu Wohlstandsverlusten führen könnte[31]. Betrachtet man den Verlauf seit 2005, so wird deutlich, dass der Anteil an MINT-Akademikern bzw. -Fachkräften mit Migrationserfahrung deutlich höher lag als bei sonstigen Akademikern bzw. beruflich qualifizierten Fachkräften[32]. Diese Tendenz lässt vermuten, dass Einwanderung von hochqualifizierten Migranten dem Fachkräftemangel tatsächlich entgegenwirkt.

Betrachtet man als Fallbeispiel chinesische Einwanderer im Vergleich zu anderen Einwanderern aus Drittstaaten, so zeigt sich, dass im Jahr 2011 etwa 43 % der in Deutschland lebenden chinesischen Staatsbürger studieren (Abb. 2), und zwar vorrangig in den o. g. MINT-Bereichen. Die beliebtesten Fächer unter chinesischen *degree seeking students* waren Maschinenbau, Wirtschaftswissenschaften, Elektrotechnik und Informatik (2010)[33]. Im regionalen Vergleich halten sich mit Abstand die meisten Studierenden in Nordrhein-Westfalen auf (5.345 im Jahr 2010), gefolgt von Baden-Württemberg (3.293) und Bayern (2.385)[34]. Die beliebtesten Studienstandorte sind, dem Rang nach, in NRW Duisburg-Essen, Aachen, Paderborn, Bochum, Dortmund und Köln.

---

29 Eine regionale Differenzierung wird vom Bundesinstitut für Berufsausbildung (BIBB) anvisiert, doch wurden bisher noch keine Inhalte dazu veröffentlicht. Vgl. dazu: Bundesinstitut für Berufsausbildung: Fragen zum Fachkräftemangel in Deutschland S. 9.
30 Mathematik, Informatik, Naturwissenschaft und Technik.
31 Öchsner: Facharbeiter verzweifelt gesucht.
32 Bruche: Akademischer Fachkräftemangel in Deutschland und der Bildungsaufstieg Chinas und Indiens – Implikationen und Zusammenhänge, S. 298. Hüther: MINT-Herbstreport 2013: Erfolge bei Akademisierung sichern, Herausforderungen bei beruflicher Bildung annehmen.
33 DAAD: Wissenschaft weltoffen, S. 64–65.
34 Ebenda, S. 78.

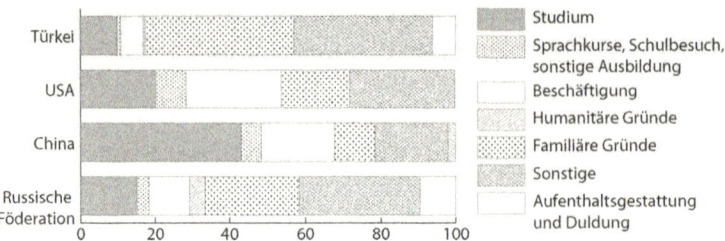

Abb. 2 Zuzüge von Ausländern aus EU-Drittländern im Jahr 2011 nach ausgewählten Aufenthaltszwecken (in Prozent) und ausgewählten Staatsangehörigkeiten. Zuzüge aus China: 16.908, Fortzüge: 9.461, Wanderungssaldo: 7.447 (Quelle: Bundesamt für Migration in Zahlen, S. 77).

China steht mit seiner wachsenden Wirtschaft vor nochmals anders gelagerten Herausforderungen: Das Land wandelt sich von einer produktions- zu einer serviceorientierten Ökonomie und zeichnet sich somit durch steigende Nachfrage nach gut ausgebildeten Führungskräften aus. Die Regierung ist daher bestrebt, diesem Bedarf durch Steigerung von akademischen Nachwuchskräften gerecht zu werden, doch besteht trotz Milliardeninvestitionen in das chinesische Bildungswesen noch immer ein Mangel an Talenten für multinationale und einheimische Unternehmen mit globalen Ambitionen[35]. Zentrale Kritikpunkte an chinesischen Absolventen sind zu starke theoretische Ausrichtung, wenig Erfahrung in der Teamarbeit und mangelnde englische Sprachkompetenz – allesamt relevante Eigenschaften für international agierende Unternehmen. Durch diese fehlenden Kompetenzen verringert sich der Pool an potenziellen Nachwuchskräften, sodass trotz der hohen Absolventenzahlen nur ein kleiner Teil für die Beschäftigung in multinationalen Firmen in Frage kommt[36]. Die Aufwertung und Anpassung des Bildungswesens an internationale Standards ist somit unabdingbar für die Entwicklung einer Dienstleistungsgesellschaft[37].

Der Mangel an gut ausgebildeten chinesischen Führungskräften wird durch den Konkurrenzkampf internationaler Firmen um geeignetes Personal und mangelnde räumliche Mobilität der Arbeitskräfte verstärkt, sodass internationale Firmen (bzw. chinesische Firmen mit internationalen Partnern) auf hochqualifizierte internationale Migranten zurückgreifen müssen. „China too needs its expats"[38].

35 Kamp: Chinas Unternehmen fehlen Fachkräfte.
36 Farrell und Grant: China's looming talent shortage, S. 72.
37 Ebenda, S. 71.
38 Ebenda, S. 79.

Diese Entwicklungen führen dazu, dass sich China von einem Land der Abwanderung zu einem attraktiven Standort für Ausländer entwickelt hat, was bisher in der wissenschaftlichen Literatur nur wenig untersucht wurde („[...] a huge blind spot in the perception of China's global role")[39]. Eine Gruppierung der Migrantengruppen fällt schwer, da oft keine klaren Abgrenzungen gezogen werden können und beispielsweise auch Remigranten zu Ausländern gezählt werden, welche in dieser Betrachtung ausgeschlossen werden. In der Tat ist es so, dass es sich beim Großteil der in China lebenden Ausländer um hochqualifizierte Migranten oder Geschäftsleute handelt, aber auch Migranten mit geringer Qualifikation versuchen, sich auf dem hiesigen Arbeitsmarkt zu etablieren[40]. Bedingt durch politische Vorgaben ist es Ausländern in China offiziell nur gestattet Tätigkeiten aufzunehmen, die nicht von Chinesen ausgeführt werden können[41].

4.2 Einwanderungsbestimmungen

Nachdem sich während der Mao-Ära so gut wie keine Ausländer in China aufhielten, dauerte es nach der Öffnung des Landes bis 1986, bis die ersten merklichen Lockerungen für Ausländer mit der Abschaffung des Ausreisevisums umgesetzt wurden. Von Mitte der 1980er Jahre bis Anfang 2000 wurden zahlreiche Reformen in den Ein- und Ausreisebestimmungen eingeleitet und teilweise umgesetzt, die zu einer allmählichen Steigerung der Ausländerzahlen in China beitrugen. Die wichtigste Entwicklung erfolgte mit Chinas WTO-Beitritt im Jahr 2001, als die Ein- und Ausreisebestimmungen reformiert und die Visaverfahren vereinfacht wurden. Die Regierung erkannte, dass scharfe Kontrollen und Restriktionen nicht mit dem ökonomischen Wachstum Chinas kompatibel waren und somit die Notwendigkeit bestand, die komplizierten Ein- und Ausreisebestimmungen sowie -prozeduren zu vereinfachen[42]. Trotzdem dauerte es fast 20 Jahre, bis ein neues Gesetz zur Verwaltung der Ein- und Ausreise verabschiedet wurde und die bis dato zwei Ein- und Ausreisebestimmungen – eine für Ausländer und eine für chinesische Staatsbürger – zu einer verschmolzen wurden[43]. Hinter diesem Gesetz steht die übergeordnete Politik, härtere Strafen für Ausländer zu erlassen, die mindestens eine der drei Gesetzwidrigkeiten (*san fei*) begehen: illegale

---

39 Pieke: Immigrant China, S. 42.
40 Ebenda, S. 65.
41 Ebenda, S. 48.
42 Liu: Changing Chinese migration law: from restriction to relaxation, S. 318.
43 Boehler: Under China's new immigration law, harsher fines for illegal foreigners. China Daily: New exit and entry law effective.

Einreise, illegaler Aufenthalt oder illegale Arbeit. Darüber hinaus wurden weitreichende Regeländerungen in Bezug auf Visaangelegenheiten und Aufenthalts- oder Rechtssituation vorgenommen. Allerdings ist das Gesetz in vielen Teilen noch nicht ausgereift, sodass die Implementierung den jeweiligen Behörden obliegt[44]. Für verschiedene Vergehen gibt es unterschiedliche Sanktionen, die sich im Vergleich zum alten Ein- und Ausreisegesetz deutlich verschärfen: Die Überziehung eines Visums kann bis zu 10.000 RMB kosten (vorher max. 5.000 RMB) oder durch eine Haftstrafe von fünf bis 15 Tagen abgegolten werden (vorher 3 bis 10 Tage). Illegale Arbeit wird sowohl für den Arbeitnehmer als auch für den Arbeitgeber härter bestraft: Die Maximalstrafe wurde von ehemals 1.000 RMB auf 20.000 RMB erhöht; in schwerwiegenden Fällen darf eine Haftstrafe neuerdings von bis zu 15 Tagen verhängt werden. Die Maximalstrafe für Arbeitgeber verdoppelte sich von ehemals 50.000 RMB auf 100.000 RMB, und alle Gewinne, die durch illegale Arbeit entstanden sind, sollen konfisziert werden[45]. Zusätzlich kommen neue Beschränkungen bei der Wahl des Arbeitsplatzes bzw. des Wohnsitzes hinzu: Migranten bzw. ausländischen Institutionen ist es nicht gestattet, Räumlichkeiten (Büro oder Wohnung) in bestimmten Lagen anzumieten oder zu errichten.

Die Beispiele verdeutlichen, wie sich die vormals etablierte Politik der Entspannung gegenüber Ausländern durch die jüngsten Novellierungen der Gesetzesgrundlagen wieder verschärft hat. Das ursprüngliche Ziel Chinas, die bestehenden Ein- und Ausreiseregeln mit dem Beitritt zur WTO zu vereinfachen, wurden damit kolportiert[46]. Die neuen Visabestimmungen für Ausländer (01.06.2013) schufen aus den bisherigen acht Visakategorien nun 17. Ziel der Umgestaltung ist es – ähnlich wie bei der neuen Gesetzeslage zur Ein- und Ausreise –, sowohl die illegale Migration einzudämmen als auch die Einreise für ausländische Fachkräfte mithilfe zusätzlicher Visakategorien zu vereinfachen. Die Überarbeitung der Visavergabe war überfällig, da China zwar seit der wirtschaftlichen Öffnung des Landes einige signifikante Änderungen im Visarecht vorgenommen hat, doch die Gesetzeslage nach wie vor restriktiv und rückständig war[47]. Die geschilderten überarbeiteten Ein- und Ausreisebestimmungen sollen explizit „high-caliber talented individuals from overseas"[48] anwerben, um die wirtschaftliche Ent-

---

44 Chodorow: New Exit-Entry Law Enacted by China's Congress, S. 1. Pieke: China's immigrant population, S. 22.
45 Chodorow: New Exit-Entry Law Enacted by China's Congress, S. 2. Wang: Illegal Shanghai stay costs foreigner 10.000 Yuan.
46 Liu: Changing Chinese migration law: from restriction to relaxation, S. 318.
47 Ebenda, S. 311.
48 China Daily: New exit and entry law effective.

wicklung des Landes voranzutreiben. Zu diesem Zweck wurde die neue Visa-
kategorie „R" für sog. „Talents" eingeführt, die als einzige Kategorie eine Gültigkeit von bis zu fünf Jahren haben kann.

Die neuen Visarichtlinien Chinas verdeutlichen, wie die internationale Migrationsdynamik in zweierlei Hinsicht gesteuert werden soll: Auf der einen Seite
steht das Bestreben Chinas, hochqualifizierte Ausländer längerfristig ins Land zu
holen bzw. ausländische Fachkräfte leichter rekrutieren zu können. Auf der anderen Seite wirken die neuen Maßnahmen generalpräventiv für die Kontrolle
unterschiedlicher Lebensbereiche von Ausländern: Höhere Strafen (monetär,
Inhaftierung) können erhoben werden; fehlender Anspruch, das Land zu verlassen, wenn ein Arbeitgeber finanzielle Forderungen erhebt; und die staatliche
Einflussnahme auf die Wahl des Arbeitsplatzes bzw. Wohnsitzes wird verankert[49].
Auch wenn diese Maßnahmen primär auf die Kontrolle illegaler Migranten ab-
zielen, sind doch gleichermaßen Expatriats und andere Migranten betroffen. Die
langfristigen Auswirkungen dieser Änderungen für deutsche Migranten sind
momentan aufgrund der Aktualität noch schwer abschätzbar. Eine kurzfristige
Einreise – beispielsweise für Messebesuche – ist durch die Reformierung deutlich
schwerer geworden. Bisher konnten Europäer beispielsweise Expressvisa innerhalb eines Tages in Hongkong erhalten, was nun nicht mehr der Fall ist. Die
Flexibilität von Geschäftsreisenden wird somit deutlich eingeschränkt, was gra-
vierende Auswirkungen für wirtschaftliche Kooperationen mit sich ziehen wird[50].

Anders sehen die Bestimmungen in Deutschland aus: Auf die Initiative des
Rates der Europäischen Union[51] wurde für hochqualifizierte Ausländer im Juni
2012 das deutsche Aufenthaltsgesetz geändert[52]. Als Maßnahme gegen den
Fachkräftemangel wurde u. a. die sogenannte „Blue Card" eingeführt, um Einwanderung für Akademiker aus dem Ausland attraktiver zu gestalten. Die Blue
Card ist ein Aufenthaltstitel über höchstens vier Jahre, den ausländische Akademiker erwerben können, die einen Arbeitsplatz mit einem Jahresgehalt von mehr
als 46.400 Euro nachweisen; in Mangelberufen (Arzt oder Ingenieur) reichen auch
36.200 Euro[53]. Bei kontinuierlicher Beschäftigung haben Inhaber der Blue Card

---

49 Hodges und Jing: Shanghai facilitates expat visa renewals.
50 Focus.de: Deutsche Geschäftsleute sitzen in China fest.
51 Richtlinie 2009/50/EG des Rates vom 25. Mai 2009 über die Bedingungen für die Einreise und
den Aufenthalt von Drittstaatsangehörigen zur Ausübung einer hochqualifizierten Beschäftigung (ABl. L 155 vom 18.6.2009, S. 17) zum Zweck einer seiner Qualifikation angemessenen
Beschäftigung.
52 Gesetz zur Umsetzung der Hochqualifizierten-Richtlinie der Europäischen Union.
53 Bundesamt für Migration und Flüchtlinge zit. n. von Borstel: Blue Card lockt 2500 Fachkräfte
nach Deutschland.

nach drei Jahren einen Anspruch auf eine Daueraufenthaltsgenehmigung in der EU. Das Blue-Card-Programm hat seit seiner Einführung im August 2012 bis Juni 2013 rund 2.500 Fachkräfte nach Deutschland gebracht. Weitere rund 6.500 Blue-Card-Inhaber befanden sich bereits im Land, etwa zu Studienzwecken, und wechselten lediglich ihren Aufenthaltsstatus[54]. Die meisten Blue Cards erhielten Inder (1.971), gefolgt von Chinesen (775) und Russen (597).

Die deutschen Auslandsvertretungen erhielten in den letzten zehn Jahren steigende Antragszahlen vor allem für Studienaufenthalte in Deutschland. Um die Authentizität und Vergleichbarkeit der steigenden Bewerberzahlen prüfen zu können, wurden sogenannte Akademische Prüfstellen (APS) eingerichtet, welche „die Korrektheit der vorgelegten und von den Bewertungsvorschlägen der Kultusministerkonferenz für China festgesetzten Nachweise" kontrollieren[55]. Seitdem hat sich die Zahl an Personen mit einer Aufenthaltserlaubnis zum Zweck des Studiums (§ 16 Abs. 1 AufenthG) in Deutschland zwischen 2007 und 2010/2011 von rund 27.300 auf etwa 23.600 reduziert[56], wodurch vor allem Missbrauchsfälle reduziert wurden.

5 Fazit: Vor- und Nachteile der Migration

Mit der Wiederaufnahme der bilateralen Beziehungen Mitte der 1970er Jahre fanden Migrationsprozesse zwischen Deutschland und China wieder statt, jedoch wurden diese durch tiefgreifende politische Veränderungen (wie der chinesischen Reform- und Öffnungspolitik, der Wiedervereinigung beider deutscher Staaten, der Zerfall der Sowjetunion und damit verbundene globale Machtverschiebungen sowie eine wirtschaftliche Globalisierung) immer wieder erheblich beeinflusst.

Beide Länder sind wechselseitig zugleich Herkunfts- und Zielgebiete von Migration, wenn auch in unterschiedlichem Ausmaß. Statistische Daten zeigen eine Zunahme der Migration aus dem jeweiligen Partnerland, allerdings bisher noch auf einem vergleichsweise niedrigen Niveau. Es lässt sich eine gewisse Kongruenz zwischen politischen Bestrebungen und tatsächlicher Immigration feststellen, allerdings keine direkte Kausalität. Die Bemühungen beider Länder, mehr Hochqualifizierte anzuwerben, zeigen sich in konkreten Maßnahmen, wie etwa politisch gelenkte Anwerbungen durch spezielle Visaangebote für sogenannte Talente (China) oder die Einführung der Blue Card (Deutschland). Solche

---

54 Ebenda.
55 BAMF: Zuwanderung von internationalen Studierenden aus Drittstaaten, S. 28.
56 Ebenda, S. 44.

Maßgaben wirken einerseits einladend, andererseits aber auch selektierend und zeitlich limitierend, da unerwünschten Migranten die Einreise bewusst erschwert und ihre Anzahl limitiert werden soll.

Zwischen Deutschland und China ist insgesamt weniger von permanenter als vielmehr von temporärer Migration, teils auch (etwa bei Forschungspersonal oder Geschäftsleuten) von einem transnationalem „Pendeln" auszugehen. Temporäre Aufenthalte erscheinen dabei nicht als Zeichen misslungener Integration, sondern vielmehr als genereller Trend unter wandelnden Globalisierungsbedingungen. Dies gilt vornehmlich für hochqualifizierte Migranten, die einen erheblichen Anteil der Migranten zwischen Deutschland und China bilden.

Die Literatur kommt nicht zu eindeutigen Aussagen in Bezug auf die Frage, ob Migranten dem Fachkräftemangel beider Staaten entgegenwirken: Migranten, die zur Ausbildung in das jeweils andere Land gehen oder lediglich Berufserfahrung sammeln wollen, um später attraktivere Jobs auf dem heimischen Arbeitsmarkt zu finden, tragen sicher nicht direkt zur Minimierung des Fachkräftemangels bei. Mittelfristig und indirekt jedoch kann ihre spezifische internationale und interkulturelle Expertise im jeweiligen Heimatland jedoch zur Verbesserung wenigstens des Verständnisses von Strukturen, Werteprioritäten und Praktiken beitragen. Schlussendlich bleibt festzuhalten, dass staatliche Vorgaben und wirtschaftliche Rahmenbedingungen den Handlungsspielraum und Entscheidungsoptionen für Migration auch in Zukunft vorgeben. Sie bilden Anreize und Hindernisse zugleich und führen in Abhängigkeit der jeweiligen politischen Ausübung zu unterschiedlichen Wanderungsbewegungen.

Literaturverzeichnis

Amenda, Lars: Metropole, Migration, Imagination: Chinesenviertel und chinesische Gastronomie in Westeuropa 1900–1970. http://www.zeithistorische-forschungen.de/site/40208785/default.aspx. 2007 (13. Dezember 2012).

Benton, Gregor, und Gomez, Edmund Terence: The Chinese in Britain, 1800–Present: Economy, Transnationalism, Identity. Basingstoke: Palgrave Macmillan 2008 (Palgrave Macmillan series in transnational history).

Bruche, Gert: Akademischer Fachkräftemangel in Deutschland und der Bildungsaufstieg Chinas und Indiens – Implikationen und Zusammenhänge. – In: Susanne Meyer (ed.): Die gute Hochschule: Ideen, Konzepte und Perspektiven. Edition Sigma, Berlin 2010, S. 297–308.

Farrell, Diana, and Andrew Grant: China's looming talent shortage: To make the move from manufacturing to services, China must raise the quality of its university graduates. – In: McKinsey Quarterly (2005), S. 70–79.

Giese, Karsten: New Chinese Migration to Germany: Historical Consistencies and New Patterns of Diversification within a Globalised Migration Regime. – In: International Migration 41 (2003), S. 155–185.

Gransow, Bettina: Binnenmigration in China – Chance oder Falle? http://www.bpb.de/
gesellschaft/migration/151244/einleitung. 04. Dezember 2012 (19. Januar 2014).

Groeling-Che, Hui-wen von, und Dagmar Yü-Dembski: Migration und Integration der
Auslandschinesen in Deutschland. Wiesbaden: Harrassowitz 2005 (Abhandlungen für die
Kunde des Morgenlandes. 56,2).

Kuhn, Philip A. (Hrsg.): Chinese among others: Emigration in modern times. Lanham, Md.:
Rowman & Littlefield 2009 (State and society in East Asia).

Kraas, Frauke, und Tabea Bork (Hrsg.): Urbanisierung und internationale Migration.
Migrantenökonomien und Migrationspolitik in Städten. 1. Aufl. Baden-Baden: Nomos
2012 (Eine Welt, N.F. 25).

Liu, Guofu: Changing Chinese migration law: from restriction to relaxation. – In: International
Migration and Integration 10.3 (2009), S. 311–333.

Liu, Guofu: Chinese Immigration Law. Surrey: Ashgate Publishing Limited 2011.

Medeiros, Evan S., und M. Taylor Fravel: China's New Diplomacy. – In: Foreign Affairs 82.6
(2003), S. 22–35.

Meier-Braun, Karl-Heinz: Einleitung: Deutschland Einwanderungsland. – In: Karl-Heinz
Meier-Braun, Reinhold Weber (Hrsg.): Deutschland Einwanderungsland. Begriffe – Fakten
– Kontroversen. Stuttgart: Kohlhammer 2013, S. 15–27.

Pieke, Frank N.: China's immigrant population. – In: China Review (2010), S. 20–22.

Pieke, Frank N.: Immigrant China. – In: Modern China (2012), S. 40–77.

Schmitt-Englert, Barbara: Deutsche in China 1920–1950, Alltagsleben und Veränderungen.
Gossenberg: OSTASIEN Verlag 2012.

Unveröffentlichte Studien, Internetquellen und Medienberichte

Auswärtiges Amt: Beziehungen zwischen der Volksrepublik China und Deutschland. http://
www.auswaertiges-amt.de/DE/Aussenpolitik/Laender/Laenderinfos/China/Bilateral_
node.html. November 2013 (07. Januar 2014).

Auswärtiges Amt: 40 Jahre diplomatische Beziehungen: eine Chronologie wichtiger Ereignisse.
http://www.china.diplo.de/Vertretung/china/de/04-pol/bilateral/40/geschichte/0-s.html.
2012 (08. Januar 2014).

Boehler, Patrick: Under China's new immigration law, harsher fines for illegal foreigners.
http://www.scmp.com/news/china/article/1272959/under-chinas-new-immigration-law-
harsher-fines-illegal-foreigners. 01. Juli 2013 (19. Januar 2014).

Bös, Nadine : Bloß nicht am Tisch die Nase putzen. http://www.faz.net/aktuell/beruf-chance/
campus/studium-in-china-bloss-nicht-am-tisch-die-nase-putzen-11850369.html.
17. August 2012 (15. Januar 2014).

Borstel, Stefan von: Blue Card lockt 2500 Fachkräfte nach Deutschland. http://www.welt.de/
politik/ausland/article118419336/Blue-Card-lockt-2500-Fachkraefte-nach-Deutschland.
html 27. Juli 2013 (20. Februar 2014).

Bundesamt für Migration und Flüchtlinge (BAMF): Zuwanderung von internationalen
Studierenden aus Drittstaaten (2012). (Working Paper, 47). http://www.bamf.de/
SharedDocs/Anlagen/DE/Publikationen/EMN/Nationale-Studien-WorkingPaper/emn-
wp47-studierende-drittstaaten.html. 28. September 2012 (05. September 2013).

Bundesinstitut für Berufsausbildung: Fragen zum Fachkräftemangel in Deutschland http://www.bibb.de/dokumente/pdf/a22_qube_FAQ_2Welle.pdf. 30. April 2013 (12. Januar 2014).

China Daily: New exit and entry law effective. http://www.chinadaily.com.cn/china/2013-07/01/content_16693327.htm. 01. Juli 2013 (27. Januar 2014).

China Daily: Chinese continue to study overseas. http://www.chinadaily.com.cn/china/2013-10/28/content_17064472.htm. 28. Oktober 2013 (28. Januar 2014).

Chodorow, Gary: New Exit-Entry Law Enacted by China's Congress. http://lawandborder.com/wp-content/uploads/2012/07/GC-Article-on-New-PRC-EEAL-2012-08-29.pdf. 29. August 2012 (20. Januar 2014).

Chodorow, Gary: Exit-Entry Administration Law of the People's Republic of China. http://lawandborder.com/wp-content/uploads/2012/07/Exit-Entry-Administration-Law-2012-07-05.pdf. 30. Juni 2012 (21. Januar 2014).

Deutscher Akademischer Austauschdienst (DAAD): Akademischer Austauschdienst mit der Volksrepublik China. http://www.daad.de/medien/china_-_sachstand.pdf. Dezember 2011 (15. Januar 2014).

DAAD (Hrsg.): Wissenschaft weltoffen. Daten und Fakten zur Internationalität von Studium und Forschung in Deutschland. Schwerpunkt Chinesische Studierende an deutschen Hochschulen. http://www.wissenschaftweltoffen.de/publikation/wiwe_2012_mit_links.pdf. 2012 (2. Februar 2014).

European Union External Action Service: EU-China Relations: Chronology. http://eeas.europa.eu/china/docs/chronology_2012_en.pdf. 02. Mai 2013 (16. Januar 2014).

Focus.de: Deutsche Geschäftsleute sitzen in China fest. http://www.focus.de/finanzen/news/neue-regeln-die-keiner-kennt-chinas-visa-chaos-bremst-deutsche-geschaeftsleute-aus_aid_1062836.html. 05. August 2013 (20. Februar 2014).

Gesetz zur Umsetzung der Hochqualifizierten-Richtlinie der Europäischen Union (2012). http://www.sachsen.de/en/download/Gesetzblatt8_Juni2012.pdf. 01. Juni 2012 (2. Februar 2014).

Handelsblatt.de: Zeitenwende: China kauft Europa auf. http://www.handelsblatt.com/politik/international/investitionsueberschuss-zeitenwende-china-kauft-europa-auf/7409750.html. 19. November 2012 (19. Februar 2014).

Hodges, Matt und Jing, Shi: Shanghai facilitates expat visa renewals. http://usa.chinadaily.com.cn/china/2014-01/01/content_17209250.htm. 01. Januar 2014 (27. Januar 2014).

Hong, Meng: 40 Jahre diplomatische Beziehungen zwischen Volksrepublik China und der Bundesrepublik Deutschland: Vom „Rande" zur „Mitte" der Welt. http://german.beijingreview.com.cn/german2010/zhuanti/txt/2012-10/12/content_489205.htm. 12. Oktober 2012 (07. Januar 2014).

Hüther, Michael: MINT-Herbstreport 2013: Erfolge bei Akademisierung sichern, Herausforderungen bei beruflicher Bildung annehmen. http://www.iwkoeln.de/de/wissenschaft/veranstaltungen/beitrag/pressekonferenz-mint-herbstreport-2013-132209. (12. Januar 2014).

International Organization for Migration: China. https://www.iom.int/cms/en/sites/iom/home/where-we-work/asia-and-the-pacific/china.html. November 2013 (02. Februar 2014).

Kamp, Mathias: Chinas Unternehmen fehlen Fachkräfte. http://www.wiwo.de/politik/ausland/weltwirtschaft-chinas-unternehmen-fehlen-fachkraefte/5212402.html. 15. Juni 2011 (12. Januar 2014).

National Bureau of Statistics of China: Major Figures on Residents from Hong Kong, Macao and Taiwan and Foreigners Covered by 2010 Population Census. http://www.stats.gov.cn/english/NewsEvents/201104/t20110429_26451.html. 29. April 2011 (15.01.2014).

Öchsner, Thomas: Facharbeiter verzweifelt gesucht. http://www.sueddeutsche.de/karriere/studie-zum-fachkraeftemangel-facharbeiter-verzweifelt-gesucht-1.1666790. 06. Mai 2013 (12.01.2014).

Spiegel.de: Milliardeninvestitionen: China überschüttet Europa mit Geld. http://www.spiegel.de/wirtschaft/unternehmen/china-investiert-milliarden-in-europa-laut-pwc-a-868116.html. 19. November 2012 (28. Januar 2014)

Statistisches Bundesamt: Bevölkerung und Erwerbstätigkeit. Ausländische Bevölkerung: Ergebnisse des Ausländerzentralregisters. www.destatis.de/DE/Publikationen/Thematisch/Bevoelkerung/MigrationIntegration/AuslaendBevoelkerung2010200127004.pdf?__blob=publicationFile. 22. Oktober 2013 (27.01.2014).

The European Institute (Hrsg.): Chinese FDI Growth In Developed Countries Soars; Germany Emerges as a Preferred Target for Chinese Investment. http://www.europeaninstitute.org/July-2012/chinese-fdi-growth-in-developed-countries-soars-germany-emerges-as-a-preferred-target-for-chinese-investment.html. Juli 2012 (18. Dezember 2012).

Wang, Zhenghua: Illegal Shanghai stay costs foreigner 10.000 yuan. http://usa.chinadaily.com.cn/china/2013-08/08/content_16878719.htm. 08. August 2013 (20.01.2014).

Weltbank: World Development Indicators: Structure of output. http://wdi.worldbank.org/table/4.2. 2013 (27.01.2014).

Wu, Zhi und Liu, Tong: Foreigners in China: a complicated love affair. http://english.people.com.cn/90782/7950595.html. 17. September 2012 (15.01.2014).

III Rechtskonzepte im Kulturvergleich

Wilfried Hinsch
Menschenrechte: transnational & interkulturell

Abstract: Menschenrechte sind einem allgemeinen, aber nicht unbestrittenen Verständnis zufolge universalistische, egalitäre und unveräußerliche moralische Rechte. Diese Auffassung wird auch im vorliegenden Artikel vertreten und gegen Einwände verteidigt. Die aus praktischen Gründen notwendige Verrechtlichung von Menschenrechten erscheint gegenüber ihrem moralischen Status begrifflich sekundär. Zurückgewiesen wird auch die Auffassung, der Ursprung der Menschenrechtsidee in Europa schließe es aus, sie als transnational und interkulturell gültige universale Rechte zu betrachten. Es stellt sich dennoch die Frage, für welche konkreten Rechte tatsächlich eine Kulturen und Staaten übergreifende Gültigkeit behauptet werden kann. Zur Beantwortung dieser Frage werden drei Kriterien dafür vorgestellt, dass ein Recht ein grundlegendes Menschenrecht ist. Schließlich wird skizziert, warum grundlegende Menschenrechte unter bestimmten Bedingungen international auch militärisch geschützt werden müssen, und zwar idealerweise im Rahmen einer effektiv dem Menschenrechtsschutz verpflichteten Völkerrechtsordnung.

Menschenrechte sind Rechte, die wir allein deshalb haben, weil wir Menschen sind: das Recht auf Leben, auf Freiheit und Gleichheit, ebenso wie das Recht auf das Minimum an materiellen Gütern, das für ein menschliches Leben nötig ist. Sie sind *universalistisch:* alle Menschen haben diese Rechte; sie sind *egalitär:* alle haben die gleichen Menschenrechte; und sie sind *unveräußerlich:* wir können sie weder freiwillig aufgeben noch verwirken noch sie auf irgendeine andere Art verlieren. Eben weil *Menschen*rechte universalistisch, egalitär und unveräußerlich sind, bieten sie *allen* Menschen eine Basis für ein friedliches Zusammenleben und wechselseitig nützliche Beziehungen, und dies sowohl innerhalb der Grenzen einzelner Staaten als auch über diese hinaus.

Die Menschenrechte erlangen ihre praktische Bedeutung vor allem dadurch, dass sie mit Pflichten verbunden sind, die ihre Achtung gebieten und ihre Verletzung verbieten. Erst wenn diese Pflichten allgemein anerkannt werden, können die Menschenrechte eine Schutzwirkung entfalten. Es liegt deshalb nahe Menschenrechte als *Anspruchsrechte* (*claim-rights*) im Sinne des amerikanischen

Rechtstheoretikers Hohfeld zu verstehen.[1] So entsprechen dem menschenrecht-lichen Anspruch des A auf den Schutz seines Lebens zahlreiche Pflichten anderer, das Leben des A nicht zu gefährden, ihn, wenn möglich, vor Angriffen zu schützen oder ihm nach einem Angriff Beistand zu leisten. Ein Menschenrecht zu verletzen, bedeutet nichts anderes als die Nicht-Erfüllung einer der mit diesem Recht ver-bundenen Pflichten, bestimmte Dinge entweder zu unterlassen oder zu tun. So gelangen wir von dem in Artikel 3 der *Allgemeinen Erklärung der Menschenrechte* statuierten Recht auf Leben, Freiheit und Sicherheit unmittelbar zu Artikel 4, der allen Menschen verbietet, andere zu versklaven oder als Leibeigene zu halten. Und die Artikel 6 und 7 der Menschenrechtserklärung („Jeder hat das Recht, überall als rechtsfähig anerkannt zu werden" und „Alle Menschen [...] haben ohne Unter-schied Anspruch auf gleichen Schutz durch das Gesetz") bringen uns zu den Verboten von Artikel 9: „Niemand darf willkürlich festgenommen, in Haft gehalten oder des Landes verwiesen werden".

Die mit Menschenrechten verbundenen Pflichten umfassen nicht nur primäre Pflichten der Unterlassung von Rechtsverletzungen resp. der Bereitstellung des-sen, worauf eine Person ein Recht hat. Sie schließen darüber hinaus sekundäre Pflichten des Schutzes und der Unterstützung von Personen ein, deren Rechte bereits verletzt wurden oder verletzt zu werden drohen. So verbietet das Recht auf Leben primär, andere zu töten. Es verpflichtet – sekundär – ebenso dazu, den (möglichen) Opfern von Gewaltverbrechen, soweit möglich, Hilfe zu leisten. Ins-besondere verpflichtet es den Staat, wirksame Einrichtungen für einen ange-messenen individuellen Rechtsschutz zu schaffen wie etwa die Polizei, Gerichte und Gefängnisse.

Die aus Menschenrechten resultierenden sekundären Schutz- und Unter-stützungspflichten, die vor allem, aber nicht nur, von staatlichen Einrichtungen zu erfüllen sind, bringen einen wichtigen Aspekt des klassischen Rechtsverständ-nisses zum Ausdruck, wie wir es etwa bei John Stuart Mill finden: „Ein Recht zu haben, bedeutet demnach, etwas zu haben, das mir die Gesellschaft schützen sollte, während ich es besitze."[2] Die große Bedeutung, welche dem institutionellen Menschenrechtsschutz auf staatlicher und nicht-staatlicher Seite national und international inzwischen beigemessen wird, ist unübersehbar. Man denke an die Menschen- und Grundrechtskataloge nationaler Verfassungen, den Human Rights Council der Vereinten Nationen, den mit Menschrechtsverletzungen befassten International Criminal Court und den European Court of Human Rights oder an Amnesty International und Human Rights Watch. Hinzu kommen zahllose nicht-

---

1 Hohfeld: Einige Grundbegriffe des Rechts.
2 Mill: Utilitarianism, S. 161.

staatliche Organisationen, die sich jeweils mit Teilbereichen des Menschenrechtsschutzes beschäftigen: Terre des Femmes, Reporter ohne Grenzen, PRO Asyl oder die Gesellschaft für bedrohte Völker, die International Gay and Lesbian Human Rights Commission.

Um welche Art von Rechten handelt es sich bei Menschenrechten? Sind es *juridische* Rechte? Dann würde ihre Gültigkeit oder Verbindlichkeit auf der Existenz von (nationalen oder internationalen) Rechtsordnungen beruhen, in denen sie faktisch anerkannt und durchgesetzt werden. Oder sind Menschenrechte *moralische* Rechte (in einem älteren Sprachgebrauch: *natürliche* Rechte), denen unabhängig von bestehenden Rechtsordnungen allgemeingültige Gerechtigkeitsvorstellungen zugrunde liegen?

Beide Möglichkeiten schließen einander nicht aus. Moralische Rechte können durch nationale Gesetzgebung oder durch internationale Verträge zu juridischen Rechten werden und auf diese Weise Rechtskraft erlangen. So war die *Allgemeine Erklärung der Menschenrechte* der Vereinten Nationen von 1948 zunächst lediglich die Proklamation eines, wie es im deutschen Text heißt, „von allen Völkern und Nationen zu erreichenden Ideals". Erst durch zwei internationale Pakte wurden die in der *Allgemeinen Erklärung* proklamierten Rechte schließlich 1976 zu internationalem Recht, nachdem hinreichend viele Staaten die bereits 1966 getroffenen Vereinbarungen ratifiziert hatten. So finden wir das Recht auf Leben, Freiheit und Sicherheit der Person aus Artikel 3 der *Allgemeinen Erklärung* in den Artikeln 6 und 9 des *Internationalen Pakts über bürgerliche und politische Rechte* von 1966 wieder, und das Verbot der Sklaverei und der Folter aus den Artikeln 4 und 5 entsprechend in den Artikeln 7 und 8. Trotz dieses reibungslosen Überganges vom Status eines moralischen Rechts oder Ideals zum Status eines juridischen Rechts liegt an dieser Stelle ein begriffliches Problem.

Namhafte Philosophen und Rechtsgelehrte bestreiten, dass es moralische Rechte gibt. Nach ihrer Auffassung sind Rechte ihrem Wesen oder ihrer Definition nach stets juridische Rechte. In diesem Punkt waren sich so unterschiedliche Persönlichkeiten wie der konservative Edmund Burke (1729–1797) und der radikale englische Sozialreformer Jeremy Bentham (1748–1832) einig. Burke hielt die Menschenrechte der französischen *Déclaration des droits de l'homme et du citoyen* von 1789 für schlechte Metaphysik:

> Was hilft alles Disputieren über das abstrakte Recht eines Menschen auf Lebensmittel und Arzneien. Die große Frage ist, auf welche Art man sie anschaffen und beibringen kann: und

wo über diese Frage beratschlagt wird, da werde ich den Ökonomen und den Arzt allemal lieber sehen als den Professor der Metaphysik.[3]

Bentham polemisierte in den *Anarchistischen Trugschlüssen* von 1843:

[...] reasons for wishing there were such things as rights, are not rights: a reason for wishing that a certain right were established, is not that right: wants are not means: hunger is not bread. [...] Natural rights is simple nonsense: natural and imprescriptible rights, rhetorical nonsense, nonsense upon stilts.[4]

Auch Ernst Tugendhat und Jürgen Habermas können sich mit moralischen Rechten nicht anfreunden. Für sie sind Menschenrechte lediglich als legale Rechte denkbar. Nach Habermas haben Menschenrechte zwar einen moralischen Inhalt, aber ihren Rechtscharakter und ihre Schutzfunktion entfalten sie erst als Teil einer etablierten Rechtsordnung.[5] Und bei Tugendhat heißt es lapidar: „die Menschenrechte können wie alle Rechte nur [im Rahmen einer legitimen Rechtsordnung] verliehene Rechte sein".[6] Wer bestreitet, dass Menschenrechte moralische Rechte sein können, nimmt häufig an, dass es keine Rechte ohne wirksame Sanktionsmechanismen geben könne. Es gehöre zum Begriff eines Rechts, so Tugendhat in Übereinstimmung mit einer verbreiteten Vorstellung, dass Rechtsverletzungen bestraft und Rechtskonformität nötigenfalls erzwungen werde (oder dass dies zumindest mit einer gewissen Wahrscheinlichkeit zu erwarten sei). Doch gerade diese Annahme hat sich als fragwürdig erwiesen, nicht zuletzt durch die Arbeiten des Oxforder Rechtsphilosophen H. L. A. Hart.[7] Nicht nur fehlen weiten Teilen des internationalen Rechts stabsmäßig organisierte Sanktionsmechanismen, wie wir sie aus dem nationalen Recht kennen. Auch innerhalb des nationalen Rechts gibt es Gesetze und Normen, die den Bürgern Rechtspflichten auferlegen und denen niemand die Rechtsgültigkeit absprechen würde, die aber gleichwohl nicht durchgesetzt werden und in einzelnen Fällen wohl auch gar nicht durchgesetzt werden können. Entscheidend für eine Rechtsnorm ist nicht, wenn wir der Theorie von Hart folgen, dass ihre Einhaltung (mit einer gewissen Wahrscheinlichkeit) erzwungen und ihre Verletzung bestraft wird. Entscheidend ist vielmehr, dass eine Norm innerhalb einer Rechtsordnung aufgrund der in dieser Ordnung gültigen Regeln als ein Grund anerkannt wird, entsprechende Zwangsmaßnah-

---

3 Burke: Betrachtungen über die Französische Revolution, S. 134.
4 Bentham: Nonsense Upon Stilts, S. 330.
5 Habermas: Kants Idee des ewigen Friedens, S. 220–226.
6 Tugendhat: Die Kontroverse um die Menschenrechte, S. 48.
7 Hart: The Concept of Law, S. 77–88, 211–215.

men zu ergreifen. Wenn man dieses Verständnis von Rechtsnormen als Handlungsgründen akzeptiert, können auch moralische Rechte wirkliche Rechte sein; denn dass eine Person ein moralisches Recht hat, zum Beispiel nicht gefoltert zu werden, ist ein Grund dafür, sie nicht zu foltern und nötigenfalls auch mit Zwang zu verhindern, dass andere dies tun. Wenn Menschenrechte primär moralische Rechte sind, die allen Menschen allein aufgrund ihres Menschseins zukommen, ist es für die Frage, ob im Irak während der Zeit Saddam Husseins durch die Folterung von Regimegegnern Menschenrechte verletzt wurden oder nicht, irrelevant, ob der Irak den einschlägigen internationalen Pakten und insbesondere der UN-Konvention gegen Folter von 1984 beigetreten ist oder nicht. Und ebenso irrelevant ist es, wann die entsprechenden Vereinbarungen aufgrund ihrer Ratifikation durch die jeweils geforderte Mindestzahl von Staaten tatsächlich Rechtskraft erlangten – im Fall der Folter-Konvention war dies 1987 der Fall, nachdem 20 Staaten, aber nicht der Irak, die Konvention ratifiziert hatten.

Für die Auffassung dagegen, dass Menschenrechte definitionsgemäß oder wesensmäßig juridische Rechte seien, ist dies keinesfalls gleichgültig, sondern entscheidend dafür, ob im Irak Menschenrechte verletzt wurden oder nicht. Eine unvermeidliche Konsequenz der legalistisch-juridischen Auffassung von Menschenrechten wäre freilich, dass es vor 1976, als die beiden internationalen Pakte von 1966 über bürgerliche, politische, ökonomische, soziale und kulturelle Rechte Rechtskraft erlangten, in vielen Regionen der Welt gar keine Menschenrechtsverletzungen geben konnte – wohl aber Folter, Vertreibung, Genozid –, wenn es nämlich für diese Regionen vor den beiden Pakten keine entsprechenden rechtsverbindlichen Verbote gab.

Die praktischen Erfordernisse eines wirksamen Menschenrechtsschutzes lassen eine Verrechtlichung grundlegender Menschenrechte moralisch geboten erscheinen. Denn in der Praxis sind nur durch Staatsgewalt geschützte Menschenrechte wirksam geschützte Menschenrechte. Gleichwohl verdanken die Menschenrechte ihre universale Gültigkeit nicht der Verrechtlichung, sondern den ihnen zugrunde liegenden ethischen Werten und Prinzipien. Eben weil Menschenrechte primär moralische Rechte sind, ist es für die Frage, ob im Irak zur Zeit Saddam Husseins durch die Folterung von Regimegegnern Menschenrechte verletzt wurden oder nicht, irrelevant, ob der Irak den einschlägigen internationalen Pakten, etwa der UN-Konvention gegen Folter von 1984 beigetreten ist oder nicht.

Es gibt gute Gründe, die Idee universal gültiger moralischer Menschenrechte skeptisch zu betrachten. Einer dieser Gründe ist die Verschiedenheit menschlicher Kulturen und der sie bestimmenden Wertvorstellungen. Die Auffassung, die Menschenrechte seien eine „Erfindung des Westens" und ihre Verbreitung schlicht Kulturimperialismus, verliert zum Glück zunehmend ihre Anhänger. Es ist allerdings richtig, dass historisch maßgebliche Menschenrechtserklärungen wie die *Virginia Bill of Rights* von 1776 und die französische *Déclaration des droits de l'homme et du citoyen* von 1789 aus dem westlich-europäischen Kulturkreis stammen. Und dies gilt ebenso für die philosophischen Konzeptionen, die die Formulierung dieser Erklärung inspirierten. Man denke an die berühmte fiktive Rede über die Würde des Menschen (1496) von Pico della Mirandola oder an John Lockes Theorie der „natural rights" in den *Two Treatises of Government* (1689).

Ihre ursprüngliche Herkunft schränkt die universale Gültigkeit und Verbindlichkeit der Menschenrechte aber keinesfalls zwingend ein. Auch in nichtwestlichen Kulturen existieren religiöse, moralische und philosophische Lebensauffassungen und Wertvorstellungen, von denen ausgehend man zur Idee der Menschenrechte gelangen kann. Amartya Sen und andere haben dies inzwischen in zahlreichen Schriften eingehend dargelegt und belegt und ich werde es nicht weiter verfolgen.[8] An dieser Stelle sei stellvertretend ein bekanntes Zitat des konfuzianischen Philosophen Menzius (370–290 v.Chr.) angeführt:

> Das Verlangen nach Exzellenz/Ehre/Achtung (gui) ist gemeinsamer Sinn (xin) der Menschen. Alle Menschen haben Ehre/etwas der Ehre Wertes/Achtenswertes/etwas Erhabenes in sich selbst. Sie denken nur nicht daran (欲貴者, 人之同心也。人人有貴于己者, 弗思耳). Die Exzellenz/Ehre, die Menschen verleihen, ist nicht die gute Exzellenz/Ehre (lianggui) (人之所貴者，非良貴也) [...] Wem [der mächtige] Zhao Meng Ehre verleiht, den kann Zhao Meng auch erniedrigen.[9]

Menzius betrachtet, ganz ähnlich dem abendländischen Verständnis, offenbar ebenfalls den Wert oder die Würde des einzelnen Menschen als Quelle eines Anspruchs auf soziale Achtung und Wertschätzung und zudem als eine Quelle, die unabhängig von faktischer sozialer Anerkennung ist. Es sei an dieser Stelle auch ganz profan bemerkt, dass es wohl keine menschliche Kultur gibt, in der Folter, Vergewaltigung, Mord und Vertreibung nicht als schlimme Übel angesehen würden.

Im Übrigen waren es nicht die westlichen Demokratien, welche nach dem Zweiten Weltkrieg der Menschenrechtsidee und der Vorstellung einer ursprünglichen Gleichheit aller Völker und Menschen zum Durchbruch verhalfen. In den Südstaaten der USA galt damals noch das Prinzip der Rassentrennung. Großbritannien war bemüht, ein auf Kolonien beruhendes Weltreich zusammen zu halten. Es waren Länder wie China und die Sowjetunion, die sich zu machtvollen Sprechern des Antikolonialismus und damit der Freiheit und Gleichheit aller Men-

---

8 Vgl. stellvertretend: Sen: Development as Freedom, Kapitel 10.
9 Menzius (Mong Dsi), S. 170.

schen machten und schließlich die westlichen Mächte zum Einlenken zwangen.[10] In diesem Zusammenhang sei an den chinesischen Philosophieprofessor und Schriftsteller *Zhang Pengjun* (1892–1957, Peng-Chun Chang, kurz: PC Chang) erinnert, der wesentlich an der Abfassung der *Allgemeinen Erklärung der Menschenrechte* beteiligt war. *Zhang Pengjun* vertrat unter Rückgriff auf Philosophen wie Konfuzius und Menzius die Auffassung, dass die europäische Aufklärungsphilosophie, in deren Kontext die Menschenrechtsidee entstanden ist, wiederum wesentlich durch die chinesische Philosophie beeinflusst worden sei.[11]

Gleichwohl müssen wir uns angesichts der Heterogenität der sozialen, wirtschaftlichen und kulturellen menschlichen Lebensverhältnisse weltweit fragen, welche Ansprüche und Forderungen als universal gültige Rechte in Menschenrechtskataloge Eingang finden können und welche nicht. Die zur Zeit allgemein anerkannten Menschenrechte beziehen sich ja nicht nur auf die Garantie unbestritten grundlegender Werte, wie den Schutz des menschlichen Lebens, die persönliche und politische Freiheit und die rechtliche Gleichheit. In der *Allgemeinen Erklärung der Menschenrechte* finden wir auch Rechte auf Arbeit und freie Berufswahl (Artikel 23), auf regelmäßigen bezahlten Urlaub (Artikel 24) und darauf, am kulturellen Leben der eigenen Gesellschaft teilzunehmen und sich der Künste zu erfreuen (Artikel 27). Man muss kein Menschenfeind sein, um zu bezweifeln, dass es sich bei ihnen tatsächlich um Rechte handelt, deren Verwirklichung allen Menschen unabhängig von ihren jeweiligen Lebensverhältnissen gewährleistet werden muss oder auch nur gewährleistet werden kann.

Hinzu kommen die vielfältigen Vorschläge für Ergänzungen der bereits etablierten Menschenrechtskataloge. Zum Teil beruhen sie auf bizarren Ideen, zum Teil auf ernsthaften Überlegungen. So wurde die Einführung eines Rechts auf Schlaf gefordert, eines Rechts, kreativer Arbeit nachzugehen, eines Rechts, anders zu sein, eines Rechts auf Tourismus, aber eben auch eines Rechts darauf, Selbstmord zu begehen. Philip Alston hat in einem einflussreichen Aufsatz im *American Journal of International Law* von 1984 zu Recht eine „Qualitätskontrolle" für Menschenrechte gefordert.[12] Ohne eine solche „Qualitätskontrolle" laufe man Gefahr, dass letztendlich die Erfüllung jedes beliebigen Wunsches, Bedürfnisses oder Interesses zum Inhalt eines Menschenrechts werde. Dass Alston mit seiner Einschätzung nicht allein stand, zeigt eine Passage in Milan Kunderas Roman *Die Unsterblichkeit* von 1990:

---

10 Vgl. die Darstellungen in Lauren: The Evolution of International Human Rights, Kapitel 6 und 7 u. in Morsink: The Universal Declaration of Human Rights, Kapitel 1.
11 Angle u. Svenson: The Chinese Human Rights Reader, S. 206–213.
12 Alston: Conjuring up New Human Rights.

> Die Welt ist zu einem Recht des Menschen geworden, und alles in ihr ist zu einem Recht geworden: der Wunsch nach Liebe zu einem Recht auf Liebe [...] der Wunsch, nachts auf einem Platz zu schreien, zu einem Recht, nachts auf einem Platz zu schreien. Die Arbeitslosen haben das Recht, einen luxuriösen Lebensmittelladen zu besetzen, die Damen in den Pelzmänteln haben das Recht, Kaviar zu kaufen, Brigitte hat das Recht, ihr Auto auf dem Trottoir zu parken, und alle, die Arbeitslosen, die Damen in den Pelzmänteln und Brigitte gehören zu derselben Armee von Kämpfern für die Menschenrechte.[13]

Die ursprüngliche Idee der Menschenrechte, besonders grundlegende und für alle Menschen wichtige Bedürfnisse, Interessen und Werte zu schützen, ist hier nicht mehr zu erkennen. Wenn der Titel eines Menschenrechts nicht zu einer bloßen rhetorischen Hülse für Beliebiges werden soll, muss offenbar die sich selbst verstärkende Vervielfachung von Menschenrechtsforderungen beendet werden. Die vermeintlich lebenskluge Auskunft des Rechtsexperten, in der Praxis sei alles ein internationales Menschenrecht (aber eben auch nur das), wovon die UN-Vollversammlung sagt, dass es eines sei (Richard Bilder), hilft uns nicht weiter.[14] Sie signalisiert stillschweigende Kapitulation. Auch Alstons prozeduraler Vorschlag, der der Rechtssetzung in den Vereinten Nationen bestimmte formale Anforderungen und Sorgfaltspflichten auferlegen will, kann allenfalls ein Teil der Antwort sein. Rein prozedural lässt sich die spezifische moralische Autorität der Menschenrechte nicht erklären. Es ist jedoch genau diese moralische Autorität, und nicht der juridische Status der Menschenrechte, die ihren bemerkenswerten Erfolg im politischen Diskurs und auch im politischen Handeln der Gegenwart erklärt. René Cassin und andere, die nach dem Krieg an der Ausarbeitung der *Allgemeinen Erklärung der Menschenrechte* beteiligt waren, haben bewusst darauf verzichtet, für die in der Erklärung angeführten Rechte eine philosophische, religiöse oder moralische Begründung zu geben. Sie glaubten wohl nicht zu Unrecht, dass zum damaligen Zeitpunkt unter den Beteiligten trotz religiöser und weltanschaulicher Divergenzen zwar ein Konsens über konkrete Menschenrechte möglich sei, aber – eben wegen der bestehenden Divergenzen – keiner über die den Menschenrechten zugrunde liegenden Prinzipien und Annahmen.[15]

Wir befinden uns heute zumindest in einer Hinsicht in einer anderen Situation. Wenn es uns nicht gelingt, ein gemeinsames inhaltliches Verständnis darüber zu entwickeln, was Menschenrechte ihrem Wesen nach sind und worin ihre Autorität begründet liegt – in anderen Worten: wenn es uns nicht gelingt, eine Theorie und Ethik der Menschenrechte zu entwickeln –, müssen wir damit

---

13 Kundera: Die Unsterblichkeit, S. 172.
14 Bilder: Rethinking International Human Rights, S. 173.
15 Lauren: The Evolution of International Human Rights, S. 211.

rechnen, dass die Erfolgsgeschichte der Menschenrechte sich selbst *ad absurdum* führt.

Ein möglicher Ansatz für ein solches gemeinsames Verständnis folgt einer vergleichsweise traditionellen Argumentationslinie. Die moralische Autorität der Menschenrechte als Maßstab richtigen Handelns würde sich demnach aus grundlegenden anthropologischen und ethischen Annahmen über den Menschen und die Erfordernisse seiner sozialen Existenz gewinnen. Menschen sind aufgrund ihrer biologischen Verfassung verletzliche und bedürftige Wesen mit ursprünglich gleichen Ansprüchen auf die für ihre Selbstentfaltung und für ein glückliches Leben in Gemeinschaft mit anderen unverzichtbaren Rechte und Güter. Schon für das bloße Überleben und die Wahrung unserer körperlichen und seelischen Unversehrtheit sind wir auf die Bereitschaft zum Gewaltverzicht und zur Kooperation mit anderen angewiesen. Auch sind wir nur mit der Unterstützung anderer in der Lage, Bedingungen zu schaffen, unter denen ein auch nur minimal menschenwürdiges Leben möglich ist. Über den Schutz vor gewaltsamen Übergriffen hinaus, sind wir auf Formen der kooperativen politischen Entscheidungsfindung und Konfliktregulierung ebenso angewiesen wie auf die hinreichende Verfügbarkeit von materiellen Gütern und Ressourcen. Der Schutz von Leib und Leben, persönlichem Eigentum und elementaren Freiheiten gehören dann ebenso in den Bereich menschenrechtlich relevanter Forderungen wie ein angemessenes Rechts- und Regierungssystem und zumindest die minimale Verfügungsgewalt über materielle Güter.

Im Lichte des hier skizzierten Verständnisses von Menschenrechten sind internationale Vereinbarungen und nationale Gesetze zum Menschenrechtsschutz bloße Mittel der praktisch-politischen Durchsetzung von moralischen Forderungen, die im Rahmen einer ethischen Theorie der Menschenrechte ganz unabhängig von ihrer praktischen Durchsetzung als begründete Forderungen erkannt wurden. Eine solche Theorie wäre deshalb mit Blick auf die rechtlich bereits etablierten Menschenrechte tendenziell revisionär. Stets mag sich herausstellen, dass nicht alle „Menschenrechte", auf deren Anerkennung sich die beteiligten Staaten und Organisationen geeinigt haben, tatsächlich den ethischen Kriterien der Theorie genügen, und stets müssen wir damit rechnen, dass nicht alle aus der Theorie folgenden Menschenrechte bereits berücksichtigt wurden.

Im Rahmen einer Ethik der Menschenrechte lassen sich drei Hinsichten benennen, in denen ein Menschenrecht ein *grundlegendes* Recht ist, das transnational und interkulturell gilt. Ein Recht kann *erstens* grundlegend in dem Sinne sein, dass seine Verletzung ein mit großem menschlichem Leid verbundenes Übel ist. Wenn wir an Mord, Vergewaltigung oder Versklavung denken, ist offensichtlich, dass das

Menschenrecht auf Leben, Freiheit und Sicherheit der Person grundlegend in diesem Sinne ist.

Ein Recht kann *zweitens* grundlegend sein, weil seine staatliche Gewährleistung eine Voraussetzung dafür ist, dass man überhaupt irgendwelche Rechte haben kann. In diesem Sinne ist das Recht auf körperliche Unversehrtheit grundlegend. Niemand ist zum Beispiel in seiner Meinungsfreiheit geschützt, solange er damit rechnen muss, aufgrund unliebsamer politischer Äußerungen verprügelt, gefoltert oder getötet zu werden.[16]

Wenn ein Staat keinen Schutz grundlegender Rechte in diesem Sinne mehr bietet, behandelt er seine Bürger nicht länger als Rechtspersonen, und dies bedeutet für sie den Verlust jeglicher rechtlicher Sicherheit. Ein Staat, der dies zulässt, verliert dadurch seine innere Legitimität.

Ein Recht kann schließlich *drittens* grundlegend sein, weil dessen staatlicher Schutz eine Voraussetzung dafür ist, dass ein Staat *international* als ein achtbares politisches Gemeinwesen gelten kann. In diesem Sinne versteht John Rawls die Freiheit von Sklaverei und Leibeigenschaft, die Gewissensfreiheit und die Sicherheit ethnischer Gruppen vor Massenmord und Genozid als „besonders dringliche Rechte"[17]. Ein minimal achtbares Gemeinwesen darf sich nicht auf Unterdrückung und Ausbeutung stützen, es muss auf der freiwilligen Kooperation seiner Bürger beruhen. Und seine politischen Repräsentanten müssen für sich reklamieren können, im Namen dieser Bürger und ihres Gemeinwohls zu handeln, wie auch immer dies im Einzelnen bestimmt werden mag.

Menschenrechte wie das Recht auf Leben, Freiheit und Sicherheit und das Recht auf elementare Möglichkeiten der politischen Beteiligung an kollektiv verbindlichen Entscheidungen sind ebenso wie eine grundsätzlich garantierte Gewissensfreiheit grundlegende Rechte in allen drei Hinsichten und können deshalb begründetermaßen als interkulturell gültige und universal verbindliche Rechte betrachtet werden.

Die Bedeutung des zweiten und dritten Kriteriums für grundlegende Menschenrechte liegt darin, dass systematische Verletzungen eines in ihrem Sinne grundlegenden Rechts einem Staat tendenziell die Legitimität entziehen. In einem Verbund souveräner Einzelstaaten liegt die Pflicht zum Menschenrechtsschutz in erster Linie bei den einzelnen Staaten und nicht bei internationalen Einrichtungen. Die Regierungen dieser Staaten haben das Recht, im Rahmen der Ausübung ihrer Souveränität jegliche äußere Einmischung zurückzuweisen. Dieses Recht

---

16 Shue: Basic Rights, S. 18–20.
17 Rawls: Law of Peoples, § 8, S. 65.

setzt allerdings voraus, dass wir es mit Staaten zu tun haben, welche die Mindestbedingungen politischer Legitimität erfüllen. Zu diesen Mindestbedingungen gehört, dass allen Bürgern zumindest ein minimaler Rechtsschutz gewährt wird. Fällt dieser aufgrund systematischer Verletzungen grundlegender Menschenrechte aus, haben Regierungen nicht länger das Recht, von anderen Staaten die Einhaltung des Interventionsverbots zu fordern.

Dieser Gedanke hat seinen Ausdruck in der Doktrin der *Responsibility to Protect* gefunden, die 2005 durch die Generalversammlung der *Vereinten Nationen* zu einem gültigen internationalem Rechtskonzept gemacht wurde. Die Schutzverantwortung der Staaten hat dabei eine dreifache Bedeutung: Sie bedeutet *erstens*, dass staatliche Autoritäten für die Sicherheit, das Leben und das Wohlergehen aller Bürger verantwortlich sind; *zweitens*, dass sie sowohl ihren eigenen Bürgern wie auch der internationalen Gemeinschaft – repräsentiert durch die *Vereinten Nationen* – rechenschaftspflichtig sind; und *drittens*, dass die Vertreter eines Staates für ihr Handeln zur Verantwortung gezogen werden können.[18] Werden Regierungen der staatlichen Schutzverantwortung nicht gerecht, so können unter bestimmten Bedingungen auch militärische Interventionen zum Schutz grundlegender Menschenrechte gerechtfertigt sein. Im Ergebnis schränkt dies das Interventionsverbot der UN-Charta unter Berufung auf die moralische und rechtliche Notwendigkeit des Menschenrechtsschutzes auf solche Staaten ein, welche die grundlegenden Menschenrechte ihrer Bürger zumindest in minimal gebotener Weise schützen.

Im Lichte des von mir skizzierten Menschenrechtsverständnisses erscheint die Annahme, schwere Menschenrechtsverletzungen könnten niemals einen Grund für eine (nötigenfalls auch militärische) Intervention in die Angelegenheiten anderer Staaten darstellen, in der Tat unhaltbar. Wenn es jemals gerechtfertigt ist, zum Schutz von Rechten Zwang anzuwenden – sei es national oder international –, dann muss es auch dann gerechtfertigt sein, wenn es um grundlegende Menschenrechte geht. Welche konkreten Maßnahmen im Einzelfall die richtigen sind, ist freilich eine Frage der angemessenen Abwägung von Mitteln und Zwecken und das heißt der politischen Urteilskraft; dies kann nicht durch allgemeine moralische Grundsätze und Erwägungen entschieden werden.[19]

Eine völkerrechtliche Ordnung muss ihre Legitimität verlieren, wenn die für sie konstitutiven Normen und das Entscheidungsverhalten der ausschlaggebenden Akteure genau das verbieten, was zum Schutz grundlegender Menschenrechte moralisch geboten ist: nämlich die Erfüllung von internationalen Schutz- und

---

18 Vgl. ICISS 2001, S. 13.
19 Hinsch u. Janssen: Menschenrechte militärisch schützen, Kapitel 2.

Hilfspflichten bei schwersten Rechtsverletzungen. Die von manchen Völkerrechtsexperten gehegte Vorstellung, es könne so etwas wie eine legitime – und als legitim wahrgenommene – internationale Rechtsordnung geben, in der faktisch mögliche Hilfe für die Opfer schwerer Menschenrechtsverletzungen nicht nur häufig ausbleibt, sondern in der Regel – nämlich im Falle der fehlenden Zustimmung aller Vetomächte im UN-Sicherheitsrat – ausdrücklich verboten ist, kann deshalb nicht überzeugen.[20]

Wenn es um zwischenstaatliche Interventionen zum Menschenrechtsschutz geht, sehen chinesische Experten und Politiker die Dinge allerdings aus einer anderen Perspektive als ihre europäischen und angloamerikanischen Kollegen. Sie denken zurück an das 19. Jahrhundert, in dem westliche Mächte auszogen, um vermeintlich zurückgebliebene oder unterentwickelte Länder – wie eben China – mit militärischer Gewalt und zum eigenen ökonomischen Vorteil zu „zivilisieren" und nach westlichen Vorstellungen zu reformieren.

Auch lässt sich bis heute eine machtpolitisch und ökonomisch gesteuerte Selektivität bei Interventionen zum Menschenrechtsschutz nicht bestreiten. Die USA intervenierten in Haiti während der Krise von 1991 bis 1995 und (im Verbund der NATO) im Kosovo Ende der 1990 Jahre. Sie blieben jedoch bei den deutlich größeren humanitären Notlagen im Kongo zwischen 1998 und 2003 und im Sudan von 1983 bis 2003 und auch während des Völkermords in Ruanda 1994 weitgehend untätig. Wir verstehen daher, was der chinesische Politiker Li Qun im Sinn hat, wenn er argwöhnt, der wahre Zweck der US-amerikanischen Menschenrechtspolitik liege in der Machtpolitik und Ökonomie.

> the American's real purpose is not to protect so-called human rights but to use this pretext to influence and limit China's healthy economic growth and to prevent China's wealth and power from threatening [US] world hegemony.[21]

Dennoch gehen der Hinweis auf den moralisch hochgestimmten Imperialismus der westlichen Mächte und das Selektivitätsargument am eigentlichen Problem des nationalen und des internationalen Menschenrechtsschutzes vorbei. Wenn wir glauben, dass es so etwas wie grundlegende (und darum universal gültige) Menschenrechte gibt, dann müssen wir ihren Inhalt in einem interkulturellen Dialog so spezifizieren, dass eine rechtsverbindliche internationale Kodifizierung möglich ist. Und wenn wir darüber hinaus auch glauben, dass Rechtsordnungen ihre Legitimität verlieren, wenn sie diese grundlegenden Menschenrechte nicht zu schützen vermögen, dann müssen wir auch über Staatengrenzen hinaus Rechts-

---

20 Ebenda, Kapitel 4.
21 Li Qun: Foreign Affairs. Current Issue Sept/Oct 2012, S. 39.

institutionen schaffen, die einen solchen Schutz ermöglichen, und zwar Rechtsinstitutionen, die unparteiisch und nach den vertrauten Regeln einer *rule of law* funktionieren. Dass diese Zielsetzung angesichts der partikularen Interessen und des faktischen Verhaltens von großen und kleinen Mächten keine leichte Aufgabe ist, ist bedauerlich, aber kein grundsätzlicher Einwand gegen das Kantische Projekt eines Friedens durch Recht.

Literaturverzeichnis

Angle, Stephen C., und Marina Svensson (Hrsg.): The Chinese Human Rights Reader: Documents and Commentary 1900–2000. New York: East Gate Book, S. 206–213.

Alston, Philip: Conjuring up New Human Rights: A Proposal for Quality Control. – In: The American Journal of International Law 78 (1984), S. 607–621.

Bentham, Jeremy: Nonsense upon Stilts or Pandora's Box Opened or The French Declaration of Rights Prefixed to the Constitution of 1791 Laid Open and Exposed – With a Comparative Sketch of What Has Been Done on the Same Subject in the Constitution of 1795, and a Sample of Citizen Sieyès. Right the Child of Law. – In: The Collected Works of Jeremy Bentham. Rights, Representation, and Reform. Nonsense Upon Stilts and Other Writings on the French Revolution. Ed. by Philip Schofield and Catherine Pease-Watkin and Cyprian Blamires. Oxford: Clarendon Press 2002. S. 317–401.

Bilder, Richard B.: Rethinking International Human Rights: Some Basic Questions. – In: Wisconsin Law Review 171 (1969), S. 171–217.

Burke, Edmund: Betrachtungen über die Französische Revolution. Hrsg. von Ulrich Frank-Planitz. Übersetzt von Friedrich Gentz. Zürich: Manesse 1986, [1790].

Habermas, Jürgen: Kants Idee des ewigen Friedens – aus dem historischen Abstand von 200 Jahren. – In: Habermas: Die Einbeziehung des Anderen: Studien zur politischen Theorie. Frankfurt a. M.: Suhrkamp 1999, S. 192–236.

Hart, Herbert L. A.: The Concept of Law. Oxford: Clarendon Press 1961.

Hinsch, Wilfried, und Dieter Janssen: Menschenrechte militärisch schützen: Ein Pläydoyer für humanitäre Interventionen. München: Beck 2006.

Hohfeld, Wesley Newcomb: Einige Grundbegriffe des Rechts, wie sie in rechtlichen Überlegungen Anwendung finden. – In: Markus Stepanians (Hrsg.): Individuelle Rechte. Paderborn: mentis 2007, S. 51–85.

Kundera, Milan: Die Unsterblichkeit. Frankfurt a. M.: S. Fischer 1998 (franz. Orig. 1990).

Lauren, Paul G.: The Evolution of International Human Rights: Visions Seen. Third ed. Philadelphia: University if Pennsylvania Press 2011.

Li, Qun: *Foreign Affairs:* Current Issue Sept/Oct 2012.

Mill, John Stuart: Utilitarianism. Der Utilitarismus. Übersetzt und hrsg. von Dieter Birnbacher. Stuttgart: Reclam 2010, [1861].

Mong Dsi: Aus dem Chines. verdeutscht und erl. von Richard Wilhelm. München: Diedrichs 1916 (Diedrichs Gelbe Reihe).

Rawls, John: Law of Peoples: With „The Idea of Public Reason Revisited". Cambridge, MA: Harvard Univ. Press 1999.

Sen, Amartya K.: Development as Freedom. Oxford: Oxford Univ. Press 1999.

Shue, Henry: Basic Rights. Subsistence, Affluence and U.S. Foreign Policy. Second Edition. Princeton, NJ: Princeton University Press 1996.

Tugendhat, Ernst: Die Kontroverse um die Menschenrechte. – In: Stephan Gosepath und Georg Lohmann (Hrsg.): Philosophie der Menschenrechte. Frankfurt a. M.: Suhrkamp 1998, S. 48–61.

Caroline von Gall
Die Grenzen des Rechtstransfers

Verfassungstransformation in den postsowjetischen Staaten –
Lehren für die Entwicklungszusammenarbeit?

Abstract: Der Aufbau von Rechtsstaatlichkeit als Voraussetzung für die friedliche und stabile Entwicklung eines Staates ist heute zentrale Prämisse der Entwicklungspolitik. Doch nicht nur das: Die Bindung an Rechtsstaatlichkeit, Demokratie und Menschenrechte in der Außenpolitik ist auch normative Verpflichtung der EU und ihrer Mitgliedstaaten. Gleichzeitig haben sich zahlreiche postsowjetische Staaten selbst durch den Beitritt zur Europäischen Konvention für Menschenrechte völkerrechtlich zur Umsetzung von Menschenrechten und rule of law verpflichtet. Trotzdem ist die Verfassungstransformation in zahlreichen postsowjetischen Staaten gescheitert. Insofern schaut der Artikel auf die rechtswissenschaftliche Theorie zum Verfassungstransfer und die postsozialistische Realität und versucht, anhand der postsowjetischen Beispiele Schlussfolgerungen für die Entwicklungszusammenarbeit zu ziehen.

Einleitung

Die Frage, ob es möglich ist, Recht aus einem Staat in einen anderen zu übertragen, wird traditionell aus sehr unterschiedlichen Positionen heraus beantwortet. Einerseits ist da die Vorstellung, dass die Rechtsvereinheitlichung, die Globalisierung des Rechts nicht aufzuhalten ist. Dieser Befund drängt sich bei empirischer Betrachtung auf. Das Europarecht dringt in immer mehr Bereiche des gesellschaftlichen Lebens ein, durch die Rechtsprechung des Europäischen Gerichtshofs für Menschenrechte (EGMR) entsteht auf der Basis der Europäischen Konvention für Menschenrechte (EMRK) innerhalb der 47 Mitgliedsstaaten des Europarats – und damit über die Grenzen der Europäischen Union hinaus – ein einheitliches Grundrechtsverständnis. Auf der anderen Seite ist da eine mächtige, häufig kulturell begründete Skepsis, die bezweifelt, dass selbst erprobte Modelle nicht einfach in andere Länder zu übertragen, sondern an die vorfindlichen Interessen und Bedingungen im Empfängerstaat anzupassen sind.

Reichlich Material für diese Debatte liefern die Transformationsstaaten in Mittel- und Osteuropa. Wenngleich die ehemals sozialistischen Staaten alle den liberalen Rechtsstaat westlicher Prägung als Modell für die Verfassungsreformen der frühen 1990er Jahre wählten, entwickelten sie sich in den vergangenen zwanzig Jahren sehr unterschiedlich. Während die „transition to democracy" der mittel- und osteuropäischen Staaten nach der politischen Wende 1989–1991 als Frage der Zeit diskutiert wurde, gilt die Rechtstaatstransformation in den postsowjetischen Staaten mit Ausnahme des Baltikums heute als gescheitert. Dort sind mittlerweile stabile autoritäre Staaten entstanden – die Zukunft der Ukraine ist gegenwärtig ungewiss.

Den Fragen, warum die Verfassungstransformation in den postsowjetischen Staaten nicht gelungen ist und welche Schlussfolgerungen daraus für die Entwicklungszusammenarbeit gezogen werden können, soll hier anhand der rechtswissenschaftlichen Theorie sowie anhand von empirischen Befunden nachgegangen werden. Insofern befasst sich der Beitrag nicht direkt mit China, sondern möchte Gedanken der Rechtstheorie in die Diskussion über die chinesische Rechtsstaatsentwicklung einbringen, sowie mit den Erfahrungen aus dem postsowjetischen Raum einen Rechtskulturvergleich ermöglichen.

1 Die theoretische rechtswissenschaftlich Debatte über die Möglichkeiten des Rechtstransfers

„To try to change legal culture is to misunderstand legal culture."[1] So fasst Vlad Perju den radikalen kulturwissenschaftlichen Ansatz Paul Kahns zusammen. Kahn beschreibt verfassungsrechtliche Konstruktionen wie die „rule of law" als kulturelle Praxis, die nicht vorsätzlich geändert werden könne. Verfassungsvergleichung mit dem Ziel, Reformen durch die Übernahme bestimmter Verfassungsinhalte aus einem Rechtssystem in ein anderes zu übertragen, missverstehe, oder sogar instrumentalisiere Verfassungskultur.[2] Kahns Argumentation ist ein Beitrag zur rechtswissenschaftlichen Debatte über die Möglichkeiten von Verfassungstransfer, die das Verhältnis von Recht und seinen kulturellen, sozialen und politischen Bedingungen in den Blick nimmt. In der rechtswissenschaftlichen Debatte zur Übertragbarkeit von Verfassungsrecht aus einem Staat in die Rechtsordnung eines anderen nimmt Kahn eine radikale, aber nicht isolierte Position ein.

Mächtig ist schon früh die These von der Nichtübertragbarkeit rechtlicher Strukturen. Prominent wird sie bereits im Jahr 1748 von Montesquieu in der Schrift „Vom Geist der Gesetze" (de l'esprit des loix) vertreten. Montesquieu hat früh darauf hingewiesen, dass Recht Ergebnis zahlreicher Faktoren und an die je-

---

1 Vlad Perju: Constitutional Transplants, Borrowing, and Migrations, S. 1323.
2 Kahn: Comparative Constitutionalism in a New Key, S. 2678.

weiligen Lebensumstände der Menschen angepasst ist, so dass eine Übertragbarkeit ausscheide. Die Gesetze „müssen dem Volk, für das sie gelten sollen, so eigentümlich sein, daß sie nur durch einen großen Zufall einem anderen Volk auch gemäß sein können."[3] Maßgeblich sind physische Beschaffenheit des Landes, Klima, Boden, Größe, Lebensverhältnisse, Ausmaß der Freiheit, Sitten, Lebensgewohnheiten, allgemeine Ordnung der Dinge.[4] Dies gilt auch für die Regierungsform des Staates. Aufgrund der Größe der Reiche dort könne z. B. Asien nicht anders als despotisch regiert werden, die Reiche seien nicht anders zusammenzuhalten.[5] Ohne weiteres lässt sich Montesquieu insofern zustimmen, als es auf der Hand liegt, dass z. B. in landwirtschaftlich geprägten Gebieten ein besonderes Erbrecht entwickelt wird, das den wirtschaftlichen Anforderungen an die Betriebe gerecht wird oder dass z. B. nur Seefahrernationen ein Seerecht entwickeln.

Im 19. Jahrhundert, im Rahmen der Vorarbeiten zur Kodifizierung eines gesamtdeutschen Bürgerlichen Gesetzbuches, erhielt Montesquieus These in Deutschland Popularität. Friedrich Carl von Savigny vertrat im Rahmen der Auseinandersetzung um den Ausgangspunkt für das neue Gesetzbuch einen ähnlichen Ansatz. Die Geltungskraft des Rechts entstamme weniger der schriftlichen Anordnung als der Verankerung im Rechtsempfinden des jeweiligen Volkes, im Volksgeist.[6] Herausforderung für den Gesetzgeber sei es, diesen zu dokumentieren und Recht nicht einfach aus fremden Ordnungen zu übernehmen.

Osiatynski hat die westlichen Verfassungsprinzipien als Ideen beschrieben, die sich in unter Umständen langen historischen Prozessen und über bestimmte Ereignisse und Akteure an verschiedenen Orten der Welt durchsetzen können. Er argumentiert anhand der Ideen der Französischen Revolution, die sich nicht automatisch durchgesetzt haben, sondern über Amerika teilweise erst 200 Jahre später in Europa verfassungsrechtliche Realität wurden.[7] Deshalb könne über den Erfolg von Verfassungstransfer nicht zu einem bestimmten Zeitpunkt entschieden, er müsse vielmehr als Prozess betrachtet werden. Entsprechend wurde auch am Beispiel der afrikanischen Verfassungsentwicklung argumentiert, dass Verfassungen organisch wachsen müssten.[8]

Im Sinne Montesquieus argumentiert heute Legrand aus einem post-modernen Ansatz heraus. Nach seiner Vorstellung ist die Übertragung von Recht immer

---

3 Montesquieu: Vom Geist der Gesetze (Übersetzung von Weigand), S. 104.
4 Ebenda, S. 103.
5 Ebenda, S. 288.
6 Friedrich Carl von Savigny: Vom Beruf unserer Zeit für Gesetzgebung und Rechtswissenschaft. – In: Hattenhauer (Hrsg.): Thibaut und Savigny. Ihre programmatischen Schriften. S. 65 ff.
7 Osiantynski: Paradoxes of constitutional borrowing. S. 245.
8 Gordon: Growing Constitutions, S. 528.

mit einer Bedeutungsänderung verbunden. Rechtstransfer endet nicht mit der Übernahme einer Norm als Text aus einem Gesetz eines bestimmten Landes in ein Gesetz eines anderen Landes. Der Prozess des „constitutional borrowing" ist nicht durch das In-Kraft-Treten der Norm in einem anderen Land beendet. Als Reaktion auf Alan Watsons Theorie vom „legal transplant", der Möglichkeit „of moving a rule [...] from one country to another",[9] kontert Legrand mit dem apodiktischen Urteil: „rules cannot travel".[10]

Legrand kritisiert, dass in Watsons Diskussion über das legal transplant zu stark vom Rechtstext ausgegangen, die Anwendung und Interpretation der Normen dagegen nicht betrachtet werde. Nach Legrand können Normen indes nicht ohne Bedeutung bestehen, die Bedeutung ist ein essentieller Bestandteil der Norm. Allerdings könne die Bedeutung einer Norm nicht automatisch mit dem Normtext in eine andere Rechtsordnung mit übertragen werden. Bedeutung entsteht vielmehr erst durch Auslegung, d.h. die (neue) Interpretation durch den Rechtsanwender. Entscheidend ist die Annahme, dass das Verständnis von der Norm auf Seiten des Rechtsanwenders durch Kultur und Geschichte bestimmt wird, nach Gadamer dem Vorverständnis des Anwenders.[11] Das Vorverständnis des neuen Anwenders lasse kein anderes als ein neues Verständnis des alten Rechtstextes zu. Die Bedeutung einer Norm kommt damit erst aus dem Kontext auf Seiten des Rechtsanwenders zutage. Nach der Übernahme eines Normtextes in eine andere Rechtsordnung könne das Verständnis dieser Norm in der neuen Rechtsordnung erheblich abweichen. Nach Legrand wird insofern eigentlich nicht die Rechtsregel selbst übernommen, sondern nur ein Text.[12] Tatsächlich sind Rechtstexte nur Ausgangspunkte für subjektive Rekonstruktionen. Hermeneutisch gibt es unendlich viele Möglichkeiten für das Verständnis eines Textes.

In der Tat hat Watson in seiner Studie lediglich auf erfolgreiche Fälle von Rechtstransplantaten geschaut, die selbstverständlich möglich sind, wenn der neue Rechtsanwender das gleiche oder zumindest ein sehr ähnliches Vorverständnis von der Norm hat. Man kann nicht leugnen, dass es in der Geschichte, anders als Legrand argumentiert, immer wieder erfolgreiche Fälle von Rechtsrezeption gegeben hat. Der Mehrwert von Rechtsrezeptionen liegt auf der Hand: es entstehen neue Staaten, die das Rad nicht neu erfinden wollen. Auch der wirtschaftliche Vorteil von Rechtsanpassungen ist mehr als plausibel.

Als wichtigstes Beispiel für eine erfolgreiche Rechtsrezeption gilt in Deutschland die Rezeption des Römischen Rechts in Gestalt des europäischen

---

9 Watson: Legal Transplants, S. 21.
10 Legrand: The Impossibility of Legal Transplants, S. 114.
11 Gadamer: Wahrheit und Methode, S. 252.
12 Legrand: The Impossibility of Legal Transplants, S.120

ius commune im 19. Jahrhundert.[13] Die optimistische Vorstellung hinsichtlich der Möglichkeit von Rechtsvereinheitlichung wird auch insofern klassisch vom Romanisten Rudolf von Jhering getragen, der in seinem großen Werk *Geist des römischen Rechts* um das Jahr 1850 die Vereinheitlichung des Rechts durch das römische Recht bejubelte: „Drei Mal hat Rom der Welt Gesetze diktiert, drei Mal die Welt zu Einheit verbunden [...], das dritte Mal infolge der Rezeption des Römischen Rechts [...]. Die welthistorische Bedeutung Roms in einem Wort zusammengefasst ist die Überwindung des Nationalitätsprinzips durch den Gedanken der Universalität."[14]

Mit seiner apodiktischen Schlussfolgerung „rules do not travel" hat Legrand allerdings richtig herausgearbeitet, dass der Prozess des Rechtstransfers nicht automatisch und nicht immer erfolgreich ablaufen muss. Dies scheint insbesondere auf das Verfassungsrecht zuzutreffen, das als weniger technisch gilt als das Zivilrecht. Die Normen der Verfassung enthalten in der Regel keine eindeutigen Rechtspositionen, sondern setzen in besonderem Maße ein Vorverständnis von Grundprinzipien wie „Demokratie", „Rechtsstaatlichkeit" oder „Föderalismus" voraus, das historisch wächst und sich auch verändert. Die Garantie der Meinungsfreiheit wird in vielen Verfassungen geschützt, allerdings ist im Ergebnis die Reichweite des Schutzes von freier Rede sehr unterschiedlich. Konkrete Rechte werden erst durch Auslegung des Verfassungstextes, jeweils aus der Abwägung mit anderen Verfassungswerten gewonnen. Dies ist im Einzelfall in allen Verfassungsstaaten höchst umstritten (Blasphemie) oder kulturabhängig (Holocaustleugnung).

Weiterhin wird dargelegt, dass es Fälle gibt, in denen die Übernahme einer Norm aus einem Rechtssystem in ein anderes zu ganz neuen Ergebnissen geführt hat. Teubner hat beschrieben, dass die Rezeption fremder Rechtsideen als „Rechtsirritationen" zu einer „evolutionären Dynamik" führen kann,[15] durch die sich die Bedeutung rechtlicher Regeln grundlegend verändern kann. Darauf aufbauend hat Nußberger am Beispiel des russischen Verfassungsrechts gezeigt, dass Rechtstransfer möglich ist, dass aber die Ergebnisse von den ursprünglich beabsichtigten abweichen können.[16] Sie unterteilt die Etappen des Rezeptionsprozesses in eine unreflektierte Übernahme historischer Verfassungsideen, deren Dekonstruktion und zuletzt die „Resemantisierung" der transferierten Begriffe.[17]

---

13 So z.B. von Münch: Rechtsexport und Rechtsimport, S. 3145.
14 von Jhering: Geist des römischen Rechts auf den verschiedenen Stufen seiner Entwicklung, S. 1.
15 Teubner: Rechtsirritationen. Der Transfer von Rechtsnormen in rechtssoziologischer Sicht.
16 Nußberger: Verfassungstransfer von West nach Ost. Illusion, Desillusion, Neubeginn, S. 96.
17 Ebenda, S. 87.

Wenn Verfassungstransfer grundsätzlich möglich ist, fragt sich unter welchen Umständen er gelingen kann. Um die Bedingungen des Rechtstransfers theoretisch zu greifen, hat sich die Rechtswissenschaft eine üppige Metaphorik entwickelt. Naheliegend sind die Begriffe „Rechtsexport" und „Rechtsimport".[18] Hier wird über ein fertiges Produkt gesprochen, das im Entsendestaat produziert und im Empfängerstaat angenommen wird, ohne dass eine Transformation diskutiert wird.

Auf das Problem der Annahme geht Alan Watson mit dem Bild von der „Rechtstransplantation" (legal transplant) deutlich stärker ein, das sehr bildhaft eine Rechtsidee wie ein menschliches Organ einem Rechtsraum entnimmt und es an einem anderen Ort wieder einpflanzt. Der Begriff der Transplantation umfasst bereits die Vorstellung, dass das Recht in die neue Ordnung hineinwachsen muss, wenn es die gleiche Funktion übernehmen soll wie im Ausgangssystem. Diskutiert werden darüber hinaus Begriffe wie constitutional borrowing[19] oder constitutional migration.[20]

Epstein und Knight haben aber zu Recht darauf hingewiesen, dass die rechtswissenschaftliche Debatte über die richtige Metapher zwar sehr umfangreich ist, dass aber Fallstudien in der Regel Fälle von erfolgreicher Rechtsrezeption in den Blick nehmen und Gründe für das Scheitern selten untersucht werden.[21] Auch die vorangehende Entscheidung eines Staates, warum eine bestimmte Norm aus einer bestimmten Rechtsordnung übernommen wird, ist selten Gegenstand der Untersuchung.[22]

Empirische Studien zu den Erfolgen der rechtlichen Zusammenarbeit existieren kaum. Nur ansatzweise werden seit etwa zehn Jahren quantitativ-empirische Studien durchgeführt, die messen, wieweit nach Rechtsstaatsreformen zu Wirtschaftswachstum führen. Die Frage nach der Kausalität von Entwicklungen bleibt dabei jedoch weiter unbeantwortet.[23]

---

18 Vgl. von Münch: Rechtsexport und Rechtsimport; Babeck: Stolpersteine des internationalen Rechtsexports.

19 Symposium on Constitutional Borrowing (2003). – In: International Journal of Constitutional Law, S. 177.

20 Choudry (Hrsg.): The Migration of Constitutional Ideas.

21 Epstein and Knight: Constitutional borrowing and nonborrowing, S. 196.

22 Ebenda, S. 198.

23 Vgl. dazu Rieger und Wischmeyer: „Rechtliche Zusammenarbeit" mit Transformations- und Entwicklungsländern als Gegenstand öffentlich-rechtlicher Forschung, S. 460 ff.

2 Verfassungstransformation in Mittel- und Osteuropa

Blickt man auf Osteuropa, so fällt auf, dass sowohl universalistische Ansätze, wie der von Jhering, als auch die kulturalistische, wie von Montesquieu und Savigny, sich bewahrheitet haben. Denn einerseits hat Osteuropa in den letzten zwanzig Jahren eine gigantische Rechtstransformation durchlebt, gleichzeitig gewinnen auch diejenigen, die behauptet haben, dass sich westliche Ideen nicht einfach übertragen lassen, durch die Rechtstransformation der osteuropäischen Staaten Material zur Argumentation. Dabei scheint auffällig, dass für den Beginn des Prozesses im Westen vor allem die Vorstellung charakteristisch war, Recht eigne sich für den Import und sei transplantierbar. Heute aus ex ante-Sicht dagegen werden Beobachter mit Blick auf die post-sowjetischen Staaten eher zu Anhängern Legrands.

In der Vorstellung, sich im Kampf der Systeme durchgesetzt und den Kalten Krieg gewonnen zu haben, war die Öffentlichkeit nach 1989 im Westen überzeugt, dass Marktwirtschaft, Demokratie und Rechtsstaat durch die Übernahme der neuen rechtsstaatlichen liberalen Verfassungen nun auch in Mittel- und Osteuropa nicht aufzuhalten sind. Aufbauend auf der Verankerung dieser Prinzipien in den Verfassungstexten sei die Verfassungstransformation zu steuern. Dabei war gerade erst in den 1980er Jahren die als „law and development" bezeichnete US-amerikanisch geprägte rechtswissenschaftliche Debatte über die Möglichkeiten der Entwicklung durch Recht als naiv zurückgewiesen worden. Mit dem Beginn der Entwicklungspolitik in der zweiten Hälfte des 20. Jahrhunderts und nach einer ersten Phase unreflektierter, ökonomisch motivierter Entwicklungszusammenarbeit hatte die US-amerikanische Rechtswissenschaft in den 1960er Jahren die Auseinandersetzung mit diesem Thema aufgenommen. Im Mittelpunkt des praktischen Interesses standen zu diesem Zeitpunkt Afrika und Lateinamerika. Teilweise zeigte damals auch die Rechtswissenschaft einen „messianistischen Rechtsoptimismus"[24]. Doch schon nach wenigen Jahren folgte in den 1970er Jahren die Ernüchterung verbunden mit einer Radikalkritik: Entwicklung sei nicht durch die Rezeption von Recht zu erreichen, Recht tauge nicht als Steuerungsinstrument der Entwicklung. Gerichte hatten sich im Entwicklungskontext nicht als neutrale Instanzen erwiesen, Recht wurde autoritär missbraucht. Die Verbindung von Recht und Entwicklung wurde von einem Radikalpessimismus überzogen. Gardner nennt diesen Ansatz in seinem Buch „Legal Imperialism" aus

---

24 Ebenda, S. 462.

dem Jahr 1980 „eine schreckliche Mischung aus gutem Willen, Optimismus, Eigeninteresse, Arroganz, Ethnozentrismus und schlichter Arroganz".[25]

Die Kritik an den Möglichkeiten des Rechts im Entwicklungsprozess hängt eng zusammen mit dem Aufschwung einer neoliberalen Entwicklungsökonomie, dem sog. Washington Consensus in den Jahren von 1980–1995. Dieses vom Internationalem Währungsfonds und der Weltbank geförderte Maßnahmenpaket aus Liberalisierung der Wirtschaft, Deregulierung, Privatisierung verfolgte zwar einen ganz anderen entwicklungspolitischen Ansatz, wurde aber – aus heutiger Sicht erstaunlich – erneut mit hohen Erwartungen und einer deutlichen Portion an Optimismus versehen. Mit dem Selbstbewusstsein, sich im Kampf der Systeme durchgesetzt und mit Francis Fukuyama das „Ende der Geschichte"[26] erreicht zu haben, rieten Ökonomen auch in Russland zur „Schocktherapie" mit der schnellen Auflösung der alten staatlichen Strukturen durch eine Massenprivatisierung der staatseigenen Betriebe.[27] Recht wurde nicht als Steuerungsinstrument von Entwicklung, sondern als Beschränkung für staatliche Entwicklung, als Mittel zur Auflösung der Staatswirtschaft betrachtet.

Nicht nur für Russland hatte dieser Ansatz desaströse Folgen. Die Privatisierung der Wirtschaft wurde in den 1990er Jahren zur Vermögensverteilung unter wenigen Insidern, da es nicht nur an privaten Firmen mit dem entsprechenden Kapital fehlte, die das Geld für die Investitionen legal verdient hatten, sondern auch an effektiven staatlichen Regulierungsorganisationen, die einen fairen Prozess hätten sicherstellen können. Die noch nicht reformierten sowjetischen Gerichte waren dazu nicht in der Lage. Die in der Sowjetunion ausgebildeten Juristen und Gerichte waren in den Fragen gesellschaftsrechtlicher Transaktionen nicht geschult. Doch die Reformer wollten nicht warten, bis unabhängige und fähige Justizorgane entstanden waren. Jede Form von Privateigentum erschien besser als Staatseigentum.[28]

Aus heutiger Sicht erklärt dies auch den Aufstieg von Präsident Putin seit dem Jahr 2000, der sich nun als Wiederhersteller der Staatlichkeit und der Gerechtigkeit inszenierte. Die gleichzeitige politische Instabilität und die desaströse wirtschaftliche und soziale Situation für einen Großteil der Bevölkerung in den 1990er Jahren führten dazu, dass die neuen verfassungsrechtlichen Grundprinzipien, Demokratie und Freiheit nur wenig euphorisch aufgefasst wurden. Putin

---

25 Gardner: Legal Imperialism, American Lawyers and Foreign Aid. – In: Gardner: Latin America, S. 4; siehe auch: Trubek und Galanter: Scholars in Self-Estrangement, S. 1062.
26 Fukuyama: The End of History and the Last Man.
27 Dazu selbstkritisch: Black, Kraakman und Tarassova: Russian Privatization and Coporate Governance: What Went Wrong?
28 Umfangreich: ebenda.

erklärt daraufhin die „Diktatur des Gesetzes" und stärkt die staatliche zentrale Macht, die weitgehend dem Präsidenten untergeordnet wird. Der erste Prozess gegen den in den 1990er Jahren reich gewordenen Unternehmer Michail Chodorkovskij und die anschließende Zerschlagung von Chodorkovskijs Yukos-Konzern werden zum Sinnbild für die neue Macht des Staates über die Wirtschaft. Dies stieß in der russischen Bevölkerung auf große Zustimmung. Auch nach dem ersten Prozess gegen Chodorkovskij sehen ihn in Russland deutlich mehr Menschen negativ als positiv.[29]

Die erneute Stärkung der Staatlichkeit ist für Putin vor allem eine Stärkung der Exekutive, bzw. der präsidentiellen Macht. Legislative und Judikative bleiben dagegen schwach. Die Unabhängigkeit der Justiz steigt nicht und das Parlament gerät unter den Einfluss des Präsidenten. Die Duma wird zunehmend durch die Putin-nahe Partei „Einiges Russland" dominiert, der Föderationsrat wurde lange Zeit indirekt durch den Präsidenten beeinflusst, als es dem Präsidenten möglich war, faktisch die Chefs der Exekutive in den Regionen zu ernennen, die zu einem Teil den Föderationsrat bildeten.

Der gleichzeitig als Reaktion auf den Neoliberalismus aufkommende neo-institutionelle Ansatz der Weltbank setzt zwar ebenfalls erneut auf die Bedeutung der Stärkung rechtlicher Institutionen im Rahmen der Entwicklungspolitik, allerdings sind es andere Institutionen als für Putin. Entscheidend ist nicht die präsidentielle Macht, sondern die Judikative. Wichtig wurden Schlagworte wie „rule of law" oder Rechtsstaatstransfer. Die Abkehr vom neoliberalen Denken in der Entwicklungsökonomie wurde um das Jahr 2000 prominent durch Nobelpreisträger Joseph Stieglitz stark gemacht, der erneut die Bedeutung einer institutionellen Infrastruktur der Marktwirtschaft und von Rechtsstrukturen unterstrich, die in der Lage sein müssten, Regulierungsmaßnahmen wirkungsvoll durchzusetzen.[30] „Stateless development" galt als gescheitert, stattdessen hieß es im entwicklungspolitischen und entwicklungsökonomischen Diskurs nun wieder „institution matters, law matters".

Dieser Ansatz blieb nicht auf den akademischen Bereich begrenzt, sondern wird auch von der Politik aufgegriffen und umgesetzt. Kurze Zeit später wird der Neoinstitutionalismus zum neuen „Washington consensus" der Weltbank und Grundlage für die Entwicklungspolitik. Auch die deutsche Regierung erkennt die

---

29 Umfrage der „Stiftung Öffentliche Meinung" (FOM) vom 21.–22. Mai 2005: http://bd.fom.ru/zip/tb0521.zip (28. März 2014).
30 Stieglitz: Whither Reform? Ten Years of Transition, Keynote address at the Annual World Bank Conference on Development Economics, Washington 1999. Abrufbar unter: http://sitere sources.worldbank.org/INTABCDEWASHINGTON1999/Resources/stiglitz.pdf (28. März 2014); sowie Stieglitz: Die Schatten der Globalisierung, Berlin 2002.

Bedeutung von Rechtsstaatlichkeit für die Entwicklungspolitik heute an. Beim Bundesministerium für wirtschaftliche Zusammenarbeit und Entwicklung heißt es:

> Gewährleistet ein Staat die grundlegenden Prinzipien von Rechtsstaatlichkeit und Rechtssicherheit, setzt er damit den Rahmen für eine geregelte und dennoch freie Interaktion aller gesellschaftlichen Akteure. Rechtsstaatlichkeit und Rechtssicherheit sind daher bedeutende Entwicklungskriterien und Voraussetzung für die Entfaltung demokratischer Strukturen sowie einer funktionierenden Marktwirtschaft.[31]

Auch außenpolitisch zählt der Rechtsstaatstransfer zu den zentralen Elementen der Entwicklungszusammenarbeit. So verabschiedeten z. B. die G8-Außenminster am 30. Mai 2007 in Potsdam die „Erklärung zur Förderung der Rechtsstaatlichkeit". Darin heißt es, dass die Förderung von Rechtsstaatlichkeit für jedes Land, das im Zeitalter der Globalisierung sozialen und wirtschaftlichen Fortschritt erreichen will, eine „zwingende Notwendigkeit darstelle und durch die internationale Gemeinschaft unterstützt werden müsse."[32]

3 Herausforderungen rechtlicher Entwicklungszusammenarbeit am Beispiel der Verfassungstransformation der postsowjetischen Staaten 1991–2014

Jenseits der Skepsis der Rechtswissenschaft über die Möglichkeiten von Verfassungstransfer und weitgehend fehlenden Nachweisen über erfolgreiche Strategien der Rechtszusammenarbeit ist die Stärkung der Rechtsstaatlichkeit in den letzten zwanzig Jahren nicht nur erneut ausdrückliches Ziel der Entwicklungs- und Außenpolitik geworden, im Hinblick auf die mittel- und osteuropäischen Staaten greifen darüber hinaus nunmehr sogar verschiedene normative Verpflichtungen zur Durchsetzung der Verfassungsgrundsätze Rechtsstaatlichkeit, Demokratie und Menschenrechte.

---

31 BMZ, Good Governance, Rechtsstaatlichkeit – zentrales Element guter Regierungsführung. Abrufbar unter: http://www.bmz.de/de/was_wir_machen/themen/goodgovernance/rechtsstaatlichkeit/index.html (28. März 2014).
32 Potsdamer Erklärung der Außenminister der G8 zur Förderung der Rechtsstaatlichkeit vom 30. Mai 2007. Abrufbar unter: G 8 Information Centre: http://www.g8.utoronto.ca/foreign/index.html (28. März 2014).

Einerseits haben sich die mittel- und osteuropäischen Staaten selbst den westlichen Verfassungsgrundsätzen verpflichtet. Dies geschah zum einen durch die Mitgliedschaft im Europarat und in der Europäischen Konvention für Menschenrechte, die mit Ausnahme von Belarus auch die osteuropäischen Staaten wie die Ukraine, Russland und die Kaukasus-Staaten ratifiziert haben. Hier verpflichten sich die Staaten untereinander ihren Bürgern Grundrechte zu gewähren, darunter auch das subjektive Recht auf ein faires Verfahren, das wesentliche Gesichtspunkte des Rechtsstaates mit einschließt.

Außerdem ist die Mitgliedschaft in der EU seit den 1990er Jahren wertegebunden. In die EU werden nur diejenigen Staaten aufgenommen, die nach Artikel 49 in Verbindung mit Artikel 2 EUV die Menschenwürde, Freiheit, Demokratie, Gleichheit, Rechtsstaatlichkeit und die Wahrung der Menschenrechte achten.

Andersherum ist die EU selbst in ihren Außenbeziehungen und somit auch gegenüber den osteuropäischen Staaten, die nicht EU-Mitgliedstaaten sind, an die Prinzipien Demokratie, Rechtsstaatlichkeit und Menschenrechte gebunden. Die Europäische Nachbarschaftspolitik, die Östliche Partnerschaft wie auch die Assoziierungsabkommen, wie jüngst das der EU mit der Ukraine, bauen auf der gemeinsamen Verpflichtung zur Stärkung von Demokratie, Rechtsstaatlichkeit, Menschenrechten und good governance auf. Die besondere Bedeutung dieser Werte ist Ausdruck der normativen Anforderung an die Gemeinsame Außen- und Sicherheitspolitik (GASP) der Europäischen Union (EU) aus Artikel 21 des Vertrags über die Europäische Union. Darin heißt es:

> Die Union lässt sich bei ihrem Handeln auf internationaler Ebene von den Grundsätzen leiten, die für ihre eigene Entstehung, Entwicklung und Erweiterung maßgebend waren und denen sie auch weltweit zu stärkerer Geltung verhelfen will: Demokratie, Rechtsstaatlichkeit, die universelle Gültigkeit und Unteilbarkeit der Menschenrechte und Grundfreiheiten, die Achtung der Menschenwürde, der Grundsatz der Gleichheit und der Grundsatz der Solidarität sowie die Achtung der Grundsätze der Charta der Vereinten Nationen und des Völkerrechts.

Damit ist die Förderung der Verfassungswerte Demokratie, Rechtsstaatlichkeit und Menschenrechte nicht mehr optional, sondern in den Außenbeziehungen zu den postsowjetischen Staaten heute normative Verpflichtung der EU und ihrer Mitgliedstaaten.

Gleichwohl gilt die Verfassungstransformation in den postsowjetischen Staaten mit Ausnahme des Baltikums heute als gescheitert. Stattdessen sind stabile autoritäre Regime entstanden.[33]

---

33 Vgl. Freedom House:Nations in Transit 2013: Authoritarian Aggression and the Pressures of

Vor diesem Hintergrund sollen einige Aspekte der Beratungspraxis in den postsowjetischen Staaten in den Blick genommen werden.

3.1 Recht und Kontext

Während die Theorie die Bedeutung der historischen, sozialen, kulturellen und politischen Bedingungen im Empfängerstaat für den erfolgreichen Rechtstransfer anerkennt, wird im Hinblick auf die rechtliche Beratungspraxis bemängelt, dass die mittel- und osteuropäischen Staaten von Rechtsberatern aus dem Westen nach 1991 nicht selten als juristische „tabula rasa" betrachtet wurden.[34] Die Staaten wurden so behandelt, als könne die neue Rechtsordnung von Null aufgebaut werden.

Dabei wurde außer Acht gelassen, dass gewisse rechtliche Strukturen aus sowjetischer und vorsowjetischer Zeit nicht einfach weggedacht werden konnten, sondern dass das Verständnis dieser Strukturen Generationen von Rechtsanwendern prägte und weiter prägt. Gerade im Verfassungsrecht waren die sowjetischen Rechtstexte den Formulierungen westlicher Verfassungen sehr ähnlich. Während die Sowjetunion der Form nach die Idee von Verfassung und Grundrechten übernimmt, wird mit dem konkretisierenden Adjektiv „sozialistisch" deutlich gemacht, dass sich ihre Inhalte von den „bürgerlichen" Verfassungskonzeptionen unterscheiden.[35] Begriffen wie Demokratie, Föderalismus oder Meinungsfreiheit lag das sozialistische Staatsverständnis zugrunde. Die in den Verfassungen von 1936 und 1977 geschützten Freiheiten des Wortes und der Presse standen unter einem deutlichen Schrankenvorbehalt: Garantiert wurden die Freiheiten in der sowjetischen Verfassung lediglich „in Übereinstimmung mit den Interessen des Volkes und zur Festigung und Entwicklung der sozialistischen Ordnung". Die Vorgängerverfassung von 1936 hatte von den „Interessen der Werktätigen" gesprochen. Wegen des Klassencharakters der Norm waren überhaupt nur Äußerungen von Meinungen über die Tätigkeit des sozialistischen Staates und der sozialistischen Gesellschaft geschützt. Kritik blieb bereits in der rechtswissenschaftlichen Theorie auf die Möglichkeit beschränkt, „Missstände

---

Austerity. Abrufbar unter: http://www.freedomhouse.org/report/nations-transit/nations-transit-2013#.UzFR2KAWmO1 (28. März 2014), oder Macków (Hrsg.): Autoritarismus in Mittel- und Osteuropa.

34 Insgesamt kritisch: Sajó: Was macht der Westen falsch bei der Unterstützung der Rechtsreformen on Osteuropa?; Babeck: Stolpersteine des internationalen Rechtsexports.

35 Zur Dichotomie von „sozialistischem" und „bürgerlichem Recht" nach der sowjetischen Rechtstheorie: Butler: Russian Law, S. 171–173.

und Versäumnisse in der Tätigkeit der staatlichen und gesellschaftlichen Organe aufzudecken".[36] Dabei musste die Kritik eine „positive Grundtendenz" aufweisen, d. h. der Festigung des sozialistischen Staates dienen. Nicht geschützt waren solche Vorstellungen, die die Gesellschaft schädigten.[37] Funktion der durch die Verfassung von 1977 geschützten Pressefreiheit ist die politische Führung und Erziehung unter Führung der Partei.[38] Auch in ihrer engen Konzeption sind die Freiheiten in der Sowjetunion nicht einklagbar. In der Praxis ist die Zensur allgegenwärtig.

Die Konzeption der postsowjetischen russischen Verfassung von 1993 grenzt sich deutlich von der totalitären Vergangenheit ab. Grundlage für das Verständnis der Kommunikationsfreiheiten bildet nunmehr Artikel 13, der die staatliche Ideologiefreiheit sowie die Anerkennung des Meinungspluralismus zu nur schwer abänderbaren Staatsstrukturprinzipien erhebt. Artikel 13 Absatz 3 schützt die politische Vielfalt und das Mehrparteiensystem. Als klare Reaktion auf die sowjetische Theorie und Praxis wird die Zensur nach Artikel 29 Absatz 5 Satz 2 abgeschafft.

Gleichwohl wird heute immer wieder deutlich, dass die alten sowjetischen Konzepte der Verfassungsauslegung im Sinne des liberalen Rechtsstaats westlicher Prägung im Wege stehen und die ihr zugrundeliegenden Konzeptionen überlagern. So entspricht das Verfassungsverständnis führender Akteure auch heute weniger dem neuen pluralistischen Ansatz, als vielmehr der Vorstellung, dass Kritik am Staat nicht zulässig ist. Vor diesem Hintergrund erscheint es bemerkenswert, dass der russische Verfassungsgerichtspräsident Valerij Zork'in die Proteste gegen die Fälschungen der Wahlen zur russischen Duma am 4. Dezember 2011 als „illegitim" verurteilt.[39] Der Protest gegen die staatliche Macht sei gegen die Demokratie und den Rechtsstaat gerichtet, da hier die Opposition als eine gesellschaftliche (Unter-)Gruppe die demokratische Entscheidung des ganzen Volkes und das staatliche Wahlprüfungsverfahren durch die Gerichte in Frage stelle. Der Protest wird mit „Antistaatlichkeit" (antigosudarstvennost') gleichgesetzt. Zor'kins Hauptvorwurf besteht darin, dass die Demonstranten mit ihrem Protest den russischen Staat und damit die Grundlage ihres Rechts auf Versammlungsfreiheit gefährdeten. Weil der Protest den Staat angreife, stünde er für eine „rechtswidrige Position" (nepravovaja pozicija). Der von der Opposition angegriffenen staatlichen Ordnung stellt er das Chaos als einzige denkbare Alternative

---

36 Vgl. Blankenagel – In: Fincke (Hrsg.): Handbuch der Sowjetverfassung, Bd. 1, Art. 50, Rn. 12.
37 Vgl. Ebenda, Art. 50, Rn. 12ff.
38 Vgl. Ebenda, Art. 50, Rn. 22.
39 Zor'kin: Rossija: dviženie k pravu ili chaosu? (Russland: Bewegung zum Recht oder zum Chaos?).

gegenüber. Insofern als der Text andersherum nicht definiert, wie viel Protest an den staatlichen Organen erlaubt ist, lässt er die Interpretation zu, dass jeglicher Protest am Staat und seinen Organen rechtswidrig sei.

Auch der Verfassungsbegriff selbst unterlag in der Sowjetunion einem alternativen Verständnis. Die sowjetischen Verfassungen waren weitgehend politische Dokumente, die an die jeweilige soziale Entwicklungsstufe des Staates angepasst waren und vom Gesetzgeber konkretisiert wurden. Erst die letzte sowjetische Verfassung wurde als Maßstab für die Akte der Staatsorgane verstanden, allerdings gab es erst kurz vor dem Untergang des Staates eine Verfassungskontrolle. Heute hat die Verfassung nach Artikel 15 „höchste juristische Kraft" gilt unmittelbar, ihre Einhaltung wird von einem Verfassungsgericht überwacht. In Anlehnung an Hans Kelsens „Reine Rechtslehre"[40] wird die Verfassung höchstes Recht und Maßstab für politisches Handeln. Nach dieser Vorstellung regiert das verfassungsrechtliche Sollen über das politische Sein. Einer der „Väter" der russischen Verfassung von 1993 bringt den Anspruch, eine Verfassung geschaffen zu haben, die sich von den sowjetischen Vorgängermodellen abgrenzt, deutlich zum Ausdruck:

> Will the new constitution differ substantively from its predecessors? Absolutely [...] First the Constitution will become a legal document in the strict sense, providing the legal basis for all the laws of the land. It contains the founding principles of the life of society and the functioning of the State. The text consists of precisely formulated principles and norms that will enable the Courts to decide the constitutionality of any action. Hence the constitution will be of immediate relevance to the Courts and other State organs.[41]

Doch auch heute wird die Verfassung in Russland teilweise nicht als Maßstab für die Gesetze verstanden, vielmehr hat das russische Verfassungsgericht in der Vergangenheit ein Verfassungsverständnis offenbart, wonach die Verfassung durch den Gesetzgeber nach einer Analyse der sozialen Verhältnisse „konkretisiert" werden kann. Ein Beispiel ist die viel gescholtene sog. Gouverneursentscheidung des russischen Verfassungsgerichts.[42] Vor dem Verfassungsgericht gerügt wurde ein Gesetz, das die Wahl der Chefs der Exekutive in den Regionen abschaffte. Nunmehr wurden diese auf Vorschlag des russischen Präsidenten von den regionalen Parlamenten gewählt. Der föderale Präsident konnte die regionalen Parlamente auflösen. Präsident Putin hatte diese Stärkung der sog. Machtvertikale mit der Notwendigkeit der Stärkung der staatlichen Einheit in

---

40 Kelsen: Reine Rechtslehre.
41 Rumyantsev: Russia's new Constitution, S. 39.
42 Entscheidung des russischen Verfassungsgerichts vom 21. Dezember 2005. Abrufbar unter: www.ksrf.ru (28. März 2014).

Zeiten des Terrors begründet. Der Vorschlag zur Gesetzesänderung war kurz nach der Geiselnahme von Beslan 2004 gekommen. Das Verfahren zur Zusammensetzung der Exekutive in den russischen Regionen (russ.: „Subjekte") wird von der russischen Verfassung nicht festgelegt. Allerdings erklärt sie Russland zu einem föderalen Staat. Artikel 11 der Verfassung regelt ferner, dass die Staatsgewalt in den Subjekten die *von diesen gebildeten Organen* ausüben. In einem Vorjudikat über die Verfassung eines Subjekts im Jahr 2000 hatte das Verfassungsgericht außerdem geurteilt, dass nach dem Prinzip der Volksherrschaft (Artikel 3 Abs. 2) in Verbindung mit Artikel 32, dem Recht der Bürger, die Organe der staatlichen Macht zu wählen, folgt, dass die höchste Amtsperson, sein Mandat unmittelbar vom Volk erhalten muss. Gleichwohl hat das russische Verfassungsgericht die Änderung, nach der die Chefs der Exekutive nun faktisch vom föderalen Präsidenten ernannt wurden, in der Entscheidung vom 21. Dezember 2005 nicht beanstandet. Mit dieser Begründung gab das Verfassungsgericht den Weg frei für die politische Marginalisierung der Subjekte. Für die Entscheidung musste das Verfassungsgericht viel Kritik einstecken. Kritisiert wurde, dass das russische Verfassungsgericht zu den betroffenen Verfassungsprinzipien Gewaltenteilung, Föderalismus und Demokratie in der Entscheidung kaum Stellung nahm. Die Prinzipen werden zwar erwähnt, deren Inhalte und insbesondere der Aufbau der Organe der Staatsgewalt sei jedoch auf jeder Entwicklungsetappe der Staatsgewalt vom Gesetzgeber neu festzulegen:

> Ausgehend von den Zielen und unter Berücksichtigung der aus der Verfassung RF folgenden Forderung nach einem Gleichgewicht zwischen den in der Verfassung RF geschützten Werten *und den nationalen Interessen* korrigiert die RF eigenständig auf jeder Entwicklungsetappe ihrer Staatlichkeit den von ihr festgelegten rechtsstaatlichen Mechanismus, und zwar auch insofern als die Gewährleistung der Einheit des System der Staatsgewalt und die Abgrenzung der Zuständigkeitsbereiche und Kompetenzen zwischen den Organen der Staatsgewalt der RF und den Organen der Staatsgewalt der Subjekte der RF betroffen ist.

Da die Verfassung das Verfahren zur Besetzung der Posten nicht ausdrücklich regele, ergäbe sich eine Kompetenz des föderalen Gesetzgebers. Dieser ist, wie zitiert, dann vor allem an die gegenwärtigen Verhältnisse gebunden. Das Verfassungsgericht geht jedoch noch einen Schritt weiter. Um die Abweichung vom Vorjudikat zu rechtfertigen, kommt es zu dem Schluss, dass das Verfassungsgericht an die sozialen und rechtlichen Bedingungen gebunden ist und damit auch an neue Gesetze, die die Verfassungsgrundsätze konkretisieren:

> Da die Bestimmungen der Verfassung der RF sowohl unmittelbar als auch mittels der sie konkretisierenden Gesetze in einem bestimmten Rechtssystem und im historischen Kontext wirken, können Rechtsauffassungen, [...], präzisiert oder geändert werden, um den Sinn,

den Wortlaut und den Geist von Verfassungsbestimmungen unter Berücksichtigung der konkreten sozialen und rechtlichen Bedingungen ihrer Umsetzung einschließlich der Änderungen im System der rechtlichen Regulierungen adäquat zu ermitteln.

Wie im sowjetischen Recht kann die Verfassung in der Interpretation des Verfassungsgerichts durch den Gesetzgeber am Maßstab des sozialen Seins konkretisiert werden. Nicht die Gesetze werden am Föderalismusprinzip gemessen, sondern die Verfassungsauslegung richtet sich nach den Gesetzen.

Insofern ist *constitutional borowing* nicht mit dem Inkrafttreten der neuen Verfassung abgeschlossen. Vielmehr beginnt ein Resemantisierungsprozess, bei dem die Ideen und die Konzepte der Akteure entscheidend sind.

Wichtig ist auch die intensive Auseinandersetzung der Empfänger mit dem Kontext einer Norm im Entsendestaat. Wie der Berater die Umstände im Empfängerstaat kennen muss, muss der Empfänger das zu übertragende Recht verstehen. Dies betrifft nicht nur den staatlichen Gesetzgeber, sondern gerade den Rechtsanwender. Gerade im Verfassungsrecht verbirgt sich hinter einer Rechtsnorm, hinter einem kurzen Artikel ein komplexes manchmal über Jahrhunderte gewachsenes Gedanken- und Wertekonzept. Dies trifft in besonderem Maße auf den Rechtsstaatsbegriff zu, der sich über die Jahrhunderte kontinuierlich entwickelt.[43]

3.2 Recht und Institutionen

Insofern als die Anwendung und Auslegung der Gesetze durch die Akteure entscheidend ist, sind auch die gesellschaftlichen Institutionen relevant, in denen die Entscheidungen getroffen werden. Rechtszusammenarbeit kann nicht bei Gesetzgebungsberatung stehen bleiben, wenn es keine Institutionen gibt, die das Recht in der anvisierten Form anwenden. Gerade in den GUS-Staaten gibt es aber nach der Rechtsberatung häufig technisch bessere Gesetze als in Westeuropa, ohne dass die Rechtsanwendung in der erwarteten Weise funktioniert. In der Ukraine konnte z. B. das von der Venedig-Kommission (Europäische Kommission für Demokratie durch Recht) beim Europarat umfangreich beratene[44] und westlichen Standards weitgehend entsprechende neue Justizgesetz von 2010 nicht

---

43 Vgl. Schmidt-Aßmann: Der Rechtsstaat. – In: Isensee und Kirchhof (Hrsg.): Handbuch des Staatsrechts, Bd. 2, S. 3.

44 Die verschiedenen Berichte der Venedig-Kommission zu den Gesetzgebungsentwürfen sind abrufbar unter: http://www.venice.coe.int/webforms/documents/?country=47&year=all (28. März 2014).

verhindern, dass selektive Justiz gegenüber Mitgliedern der Opposition ausgeübt wurde.[45] Genauso konnte das neue, ebenfalls westlichen Gesetzen nicht nachstehende ukrainische Wahlgesetz aus dem Jahr 2012 nicht faire Wahlen garantieren, Mitglieder der Opposition saßen nach unfairen Verfahren im Gefängnis.[46]

Während z. B. in Russland Justizreformen nicht vorangebracht werden und somit bereits aufgrund der bestehenden Justizgesetzgebung Richter nicht unabhängig agieren können,[47] gibt es in der Ukraine bessere Gesetze, die Unabhängigkeit der Justiz wird aber von der Politik nicht akzeptiert. Dies zeigt sich durch die tatsächliche oder faktische Auflösung von Gerichten, deren Urteile als nicht passend erachtet werden oder die eindeutig politisch motivierte Richterbesetzung. Justiz wird als politisches Machtmittel verstanden.[48]

Letztlich ist es wichtig, dass Richter in der Lage sind, Rechtstexte nach eindeutigen, vorher festgelegten Methoden zu interpretieren. Nicht nur im Verfassungsrecht, sondern auch im Strafrecht lassen Rechtstexte teilweise unterschiedliche Interpretationen zu. Richter müssen entscheiden können, ob ein Punkgebet in einer Kirche unter den Straftatbestand des „Rowdytums" zu subsumieren ist, wie beispielswiese im Fall der Gruppe „Pussy Riot". [49] Das Rowdytum im russischen Strafgesetzbuch zählt zu den deutlich unbestimmten Artikeln im Gesetz. Vor allem ist es erforderlich, dass die Gerichte die Normen des einfachen Rechts am Maßstab des höherrangigen Verfassungs- oder Völkerrechts auslegen und Entscheidungen des Verfassungsgerichts und des Europäischen Gerichtshofs für Menschenrechte beachten. Im Fall Pussy Riot hätte das Gericht beispielsweise die Rechtsprechung zur Meinungsfreiheit beachten müssen, was nicht geschah. Der EGMR hat deshalb in der Vergangenheit bereits mehrfach gerügt, dass russische Gerichte bei der Anwendung einfacher Gesetz, diese nicht im Lichte der EMRK und der Rechtsprechung des EGMR auslegen. [50]

Insofern bedarf es eine gute, auf die Praxis ausgerichtete Rechtsausbildung, einer Infrastruktur, über die sich Richter über relevante Entscheidungen höherer Gerichte informieren können, aber auch eine wissenschaftliche Auseinanderset-

---

45 Siehe die dazu ergangenen Entscheidungen des Europäischen Gerichtshofs für Menschenrechte: Tymoshenko ./. Ukraine, Az.: 49872/11 vom 30. April 2013; Lutsenko ./. Ukraine, Az.: 6492/11 vom 3. Juli 2012.

46 Vgl. dazu den Bericht der OSZE, Parliamentary Elections, 28th October 2012. OSCE/ODIHR Election Observation Mission Final Report. Abrufbar unter: http://www.osce.org/odihr/elections/98578 (28. März 2014).

47 Schwartz und Sykiainen: Judicial Independence in the Russian Federation, S. 971 ff.

48 Vgl. von Gall: Die Entwicklung der ukrainischen Justiz unter Janukovič.

49 Vgl. dazu von Gall: Vorerst gescheitert: „Pussy Riot" und der Rechtsstaat in Russland.

50 Entscheidung des Europäischen Gerichtshofs für Menschenrechte, Az. 4977/05, Reznik /. Russland vom 4. April 2013 und Az. 8921/05, Igor' Kabanov / Russland vom 3. Februar 2011.

zung mit der Frage, wie die Gesetze auszulegen sind, denn wie im Fall „Pussy Riot"
ist teilweise in Gerichtsentscheidungen nicht klar, ob diese überhaupt nach klar
definierten, rationalen Theorien und Methoden aufgebaut werden.

3.3 Recht und Identität

Häufig zu kurz kommt letztlich der Aspekt, dass Verfassungstransfer in Mittel-
und Osteuropa in hohem Maße durch die gewollte oder gerade nicht gewollte
Zugehörigkeit zum westlichen Europa als Wertegemeinschaft geleitet wird. So wie
sich der neu gegründete russische Staat mit der neuen Verfassung von 1993 vom
sowjetischen Modell abgrenzen wollte, so bringen die übrigen nun unabhängigen,
ehemals sowjetischen Republiken mit ihren neuen Verfassungen in den frühen
1990er Jahren auch ihre Abkehr von der Sowjetunion als Staatengemeinschaft zum
Ausdruck. Das gewählte westliche Verfassungsmodell ist klar Ausdruck der
Unabhängigkeit von der Sowjetunion. Die ehemals sowjetischen Republiken demonstrieren mit der Annahme westlicher Verfassungen, dass das sowjetische
Regime, die so empfundene Fremdherrschaft überwunden wurde. Die Aufnahme
des Parteienpluralismus in die Verfassung galt der Kommunistischen Partei, die
Meinungsfreiheit den Lügen der Parteiführer, Marktwirtschaft für Wohlstand und
Demokratie für das Ende der kommunistischen Unterdrückung, häufig ohne dass
sie die neuen Werte in ihrer selbständigen Bedeutung verhandelt wurden.[51]

Als Reaktion auf die pro-westliche Euphorie der frühen 1990er Jahre, die auch
im russischen Verfassungstext Ausdruck findet, kommt nach den wirtschaftlichen
und politischen Schwierigkeiten der 1990er Jahre in den Folgejahren in Russland
eine Strömung auf, die die Verfassungsinhalte gerade aufgrund ihres westlichen
Ursprungs ablehnt.[52] Prominenter Vertreter dieses Ansatzes ist der Dichter Aleksandr Solženicyn.[53] Dem westlichen Verfassungsverständnis wird eine besondere
russische Haltung zu Staat und Recht entgegengesetzt, die stärker die Gemein-

---

[51] Die knappe Auseinandersetzung mit den Prinzipien der neuen Verfassungstexte wird deutlich bei der Analyse der russischen Materialien zur Entstehungsgeschichte der Verfassung: Fond
Konstitucionnych reform, Iz istorii sozdanija Konstitucii Rossijskoj Federacii, Konstitucionnaja
komissija: stenogrammy, materialy, dokumenty (1990–1993 gg.) v 6 t. (10 kn.), (Aus der Geschichte der Entstehung der Verfassung der Russischen Föderation, Stenogramme, Materialen,
Dokumente (1990–1993) in sechs Bänden (10 Bücher), pod obšej redakciej kandidata juridičeskich nauk O.G. Rumjanceva, Moskau 2007–2010 .
[52] Siehe dazu: Nußberger: Der „Russische Weg" – Widerstand gegen die Globalisierung des
Rechts?
[53] Solženicyn: Kak nam obustroit' Rossiju (Wie müssen wir Russland aufbauen)? Abrufbar
unter: http://www.lib.ru/PROZA/SOLZHENICYN/s_kak_1990.txt (28. März 2014).

schaft als das Individuum in den Mittelpunkt rückt und der Moral zu Lasten des Rechts mehr Platz einräumt. Diese Debatte greift den wichtigen Diskurs des 19. Jahrhunderts nach der Zugehörigkeit Russlands zum Westen auf. Ausgangspunkt war damals die Feststellung, dass die Rechtsidee in Europa stärker ausgebildet war als in Russland. Auf dieser Grundlage stritten Intelligencija und Wissenschaft in Russland, ob Russland diese Entwicklung nachholen oder aufgrund der Andersartigkeit der Kultur einen eigenen Weg gehen müsse.[54]

Gerade in Russland wird in den letzten zehn Jahren erneut die Vorstellung vom eigenen Weg verbreitet, dem die Rechtsberatung von außen im Wege steht. Ebenfalls stark ist das Argument, dass Russland mehr Zeit brauche, die Einführung der Verfassung in den 1990er Jahren sei übereilt erfolgt. Entsprechend wenig Bereitschaft zeigt Russland, sich von der Venedig-Kommission beim Europarat beraten zu lassen.[55] Anders als die Ukraine hat Russland in den letzten Jahren bei der Venedig-Kommission keine Gesetze vorgelegt, um eine Rechtsmeinung von ausländischen Beratern einzuholen. Insgesamt fehlte in Russland im Unterschied zur Ukraine oder den Kaukasus-Staaten die Bereitschaft zur Rechtszusammenarbeit im Verfassungsrecht. Auch die deutsch-russische Modernisierungspartnerschaft klammerte den Bereich Rechtsstaatsentwicklung weitgehend aus.

4 Ausblick

Der Aufbau von Rechtsstaatlichkeit als Voraussetzung für die friedliche und stabile Entwicklung eines Staates ist heute zentrale Prämisse der Entwicklungspolitik. Doch nicht nur das: Die Bindung an Rechtsstaatlichkeit, Demokratie und Menschenrechte in der Außenpolitik ist auch normative Verpflichtung der EU und ihrer Mitgliedstaaten. Die Politik gegenüber den postsowjetischen Staaten muss dies berücksichtigen. Gleichzeitig haben sich zahlreiche postsowjetische Staaten selbst durch den Beitritt zur Europäischen Konvention für Menschenrechte völkerrechtlich zur Umsetzung von Menschenrechten und rule of law verpflichtet. Der Europarat muss die Umsetzung dieser Verpflichtungen sicherstellen.

---

54 Siehe dazu exemplarisch den Streit zwischen den Rechtswissenschaftlern Kistjakovskij und Novgorodcev: Bogdan Kistjakovskij, V zaščitu prava (Zur Verteidigung des Rechts). – In: Vechi, Moskau 1909, in deutscher Übersetzung: Zur Verteidigung des Rechts, in: Schlögel (Hrsg.): Wegzeichen, S. 212–250 und Paul Nowgorodzeff: Über die eigentümlichen Elemente der russischen Rechtsphilosophie.

55 Siehe dazu die Datenbank der Venedig-Kommission: http://www.venice.coe.int/webforms/documents/?country=26&year=all (28. März 2014).

Der rechtlich abgesicherte Anspruch an die entsprechend ausgerichtete Verfassungstransformation hilft der Entwicklungszusammenarbeit jedoch kaum, wenn der Wille zur Transformation auf der Empfängerseite nicht vorhanden ist. Insofern steht die Entwicklungszusammenarbeit vor einem Dilemma. Zentral bleibt die Bereitschaft auf Empfängerseite. Der Begriff der Entwicklungszusammenarbeit greift dies grundsätzlich auf. Er betont die Zweiseitigkeit und die Prozesshaftigkeit von Rechtstransfer. Er akzeptiert, dass nicht ein fertiger Modellgesetzentwurf an zahlreiche Länder „verkauft" werden kann.

In Bezug auf die Bereitschaft in den postsowjetischen Staaten – wie für die Ukraine oder Georgien – scheint die Möglichkeit der Einbindung in die europäischen Verträge als wichtiger Anreiz. Auf der anderen Seite hat Russland in der jüngsten Auseinandersetzung in der Ukraine gezeigt, dass es den Maidan als Protest für die Westanbindung der Ukraine und die Werte Rechtsstaatlichkeit, Menschenrechte und Demokratie als Bedrohung empfindet und darauf – mit der Annexion der Krim – heftig reagiert.[56] Zentral für den postsowjetischen Raum ist damit auch die Bereitschaft Russlands zur Rechtsstaatstransformation, die gegenwärtig kaum vorhanden ist.

Historisch-politisch stellt sich die Frage, ob es die europäischen Staaten in den letzten zehn Jahren versäumt haben, mit dem offiziellen Russland und auch der Zivilgesellschaft stärker zu kooperieren und in diesem Zusammenhang auch einen intensiveren Dialog über Russlands Verpflichtungen aus der EMRK zu führen und ob auf dieser Grundlage intensivere Rechtsstaatsreformen möglich gewesen wären oder ob die Bereitschaft dazu im System Putin von Anfang an nicht da war.

Allerdings wurde Rechtsstaatlichkeit auch in Westeuropa nicht als fertiges Produkt erdacht und anschließend umgesetzt, sondern hat sich über die Jahrhunderte mit Erfahrungen, aber auch mit Wertekonzepten der Gesellschaft entwickelt und entwickelt sich weiter. Wenn Rechtsberatung in Osteuropa auch aus gegenwärtiger Perspektive in vielfacher Hinsicht als gescheitert gelten muss, bleibt aus der Perspektive des Rechtsstaats damit die Hoffnung, dass sich dessen zugrunde liegende Ideen in der Zukunft durchsetzen können. Im 19. Jahrhundert, als junge russische Rechtswissenschaftler nach Antworten suchten, kamen sie zahlreich nach Deutschland, studierten hier und brachten Rechtsideen mit in das russische Zarenreich.[57] Dort entwickelten sie diese weiter und gaben der deutschen und internationalen Debatte neue Impulse.

---

56 Putin: Ansprache an die Mitglieder der Föderalversammlung vom 18. März 2014. Englische Übersetzung: http://eng.kremlin.ru/news/6889 (28. März 2014).
57 Vgl. z.B. Schlüchter: Recht und Moral, Argumente und Debatten „zur Verteidigung des Rechts" an der Wende vom 19. zum 20. Jahrhundert in Russland".

Ein Rechtskonzept kann zunächst abgestoßen werden, es kann sich aber dann Jahre später durchsetzen. Für diese Vorstellung argumentiert Osiantynski, der Verfassungskonzepte als Ideen beschreibt und darlegt, Ideen „originate at one place and time, travel to other places along unpredictable routes; often they are discharged, but sometimes embraced and/or applied."[58]

Literaturverzeichnis

Babeck, Wolfgang: Stolpersteine des internationalen Rechtsexports, Forum Recht Online, 4/2002, http://www.forum-recht-online.de/2002/402/402babeck.htm (28. März 2014).

Black, Bernhard, Kraakman, Reinier und Tarassova, Anna: Russian Privatization and Coporate Governance: What Went Wrong? – In: Stanford Law Review 52 (2000), S. 1731–1808.

Butler, William E.: Russian Law. 3rd ed. Oxford: Oxford University Press 2009.

Choudhry, Sujit (Hrsg.): The Migration of Constitutional Ideas. Cambridge: Cambridge University Press 2006.

Epstein, Lee, and Knight, Jack: Constitutional borrowing and nonborrowing. – In: I.CON (2003), S. 196–223.

Fincke, Martin (Hrsg.): Handbuch der Sowjetverfassung. Bd. 1–2. Berlin: Duncker & Humblot 1983 (Veröffentlichungen des Osteuropa-Institutes, München, Wirtschaft und Gesellschaft. 19).

Fond Konstitucionnych reform, Iz istorii sozdanija Konstitucii Rossijskoj Federacii, Konstitucionnaja komissija: stenogrammy, materialy, dokumenty (1990–1993 gg.) v 6 t. (10 kn.), (Aus der Geschichte der Entstehung der Verfassung der Russischen Föderation, Stenogramme, Materialen, Dokumente (1990–1993) in sechs Bänden (10 Bücher), pod obšej redakciej kandidata juridičeskich nauk O.G. Rumjanceva, Moskau 2007–2010.

Fukuyama, Francis: The End of History and the Last Man. New York: Free Press 1992.

Gadamer, Hans-Georg: Wahrheit und Methode. 4. Aufl. Tübingen: Mohr 1975.

Gall, Caroline von: Die Entwicklung der ukrainischen Justiz unter Janukovič. – In: Jahrbuch für Ostrecht (2011), S. 207–228.

Gall, Caroline von: Vorerst gescheitert: „Pussy Riot" und der Rechtsstaat in Russland. – In: Russland-Analysen, Nr. 246 vom 2.11.2012, S. 2–5.

Gardner, James A.: Legal Imperialism, American Lawyers and Foreign Aid in Latin America. Madison: University of Wisconsin Press 1980.

Gordon, Ruth: Growing Constitutions. – In: University of Pennsylvania Journal of Constitutional Law (1999), S. 528–582.

Hattenhauer, Hans (Hrsg.): Thibaut und Savigny. Ihre programmatischen Schriften. 2. Aufl. München: Vahlen 2002.

Jhering, Rudolph von: Geist des römischen Rechts auf den verschiedenen Stufen seiner Entwicklung. T. 1. Leipzig: Breitkopf u. Härtel 1866.

Kahn, Paul W.: Comparative Constitutionalism in a New Key. – In: Yale Law Journal 101(8) (2003), S. 2677–2705.

---

58 Wiktor Osiantynski: Paradoxes of constitutional borrowing. – In: I. Con (2003), S. 245.

Kelsen, Hans: Reine Rechtslehre: Einleitung in die rechtswissenschaftliche Problematik. Leipzig und Wien: Deuticke 1934.

Kistjakovskij, Bogdan: V zaščitu prava (Zur Verteidigung des Rechts). – In: Vechi, Moskau 1909, in deutscher Übersetzung: Zur Verteidigung des Rechts. – In: Schlögel, Karl (Hrsg.): Wegzeichen. Zur Krise der russischen Intelligenz. Essays von Nikolaj Berdjaev et al. Eingeleitet u. a. d. Russ. übers. von Karl Schlögel Frankfurt a. M.: Eichborn 1990, S. 212–250.

Legrand, Pierre: The Impossibility of Legal Transplants. – In: Maastricht Journal of European & Comparative Law (1997), S. 111–124.

Macków, Jerzy (Hrsg.): Autoritarismus in Mittel- und Osteuropa. Heidelberg: VS Verlag für Sozialwissenschaften 2009.

Montesquieu, Charles-Louis de Secondat, Baron de la Brède et de M.: Vom Geist der Gesetze. Übersetzt von Kurt Weigand. Neuauflage. Stuttgart: Reclam 2003.

Münch, Ingo von: Rechtsexport und Rechtsimport. – In: Neue Juristische Wochenschrift (1994), S. 3145–3147.

Nowgorodzeff, Paul: Über die eigentümlichen Elemente der russischen Rechtsphilosophie. – In: Philosophie und Recht (1922). S. 49–63.

Nußberger, Angelika: Der „Russische Weg" – Widerstand gegen die Globalisierung des Rechts? – In: Osteuropa Recht (2007), S. 371–385.

Nußberger, Angelika: Verfassungstransfer von West nach Ost: Illusion, Desillusion, Neubeginn. – In: Osteuropa (2010), S. 81–97.

Osiantynski, Wiktor: Paradoxes of constitutional borrowing. – In: I.CON (2003), S. 244–268.

Perju, Vlad: Constitutional Transplants, Borrowing, and Migrations. – In: Michel Rosenfeld und András Sajó (Hrsg.): The Oxford Handbook of Comparative Constitutional Law. Oxford: Oxford University Press 2012, S. 1304–1327.

Rieger, Michael, und Wischmeyer, Thomas: „Rechtliche Zusammenarbeit" mit Transformations- und Entwicklungsländern als Gegenstand öffentlich-rechtlicher Forschung. – In: Der Staat (2011), S. 436–468.

Rumyantsev, Oleg: Russia's new Constitution. – In: Journal of Democracy 2 (1991), S. 35–46.

Sajó, András: Was macht der Westen falsch bei der Unterstützung der Rechtsreformen on Osteuropa? – In: Kritische Justiz 30 (1997), S. 495–503.

Schlüchter, Anita: Recht und Moral, Argumente und Debatten „zur Verteidigung des Rechts" an der Wende vom 19. zum 20. Jahrhundert in Russland". Zürich: Pano 2008.

Schmidt-Aßmann, Eberhard: Der Rechtsstaat. – In: Josef Isensee und Paul Kirchhof (Hrsg.): Handbuch des Staatsrechts. 3. Aufl. Bd. 2–3. Heidelberg: C. F. Müller 2004–2005.

Schwartz, Olga, und Sykiainen, Elga: Judicial Independence in the Russian Federation. – In: Anja Seibert-Fohr (Hrsg.): Judicial Independence in Transition. Heidelberg: Springer 2012, S. 971–1064.

Solženicyn, Aleksandr: Kak nam obustroit' Rossiju (Wie müssen wir Russland aufbauen)? Abrufbar unter: http://www.lib.ru/PROZA/SOLZHENICYN/s_kak_1990.txt (28. März 2014).

Stieglitz, Joseph: Die Schatten der Globalisierung. Berlin: Siedler 2002.

Stieglitz, Joseph: Whither Reform? Ten Years of Transition. Keynote adress at the Annual World Bank Conference on Development Economics, Washington 1999. Abrufbar unter: http://siteresources.worldbank.org/INTABCDEWASHINGTON1999/Resources/stiglitz.pdf (28. März 2014).

Symposium on Constitutional Borrowing. – In: International Journal of Constitutional Law (2003).

Teubner, Gunther: Rechtsirritationen: Der Transfer von Rechtsnormen in rechtssoziologischer Sicht. Festschrift für Erhard Blankenburg. – In: Jürgen Brand und Dieter Stempel (Hrsg.): Soziologie des Rechts. Festschrift für Erhard Blankenburg zum 60. Geburtstag. Baden-Baden: Nomos 1998 (Schriften der Vereinigung für Rechtssoziologie. 24), S. 233–244.

Trubek, David, und Galanter, Mark: Scholars in Self-Estrangement: Some Reflections on the Crisis in Law and Development Studies in the United States. – In: Wisconsin Law Review (1974), S. 1062–1102.

Vogenauer, Stefan: Sources of legal method in Comparative law. – In: Matthias Reimann und Reinhard Zimmermann (Hrsg.): The Oxford Handbook of Comparative Law. Oxford: Oxford University Press 2006, S. 869–898.

Watson, Alan: Legal Transplants. 2. Aufl. Athens, GA: University of Georgia Press 1993.

Zor'kin, Valerij: Rossija: dviženie k pravu ili chaosu? (Russland: Bewegung zum Recht oder zum Chaos?). – In: Rossiskaja gazeta vom 26. Januar 2012.

Ngok Kinglun

The Transition of Social Protection in China

Abstract: This essay intends to examine the evolution of the social protection system in the People's Republic of China (PRC). In doing so, the development of social protection in China is roughly divided into two stages: pre-reform (1949–1978) and post-reform (since 1978). During the pre-reform stage, China developed a dualistic collective-based social protection system which offered differential treatment to rural and urban residents through work units and rural communes. The post-reform period has witnessed the decline of collective-based social protection in the 1980s and the early 1990s, the formation of social insurance-based social protection in the 1990s, and the expansion of social protection since 2002. It is argued that although China's social protection has been undergoing rapid expansion since the dawn of the 21st century, social citizenship has not become a policy issue in the development of social protection. How to develop a unified social protection system based on the principle of universal social rights is still a dream for the Chinese people.

China's long-documented history shows that, traditionally, the family was revered as the core unit of society and the primary provider of social care[1]. The family kinship system functioned as the most important safety net.[2] The influence of government was mediated through kin and local groups. Under Confucian paternalism, the imperial government and the elite were responsible for the provision of public welfare. The most vulnerable, particularly those without familial support, were eligible for government aid. Although the government played an important role in famine relief and natural disaster relief, the role of government in people's wellbeing was supplementary, and public welfare provisions were minimal and temporary. In the era of the Republic of China, prior to 1949, due to a lack of state authority and a poor economy, China failed to establish a solid social protection system. Although some social legislation was enacted during this period, there was neither sufficient authority nor resources to en-

This essay appeared in 2013 as chapter 3 of: James Midgley and David Piachaud (eds.): Social Protection, Economic Growth and Social Change. Goals, Issues and Trajectories in China, India, Brazil and South Africa. London, UK: Edward Elgar Publishing 2013, pp. 29–43.

1 Wong: Marginalization and Social Welfare in China.
2 Chen: Guilty of Indigence: The Urban Poor in China, 1900–1953.

force it, with only small scale experiments on workers' welfare funds and social insurance attempted. In contrast to this weak state provision, charitable bodies, especially missionaries, played a notable role in social protection, filling the vacuum created by family structures weakened by war and widespread destitution.[3] On the whole, the pre-revolutionary social protection system in China was characterized by a residual model of welfare with Chinese idiosyncrasies, which coexisted with an economy of scarcity and subsistence agriculture.[4]

The tradition of relying on families and local collectives in welfare provision was maintained after China was transformed into a socialist state in 1949. From this time, China's social protection system has undergone significant changes. This chapter intends to examine the changes in the social protection system since the foundation of the People's Republic of China (PRC). Aside from the introduction and conclusion, this chapter has three sections: the first discusses the social protection system from 1949 when PRC was established to the beginning of the economic reform of the late 1970s; the second looks at the changes to social protection before 2002; the third examines new developments since 2002.

1 Social Protection before the Economic Reform (1949–1978)

If we use the economic reform starting from the late 1970s as a turning point, the development of social protection in China can be roughly divided into two stages: pre-reform and post-reform. The latter can be further divided into three sub-stages, which will be examined later.

During its period of planned economy, guided by socialist ideology, China promoted public ownership of productive materials and on the basis of this, the government prioritized equity and stressed organized distribution. Economically, the state prioritised heavy industries. At the same time, it used the *hukou* (Household Registration) system to divide rural and urban populations, and set up two separate social protection systems in rural and urban areas. During this period, the state monopolized major social resources and controlled individual lives and the opportunities for personal development. In a highly organized, centralized and monotonous social structure[5], a state-dominated social protection system that differentiated rural and urban areas was set up. This became the

---

3 Wong: Marginalization and Social Welfare in China.
4 Ibid.
5 Leung and Ngan: Authority and Benevolence: Social Welfare in China.

foundation of a Chinese society that was characterized by dualism. In this dualistic 'socialist China' the state's role in providing social welfare had two branches: an institutional branch in which the state provided relatively comprehensive welfare and services to urban residents, especially workers based on the work unit, the state-owned enterprise (SOE) system; and a residual branch in which the state only provided very limited assistance and support to urban and rural residents who were not part of the work unit system. The provision of social protection was mainly through urban work units and rural people's communes.

In cities and towns, the state set up a social protection system for urban workers based on the labour insurance system, which was set up in the early 1950s. Labour insurance initially covered only industrial workers in state-owned enterprises, but later extended to employees in service industries. According to Wong, the labour insurance system for the urban workforce had three salient features. First, it offered comprehensive benefits, including protection for sickness, invalidity, maternity, medical care, retirement and death. Second, benefits levels were generous. Third, they were non-contributory and were funded entirely by employers. These features made labour insurance "comparable to the most advanced social insurance systems in the world"[6]. The labour insurance system, along with other collective welfare facilities provided by enterprises such as dormitories, canteens, bath houses, nurseries, clinics, libraries and schools, meant that SOE – also called the "work unit system"[7] or "work unit socialism"[8] – acted as a "mini welfare state"[9]. This social protection system played a key role in meeting basic needs of workers and their dependents, and was considered to be the masterpiece of socialism. Like state workers, cadres, party employees in state organizations and other public institutions were protected comprehensively by publicly funded social programmes such as free medical care, pensions, housing, and other benefits in cash and in kind.

In rural areas, the population was organized in people's communes, "multifunctional units for production, consumption, residence, social services, and development entrepreneurship"[10]. As a collective institution, communes provided protection for peasants from many risks, such as bad weather, poor harvests,

---

6 Wong: Marginalization and Social Welfare in China, p. 190.
7 Lu: The work unit – a special type of social organization.
8 Womack: An exchange of views about basic Chinese social organization-transfigured community.
9 Gu: Dismantling the Chinese mini-welfare state? Marketization and the politics of institutional transformation, 1979–1999.
10 Shue: The Reach of the State: Sketches of the Chinese Body Politic, p. 60.

natural disasters and deprivation arising from disability[11]. In this sense, communes gave rural families a measure of material security. The welfare arrangements made by communes included cooperative medical care, the "five guarantees" scheme, relief for households suffering from hardship, disaster relief and aid to veterans[12]. The "five guarantees" system, established in 1956, provided the most basic social protection in rural areas. Under this system, rural collectives guaranteed food, clothes, healthcare, housing and burial services for the elderly, disabled, widowed and children without income, working ability and family support[13]. This basic social protection system is still in use in 2012. Compared with their city-dwelling counterparts, peasants in rural areas had a very low level of social protection and the types of risks covered were also very limited.

In sum, during Mao's era, China developed a dualistic collective-based social protection system which offered differential treatment to rural and urban residents through work units and rural communes. Though collectivism made minimal state welfare tolerable[14], the state did directly or indirectly play an important role in providing social protection. Of course, compared with rural residents, those in cities, especially state workers and officials, benefited much more from the state-dominated social protection system. While the level of welfare benefits between rural and urban areas were vastly different, there was no serious social inequality within urban and rural areas. During this period, China was considered to be one of the most equal societies in the world. It is generally believed that prior to the economic reform of the late 1970s, the Chinese government successfully guaranteed the basic needs of the population despite the economy not being developed, with the social system being more developed than the economic system[15].

---

11 Wong: Marginalization and Social Welfare in China.
12 For details, see ibid.
13 Ibid.
14 Ibid.
15 Guan: Forewords. – In: Xu: Towards a Developmental Social Policy: A Study of the Transition of Social Policy in China.

2 Changes in Social Protection Post-Economic Reform (1978–2002)

Since the inception of the "reform and opening" policy in the late 1970s, in order to change the backward status of the national economy, China engaged in a large-scale socio-economic transformation oriented towards economic development. During this transition, the state focused on economic development. The government's role in creating economic policies was stressed, and social protection policies were adapted to serve the economy. The purpose was to promote the enhancement of economic efficiency and economic growth. During the period from 1978 to 2002, two sub-stages in the development of social protection policy can be identified.

2.1 First sub-stage (1978–1992): the decline of collective-based social protection

The post-Mao economic reform started in rural areas in the late 1970s when the Household Responsibility System (HRS) was introduced to stimulate farmers' work incentives. With the widespread introduction of the HRS, the old commune system was dismantled by the mid-1980s. With the initial success of the rural economic reform, the Chinese government extended the reforms to the cities in the mid-1980s, and the SOEs became the main target of reform. By the mid-1980s, many SOEs were facing increasing competition from non-state enterprises. In order to make SOEs more competitive in a market-orientated economy, the government tried to reform the rigid employment and wage system practiced in SOEs. The most significant break with the old employment system was, undoubtedly, the introduction of a labour contract system in 1986. It indicated that the government broke the previous promise of full employment to socialist workers. As a result of the contract-based employment policy, Chinese workers had to cope once more with unemployment after the three decades of job security in a communist economy[16].

In rural areas, the decollectivization of agricultural production and the death of the commune system since the late 1970s yielded great incentives to peasants' production, and brought about positive impacts on rural development. However, the dismantling of rural economic collectives and the lack of collective accumu-

---

16 Chan, Ngok and Philips: Social Policy in China.

lation for welfare purposes had produced many social regressions. Without the protection provided by the collective, the vast majority of the rural population had to be responsible for their own welfare, including the support of the elderly, children and dependants. The "five guarantees" scheme targeted at the most vulnerable peasants stood on the verge of collapse as peasants were reluctant or unable to pay welfare levies. Without the funding for operations, the once-praised cooperative medical scheme – a collective health insurance scheme in rural China – collapsed, leaving more than 80 per cent of the Chinese population uncovered by any health care insurance.

Though SOEs in China functioned as important welfare institutions, their contribution to the national economy was limited as the majority of them were unable to run at a profit. Lack of production incentive, poor management, waste, overstaffing, high costs of employee welfare and low labour mobility led to the inefficiency of SOEs. To make SOEs competitive and profitable, the government decided to launch an enterprise reform in 1984. In doing so, the first strategy was to reform the employment system, which until this point was so rigid that it was known as the "iron rice bowl". As well as diversifying channels of employment, one fundamental reform measure was to introduce a contractual system of employment, indicating the end of the more secure "iron rice bowl". In line with the reform of the employment system, in particular the introduction of the labor contract system, China established an unemployment insurance system, which provided protection for contractual workers when their employment contract expired. At the same time, pension insurance was placed on the reform agenda. Shanghai and several other cities started to experiment with social pooling for urban pensions. Though its costly welfare function was recognized as one of the key reasons for the plight of SOEs, no significant reform measure was introduced to dismantle the work unit welfare state in the 1980s.

In view of the declining welfare function of the work units, China started to turn to 'communities' for welfare delivery. In 1987, the Ministry of Civil Affairs proposed to develop urban community services. In that year, the Ministry of Civil Affairs held a community service forum and made it clear that it would encourage community members to provide social services in the spirit of mutual help and solve the social issues locally.[17]

---

17 Wong: Marginalization and Social Welfare in China.

2.2 Second sub-stage (1992–2002): the formation of social insurance-based social protection

If we can claim that the 1980s was a period of declining collective-based social protection, especially in rural China, the 1990s was a period of dramatic change in social protection, as shown by the collapse of work unit welfare system and the formation of a social protection system dominated by social insurance programmes. During this period, radical enterprise reforms forced the SOEs to gradually separate their welfare functions from their commercial activities, spelling the end of the work unit welfare system. As an alternative to the collective welfare arrangements, the Chinese government intended to establish social insurance-oriented social protection for the urban workforce. Meanwhile, due to the withdrawal of the state from social welfare services and the growing marketization of education, health care, housing and other social policy areas[18], all of the main areas of social protection policies underwent major restructuring.

After the Tiananmen Square protests of 1989 and the collapse of communist regimes in the Soviet Union and Eastern Europe in the early 1990s, the pursuit of economic growth turned into a 'GDPism' (economic growth worship) in China as economic prosperity became the key source of the legitimacy of the Communist Party. Thus, the Chinese government formulated a policy guideline of "efficiency first, equity second". As a corollary, economic development as measured by the growth rate of the Gross Domestic Product (GDP) became the paramount policy goal of the Chinese government. The state, resultingly, focused only on GDP growth and ignored its role in ensuring all people benefited from the resulting economic prosperity.

To support the reforms of SOEs and minimize the fiscal burden of the state, the government took many measures to reduce welfare expense, minimize the welfare commitments of SOEs and privatize public services. Social welfare programs which were originally attached to SOEs were gradually divested. In other words, SOEs were no longer able to provide generous packages of welfare and benefits, such as pensions, healthcare, housing, and schooling to their employees. Meanwhile, public money for public services was gradually reduced due to the limited fiscal capacity of the state. To finance public services, government departments, SOEs and service providers in the public sectors were encouraged to make use of market mechanisms in service provision. As a result, marketization became popular in the main public services sectors, such as education and

---

18 Wong and Flynn (eds.): The Market in Chinese Social Policy.

health care[19]. The market-oriented economic reforms and marketization of public services brought about uncertainties and risks to hundreds and thousands of people, especially those worked in the SOEs.

The repercussions of SOE-reform on the urban workforce are notable. Workers not only lost the generous package of occupational benefits, but were also exposed to the threat of joblessness. In other words, urban workers found themselves in the situation of losing job security and social security at the same time. Furthermore, no social protection programs were set up for new workers engaged in new economic entities, such as private enterprises and foreign invested enterprises (FIEs), and people engaged in self-employment. This lack of social protection would constitute a hindrance for the development of a healthy market economy. Against this backdrop, the state decided to restructure the social protection system for the urban workforce. Drawing lessons from the work unit welfare system, the state determined to establish social insurance-based social protection with a risk-sharing mechanism and multiple funding sources.

In order to deepen the reform of SOEs, minimize the state's financial responsibility, and maintain social stability, the state decided to establish a multi-level social security system in the mid-1990s, which included social insurance, social assistance, welfare service, preferential treatment for soldiers and their family members, mutual assistance and personal saving[20]. The key element of this social security system was a cluster of social insurance programmes, including unemployment, retirement, occupational injury, healthcare, and maternity. As mentioned above, unemployment insurance was initiated in the mid-1980s and improved in the 1990s. During this period, of primary importance was the construction of an old-age insurance system for urban workers. The efforts to set up a unified pension insurance scheme started in 1993; after several years of discussion, deliberation and experimentation, a basic pension insurance system for enterprise employees was formally introduced in 1997. This basic pension scheme for urban workers was composed of two tiers: social pooling and individual accounts. The first tier (social pooling) was based on a pay as you go (PAYG) structure and financed by employers. The second tier (the individual account) was a defined contribution scheme financed by both employees and employers. The 1997 pension insurance reform marked the shift of urban workers' pension schemes from a pure PAYG mode to a mixed pension mode.

On top of the introduction of the workers' pension insurance scheme, the state also established in 1998 a new medical insurance system for urban workers

---

19 Ibid.
20 Zheng: The Changes and Evaluation of China's Social Security System

to replace the old healthcare scheme based on the labor insurance system. Like the workers' pension insurance scheme, this new social health insurance system was also funded by a mixture of social pooling and individual accounts.

Although the new social insurance-based social protection began to take shape in the 1990s, the emerging social insurance system was proven inadequate and inefficient in coping with the mounting unemployment and urban poverty caused by the reform of SOEs; it left more people outside of the social protection system, which posed a threat to social stability. From the mid-1990s to the early 2000s, more than twenty million workers in SOEs were made redundant and released from the production process. These workers were called *xiagang* (laid-off) workers[21]. Many urban people fell into poverty even though they were employed or had a pension or other benefits. The size of the new urban poor in China was estimated, based on different methods, to range from 12 million to 30 million[22]. The majority of the new poor consisted of retirees, the unemployed, laid-off employees and even current employees from SOEs for whom benefits or wages could not be delivered timely and sufficiently[23]. This became a source of social instability. To pacify the laid-off workers and poor retirees, the government decided to restructure the traditional social relief system and set up an alternative welfare mechanism to address the financial needs of the new poor. In doing so, an anti-poverty policy, known as the Minimum Living Standard Scheme (MLSS) began to be instituted throughout the country from the mid-1990s.

In sum, during this stage, social protection in China went through fundamental changes, which signalled a profound paradigm shift in Chinese social policymaking[24]. The policy objectives shifted from prioritizing social equity to economic efficiency. In order to invigorate SOE and promote economic growth, the collective-based inclusive social protection, with its superior treatment of working men and women in general and of the industrial workers in particular, was gradually dissolved. Social insurance became the backbone of Chinese social protection. However, more time is needed for the burgeoning social insurance system to provide enough protection for workers and the general public. Meanwhile, market mechanisms were introduced in the provision of basic public services such as education, healthcare and housing. Individuals and households were required to share the cost of social protection with the state and work units. As a result, many people lost their basic social protections. The neglect of the

---

21 Wong and Ngok; Social Policy between Plan and Market.
22 Leung: The emergence of social assistance in China.
23 Ministry of Civil Affairs, China Civil Affairs' Statistical Yearbook 2011.
24 Mok: The paradigmatic shifts of China's social policy since the inception of reform and open door policy.

basic needs of the ordinary people has led to much social unrest since the late 1990s.

3 Changes in Social Protection Post-Economic Reform since 2002: The Expansion of Social Protection

The creeping social unrest and increasing social pressures caused by the unbalanced economic growth and social development, especially the outbreak of the Severe Acute Respiratory Syndrome (SARS) crisis and its social consequences in 2003, made the new generation of political leadership aware of the importance of social protection and social development in China[25]. The swelling government purse has made it possible for the expansion of welfare commitment of the state. Against this backdrop, a rapid expansion of social protection has taken place in China in the first decade of the new century.

In October 2003, the Chinese Communist Party (CCP) introduced the concept of a "Scientific Outlook to Development" (CCP, 2003). In September 2004, the CCP proposed the idea of building a "harmonious society" (CCP, 2004). In October 2005, social development was formally listed as a major task of the CCP, which expressed its determination to "pay more attention to social equity and make all people share the benefits of reform and development" (CCP, 2005). In October 2006, the CCP issued the "Decision on several major issues of building a socialist harmonious society" (CCP, 2006) which marked the beginning of a new era of social protection. The "Decision" proclaimed that the state would make efforts to achieve social development, improve social management and push for social progression alongside economic, political and cultural progression. According to the "Decision", by the year 2020, the trend of growing rural-urban and regional inequality would be gradually reversed; a reasonable and ordered pattern of social distribution would be in shape; and a social protection system that covers both rural and urban residents would be set up and a more comprehensive basic public services system would be developed. In October 2007, the CCP stressed that the government must

> pay more attention to social construction as it develops the economy, and make an effort to protect and improve people's livelihoods, to expand public services, improve social management, facilitate social equity and justice, to try hard to make the whole population

---

25 Ngok: State Capacity, Policy Learning and Policy Paradigm Shift.

to be educated if they attend schools, to be paid as they work, to be treated as they are ill, to be provided as they become older, to be housed as they need to be sheltered, and to push for the construction of a harmonious society.[26]

This was the most comprehensive statement by the CCP on reconstructing the social protection system in China. Some salient features of this round of social protection expansion can be identified:

First, the development of rural social protection has increased the social inclusion of peasants who were previously excluded by the urban-biased social protection regime in China for a long time. Under the policy of building a new socialist countryside, the central government has made many efforts since 2003 to promote social development in rural areas, especially to increase the income of peasants. As a result of the reform of rural taxes and fees, the agricultural tax was completely rescinded throughout the country in 2006. Meanwhile, the state has dramatically increased its budget expenditure on agriculture, rural areas and farmers. The MLSS was extended to cover the rural population in 2007. The New Agricultural Cooperative Medical System was established in 2003 and covers almost all peasants in villages. A new type of pension insurance for rural residents has been progressing since 2009. Children in rural areas have been entitled to nine years of free education since 2007.

Second, social protection for migrant workers, the farmer-turned new working class in the making[27] has been increased. For a long time, migrant workers did not have access to the social protection available to urban residents. To give more protection to rural migrants, the urban social insurance schemes have been extended to cover migrant workers since 2003. More public services, especially labour market services have been open to migrant workers. Many cities have carried out new policy measures to accept migrant workers as urban residents. Education services for the children of migrant workers have become a top priority in the education policy agenda.

Third, voluntary services and philanthropy have been encouraged as a way to increase participation in social protection. More and more voluntary associations and philanthropic agencies and charitable foundations have been created to boost community-based welfare and services.

Lastly, the social work profession has been created to develop community social care and services. Until the beginning of the 2000s, the social work profession, social work posts, and social work services did not exist in China. With the development of social care services in urban communities, social

---

26 Hu: Hold High the Great Banner of Socialism with Chinese Characteristics.
27 Mok and Ngok: A new working class in the making?

work has been recognized as a profession and social workers have become an important force in social service provision.

Of these developments, the most important one is the expansion of the Minimum Living Standard Scheme throughout the country. The first decade of the new century has witnessed a rapid growth of both the urban and rural MLSS. The number of urban MLSS claimants increased from 11.7 million in 2001 to 23.1 million in 2010. More than 52 million peasants were beneficiaries of the rural MLSS in 2010, an increase from 3 million in 2001 (Ministry of Civil Affairs, 2011).

Besides providing cash benefits to poor residents, the state also became more active in addressing the medical, educational and housing needs of poor people: in 2003, the rural medical aid system began to be established in China; in 2004, the government started to set up an educational assistance system; in 2005, the urban medical assistance system began to take shape. China has established a social assistance policy framework which consists of the MLSS for both urban and rural residents, the "five guarantees" scheme for the poorest rural residents, emergency aid for the victims of natural disasters, aid for homeless people in urban areas, and some special programs to supplement the MLSS, such as educational aid, medical aid, and housing allowance. Even legal aid is regarded as an integral part of the social assistance system in China[28].

The social insurance system is also in the process of expansion and improvement. In 2005, the state decided to expand the coverage of the basic pension insurance for urban workers, and gradually turn the personal accounts from a PAYG system to a partially-funded accumulated system. In 2008, migrant workers, non-public sector employees and people in flexible employment were also encouraged to participate in social insurance schemes. With the enactment of the Social Insurance Law in 2010, the state seeks to speed up fund-pooling at provincial level, and to develop a unified and transferable social insurance entitlement nationally. China has established three basic pension schemes to provide social protection for workers, civil servants and farmers. They are: a budget-financed pension scheme for civil servants and employees of public institutions, a basic pension scheme for urban workers, and a newly developed rural social pension scheme for rural residents. Civil servants and employees of public institutions enjoy generous pension benefits that amount to 88 to 90 per cent of their salary at retirement (assuming an overall career length of 35 years or longer). Recently, in order to alleviate the financial burden, the Chinese

---

28 Ngok: The Changing Role of the State in Welfare Provision.

central government has launched pilot reforms of the pension scheme for employees of public institutions in several provinces. However, this effort has encountered strong resistance from those with vested interests.

4 Conclusion

Going through the history of social protection since 1949, we can see that the social protection system in China has changed in line with the changing social and economic environments. Before the economic reform of the late 1970s, the state, by making use of the collectives such as work units in cities and communes in villages, dominated and even monopolized social protection provision. There was no market provision nor non-government donation. In this period, the nascent socialist nation launched major social reform and introduced a series of progressive social protection policies, among which of primary importance was the labour insurance system for urban workers. Though the state emphasized social equality and welfare redistribution and took on major responsibilities in the provision of social welfare services, a dualistic social protection framework was created for urban and rural China. As social rights were tied to household registration status and employment status, there were serious discrepancies between rural social protection and urban social protection in terms of coverage and benefit levels. Even within urban social protection, social rights were conferred according to the ownership structure of individual work units and the employment status of workers. As a corollary, there was no uniformity of social protection in China. In addition, social protection before the economic reform was characterized by the fusion of social welfare services with the employment system. This important feature led to the formation of the work unit welfare system, which had a significant impact on the work and life of urban workers[29].

The advent of a market economy from the end of 1970s has undermined and overturned the existence of collective-based social protection in the planned economy. To replace and augment the pre-existing social protection framework, the state sought to establish in the 1990s a multiple-level social protection system with social insurance schemes as its core. The efforts to build a comprehensive social insurance system had some success in the 1990s, with four insurance schemes gradually established, including unemployment, pension, work injury and healthcare. Unlike the old labour insurance system, which actually became

---

29 Lu: The work unit – a special type of social organization; 1989; Walder: Communist Neo-traditionalism: Work and Authority in Chinese Industry.

an enterprise insurance scheme in 1969 when its risk-sharing mechanism was broken down during the Cultural Revolution, the emerging social insurance system aimed to be accessible to the whole of society, with unified funding and universal coverage. Notwithstanding, the new social insurance system still suffered from limited coverage, fragmented and overly decentralized management and insufficient funds, and could not satisfy the huge social needs of workers brought about by the market economy. In light of this, the state decided, in the late 1990s, to establish a modern social assistance based on the MLSS. However, these efforts were confined mainly to providing protection for state workers who were negatively impacted by the collapse of the work unit welfare system. The new workforce created by the market economy, especially the huge number of migrant workers, was not adequately protected.

More importantly, in the 1990s, as economic development became the major state goal, and social policy had to serve economic growth, the state directed fewer resources towards social protection; many welfare and social services that used to be provided by the state (via SOEs) were shifted to individuals, households, communities and the market. In the provision of basic services such as education, healthcare, employment and housing, there was a trend toward marketization. As a result, despite significant economic growth, a massive socially disadvantaged population also emerged due to a lack of effective social protection, placing huge pressure on social stability.

At the start of the 21st century, in light of a series of social issues, such as rural and urban disparity, regional inequality and unbalanced social and economic development, the Chinese government decided to prioritize social protection and strike a balance between economic growth and social development. Thus, an expansion of social protection came into practice in 2003. As a result, many old social programs have expanded their coverage, particularly the social insurance programs, and a number of new social policy programs have been launched, moving China's social protection regime beyond the occupation-based social insurance model. In 2012, China's social protection covers not only urban workers, but also migrant workers, and those outside of the formal labour market as well as within it, albeit with different degrees of protection.

China's social protection during the planned economy era was designed to "serve the economic goals"[30]. Social protection was regarded as part of the production process: it was a means to satisfy "workers" rather than citizens' needs. The state did not really address citizenship and social citizenship; on the contra-

---

30 Ngok: State Capacity, Policy Learning and Policy Paradigm Shift.

ry, it used the household registration system to institutionalize the differences between rural and urban identity and the entitlement to welfare.[31]

Although China's social protection has been undergoing rapid expansion since the dawn of the 21st century, social citizenship has not become a policy issue in the development of social protection. To a large extent, the current social protection expansion is not a result of a strong social welfare movement or a labour movement existing as part of a strong civil society. Instead, it is the result of the response of the Chinese leadership to the social crisis brought about by the all-out development approach practiced in the last two decades of the 20th century. In other words, these changes are related to the imperative to maintain social and political stability. Though the coverage of social protection is enlarged, and more of the population is included, China's existing social protection is still under the influence of the *hukou* system, the localization of social spending, and the over-decentralization of social administration. Even the social insurance system is suffering from financial and administrative fragmentation. The central government's efforts to upgrade the management of the funding for the basic pension insurance for urban workers have been fruitless due to resistance from local areas, especially those which are well-off. As local governments, under political pressure from the central government, have put much more effort into developing social protection, a strong trend of localization or regionalization of social protection based on local citizenship and local finance is taking shape, which will lead to a proliferation of local welfare states in China[32]. If this trend persists, it will be more difficult for China to develop nationally unified social protection. As Wong points out[33], for the Chinese population, the prospect of universal social rights is a distant vision.

References

CCP (Chinese Communist Party): The Decision on Several Issues about the Improvement of the System of Socialist Market Economy, October 14, Beijing: CCP Document 2003.

CPP (2004): The Decision on Strengthening the Building of the Party's Governing Capacity, September 19, Beijing: CCP Document 2004.

CPP (2005): The Suggestions on the Formulation of the Eleventh Five-Year Plan of National Economy and Social Development, October 11. Beijing: CCP Document 2005.

---

31 Shi: Sub-nationalization of Social Protection.

32 Ngok and Zhao: The Development of Localization of Social Security System and its Constraints.

33 Wong: Marginalization and Social Welfare in China.

CPP (2006): The Decision on Several Major Issues of Building a Socialist Harmonious Society, October 11, Beijing: CCP Document 2006.

Chen, Janet Y.: Guilty of Indigence: The Urban Poor in China, 1900–1953. Princeton, New Jersey: Princeton University Press 2012.

Chan, Chak Kwan, Kinglun Ngok, and David Phillips: Social Policy in China: Development and Well-being. Bristol: Policy Press 2008

Gu, Edward X.: Dismantling the Chinese mini-welfare state? Marketizaion and the politics of institutional transformation, 1979–1999. – In: Communist and Post-communist Studies 34 (2001), pp. 91–111.

Guan, Xinping: Forewords. – In: Daowen Xu: Towards a Developmental Social Policy: A Study of the Transition of Social Policy in China. Beijing: Social Sciences Academic Literature Press 2008, pp. i–v.

Hu, Jintao: Hold High the Great Banner of Socialism with Chinese Characteristics and Strive for New Victories in Building a Moderately Prosperous Society in All Respects, a report to the Seventeenth Party Congress, October 15. Beijing: CCP Document 2007.

Leung, Joe C.B.: The emergence of social assistance in China. – In: International Journal of Social Welfare 15 (2006), pp. 188–198.

Leung, Joe C. B., and Richard C. Nann: Authority and Benevolence: Social Welfare in China. Hong Kong: The Chinese University Press 1995.

Lu, Feng: The work unit – a special type of social organization. – In: Chinese Social Sciences 1 (1989), pp. 71–89.

Ministry of Civil Affairs, China Civil Affairs' Statistical Yearbook 2002.

Ministry of Civil Affairs, China Civil Affairs' Statistical Yearbook 2011.

Mok, Ka Ho: The paradigmatic shifts of China's social policy since the inception of reform and open door policy. – In: Chinese Public Policy Review 2 (2008), pp. 1–21.

Mok, Ka Ho, and Ngok Kinglun: A new working class in the making? The rise of the peasant workers and implications for social policy in China. – In: Work: Journal of Prevention Assessment and Rehabilitation 38, 3 (2010), pp. 241 256.

Ngok, Kinglun: State Capacity, Policy Learning and Policy Paradigm Shift: The Case of the Institutionalization of the "Theory of Scientific Development" in China. – In: Korean Journal of Policy Studies 24, 2 (2009), pp. 1–23.

Ngok, Kinglun: Social Assistance Policy and Its Impact on Social Development in China: The Case of the Minimum Living Standard Scheme (MLSS). – In: China Journal of Social Work 1 (2010), pp. 35–52.

Ngok, Kinglun: The Changing Role of the State in Welfare Provision: Sixty Years of Social Policy Development in China. – In: Chinese Public Policy Review 4 (2010), pp. 39–69.

Ngok, Kinglun, and Zhao Hui: The Development of Localization of Social Security System and its Constraints: A Case Study of the Integration of Social Pension Insurance Systems in Dongguan City, Guangdong Province. – In: Public Management Research 7 (2011), pp. 39–52.

Shi, Shih-Jiun: Sub-nationalization of Social Protection: The Spatial-Politics Transformation of Social Citizenship in China. – In: Taiwanese Sociology 18 (2009), pp. 43–93.

Shue, Vivienne: The Reach of the State: Sketches of the Chinese Body Politic. Stanford: Stanford University Press 1988.

Walder, Andrew G.: Communist Neo-traditionalism: Work and Authority in Chinese Industry. Berkeley: University of California Press 1986.

Womack, Brantley: An exchange of views about basic Chinese social organization – transfigured community: neo-traditionalism an work unit socialism in China. – In: The China Quarterly 126 (1991), pp. 313–332.

Wong, Linda: Marginalization and Social Welfare in China. London and New York: LSE and Routledge 1998.

Wong, Linda: Market Reforms, Globalization and Social Justice in China. – In: Journal of Contemporary China 13 (38) (2004), pp. 151–171.

Wong, Linda, and Norman Flynn (eds.): The Market in Chinese Social Policy. London: Palgrave 2001.

Wong, Linda, and Kinglun Ngok: Social Policy between Plan and Market: "Xiagang" (Off-Duty Employment) and the Policy of the Re-employment Service Centers in China. – In: Social Policy and Administration 40, 2 (2006), pp. 158–173.

Zheng, Gongcheng: The Changes and Evaluation of China's Social Security System. Beijing: Renmin University Press 2002.

Gao Xujun
Rechtsreform und Rechtsentwicklung in China

Abstract: China hat in den letzten vierzig Jahren eine gewaltige Rechtsreform durchgeführt. Dadurch ist in China ein modernes Rechtssystem zustande gekommen. Im Folgenden werden nicht nur die Hintergründe dieser Reform im Detail diskutiert, sondern auch die wichtigsten Reformmaßnahmen dargestellt und beurteilt abschließend ausführlich nicht nur die positiven sozialen Auswirkungen dieser Reform, sondern auch ihre negative Seite.

1 Einleitung

Im Jahr 1978 begann die chinesische Regierung einen langen Prozess der Reform des Wirtschaftssysteme und des politischen Systems, wobei die Reform des Rechtssystems einen prominenten Platz einnahm. Erst im März 2011 erklärte die chinesische Regierung, dass der Aufbau eines Rechtssystems mit chinesischer Prägung vollendet sei und China alle notwendigen Gesetze erlassen habe, die die Rechtsverhältnisse in den Bereichen der Wirtschaft, der Politik, der Kultur, des Sozialwesens und der Umwelt regelten[1]. Trotz dieses großen Reformprojekts reißt in Deutschland wie in den anderen westlichen Staaten die Kritik an der Rechtsstaatlichkeit Chinas nicht ab. In den Medienberichten wie in der Öffentlichkeit herrscht nach wie vor die Auffassung, dass China noch kein Rechtsstaat sei[2]. Es soll im Folgen den aus chinesischer Perspektive untersucht werden, ob solche Auffassungen begründet sind und wie die gegenwärtige Rechtslage in China tatsächlich aussieht. Politisch gesehen ist Recht ist stets ein Mittel, um ein bestimmte politische Zielvorstellungen zu verwirklichen. So steht das neue Recht in China dient dazu, die *politischen* Reformen zu unterstützen, der Hintergrund zunächst erörtert werden soll, bevor die die Rechtsstaatentwicklung in China erörtert in den Blick genommen wird.

---

1 http://www.gov.cn/2011lh/content_1821675.htm (30.03.2014).
2 Sieren: China bleibt vom Rechtsstaat weit entfernt; Mertgen: China und der Rechtsstaat.

2 Der Hintergrund der Rechtsreform

Vor Beginn der Reformen war die chinesische Gesellschaft jahrzehntelang politischen Kampagnen ausgesetzt. Nach der Gründung der Volksrepublik China im Jahr 1949 erlebte das Land zunächst eine friedliche politische und wirtschaftliche Entwicklung, wurde diese Entwicklung immer wieder von politischen Kampagnen unterbrochen. Zu nennen ist zunächst der „Große Sprung nach vorn" (1957–1962), Mit Hilfe dieser Kampagne sollten nicht nur die konservativen politischen Kräfte in China bekämpft werden, sondern man wollte auch die großen Unterschiede zwischen Land und Stadt beseitigen und den wirtschaftlichen Rückstand gegenüber den westlichen Industrieländern aufholen und dadurch die Übergangsperiode zum Kommunismus deutlich verkürzen. Zu nennen ist auch die „Kampagne gegen Korruption, Verschwendung und Bürokratie" in der Landwirtschaft (1962); im Laufe der Kampagne wurden korrupte Beamten oder Mitglieder der Kommunistischen Partei aus der Regierung oder Partei ausgeschlossen und bestraft.

Eine dritte wichtige politische Kampagne, der die „Sozialistische Ausbildungskampagne" (1964–1966), ist in China als „Vier Säuberungen Kampagne" (四清运动) bekannt. Sie wurde von Mao Zedong im Jahr 1964 gestartet. Der Zweck des Kampagne war es, so genannte „Reaktionäre" innerhalb des Beamtenapparats aus der Kommunistischen Partei Chinas auszuschließen. Mao Zedong war überzeugt, dass die Beamten der Regierung und Mitglieder der Partei sowohl gegen die Angriffe des Kapitalismus als auch des Feudalismus aktiv kämpfen müssten, denn die Beamten und Parteimitglieder seien leichte Beute für Angriffe von dieser Seite und neigten zur Korruption. Ziel der Kampagne war, dass jeder sich selbst kritisieren und dadurch politisch, wirtschaftlich, organisatorisch und ideologisch ‚reinigen' sollte. Um dieses Ziel zu erreichen wurden viele Intellektuelle in die Dörfer geschickt, um dort eine ‚Weiterbildung' durchzumachen. Als vierte wichtigen Kampagne der fünziger bis siebziger Jahre gilt die Kulturrevolution (1966–1976). Diese politische Kampagne hatte alle Chinesen im Blick. Während dieser Zeit wurden viele Beamten ihrer Ämter enthoben, die meisten Professoren mussten ihre Universitäten verlassen. Nicht die Arbeit stand im Mittelpunkt sondern die Teilnahme an der politischen Kampagne und die Bekämpfung der sogenannten „Landbesitzer, reichen Bauern, Revolutionsgegner, schlechten und rechts gerichteten Personen"[3] zu bekämpfen. Diese große soziale Katastrophe hat die chinesische Gesellschaft lange geprägt.

---

3 http://baike.baidu.com/view.556836.htm?fr=aladdin.

Dies sind nur die wichtigsten politischen Bewegungen zwischen 1949 und 1978, die nicht nur ihre Spuren in der chinesischen Gesellschaft hinterlassen haben, sondern auch die positive Entwicklung der chinesischen Gesellschaft behindert haben, wie im Folgenden gezeigt werden soll.

2.1 Außerkraftsetzung des Rechtssystems

Mit der Gründung der Volksrepublik China im Jahre 1949 hat die chinesische Regierung alle alten Gesetze, die in der Republik China galten, für nichtig erklärt. Gleichzeitig war sie damit beschäftigt, neue Gesetze auszuarbeiten, damit die neue sozialistische und wirtschaftliche Rechtsordnung aufgebaut werden konnte. Im Jahr 1950 wurde nicht nur das „Familiengesetz", sondern auch das „Reformgesetz der Agrarböden" verabschiedet[4]. Bis zum Jahre 1954 wurde nicht nur die erste Verfassung erarbeitet und verabschiedet, sondern es wurden auch eine Reihe von Gesetzen erlassen, um damit Regelungen für das das politische und wirtschaftliche System des Landes, die Strukturen der staatlichen Organe und deren Befugnisse sowie die Rechte und Freiheiten der Bürger zu regeln. Zu den damals erlassenen Gesetzen finden sich z. B. das „Organisationsgesetz des Volkskongresses", das „Organisationsgesetz des Staatsrats", das „Organisationsgesetz des Volksgerichts" und das „Organisationsgesetz der Volksstaatsanwaltschaft".[5] Eine grundlegende Rechtsordnung war damit geschaffen.

Doch die ununterbrochenen politischen Kampagnen sollten diese Rechtsordnung außer Kraft setzen. Insbesondere die Kulturrevolution hatte nicht nur alle geltenden Gesetze beiseite geschoben, sondern auch alle Staatsorgane wie die Regierung, die Gerichte, die Staatsanwaltschaften und die Polizei zerstört; ganz China befand sich damals im Chaos.

2.2 Die Gefahr der Insolvenz in der Wirtschaft

Neben der Zerstörung des gerade erst aufgebauten Rechtssystems durch die genannten politischen Bewegungen hatten die langjährigen politischen Kampagnen auch die Wirtschaft Chinas ruiniert. Die wichtigste Aufgabe aller Chinesen war es damals, sich aktiv an den politischen Kampagnen zu beteiligen, da sonst die

---

4 Zhao, Zhongfu: The Civil Legislation and Judiciary at the Initial Stage of the Establishment of the People's Republic of China (中华人民共和国建立初期的民事立法与司法).
5 Zhou, Wangsheng (周旺生): Fifty years of Chinese legislation – 1949–1999 a view on Chinese legisation (中国立法五十年——1949-1999年中国立法检视).

Gefahr drohte, als Reaktionär betrachtet und verhaftet zu werden. Die Fabriken in den Städten und die Landwirtschaft produzierten nicht mehr, sondern waren in den politischen Kampagnen aktiv, was in ganz China bis 1977 zu einem Mangel an Industrieprodukten und an Agrarprodukten führte[6]. Die meisten Einwohner hätten sich die Produkte auch nicht leisten können. Bis zum Ende der 80er Jahre des letzten Jahrhunderts stand die chinesische Wirtschaft am Rande der Insolvenz.

2.3 Schließung der Universitäten

Nicht nur die Fabriken hatten die Produktion eingestellt, auch die Universitäten hatten aufgehört ihre Studenten ordnungsgemäß auszubilden. Das konnten sie auch nicht mehr, denn die Professoren waren zur Weiterbildung bzw. zur ideologischen ‚Reinigung' entweder auf einen Bauerhof oder in eine Fabrik geschickt worden, während die Bauern und Arbeiter an ihrer Stelle an den Universitäten unterrichteten. Es ist daher selbstverständlich, dass chinesischen Universitäten damals keine qualifizierten Absolventen bzw. Juristen ausbilden konnten.

Insgesamt ist zu sehen, dass die langjährigen politischen Bewegungen nicht nur das politische System bzw. die Rechtsordnung zerstört haben, sondern auch die Wirtschaft und die Ausbildung in China wurden ruiniert. Vor diesem Hintergrund sind die Anstrengungen der Rechtsreform zu sehen.

3 Beurteilung der Rechtsreform

Die wirtschaftlichen Folgen der politischen Bewegungen waren besonders gravierend. Denn es war für China bis zum Jahre 1977 sehr schwer seine vielen Einwohner zu ernähren und es drohte die Gefahr, dass China sich der Insolvenz näherte. Um China vor der Gefahr der Insolvenz zu retten, fasste die chinesische Regierung im Jahr 1978 den Entschluss, das Wirtschafts- und Rechtssystem zu reformieren und zu modernisieren. Deng Xiaoping hatte 1978 deutlich gemacht, dass China ein Rechtsstaat werden solle und nicht zu einem von Menschen regierten Land. Die Kernprinzipien des Rechtsstaats sind Gesetze, nach denen sich der Mensch richten kann, zudem müssen die Gesetzte strikt befolgt und Rechtsbrecher zur Verantwortung gezogen werden (有法可依，有法必依，执法必严，违法必究). Damit wurde der lange Prozess der Rechtsreform in Gang gesetzt und

---

6 Li, Yining: Die Reformen bringen Sprünge nach vorne – Die Wirtschaftsentwicklung des Neuen China im Überblick

2011 als vorerst als erfolgreich beendet erklärt[7]. Wie sieht diese Reform aus? Welche Änderungen hat sie der chinesischen Gesellschaft gebracht? Ist sie wirklich erfolgreich? Im Folgenden wird versucht, diese Rechtsreform vollumfänglich sowohl von positiver als auch negativer Seite zu betrachten.

3.1 Die positive Seite der Rechtsreform

Die Rechtsreform hat starke positive Entwicklungen im Bereich der Rechtsstaatlichkeit für China mit sich gebracht. Diese Änderungen können jedoch nur dann richtig verstanden werden, wenn wir den Zustand der Rechtstaatlichkeit im Jahr 1978 mit dem heutigen Zustand vergleichen.

3.1.1 Bedeutende Änderungen im Bereich der juristischen Ausbildung

Ausreichend qualifizierte Juristen sind eine unverzichtbare Voraussetzung für die erfolgreiche Durchführung der Rechtsreform und den Aufbau eines Rechtsstaats. Da die chinesischen Universitäten während der Kulturrevolution aufhörten Studenten auszubilden, fehlten auch Jurastudenten und damit Juristen. Im Jahr 1978 entschied die chinesische Regierung, die Aufnahmeprüfung für die Hochschulen in China wieder einzuführen, worauf die chinesischen Universitäten wieder anfingen, das Jurastudium als Fachrichtung anzubieten.[8] Am Anfang durften jedoch nur neu gegründete Universitäten Jurastudenten aufnehmen, deren Gesamtzahl weniger als 2.500 betrug.[9] Im Jahr 2006 jedoch gab es in China insgesamt 603 Universitäten mit juristischen Fakultäten, die jedes Jahr fast 300.000 Jurastudenten aufnehmen können. Dazu kommen noch Masterstudiengänge und Promotionen im Bereich der Rechtswissenschaft.[10] Aufgrund dieser Entwicklung erhöhte sich in den letzten Jahren die Zahl der Juristen drastisch.

---

7 http://www.gov.cn/2011lh/content_1821675.htm.
8 Zhao, Xiaoqiu (赵晓秋): Change of law education in the last 30 years: recovery is the beginning of everything (法学教育30年的变迁：恢复是一切的开始), S.22.
9 Shu, Guoying (舒国滢): Law school to educate full juris (法学院要培养完全的法律人).
10 Presseamt des Staatsrats der Volksrepublik China: Aufbau der Rechtsstaatlichkeit in China (Rechtsstaatlichkeit Weißbuch), 2008.

3.1.2 Verabschiedung neuer Gesetze

Eine andere unverzichtbare Voraussetzung für den Aufbau eines Rechtsstaates sind Gesetze, die das Verhalten der Menschen regeln. Im Jahr 1979 gab es in China nur sieben neue Gesetzbücher wie z. B. das Strafrecht, das Strafprozessrecht, das Organisationsgesetz zum Volkskongress und das Joint Venture Gesetz,[11] die vom Volkskongress verabschiedet worden waren. Aber bis zum Jahr 2011 hat die chinesische Regierung insgesamt 229 Gesetze[12], rund 600 Verwaltungsvorschriften[13] und über 7000 regionale Vorschriften[14] verabschiedet.[15]

Die verabschiedeten Gesetze regeln fast alle Rechtsverhältnisse in der chinesischen Gesellschaft. Es gibt Gesetze, die die marktwirtschaftliche Ordnung regeln, wie z. B. die Allgemeinen Grundsätze des Zivilrechts, das Vertragsgesetz, das Bürgschaftsgesetz und das Eigentumsgesetz, das Arbeitsgesetz und das Arbeitsvertragsgesetz. Unter die Gesetze, die das Verhalten der Marktteilnehmer regeln, fallen das Gesellschaftsgesetz, das Personengesellschaftsgesetz, das Gesetz über Einpersonengesellschaften, das Geschäftsbankengesetz, das Gesetz über spezialisierte Genossenschaften der Bauern, das Gesetz über die städtischen Immobilien und die Ordnung des Immobilienmarktes. Zu den Gesetzen über die Marktaufsicht zählen das Antimonopolgesetz und das Gesetz gegen unlauteren Wettbewerb, das Gesetz zum den Schutz der Rechte und Interessen der Verbraucher und das Gesetz zur Produktqualität, das Versicherungsgesetz, das Wertpapiergesetz und das Gesetz zur Bankenaufsicht. Überdies sind auch Gesetze über die Verwaltungstätigkeit, die Überwachung der Behörden und Entschädigungen verabschiedet worden. Dies sind z. B. das Gesetz zur behördlichen Genehmigungen, das Gesetz zu den Rechtsmitteln in der Verwaltung und die Verwaltungsprozessordnung[16]. Zusammenfassend kann festgestellt werden, dass die chinesische Regierung in den letzen 30 Jahren die meisten Gesetze verabschiedet hat, die für den Aufbau einer Marktwirtschaft notwendig sind und auch die Interessen der normalen Bürger berücksichtigen.

---

11 Li, Lin: 30 Years of Reform and Opening and the Development of Chinese Legislation (改革开放30 年与中国立法发展), S. 6.
12 Diese wurden vom Volkskongress erlassen.
13 Sie sind vom Staatsrat verabschiedet worden.
14 Sie sind vom Volkskongress der einzelnen Gebiete erlassen worden.
15 Li, Lin: 30 Years of Reform and Opening and the Development of Chinese Legislation (改革开放30 年与中国立法发展), S. 6, S. 8 ff.
16 Ebenda.

3.1.3 Wiederaufbau des Gerichtssystems und der Staatsanwaltschaft

Bis zum Jahr 1977 war das gesamte Gerichtsystem und die Staatsanwaltschaft in China über Jahrzehnte lahmgelegt. Im Jahr 1979 wurde das Gesetz zu Organisation der Gerichte verabschiedet und bis zum Jahr 1980 war das Gerichtssystem in China bereits mit 3.100 Gerichten und 18.000 Senaten der Gerichte wieder aufgebaut, das Gleiche gilt für die Staatsanwaltschaft, welche bis zum Jahre 1978 in jedem Kreis wieder eingerichtet wurde[17]. Auch die Größe der Gerichte und der Staatsanwaltschaften wuchs ständig. 1978 gab es in ganz China nur 60.000 Richter, im Jahr 2012 betrug die Anzahl bereits 210.000.[18] Im Ausbildungsbereich gab es entscheidende Verbesserungen im Bereich, was sich an einem Beispiel erläutern lässt: Ein Amtsgericht in der Provinz Henan hatte 1983 insgesamt 38 Richter, nur zwei mit Bachelorabschluss, 24 lediglich mit Hauptschulausbildung (7 Jahre) und einer davon sogar nur mit Grundschulausbildung. Zwanzig Jahre später, im Jahr 2003, hatte das Gericht bereits 54 Richter, von denen 40 einen Bachelorabschluss (74 %) und 14 einen Fachhochschulabschluss (26 %) haben.[19]

3.1.4 Wiederaufbau des Rechtsanwaltssystems

Der Rechtsanwaltsberuf als ein freier Beruf ist ein wichtiger Bestandteil des Rechtsstaats. 1979 gab es in ganz China insgesamt 200 Anwaltskanzleien und 2.000 Rechtsanwälte. Damals waren alle Anwaltskanzleien staatlich und ausschließlich mit Beamten besetzt, die die Aufgabe hatten, die Staatsinteressen zu vertreten und durchzusetzen. Das wurde 1988 geändert, denn seitdem dürfen in China nur noch Privatanwaltskanzleien gegründet werden. Im Jahr 2006 gab es in China bereits 13.000 Anwaltskanzleien, die ungefähr 130.000 Rechtanwälte beschäftigen.[20]

---

17 Chen, Genfa (陈根发): The judicial achievements and prospects of the new China (新中国的司法成就与展望), S. 13, 33.
18 Rule of law over the weekend (法制晚报).
19 Dong, Mei (冬梅): The difficulty of professionalization of a Chinese judge – from the perspective of an actual judge (从目前法官队伍的现状谈我国法官职业化建设的艰巨性).
20 Chen, Genfa (陈根发): The judicial achievements and prospects of the new China (新中国的司法成就与展望), S. 13, 43.

3.1.5 Wahrnehmung des Rechtssystems in der chinesischen Gesellschaft

Mit der Zeit wurden Recht und Rechtsbewusstsein für die Chinesen immer wichtiger. Wer in Rechtsstreitigkeiten verwickelt ist, ist auf Rechtmittel angewiesen. Die Zahl der Rechtsfälle wuchs beständig: 1990 bearbeiteten die Gerichte in China 2.916.000 Fälle, 1991 waren es 3.051.000, im Jahr 2005 stieg die Zahl auf 7.984.000 und im Jahr darauf auf 8.092.000.[21] Im Jahr 1985 wurden chinesische Anwälte in 107.000 Kriminalverfahren, 1.082.000 Zivilrechts- und Handelsrechtsverfahren und in 45.000 Rechtsberatungen ohne Prozess beauftragt ihre Mandanten zu vertreten oder zu beraten.[22] Im Jahr 2011 waren die chinesischen Anwälte bereits in 1.027.000 Zivilrechtsverfahren, 377.000 Handelsrechtsverfahren, 341.000 Kriminalrechtsverfahren und 56.000 Verwaltungsrechtsverfahren, sowie in 91.5000 anderen Rechtsangelegenheiten beauftragt worden ihre Mandanten zu vertreten oder beraten.[23]

3.1.6 Zwischenergebnis

Im Verlauf von 40 Jahren hat die chinesische Regierung ein vergleichsweise modernes Rechtssystem aufgebaut, das zwar stete Kritik erfährt, jedoch grundsätzlich seine Funktion in der chinesischen Gesellschaft wahrnimmt und dem auch das Vertrauen der chinesischen Gesellschaft gehört.

3.2 Die negative Seite des chinesischen Rechtssystems

Trotz der großen Fortschritte beim Aufbau eines Rechtsstaates gibt es noch Defizite, insbesondere wenn man beispielsweise das System der Rechtsstaatlichkeit in China mit dem Deutschlands vergleicht. Ein besonders gravierendes Problem des chinesischen Rechtssystems liegt in der Anwendung der Gesetze, denn was die Gesetzesnormen und ihre Handhabbarkeit betrifft, ist an den meisten chinesischen Gesetzen nichts auszusetzen, das Problem liegt in der oft ungenügenden Beachtung und Anwendung. So gibt es in China z.B. das „Wasserverschmutzungs-, Präventions- und Kontroll-Gesetz" (1996). Danach dürfen Unternehmen

---

21 Ebenda.
22 Zhang, Zhiming (张志铭): The role of the Chinese lawyer: history, current situation und problems (中国律师的作用：历史、现状和问题).
23 Chen, Genfa (陈根发): The judicial achievements and prospects of the new China (新中国的司法成就与展望), S. 13, 43.

kein Abwasser ohne vorherige Aufarbeitung in eine geschützte Wasserquelle leiten, doch viele Unternehmen halten sich nicht daran, was unter anderem dazu führte, dass die Umwelt in China trotz der geltenden Gesetze extrem verschmutzt ist. Nach Artikel 10 des Arbeitsvertragsgesetzes muss jedes Unternehmen einen schriftlichen Arbeitsvertrag mit seinen Arbeiternehmern unterzeichnen, aber viele Wanderarbeiter arbeiten monatelang für ein Unternehmen ohne schriftliche Verträge. Trotz des geltenden Arbeitsvertragsgesetzes warten viele Wanderarbeiter jedes Jahr nach monatelanger Arbeit auf ihr Geld am Jahresende. Dies sind nur zwei Beispiele für die Nichtbeachtung bzw. die fehlende Anwendung der Gesetze.

Die Klärung der Ursachen und der Verantwortung für diese Missstände ist nicht leicht, da mehrere Gründe dabei eine Rolle spielen, wie z. B. die Gier einzelner Unternehmen oder die fehlende Kenntnis der geltenden Gesetze, insbesondere hinsichtlich der Wanderarbeiter. Entscheidend sind jedoch die im Folgenden genannten Ursachen: korrupte Beamte, die fehlende Trennung zwischen Verwaltung und Justiz, die oft fehlende Unabhängigkeit der chinesischen Justiz.

3.2.1 Korrupte Beamte

Die Wirtschaftsreform der letzten Jahre wird von der Korruption in Beamtenkreisen begleitet. Nach der offiziellen Statistik gab es zwischen 2000 und 2005 jedes Jahr durchschnittlich 251 festgestellte Korruptionsfälle, während diese Summe zwischen 2005 und 2009 bereits auf 310 Fälle gestiegen ist,[24] doch liegt in der Realität liegt die Zahl der Korruptionsfälle viel höher als in diesen Statistiken. Nach einem Forschungsbericht hat die chinesische Staatanwaltschaft zwischen 1998 und 2005 in 6.440 Korruptionsfällen Anklage gegen korrupte Beamte erhoben, obwohl die Staatanwaltschaft während des gleichen Zeitraums hat insgesamt 207.103 Korruptionsfälle untersuchte. Dies bedeutet, dass nur 3.1 % der gesamten untersuchten Fälle zur Anklage gebracht wurden,[25] ein deutlich Hinweis auf die Schwere der Korruption in China. Die Korruption beeinflusst sichtlich auch den Grad der Beachtung bzw. der Anwendung der Gesetze. Wird zum Beispiel der zuständige Beamte von einer Baugesellschaft bestochen und zahl sie den Wanderarbeitern wiederum monatelang keine Gehälter, wird der Beamte nichts unternehmen, selbst wenn die Wanderarbeiter ihn um Hilfe bitten. Wäre dieser

---

24 Gong, Ting (公婷),Wu Muluan (吴木銮): A Research Report on China's Corruption Cases during 2000–2009: Empirical Analysis of 2800 Corruption Cases (我国2000–2009腐败案例研究报告－基于2800余个报道案例的分析), S. 204 ff.
25 Xiong, Guangqing (熊光清): The Corruption Problems of current China and Anti-Corruption Strategy (当前中国的腐败问题与反腐败策略), S. 55.

Beamte Richter wäre, dann würde er auch kein Urteil im Interesse der Wanderarbeiter fällen. Dies sind in China auch leider keine Einzelfälle,[26]. und so hat die Korruption dem chinesischen Rechtsstaat bereits einen schwerwiegenden Schaden zugefügt.

3.2.2 Keine vollständige Trennung zwischen Verwaltung und Justiz

Formell sind die chinesische Verwaltung und die Justiz getrennt, was auch gesetzlich festgelegt ist. Nach Artikel 123 und 126 des chinesischen Verfassungsgesetzes und Artikel 1 und 2 des chinesischen Gerichtsverfassungsgesetzes ist das Gericht für Rechtsstreitigkeiten jeglicher Art zuständig,[27] während in der Praxis diese Trennung zwischen Verwaltung und Justiz noch nicht vollständig realisiert ist. Es gibt nicht selten Fälle, in denen ein Streit eigentlich Angelegenheit der Justiz wäre, doch die betreffenden Parteien wenden sich nicht an das Gericht, sondern an die Verwaltungsbehörde. Als Beispiel soll das Problem der fristgerechten Bezahlung der Wanderarbeiter dienen, die in der Regel die Bauern sind, die ihre ländliche Heimat verlassen, um in den Städten zu arbeiten. Daher betrachtet es die chinesische Regierung als wichtige Aufgabe vor dem chinesischen Frühlingsfest, den Bauern bei der Einforderung der noch nicht geleisteten Gehaltszahlungen von den Arbeitergebern zu helfen. Dies ist eigentlich eine Rechtsangelegenheit zwischen den Arbeitgebern und den Wanderarbeitern, für die das Amtsgericht vor Ort zuständig ist. Aber es ist eher selten der Fall, dass die Parteien versuchen solche Streitigkeiten vor Gericht beizulegen. Die Bauern wenden sich in der Regel lieber an ihre Lokalregierung und bitten dort um Hilfe. Die Regierung mischt sich gern in solche Streitigkeiten ein und fungiert als Vermittler oder Schiedsrichter.[28] Dies ist nur ein Beispiel für mangelnde Trennung von Verwaltung und Justiz, wodurch Ansehen und Autorität der Justizorgane beschädigt werden.

3.2.3 Keine vollständige Unabhängigkeit der chinesischen Justiz

Den gesetzlichen Regelungen in China entsprechend müsste die chinesische Justiz eigentlich Rechtsfälle unabhängig anhören und entsprechend Urteile treffen. Artikel 126 der Chinesischen Verfassung sieht vor, dass das Gericht sein Urteil nur

---

26 Gong, Nan (宫楠): Impact of judicial corruption on the construction of a socialist legal system with chinese character (司法腐败对我国社会主义法治建设的影响), S. 178.
27 Gao: Konfuzianismus und die Rechtsordnung Chinas, S. 23 und 42.
28 Ebenda.

nach den gesetzlichen Regelungen treffen darf; keine Verwaltungsbehörde, keine Gesellschaftsverbände oder dritte Personen dürfen sich in das Gerichtsverfahren einmischen. Artikel 4 des chinesischen Gerichtsorganisationsgesetzes weist ebenfalls darauf hin und der Artikel 5 des Verfassungsrechts sieht vor, dass alle Staatsorgane, Streitkräfte und alle Parteien die Vorschriften der Verfassung und der Gesetze einhalten müssen und dass alle vor dem Gesetz gleich sind, ohne Ausnahme.

Also sind die Gericht verpflichtet, jeden Fall unabhängig zu bearbeiten.[29]

In der Realität Chinas sieht es jedoch anders aus, da die Unabhängigkeit der Gerichte in der Praxis schwer zu realisieren ist. Auf der einen Seite bitten die Parteien eines Streits immer bei ihren Verwandten, Freunde oder sonstigen Bekannten, die Verbindungen zur Regierung haben, um Hilfe, um das gerichtliche Verfahren zu ihren Gunsten zu beeinflussen. In solchen Fällen ist es für die Personen, die um Unterstützung gebeten werden, schwer diese Hilfe abzulehnen, denn China ist traditionell eine Gesellschaft mit starken zwischenmenschlichen Beziehungen und eine Ablehnung würde in der Regel innerhalb eines Familien- oder Freundeskreises Missfallen erregen. Auf der anderen Seite ist es auch möglich, dass ein Gerichtsprozess von der Politik der Regierung beeinflusst wird. Z. B. ist es für die chinesische Regierung eine wichtige politische Aufgabe eine ‚harmonische Gesellschaft' aufzubauen[30]. Diese Politik führt dazu, dass die Mediation anstelle einer gerichtlichen Entscheidung als Rechtsmittel oftmals bevorzugt wird, um Konflikte beizulegen.[31] Wenn ein Gericht eine Rechtsstreitigkeit zwischen zwei Parteien verhandelt, aber der Auffassung ist, dass dieser Fall so gravierend ist, dass ein entsprechendes Urteil die Stabilität der Gesellschaft gefährden könnte, dann soll das Gericht keine schnelle gerichtliche Entscheidung treffen, im Gegenteil, das Gericht soll mit Hilfe einer Mediation versuchen, beide Parteien zu Versöhnungsgesprächen an einen Tisch zu bringen, und ihnen einen Vorschlag unterbreiten, der von beiden Parteien akzeptiert werden kann. In diesem Fall ist es nicht so wichtig, welches Urteil getroffen wird, falls das Gericht entsprechende gesetzliche Regelungen angewandt hat und danach eine Entscheidung trifft. Daher ist es nicht leicht, fremde Einflüsse von einem Gerichtsverfahren fernzuhalten was dazu führt, dass die Menschen dem Justizwesen in China misstrauen.

---

29 Ebenda, S.23 und 43.
30 Yue, Jinglun: Harmonious Society & Government Function Change : A Social Policy Perspective (和谐社会与政府职能转变:社会政策的视角).
31 Zhao, Xudong: The rational analysis of the forceful elements of the judicial mediation (理性看待法院调解的强制性因素), S. 100 ff.

4 Schlussfolgerung

Es wurde gezeigt, dass China in den letzten vierzig Jahren einen gewaltigen Fortschritt beim Aufbau eines Rechtsstaats gemacht hat. Durch Bemühungen mehrerer Generationen ist in China ein modernes Rechtssystem zustande gekommen. Aber im Vergleich mit dem Rechtssystem in Deutschland ist das chinesische Rechtssystem noch lückenhaft und verbesserungsbedürftig. Die Schließung dieser Lücken benötigt jedoch nicht nur Zeit, sondern vor allem politischen Willen. Daher könnten sie nur dann vollständig geschlossen werden, wenn China auch den politischen Willen hat, einen Rechtsstaat im Sinne des Deutschlands in China aufzubauen. Bisher fehlt dieser Wille in China. Das offizielle Ziel der chinesischen Regierung ist, das chinesische politische System weiter zu demokratisieren. China benötigt jedoch kein demokratisches System wie in den westlichen Staaten, sondern will eine eigene Gestaltung des demokratischen Systems entwickeln,[32] bei dem das Rechtssystem ein wichtiger Bestandteil ist. Bislang ist jedoch noch nicht ganz deutlich, welche Besonderheiten das chinesische Rechtssystem von dem der westlichen Staaten unterscheiden soll. Bei alle dem muss man bedenken, dass die Reform des Rechtssystems in China noch nicht abgeschlossen ist, und abwarten, wie das chinesische Rechtssystem sich weiter entwickeln wird.

Literaturverzeichnis

Chen, Genfa (陈根发): The judicial achievements and prospects of the new China (新中国的司法成就与展望). – In: Journal of Henan Institute of Political Science and Law (河南省政法管理干部学院学报) 5 (2008), S. 13–43.

Dong, Mei (冬梅): The difficulty of professionalization of a Chinese judge – from the perspective of an actual judge (从目前法官队伍的现状谈我国法官职业化建设的艰巨性). http://hnfy.chinacourt.org/article/detail/2010/11/id/766364.shtml (30.03.2014).

Gao, Xujun: Konfuzianismus und die Rechtsordnung Chinas. – In: Uwe Kischel und Christian Kirchner (Hrsg.): Ideologie und Weltanschauung im Recht. Tübingen: Mohr Siebeck 2012, S. 23–46.

Gong, Ting (公婷) und WU Muluan (吴木鸾): A Research Report on China's Corruption Cases during 2000–2009: Empirical Analysis of 2800 Corruption Cases (我国2000–2009腐败案例研究报告 – -基于2800余个报道案例的分析). – In: Social Research (社会研究) 4 (2012), S. 204–220.

---

32 People's democracy is the lifeblood of socialism, The democracy of western countries will drag China down (人民民主是社会主义的生命，西式民主必将拖垮中国), People daily (人民日报).

Gong, Nan (宫楠): Impact of judicial corruption on the construction of a socialist legal system with Chinese character (司法腐败对我国社会主义法治建设的影响). – In: Legal System and Society (法制与社会) 6 (2011), S. 178–179.

http://www.gov.cn/2011lh/content_1821675.htm.

http://www.legaldaily.com.cn/zmbm/content/2011-08/02/content_2800820.htm?node=20351.

Li, Lin: 30 Years of Reform and Opening and the Development of Chinese Legislation (改革开放 30年与中国立法发展). – In: Journal of Beijing Union University (北京联合大学学报). 7.1 (2009), S. 5–9.

Li, Yining: Die Reformen bringen Sprünge nach vorne – Die Wirtschaftsentwicklung des Neuen China im Überblick. http://www.chinatoday.com.cn/ctgerman/schwerpunkt/txt/2009-07/ 17/content_208014.htm (30.03.2014). China Today 2009.

Mertgen, Frank: China und der Rechtsstaat. http://www.focus.de/finanzen/news/editorial-china-und-der-rechtsstaat_aid_267973.html. Focus Online (30.03.2014).

People's democracy is the lifeblood of socialism. The democracy of western countries will drag China down (人民民主是社会主义的生命，西式民主必将拖垮中国). http://www.xj71.com/ 2012/0305/660975.shtml (30.03.2014). People's daily (人民日报) 2012.

Presseamt des Staatsrats der Volksrepublik China: Aufbau der Rechtsstaatlichkeit in China. http://german.china.org.cn/pressconference/2011-02/14/content_21914439.htm. German. china.org (30.03.2014).

Rule of law over the weekend (法制晚报), http://www.fawan.com/Article/fzfk/fzzt/2012/11/21/ 112438177063.html. (30.03.2014).

Shu, Guoying (舒国滢): Law school to educate full juris (法学院要培养完全的法律人), Rule of law over the weekend (法治周末). http://www.legaldaily.com.cn/zmbm/content/2011-08/ 02/content_2800820.htm?node=20351 (04.02.2013).

Sieren, Frank: China bleibt vom Rechtsstaat weit entfernt. http://www.handelsblatt.com/ meinung/kommentare/kommentar-china-bleibt-vom-rechtsstaat-weit-entfernt/6664378. html. Handelsblatt Online (07.02.2013).

Xiong, Guangqing (熊光清): The Corruption Problems of current China and Anti-Corruption Strategy (当前中国的腐败问题与反腐败策略). – In: Social Science Research (社会科学研 究) 5 (2011), S.55.

Yue, Jinglun: Harmonious Society & Government Function Change: A Social Policy Perspective (和谐社会与政府职能转变:社会政策的视角). – In: Wuhan University Journal (Philosophy & Social Sciences) 武汉大学学报 (哲学社会科学版) 60.3 (2007), S.416–422.

Zhang, Zhiming (张志铭): The role of the Chinese lawyer: history, current situation und problems (中国律师的作用：历史、现状和问题). http://www.148-law.com/actuality/ function.htm. Lawyer Online (2002) (30.03.2014).

Zhoa, Xiaoqiu (赵晓秋): Change of law education in the last 30 years: recovery is the beginning of everything (法学教育30年的变迁：恢复是一切的开始). – In: Law and life (法 律与生活) 14 (2007), S. 22.

Zhao, Xudong: The rational analysis of the forceful elements of the judicial mediation (理性看 待法院调解的强制性因素). – In: Jurist Review (法学家) 6 (2007), S. 100–106.

Zhao, Zhongfu: The Civil Legislation and Judiciary at the Initial Stage of the Establishment of the People's Republic of China (中华人民共和国建立初期的民事立法与司法). http://www. law.ruc.edu.cn/cyflpl/ShowArticle.asp?ArticleID=20178. Chao Yang Law Review (30.03.2014).

Zhou, Wangsheng (周旺生): Fifty years of Chinese legislation – 1949–1999 a view on Chinese legisation (中国立法五十年 – 1949–1999年中国立法检视). http://law.china.cn/features/

2008 – 04/26/content_2957303.htm. Research Center for Government by Law 2008 (30.03.2014).

Björn Ahl
Chinesische Justizreformen zwischen Populismus und Professionalisierung

Abstract: Die „Popularisierung" der chinesischen Justiz in der Zeit von 2007 bis 2012 wurde von einer Renaissance der „Rechtsprechungsmethode des Richters *Ma Xiwu*" begleitet. Richter *Ma* steht dabei für eine radikale Informalisierung der Rechtsprechung, wie sie in den 1940er Jahren durchgeführt wurde. Nach einem Exkurs über die historische Rechtsprechungsmethode des Richters *Ma* und ihren Kontext in der *Yan'an*-Periode, wendet sich der Beitrag den Ursachen für die Informalisierung der Rechtsprechung damals und heute zu und betrachtet die Folgen der Abwendung von rechtsförmigen Gerichtsverfahren.

1 Einführung

Am Ende der Qing-Zeit und während der Republik gab es eine Reihe von Versuchen, in China ein unabhängiges Justizwesen nach kontinentaleuropäischem Vorbild zu errichten.[1] Nach der Gründung der Volksrepublik im Jahr 1949 wurden Gerichte und Staatsanwaltschaften nach sowjetischem Vorbild aufgebaut, die Justiz nahm zunächst allerdings vor allem polizeiliche und strafrechtliche Aufgaben wahr. In der Justizreform-Bewegung 1952–53 wurde unter *Dong Biwu* (董必武) eine Säuberung der Justiz durchgeführt. Dabei wurden Richter, die in der Republik eine formale juristische Ausbildung genossen hatten, durch Arbeiter, Bauern und Soldaten ersetzt, die zwar revolutionäre Erfahrung vorweisen konnten, doch kaum juristische Kenntnisse besaßen. Die am sowjetischen Recht orientierten Bemühungen um Verrechtlichung, Kodifizierung von Gesetzen und Stärkung rechtlicher Institutionen erlitten durch die Kampagne gegen „Rechtsabweichler" 1957 einen herben Rückschlag. Es folgte eine Abwendung von einem formalen Rechtssystem und eine verstärkte Ideologisierung des Rechtsdenkens und der Rechtspraxis.[2] Die in der Anfangsphase relativ eigenständigen Gerichte wurden stärker an die Führung der Parteiorganisationen angebunden, beispielsweise mussten Urteile vor ihrem Inkrafttreten vom zuständigen Parteikomitee überprüft und genehmigt werden. Während der Kulturrevolution (1966–

---

1 Vgl. Simon: Der Versuch der Einführung eines modernen Justizwesens zu Beginn des 20. Jahrhunderts in China, S. 102–131.

2 Heuser: „Sozialistisches Recht" in der Erprobung, S. 253.

1976), als das Recht als ein Hindernis des gesellschaftlichen Umbaus angesehen wurde, kamen Rechtswissenschaft, Gesetzgebung, Juristenausbildung und die Tätigkeit der Gerichte zum Erliegen. Gerichte wurden aufgelöst oder mit den Organen der Staatsanwaltschaft und der Polizei zusammengelegt.[3] Erst mit dem Beginn der Politik der Reform und Öffnung im Jahr 1978 wurde wieder eine arbeitsfähige Justiz eingerichtet und die Zuständigkeiten der Gerichte allmählich erweitert. Vor allem gegen Ende der neunziger Jahre wurde die Professionalisierung der Justiz sichtbar vorangetrieben und die wichtigen Organisations- und Prozessgesetze überarbeitet und vervollständigt. Ab der zweiten Hälfte der ersten Dekade des neuen Jahrhunderts wurde jedoch ein neuer Akzent in den Justizreformen sichtbar, der in China unter dem Schlagwort der „Popularisierung der Justiz" (司法大众化) diskutiert wird.[4] Diese populistische Neuausrichtung der Justizreformen, die in den Jahren 2007–2012 stattgefunden hat, wurde einerseits als eine „Abwendung vom Recht" im westlichen Schrifttum scharf kritisiert und mit der Loslösung von rechtlichen Maßstäben, Staatswillkür und einer unmittelbaren Bindung der richterlichen Tätigkeit an parteipolitische Vorgaben in Verbindung gebracht.[5] Andererseits ist dieser Abschnitt der Justizreformen auch als eine folgerichtige Fortentwicklung der Gerichte im Ein-Partei-Staat beschrieben worden.[6] Da wichtige Aspekte der seit den späten 1990er Jahren betriebenen intensivierten Professionalisierung weiterverfolgt wurden, ist eine Einordnung und Bewertung dieser Akzentverschiebung in der Tat schwierig. In der Regel wird die Neuausrichtung der Justizreformen als eine Rückkehr zu Methoden der Streitschlichtung interpretiert, wie sie vor der Reform und Öffnung praktiziert wurden. Sie wird konservativen Kräften in der Führungselite wie dem Sekretär der Parteikommission für Politik und Recht des Zentralkomitees *Zhou Yongkang* (周永康) und dem Präsidenten des Obersten Volksgerichts *Wang Shengjun* (王胜俊) zugeschrieben, die bereit waren, sich im Namen einer „harmonischen Gesellschaft" und „sozialer Stabilität" über rechtliche Beschränkungen des Staatshandelns hinwegzusetzen.[7]

---

3 Heuser: Einführung in die chinesische Rechtskultur, S. 150–157.
4 He, Bing: Die Volksmassen bewegen sich ins Gericht, S. 70–72; Hou, Xin: Von der Justiz fürs Volk zur Volksjustiz.
5 Minzner: China's Turn Against Law, S. 935–984.
6 Trevaskes: Political Ideology, the Party, and Politicking, S. 315–344.
7 Zum Vorgehen gegen die so genannten Menschenrechtsanwälte (维权律师) im Jahr 2011 vgl. Pils: „Disappearing" China's Human Rights Lawyers. – In: McConville and Pils (eds.): Comparative Perspectives on Criminal Justice in China, S. 411–438; Fu, Hualing and Cullen: Climbing the Weiquan Ladder: A Radicalizing Process for Weiquan Lawyers, S. 40–59; Amnesty International, Against the Law, Crackdown on China's Human Rights Lawyers Deepens. Im Zuge des Führungswechsels 2012/13 mussten sowohl *Zhou Yongkang* als auch *Wang Shengjun* abtreten.

Die Professionalisierung der Justiz, etwa die Einführung eines juristischen Staatsexamens als Zugangsvoraussetzung für den Richterdienst, wird dagegen oft mit transnationalen Rechtstransfers assoziiert, die rechtliche Regelungen und Rechtsinstitutionen „entwickelter" Rechtssysteme auf China übertragen.[8] Werden Rechtstransfers aus rechtshistorischer oder rechtsvergleichender Sicht behandelt, so stellen sie sich oft als eine erfolgreiche Übertragung von Recht aus einem Erst- in einen Zweitkontext dar.[9] Rechtssoziologische Untersuchungen, welche die Wirkungen des Rechts in der Gesellschaft und die Rechtspraxis betonen sowie kulturalistische Ansichten, die den kulturellen Kontext des Rechts hervorheben, kommen hingegen zu einer deutlich negativeren Einschätzung der Möglichkeiten transnationaler Rechtstransfers.[10] Unter dem Einfluss einer kulturkonservativen Politik hebt eine wichtige Strömung in der chinesischen Rechtswissenschaft schon seit vielen Jahren hervor, dass eine Entwicklung des chinesischen Rechtssystems nur auf der Grundlage chinesischer Rechtstraditionen möglich sein könne.[11] Die Implementierung streng formaler und an „westlichen" Standards orientierten Gerichtsverfahren in einem ländlichen Kontext etwa sei nicht geeignet, zur Lösung von Konflikten auf dem Land beizutragen und behindere eine auf die Bedürfnisse der Gesellschaft ausgerichtete Rechtsentwicklung.[12]

Im Fokus dieser Untersuchung stehen nicht die Spuren europäischer Rechtstraditionen in China, sondern diejenigen Elemente, die als „chinesische Charakteristika" (中国特色) oder „indigene Ressourcen" (本土资源) bezeichnet werden. Es wird versucht, der „Popularisierung" der Justiz der Ära *Zhou Yongkang* (2007–2012) schärfere Konturen zu geben. Dazu soll die so genannte „Rechtsprechungsmethode des Richters *Ma Xiwu*" (马锡五审判方式) näher betrachtet werden, die in den letzten Jahren eine Renaissance in der gerichtlichen Praxis und

---

8 Ahl: Advancing the Rule of Law through Education?, S. 171–204; kritisch zu den Bemühungen der Übertragung des Grundsatzes der Unabhängigkeit der Justiz auf chinesische Gerichte Peerenboom: Judicial Independence in China: Common Myths and Unfounded Assumptions. – In: Peerenboom (ed.): Judicial Independence in China: Lessons for Global Rule of Law Promotion, S. 69–94.
9 Watson: Comparative Law and Legal Change, S. 313–336.
10 Legrand: The Impossibility of Legal Transplants, S. 111–124; differenzierend Teubner: Rechtsirritationen. – In: Dux und Welz (Hrsg.): Moral und Recht im Diskurs der Moderne, S. 351–380; vgl. auch Nelken: The Meaning of Success in Transnational Legal Transfers, S. 349–366.
11 Su, Li: Die Herrschaft des Rechts und ihre indigenen Ressourcen; vgl. die Gegenposition dazu bei Xie, Hui: Kommentar und Analyse über Konzepte des Konservativismus des Rechtsstaats, S. 50–59. Übersetzt von Robert Heuser: Ist die Tradition eine Quelle zur Gestaltung moderner Herrschaft des Rechts?
12 Su, Li: Das Recht auf das Land schicken; vgl. dazu die Rezension von Upham: Who Will Find the Defendant if He Stays with His Sheep?

in der Rechtswissenschaft erlebt hat. Der Richter *Ma* steht dabei für eine radikale Informalisierung der Rechtsprechung, wie sie in den 1940er Jahren durchgeführt wurde.[13] An einen Überblick über die Justizreformen vor 2007 schließt sich eine Einführung in die moderne Auslegung und Umsetzung der *Ma Xiwu*-Methode an. Nach einem Exkurs über die historische Rechtsprechungsmethode des Richters *Ma* und ihren Kontext in der *Yan'an*-Periode, wendet sich der Beitrag den Ursachen für die Informalisierung der Rechtsprechung damals und heute zu. Abschließend werden einige Anmerkungen zu den Folgen der Abwendung von rechtsförmigen Gerichtsverfahren gemacht.

2 Justizreformen seit der Reform und Öffnung

In den letzten zwei Jahrzehnten haben sich die Volksgerichte in spezialisierte Rechtsinstitutionen gewandelt, in denen juristisch ausgebildete Richter tätig sind.[14] Noch während der achtziger Jahre rekrutierte sich das Personal der Gerichte überwiegend aus dem Militär und wurde ohne formale juristische Ausbildung im Justizdienst eingesetzt. Die Zuständigkeiten der Gerichte und damit ihr Einfluss wurden kontinuierlich ausgeweitet und die Zahl der insgesamt vor den Volksgerichten verhandelten Fälle ist kontinuierlich angestiegen.[15]

Die Gründe für diese Ausweitung der Kompetenzen der Gerichte sind vielschichtig. Ein Erklärungsansatz geht davon aus, dass die Zentralregierung Gerichte zur Kontrolle lokaler Verwaltungsbeamte verwende. Da es starke Anreize für lokale Beamte gibt, in ihren Bereichen bestimmte Vorgaben wie etwa für das Wirtschaftswachstum zu erreichen, verstoßen sie dabei vielfach gegen nationales Recht.[16] Der Einsatz der Gerichte zu dem Zweck, rechtswidriges Verhalten der Lokalverwaltung etwa in einem Verwaltungsprozess richtigzustellen, ist indes keine hinreichende Erklärung für die Ausweitung der Tätigkeit der Volksgerichte, da der nationalen parteistaatlichen Führung andere Möglichkeiten der Kontrolle zur Verfügung stehen, die weit effizienter sind, auch haben Verwaltungsprozesse nur einen sehr geringen Anteil am jährlichen Fallaufkommen. Die Übertragung von Kompetenzen an Gerichte kann auch damit erklärt werden, dass die Exekutive

---

13 Dazu bislang nur Liebman: A Return to Populist Legality? – In: Heilmann and Perry (eds.): Mao's Invisible Hand, S. 165–200.
14 Einen guten Überblick über das Justizsystem gibt: Binding: Das Gerichtssystem der VR China, S. 153–215.
15 Peerenboom: More Law, Less Courts, S. 7–10.
16 Ginsburg: Administrative Law and the Judicial Control of Agents in Authoritarian Regimes. – In: Ginsburg and Moustafa (eds.): Rule by Law, S. 58–72.

für unpopuläre Entscheidungen nicht allein in der Verantwortung stehen möchte. Für die starke Exekutive in einem autoritären System ist es von Vorteil, wenn ein Forum existiert, vor dem Betroffene ihrem Ärger Luft machen können, ohne dass dieser sich direkt gegen die Entscheidungsträger der Exekutive richtet.[17] Schließlich lässt sich die Ausweitung von gerichtlichen Kompetenzen auch mit den Wirtschaftsreformen erklären. Investoren benötigen eine Instanz, durch die Streitigkeiten effizient und fair gelöst werden können und durch welche Vertrauen in die Zusage des Staates geschaffen werden kann, dass er nicht in Eigentumspositionen von Investoren eingreift.[18] Aber auch hier ist fraglich, ob einflussreichere Gerichte wirklich der Grund für das Vertrauen von Investoren darin sind, dass der Staat keine Enteignungen vornimmt. Gewichtiger ist wohl eher das Vertrauen in die politische Notwendigkeit von Wachstum und Investitionen und nicht das Vertrauen in den effektiven gerichtlichen Schutz gegen Enteignungen.[19] Ferner ist zu bedenken, dass die Hauptfunktion der Gerichte in China neben der Entscheidung von Rechtsstreitigkeiten zwischen Privaten ja nicht in einer wirksamen Beschränkung der Exekutive zu sehen ist, sondern in der Schaffung von Legitimität des Regimes.[20]

Unter dem Präsidenten des Obersten Volksgerichts *Xiao Yang* (肖扬) sahen die beiden Fünfjahrespläne für die Reform der Justiz aus den Jahren 1999 und 2005 vor, die Ausbildung der Richter sowie Fairness und Effizienz von Gerichtsverfahren zu verbessern. Reformen wurden vor allem in den Bereichen des Verfahrensrechts, etwa der Beweisregeln, dem Wiederaufnahmeverfahren, dem vereinfachten Verfahren, sowie bei der internen Verwaltung der Gerichte, der Vollstreckung von Urteilen sowie der Richterausbildung und der Leistungsbeurteilung von Richtern durchgeführt.[21] Die Einführung des national einheitlichen juristischen Staatsexamens im Jahr 2001 führte zu einer deutlichen Verbesserung der fachlichen Qualifikation von Richtern.[22] Die Neuausrichtung der Richterausbildung hat dazu beigetragen, dass Entscheidungen besser und ausführlicher begründet werden und die Richterschaft eine eigene Berufsidentität herausbildet. Eine verbesserte Qualifikation der Richter ermöglicht auch eine intensivere Kommunikation mit der Rechtswissenschaft. Richter sind damit in der Lage, kritische wissenschaftliche Reaktionen auf die Spruchpraxis der Gerichte wahrzunehmen und zu verarbeiten,

---

17 Ginsburg and Moustafa: Introduction – ebenda, S. 1–22.

18 Ebenda, S. 8–9.

19 Clarke: Economic Development and the Rights Hypothesis, S. 89–111.

20 Ginsburg and Moustafa: Introduction. – In: Ginsburg and Moustafa (eds.): Rule by Law, S. 5–7.

21 Liebman: China's Courts, S. 11.

22 Ahl: Advancing the Rule of Law through Education?, S. 171–204.

auch wenn es ihnen bis heute nicht erlaubt und es auch nicht üblich ist, Lehrmeinungen von Rechtswissenschaftlern in Gerichtsurteilen zu zitieren.[23]

In Bereichen, in denen sich die erfolgreiche Durchführung von Maßnahmen der unmittelbaren Einflussnahme durch die Gerichte entzieht, etwa bei der Vollstreckung von Urteilen, waren die Justizreformen weniger erfolgreich.[24] Mit ihrer gestiegenen Bedeutung sind Gerichte auch immer wieder unter den Druck populistischer Forderungen in den Medien, durch Petitionen und Proteste geraten. Darauf hat die politische Führung mit einer Neuausrichtung der Justizreformen reagiert, da aus ihrer Sicht eine Fortführung der Justizreformen im Sinne einer weiteren Professionalisierung der Justiz allein keine adäquate Antwort auf ansteigende Zahlen bei Massenprotesten und Petitionen war. Nachdem in der Folge des 17. Parteikongresses im Jahr 2008 ein Führungswechsel an der Spitze des Obersten Volksgerichts vollzogen wurde und *Wang Shengjun*, ein Bürokrat ohne juristische Ausbildung aber mit Erfahrung in der Kommission für Politik und Recht des Zentralkomitees der Kommunistischen Partei, neuer Präsident wurde, kam es zu einem deutlichen Richtungswechsel bei den Justizreformen. Die Kommission für Politik und Recht verabschiedete einen neuen Reformplan für die Justiz, der durch das Oberste Volksgericht in seinem dritten Fünfjahresplan zur Reform der Justiz aus dem Jahr 2009 ausgestaltet und umgesetzt wurde.[25] Der neue Fünfjahresplan hob eine ausgeglichene Entwicklung aller im Justizbereich tätigen Organe, der Gerichte, der Staatsanwaltschaft und der Polizei sowie eine ausgeglichene Entwicklung in der Strafrechtspolitik hervor. Dies bedeutet, dass den Gerichten nicht mehr wie bisher bei der Professionalisierung eine Vorreiterrolle zukommen sollte. Im Zentrum des Plans standen die „Bedürfnisse der Massen", um deutlich zu machen, dass die Justiz auf die Sorgen der Bevölkerung eingeht.

Die politische Richtlinie der „Drei Prioritäten" war richtungsweisend für die Justizreformen in der *Zhou Yongkang*-Ära. Sie wurden vom Generalsekretär der Kommunistischen Partei *Hu Jintao* zum ersten Mal im Dezember 2007 erwähnt. Er führte aus: „Richter und Staatsanwälte sollen bei ihrer Tätigkeit die Angelegenheiten der Partei, die Interessen des Volkes sowie die Verfassung und Gesetze an

---

23 Ahl: Neue Maßnahmen zur Vereinheitlichung der Rechtsprechung in China, S. 9.
24 Trevaskes: Political Ideology, the Party, and Politicking, S. 315–344.
25 Ansichten der Kommission für Politik und Recht zu einigen Fragen über die Vertiefung der Reformen des Justizsystems und der Arbeitsstrukturen (中共中央政法委员会关于深化司法体制和工作机制改革若干问题的意见) vom 28. November 2008. Dazu siehe: http://cpc.people.com.cn/GB/64093/64387/17216924.html (27. Juni 2013); 3. Fünfjahres Reformplan der Volksgerichte 2009–2013 (人民法院第三个五年改革纲要 2009–2013) vom 17. März 2009. Dazu siehe: http://news.xinhuanet.com/legal/2009 – 03/26/content_11074127.htm (27. Juni 2013).

die erste Stelle rücken".[26] Da die Drei Prioritäten die Unterordnung der Justiz unter die Führung der Partei betonen und Verfassung und Gesetze an letzter Stelle nennen, ist ihre Einführung als Wendepunkt der Justizreformen anzusehen, welcher die „Repolitisierung" der Gerichte sichtbar gemacht hat. In dem vom Ausschuss für Politik und Recht beim Zentralkomitee der Kommunistischen Partei herausgegebenen Lehrbuch über das Konzept sozialistischer Rechtsherrschaft wird „die Interessen des Volkes an die erste Stelle rücken" dahingehend definiert, dass die Bedürfnisse der breiten Volksmassen und die Zufriedenheit der Volksmassen ein Schwerpunkt bzw. Maßstab der Tätigkeit der Justiz sind.[27] Diese Definition dokumentiert eindrücklich die Popularisierung der Justiz, indem sie impliziert, dass Richter nicht mehr nach der Rechtmäßigkeit ihrer Entscheidungen beurteilt werden, sondern danach, ob die Bevölkerung mit der Entscheidung des Richters zufrieden ist. Die Schlussfolgerung daraus für die gerichtliche Praxis hatte der Präsident der Obersten Volksgerichts *Wang Shengjun* im Jahr 2008 in einer Stellungnahme gezogen, in welcher er darauf hinwies, dass Gerichte bei der Aburteilung von Kapitalverbrechen ihre Entscheidungen auch von der allgemeinen Sicherheitssituation und den Gefühlen der Volksmassen abhängig machen sollen.[28]

3 Renaissance der *Ma Xiwu*-Methode in der gegenwärtigen Gerichtspraxis

Wang Shengjun erwähnt die Rechtsprechungsmethode des Richters *Ma* im Arbeitsbericht des Obersten Volksgerichts aus dem Jahr 2009 im Abschnitt über eine „volksnahe Justiz" (便民司法). Die „Fortsetzung und Entfaltung" dieser Methode beinhaltet danach eine Konzentration auf die Grundstufengerichte, die Entscheidung von Rechtsstreitigkeiten durch mobile Rechtsprechungsteams, die Entscheidung von Fällen an Ort und Stelle sowie die Erleichterung der Klageerhebung. Aufgrund dieser neuen Richtlinie haben die Volksgerichte aller Stufen die Verfahren der Fallannahme verbessert, etwa durch die Einrichtung von Servicezentren bei den Gerichten, die der Bevölkerung Hilfestellung bei der Rechtsverfolgung gewähren. Um Senioren und Behinderten die Rechtsverfolgung zu

---

26 Chinesisch: 党的事业至上，人民利益至上，宪法法律至上.

27 Ausschuss für Politik und Recht des Zentralkomitees der Kommunistischen Partei: Lehrbuch über das Konzept sozialistischer Rechtsherrschaft.

28 Qin, Xudong: Äußerung des Präsidenten des Obersten Volksgerichts über die Rechtsgrundlage der Todesstrafe stößt Diskussion an.

erleichtern, werden die Voraussetzungen dafür geschaffen, dass sie Klagen von Zuhause aus einreichen können. Ferner ist die Reduzierung oder der Erlass von Prozesskosten vorgesehen.[29] Die im Arbeitsbericht des Obersten Volksgerichts vorgestellten Maßnahmen ermöglichen sowohl einen besseren Zugang zu Gerichtsverfahren als auch die Erledigung von Rechtsstreitigkeiten am Ort ihres Entstehens. Im Anschluss daran widmet sich der Arbeitsbericht der Auflösung von Widersprüchen und Streitigkeiten mittels Schlichtung (调解). Bei der Schlichtung handelt es sich um eine Maßnahme der Streitbeilegung, die mittels Überzeugung und Erziehung und auf der Grundlage beiderseitigen Nachgebens der Streitparteien durchgeführt wird. Dabei wird zwischen der außerprozessualen Schlichtung (诉讼外调解), beispielsweise der Volksschlichtung durch die Volksschlichtungsausschüsse, und der gerichtlichen Schlichtung unterschieden (法院调解).[30] Im Jahr 2007 hatte das Oberste Volksgericht bereits eine justizielle Interpretation erlassen, welche den Richtern der Grundstufengerichte vorschrieb, die Schlichtung vorrangig anzuwenden.[31] Die Diskussion der letzten Jahre bezog sich vornehmlich auf die gerichtliche Schlichtung als schnelles und flexibles Verfahren der Streitentscheidung im Gegensatz zur streitigen Entscheidung durch gerichtliches Urteil. Grundsätzlich sind Maßnahmen zur Erleichterung des Zugangs zu Gerichten und zur Förderung einer zügigen Streitentscheidung im Wege einer gütlichen Einigung der Streitparteien positiv zu bewerten. Allerdings wurden diese Maßnahmen nach einer offiziellen Stellungnahme von *Zhou Yongkang* mit der Zielsetzung eingeführt, dass Probleme an Ort und Stelle geklärt und Streitigkeiten nicht an höhere Verwaltungsebenen weitergegeben werden.[32] Dem liegt die Überlegung zugrunde, dass es sich negativ auf die „Stabilität der Gesellschaft" auswirkt, wenn den Betroffenen durch die Beteiligung an einem förmlichen Gerichtsverfahren ein öffentliches Forum für die Beilegung ihrer Streitigkeiten

---

29 Arbeitsbericht des Obersten Volksgerichts vom 10. März 2009 auf der 2. Sitzung des 11. Nationalen Volkskongresses (最高法院工作报告，2009年3月10日在第十一届全国人民代表大会第二次会议上) http://www.gov.cn/test/2009 – 03/17/content_1261386.htm (26. Juni 2013).
30 Vgl. Redaktionsausschuss des Rechtswörterbuchs des Rechtswissenschaftlichen Instituts der Chinesischen Akademie für Sozialwissenschaften: Rechtswörterbuch, Stichwort Schlichtung.
31 Einige Ansichten des Obersten Volksgerichts über die allmähliche Entfaltung der positiven Funktion der gerichtlichen Schlichtung beim Aufbau des Sozialismus und einer harmonischen Gesellschaft (最高人民法院关于进一步发挥诉讼调解在构建社会主义和谐社会中积极作用的若干问题意见) vom 7. März 2007 http://www.chinacourt.org/flwk/show1.php?file_id=116688 (26. Juni 2013).
32 Zhou, Yongkang: Die Auflösung sozialer Widersprüche, die Innovation gesellschaftlicher Verwaltungsmethoden und den gerechten Gesetzesvollzug vertiefen und vorantreiben, um für eine schnellere und bessere wirtschaftliche und soziale Entwicklung einen noch effektiveren rechtsstaatlichen Schutz zu gewährleisten.

gegeben wird. Allein die Möglichkeit, dass ein Missstand durch ein öffentliches Verfahren bekannt werden und in einem Berufungs- oder Wiederaufnahmeverfahren bzw. durch eine Petition vor ein höherrangiges Gericht bzw. eine höherrangige Verwaltungsstelle gelangen kann, soll durch die Informalisierung der Streitentscheidung vermieden werden. Die Bevorzugung der Schlichtung wurde durch ein Anreizsystem umgesetzt, welches Richter zwingt, einen höheren Anteil von Fällen außerhalb förmlicher Verfahren einvernehmlich zu regeln.[33] Allerdings haben die Gerichte ein starkes institutionelles Eigeninteresse, an formalen Verfahren festzuhalten, welche die Existenz der Gerichte als Institutionen und die der Richterschaft als Berufsstand legitimieren. Selbst das Oberste Volksgericht warnt in internen Anweisungen vor erzwungenen Vergleichen und deren potenziell schädlichen Auswirkungen. Die Gerichte auf allen Ebenen haben auch Mittel und Wege gefunden, um die politisch forcierten Schlichtungen zu unterlaufen, etwa durch Manipulationen der Fallstatistiken.[34]

4 Historische *Ma Xiwu*-Methode der *Yan'an*-Periode

Die Rechtsprechungsmethode des Richters *Ma Xiwu* geht zurück auf die *Yan'an*-Zeit (1935–1945), in der unter anderem das *Shaan-Gan-Ning*-Grenzgebiet mit der Hauptstadt *Yan'an* unter kommunistischer Kontrolle stand. Das Grenzgebiet lag in einer sehr armen und kargen Region Nordchinas und wurde während des Chinesisch-Japanischen Krieges (1937–1945) als antijapanisches Stützpunktgebiet bezeichnet.[35] Das Gebiet stand zwar unter kommunistischer Verwaltung, doch verfolgte die Kommunistische Partei zunächst aufgrund der Einheitsfront mit der *Guomindang* (国民党) eine moderate, pragmatische und auf Partizipation angelegte Politik, die in umsichtiger Landverteilung und Abgabenreduzierung für arme Bauern zum Ausdruck kam.[36] *Ma Xiwu* leitete seit 1943 das Bezirksgericht *Longdong* im *Shaan-Gan-Ning*-Grenzgebiet und trat für die Schlichtung als Mittel für die Beilegung von Rechtsstreitigkeiten ein.

---

33 Minzner: China's Turn Against Law, S. 955–959.
34 Fu, Hualing, and Cullen: From Mediatory to Adjudicatory Justice. – In: Woo and Gallagher (eds.): Chinese Justice, S. 53.
35 Weigelin-Schwiedrzik: Gebiete unter Verwaltung der KPCh. – In: Staiger, Friedrich und Schütte (Hrsg.): Das große China-Lexikon, S. 237.
36 Kuhn: Der Zweite Weltkrieg in China, S. 167.

Eine erste offizielle Erwähnung der Rechtsprechungsmethode des *Ma Xiwu* findet sich in einem Regierungsbericht des Regierungschefs des Grenzgebiets, *Lin Boqu* (林伯渠) vom Januar 1944. Darin führt er aus: „Bei Gerichtsverfahren sind Einfachheit und Zweckdienlichkeit anzustreben, die Rechtsprechungsmethode des Genossen *Ma Xiwu* ist voranzutreiben, um die Volksmassen zu erziehen, Gerichtsurteile sollen allgemeinverständlich und klar sein, Justizformalismus ist zu beseitigen".[37] Ein Artikel in der Zeitung *Jiefang Ribao* vom März 1944 fasst die *Ma Xiwu*-Methode dahingehend zusammen, dass sie einerseits dazu diene, politische Richtlinien, Gesetze und Verordnungen strikt umzusetzen, andererseits solle sie die Lebensgewohnheiten der Volksmassen berücksichtigen und die grundlegenden Interessen des Volkes wahren. Bei der Schlichtung wirkten Persönlichkeiten aus dem Volk mit, die über eine gewisse Autorität verfügen, worin der Grundsatz „dem Volk dienen und sich gleichzeitig auf das Volk stützen" zum Ausdruck komme.[38] In der Literatur wird die *Ma Xiwu*-Methode als ein gelungener Ansatz beschrieben, der es ermöglichte, unter Kriegsbedingungen und mit nur geringem Ressourceneinsatz ein stabiles gesellschaftliches Umfeld zu schaffen, in dem soziale Konflikte unverzüglich und an Ort und Stelle bereinigt werden konnten.[39] Es wird aber auch darauf hingewiesen, dass es nicht allein um die Schlichtung von Rechtsstreitigkeiten im Interesse der Streitparteien auf der Grundlage hergebrachter Sitten und Gebräuche ging, sondern um die Indoktrination der Bevölkerung und die Durchsetzung von politischen Richtlinien und Gesetzen, welche die Bodenverteilung oder die Gleichstellung von Frau und Mann im Familien- und Erbrecht vorsahen.[40] Bei der *Ma Xiwu*-Methode hat es sich auch um ein Instrument der Machtkonsolidierung der Kommunistischen Partei im *Shaan-Gan-Ning*-Grenzgebiet gehandelt, die es ihr ermöglichte, in der traditionellen ländlichen Gesellschaft Fuß zu fassen.[41]

---

37 Lin, Boqu (林伯渠): Über die Verbesserung der Arbeit der Justiz in den Grenzgebieten (关于改进边区司法工作), Archiv der Provinz Shaanxi (陕西省档案馆), zitiert nach: Xiao, Zhoulu und Ma, Jinping: Neue Untersuchung über Ma Xiwus Rechtsprechungsmethode, S. 2.

38 Befreiungs-Tageszeitung (解放日报) vom 13.3.1944.

39 Xiao, Zhoulu und Ma, Jinping: Neue Untersuchung über Ma Xiwus Rechtsprechungsmethode, S. 1.

40 Ebenda. S. 5.

41 Jiang, Shigong: Rechtssystem und Regieren.

5 Ursachen für die Informalisierung der Rechtsprechung in der *Yan'an*-Zeit

Eine Reihe von Umständen hat die Informalisierung der Rechtsprechung in der *Yan'an*-Zeit begünstigt, wie etwa die Kriegssituation und die damit einhergehende Ressourcenknappheit. Das Gerichtspersonal wurde in den Jahren 1942–1944 drastisch reduziert, so dass es kaum möglich gewesen wäre, eine große Anzahl von Fällen in ordentlichen Verfahren zu erledigen. Vereinfachte Verfahren, mobile Gerichte, die am Ort der Rechtsstreitigkeit urteilten, aktives Aufsuchen der Dörfer zur Sachverhaltsklärung sowie die Beteiligung der Bevölkerung vor Ort bei der Entscheidungsfindung entsprachen den Bedingungen einer Agrargesellschaft, geografischer Abgeschiedenheit und fehlender Infrastruktur sowie einem weit verbreiteten Analphabetismus.[42] Ein Grund für die Erforschung und Anwendung gewohnheitsrechtlicher Grundsätze ist darin zu sehen, dass es nur rudimentäre von den Kommunisten erlassene Regelungen in den Bereichen der Bodenverwaltung, dem Familien- und Erbrecht gegeben hat,[43] wobei freilich unberücksichtigt bleibt, dass die umfangreichen Gesetze der Republik grundsätzlich auch in den Stützpunktgebieten unter kommunistischer Verwaltung galten. Die *Ma Xiwu*-Methode hat sich auch in großem Umfang traditionelle Rechtsvorstellungen zunutze gemacht,[44] etwa die Betonung materieller Gerechtigkeit von Entscheidungen und die daraus folgende Missachtung von Verfahrensgrundsätzen.[45] Auch rückt die informelle Streitschlichtung den Schlichter in den Mittelpunkt, der mit seiner Person für die Richtigkeit der Streitentscheidung steht, was an die traditionelle Form der Herrschaft durch Personen (人治) anknüpft.[46]

Die Hauptursache für die Informalisierung der Rechtsprechung ist in den politischen und ideologischen Auseinandersetzungen im Rahmen der Ausrichtungskampagne 1942–44 zu sehen. Als sich im Jahr 1942 die Krise für die Kommunistische Partei langsam zu entspannen begann, da die militärischen Kräfte Japans an anderen Fronten gebunden waren, initiierte *Mao Zedong* (毛泽东) die Ausrichtungskampagne mit dem Ziel der Ausschaltung seiner politischen Gegner, vor allem von *Wang Ming* (王明), und der Mobilisierung der Bauernschaft für den

---

[42] Xiao, Zhoulu und Ma, Jinping: Neue Untersuchung über Ma Xiwus Rechtsprechungsmethode, S. 13–15.

[43] Ebenda. S. 3–4.

[44] Yu, Zhong: Wu Jingxiong und Ma Xiwu: Symbole zweier rechtswissenschaftlicher Traditionen des modernen Chinas.

[45] Yu, Zhaofei: Erneute Überlegungen zur Rechtsprechungsmethode von Ma Xiwu, S. 578.

[46] Zhang, Weiping: Überlegungen zur Rückkehr von „Ma Xiwu", S. 148.

Krieg.[47] Ziel war auch die Rückgängigmachung der Anlehnung des Rechtssystems an westliche liberale Modelle, die während der moderaten Politik der Einheitsfront und der Machtbalance zwischen *Mao Zedong* und *Wang Ming* geduldet wurde. Die Kampagne richtete sich gegen Dogmatismus, d. h. gegen „Subjektivismus" (主观主义) und „Parteiformalismus" (党八股) im Denken der Anhänger von *Wang Ming*. Dies wurde im Justizbereich durch *Lin Boqu* in einen Aufruf gegen „Justizformalismus" und der Verstärkung von „Sachverhaltsaufklärung" und „aufs Land gehen" umgesetzt.[48] Die Justiz als eigenständiges Rechtsanwendungsorgan wurde als ein Hindernis der Bauernmobilisierung begriffen, da sie nicht bedingungslos im Interesse der Bauern urteilte.[49] In der Folge fand eine Politisierung des Rechts und der Justiz statt, die ein funktional unabhängiges Rechtssystem abschaffte. Zentrale Aufgabe der Justiz wurde die Umsetzung der jeweiligen Regierungspolitik und die Unterdrückung von „Verrätern".[50]

6 Gründe für die Wiedereinführung der *Ma Xiwu*-Methode

Die Zunahme von Berufungs- bzw. Wiederaufnahmeverfahren gegen erstinstanzliche Gerichtsentscheidungen sowie eine große Zahl von gegen Gerichtsentscheidungen gerichteten Petitionen in den letzten Jahren scheint darauf hinzuweisen, dass Gerichte ihre Aufgabe der Streitbeilegung nicht adäquat wahrnehmen. Die Professionalisierung der Justiz und der Ausbau des Rechtssystems haben zu einem deutlichen Anstieg von Rechtsstreitigkeiten geführt. Dies wurde von der parteistaatlichen Führung offenbar als ein Versagen der Rechtsreformen angesehen und deswegen ein entgegengesetzter Reformkurs eingeschlagen, der sich an einige Vorbilder für eine informalisierte Rechtsprechung der Ausrichtungsbewegung der *Yan'an*-Zeit anlehnt. Die *Ma Xiwu*-Methode lässt sich als eine Gegenbewegung zu einer als Verwestlichung empfundenen formalistischen Prozessführung verstehen und als eine von der Kommunistischen Partei verordnete „Hinwendung zum Volk".[51]

Ein Grund für die Renaissance der *Ma Xiwu*-Methode ist im Ungleichgewicht der wirtschaftlichen und kulturellen Entwicklung zwischen verschiedenen Re-

---

47 Wong, Simon Hing-yan: Reconstructing the Origins of Contemporary Chinese Law, S. 193.
48 Yu, Zhaofei: Erneute Überlegungen zur Rechtsprechungsmethode von Ma Xiwu, S. 571–572.
49 Ebenda. S. 190.
50 Ebenda, S. 203.
51 Zhang, Weiping: Überlegungen zur Rückkehr von „Ma Xiwu", S. 144–46.

gionen im Westen und Osten des Landes sowie zwischen Stadt und Land zu sehen. Aufgrund dieser Entwicklungsdisparitäten ist das Prozessrecht für weniger entwickelte ländliche Gebiete aufgrund seiner Abstraktheit und Komplexität und dem Mangel an ausreichend ausgebildetem juristischen Personal nicht praktikabel. Die Betonung materieller Gerechtigkeit im Schlichtungsverfahren kommt einem Bedürfnis derjenigen entgegen, die mit den an Verfahrensgerechtigkeit orientierten Prozessgesetzen nur wenig anfangen können. Der Vorrang der Schlichtung vor streitigen Entscheidungen erscheint auch unter dem Gesichtspunkt angemessen, dass es aufgrund der rasanten wirtschaftlichen und gesellschaftlichen Entwicklung dem Gesetzgeber nicht gelingen kann, Regelungslücken zu schließen und Richter deswegen vor schwierige Probleme bei der Rechtsanwendung gestellt werden. Diese Probleme lassen sich am einfachsten lösen, wenn die Streitparteien zu einer gütlichen Einigung zu bewegen sind.[52]

7 Folgen der Rückbesinnung auf die *Ma Xiwu*-Methode

Chinesische Autoren bringen gewichtige Argumente gegen die Wiedereinführung der *Ma Xiwu*-Methode vor.[53] Sie formulieren aber meist vorsichtig und weisen vor allem auf die grundlegende Veränderung des sozioökonomischen Kontextes hin, weshalb die Methode nur eingeschränkt auf die heutige Zeit übertragen werden könne. Es wird aber für denkbar gehalten, der *Ma Xiwu*-Methode bei der Rechtsprechung in ländlichen Gebieten den Vorrang zu geben, solange dadurch kein staatliches Recht verletzt und der Grundsatz der Freiwilligkeit der Schlichtung beachtet wird.[54] Für die Folgen der Wiedereinführung der Rechtsprechungsmethode von *Ma Xiwu* ist richtigerweise zwischen der inhaltlichen Informalisierung mit einer durch ein Anreizsystem stark forcierten Schlichtung auf der einen Seite und den Änderungen bezüglich Ort und Zeitpunkt von Gerichtsverfahren anderseits zu unterscheiden. Die unmittelbare Folge einer von oben verordneten ge-

---

52 Ebenda.
53 Zeng, Yikang: „Ma Xiwus Rechtsprechungsmethode" aus der Sicht von Politik und Justiz betrachtet, S. 94; Chen, Dongchun: Wirksamkeit und Grenzen von „Ma Xiwus Rechtsprechungsmethode" in der Gegenwart, S. 102–105; Ouyang, Ruotao: Die Bedeutung der „Rechtsprechungsmethode des Ma Xiwu" für die Justizreformen der Gegenwart, S. 106–109; Li, Jiaxiang: „Ma Xiwus Rechtsprechungsmethode" und die ihr zugrunde liegenden Justizkonzepte, S. 98–101.
54 So etwa Xiao, Zhoulu und Ma, Jinping: Neue Untersuchung über Ma Xiwus Rechtsprechungsmethode, S. 13–15.

richtlichen Schlichtung von Rechtsstreitigkeiten ist zunächst darin zu sehen, dass Richter die Parteien zu einer Einigung zwingen bzw. sie unter Vorspiegelung falscher Tatsachen zu einem Kompromiss überreden. Dadurch werden die Probleme, die bei streitigen Entscheidungen bestehen, wie die schwache Autorität von Gerichten und Vollstreckungsprobleme, nicht behoben, sondern verschlimmert.[55] Rechtliche Maßstäbe verlieren ihre Relevanz für das Verfahren und die Parteivereinbarung, durch welche die Rechtsstreitigkeit formal beendet wird.

Worin die Folgen einer Flexibilisierung des zeitlichen und räumlichen Rahmens von Gerichtsverhandlungen bestehen, wie etwa der Einsatz von mobilen Rechtsprechungsteams, welche die Streitparteien aufsuchen, wird dann sichtbar, wenn die Bedeutung des förmlichen, an einen bestimmten Ort und an festgelegte Zeiten gebundenen Gerichtsverfahrens verdeutlicht wird. Streng formalisierte Gerichtsverfahren tragen etwa ganz maßgeblich zur Herausbildung eines Rechtsbewusstseins bei. Nach *Dowdle* stößt die unmittelbare Beteiligung an einem Gerichtsverfahren einen Prozess an, in dem sich der Einzelne die sich wandelnde Bedeutung des Staates vergegenwärtigt.[56] In diesem Prozess spielt einerseits die dramatische Inszenierung des Gerichtsverfahrens und die unmittelbare Interaktion der Prozessparteien mit dem Staat eine Rolle. Andererseits schaffen die spezifischen Rollen der am Ritual des Gerichtsverfahrens Beteiligten, formalisierte Sprache und Kleidung und die auf die Dramaturgie des Verfahrens abgestimmten Gerichtsräume eine Distanz zwischen den Beteiligten und dem verhandelten Geschehen, was zu einem Überdenken des Wesens des Staates und der Beziehung der Einzelnen zum Staat führt.[57]

Gleichzeitig verleiht die Anordnung der Räume, die das Ritual des Gerichtsverfahrens mit strukturieren, dem Gerichtsverfahren und der daraus resultierenden Entscheidung Legitimität. Findet der Prozess außerhalb des Gerichtsgebäudes statt, so schwächt dies die Autorität des Gerichts als Institution und verringert die Legitimität seiner Entscheidungen. Durch die Auflösung der Gebundenheit an einen festen Ort und die Flexibilisierung der Zeiten, zu denen verhandelt wird, verändert sich auch das Verhältnis zwischen Gerichtsverfahren und Öffentlichkeit. In China sind Prozesse grundsätzlich öffentlich;[58] Gerichtsverfahren sind nicht allein Vorführungen für die Öffentlichkeit, sondern die Öffentlichkeit hat ein Recht auf Anwesenheit im Prozess. Auch wenn der Staat das Recht auf Anwesenheit der Öffentlichkeit in chinesischen Gerichten gelegentlich aushöhlt

---

55 Minzner: China's Turn Against Law, S. 963.
56 Dowdle: Beyond „Judicial Power". – In: Balme and Dowdle (eds.): Building Constitutionalism in China, S. 204.
57 Ebenda, S. 201–203, 214.
58 Vgl. Artikel 25 der Verfassung der Volksrepublik China vom 4. Dezember 1982.

und für propagandistische Zwecke instrumentalisiert, verschafft der Grundsatz der Öffentlichkeit von Gerichtsverfahren den Entscheidungen der Gerichte Legitimität und bedeutet auch eine Institutionalisierung des grundsätzlichen Anspruchs, Staatshandeln einzuschränken.[59] Der Staat verliert mit dem Einzug der Öffentlichkeit in den Gerichtssaal die absolute Deutungshoheit über den Prozess. Durch die Informalisierung des Gerichtsverfahrens im Sinne der *Ma Xiwu*-Methode wird der Zugang der Öffentlichkeit zum Prozess eingeschränkt, da über Zeitpunkt und Ort der Verhandlung nicht rechtzeitig informiert werden kann und der Ort der Verhandlung oftmals nur mit Schwierigkeiten aufzufinden ist. Dadurch werden regelmäßig nur solche Personen anwesend sein, die unmittelbar mit dem Rechtsstreit zu tun haben. Die Öffentlichkeit, insbesondere die Presse, wird folglich faktisch ausgeschlossen und das Gericht gewinnt die Deutungshoheit über den Prozess zurück.

Das Phänomen der Abwendung vom Recht und von formalen Gerichtsverfahren in der Ära *Zhou Yongkang* hängt mit dem „Legitimitätsparadoxon" zusammen, das häufig die Entwicklung von Gerichten in autoritären Systemen bestimmt.[60] Es geht dabei um die Spannung zwischen der Ermächtigung von Gerichten einerseits und der Kontrolle von Gerichten andererseits. Die Funktionen des Gerichtssystems in autoritären Regimen unterscheiden sich von denen der Justiz in liberalen Rechtsstaaten vor allem dadurch, dass Gerichte, wie auch andere Staatsorgane, in erster Linie ein Instrument des Regimes, in China der Kommunistischen Partei, darstellen. Gerichte können aber auch von Regimegegnern zum politischem Widerstand gegen das Regime genutzt werden. Die Justiz in autoritären Systemen hat die Funktionen, die Kontrolle der Gesellschaft zu gewährleisten, die Legitimität des Regimes zu fördern, lokale Verwaltungsbeamte zu überwachen, wirtschaftliches Wachstum zu fördern und kontroverse staatliche Maßnahmen umzusetzen.[61] Um diese Funktionen, vor allem die Funktion der Schaffung von Regimelegitimität, erfüllen zu können, bedürfen die Gerichte einer gewissen institutionellen Unabhängigkeit von den anderen Organen des Staates und von der Partei. Wenn Gerichte das Regime herausfordern und das Regime sich als Reaktion darauf sichtbar in die Tätigkeit der Gerichte einmischt, verlieren diese wiederum ihre Legitimationsfunktion.

Vor allem seit der zweiten Hälfte der 1990er Jahre hatte der Parteistaat verstärkt auf Verrechtlichung und die Übernahme westlicher Rechtskonzepte gesetzt.

---

59 Resnik and Curtis: From 'Rites' to 'Rights' of Audience. – In: Masson and O'Connor (eds.): Representations of Justice, S. 195, 205, 229.
60 Shapiro: Courts in Authoritarian Regimes. – In: Ginsburg and Moustafa (eds.): Rule by Law, S. 334.
61 Ebenda, S. 4–11.

Sogar der Begriff des Rechtsstaats fand Eingang in die 1999 geänderte Verfassung.[62] Verrechtlichungstendenz und Rechtsstaatsrhetorik haben die Justiz jedoch gegenüber solchen Klägern verwundbar gemacht, welche durch ihre Anliegen die Schwächen des Parteistaats bloßstellen, wenn sie versuchen, ihre Rechte gegen den Staat einzuklagen. Um diese für den Parteistaat negativen Folgen der Legitimierung durch Rechtsstaatlichkeit zu beschränken, war wiederum eine Einschränkung und stärkere Bindung der Justiz an außerrechtliche Vorgaben der Partei erforderlich. Dem dient die Informalisierung der Rechtsprechung und Loslösung der Justiz von rechtlichen Vorgaben. Aus dem Legitimitätsparadoxon folgt aber auch, dass die Justiz in autoritären Systemen zwischen den beiden Polen eines informellen und eines formellen Modells oszilliert. Mit dem Wechsel der politischen Führung im Jahr 2012 ist bereits deutlich geworden, dass wiederum eine Akzentverschiebung zugunsten des Rechts und formaler Gerichtsverfahren stattgefunden hat.[63]

Literaturverzeichnis

Ahl, Björn: Advancing the Rule of Law through Education? An Analysis of the Chinese National Judicial Examination. – In: Issues and Studies 42 (2006), S. 171–204.

Ahl, Björn: Neue Maßnahmen zur Vereinheitlichung der Rechtsprechung in China. – In: Zeitschrift für Chinesisches Recht 19 (2012), S. 1–16.

Ahl, Björn: Der Machtwechsel und die Hoffnung auf Rechtsreformen. – In: Zeitschrift für Chinesisches Recht, 20 (2013), S. 6–12.

Amnesty International: Against the Law, Crackdown on China's Human Rights Lawyers Deepens. http://www.amnesty.org.au/china/comments/26080/ vom 29. Juni 2011 (26. Juni 2013).

Ausschuss für Politik und Recht des Zentralkomitees der Kommunistischen Partei (中共中央政法委员会): Lehrbuch über das Konzept sozialistischer Rechtsherrschaft (社会主义法治理念读本). Peking: Chang'an Chubanshe (长安出版社) 2009.

Binding, Jörg: Das Gerichtssystem der VR China: Ein Beitrag zur Bestimmung des Rechtswahlstatuts. – In: Zeitschrift für Vergleichende Rechtswissenschaft 109 (2010), S. 153–215.

Chen, Dongchun (陈冬春): Wirksamkeit und Grenzen von „Ma Xiwus Rechtsprechungsmethode" in der Gegenwart („马锡五审判方式"的当代效度和限度). – In: Xinan Zhengfa Daxue Xuebao (西南政法大学学报) 4 (2009), S. 102–105.

Clarke, Donald: Economic Development and the Rights Hypothesis: The China Problem. – In: The American Journal of Comparative Law 51 (2003), S. 89–111.

---

62 Artikel 5 Absatz 1 der Verfassung der Volksrepublik China vom 4. Dezember 1982.
63 Ahl: Der Machtwechsel und die Hoffnung auf Rechtsreformen, S. 6–12.

Dowdle, Michael: Beyond „Judicial Power": Courts and Constitutionalism in Modern China. –
In: Stephanie Balme and Michael Dowdle (eds.): Building Constitutionalism in China. New
York: Palgrave Macmillan 2009, S. 199–217.

Fu, Hualing, and Richard Cullen: Climbing the Weiquan Ladder: A Radicalizing Process for
Weiquan Lawyers. – In: The China Quarterly 205 (2011), S. 40–59.

Fu, Hualing, and Richard Cullen: From Mediatory to Adjudicatory Justice: The Limits of Civil
Justice Reform in China. – In: Margaret Y. K. Woo and Mary E. Gallagher (eds.): Chinese
Justice: Civil Dispute Resolution in Contemporary China. Cambridge: Cambridge University
Press 2011, S. 25–57.

Ginsburg, Tom, and Tamir Moustafa (eds.): Rule by Law: The Politics of Courts in Authoritarian
Regimes. Cambridge: Cambridge University Press 2008.

He, Bing (何兵): Die Volksmassen bewegen sich ins Gericht (人民群众进法院). – In: Falü
Shiyong (法律适用) 3 (2005), S. 70–72.

Heuser, Robert: Einführung in die chinesische Rechtskultur. Hamburg: Mitteilungen des
Instituts für Asienkunde 2002.

Heuser; Robert: Ist die Tradition eine Quelle zur Gestaltung moderner Herrschaft des Rechts? –
In: Jahrbuch des Öffentlichen Rechts der Gegenwart 50 (2002), S. 581–598.

Heuser, Robert: „Sozialistisches Recht" in der Erprobung: Entwicklung der chinesischen
Rechtsordnung (1949–2009). – In: Zeitschrift für Chinesisches Recht 16 (2009), S. 247–
261.

Hou, Xin (侯欣): Von der Justiz fürs Volk zur Volksjustiz: Studien über das popularisierte
Justizsystem im Shaan-Gan-Ning-Grenzgebiert (从司法为民到人民司法–陕甘宁边区大众
化司法制度研究). Peking: Zhongguo Zhengfa Daxue Chubanshe (中国政法大学出版社)
2007.

Jiang, Shigong (强世功): Rechtssystem und Regieren: Das Recht des sich transformierenden
Staates (法制与治理·国家转型中的法律). Peking: Zhongguo Zhengfa Daxue Chubanshe
(中国政法大学出版社) 2003.

Kuhn, Dieter: Der Zweite Weltkrieg in China. Berlin: Duncker und Humblot 1999.

Legrand, Pierre: The Impossibility of Legal Transplants. – In: Maastricht Journal of European
and Comparative Law 4 (1997), S. 111–124.

Li, Jiaxiang (李家祥): „Ma Xiwus Rechtsprechungsmethode" und die ihr zugrunde liegenden
Justizkonzepte („马锡五审判方式"及其司法理念). – In: Xinan Zhengfa Daxue Xuebao (西
南政法大学学报) 4 (2009), S. 98–101.

Liebman, Benjamin: A Return to Populist Legality? Historical Legacies and Legal Reform. – In:
Sebastian Heilmann and Elizabeth Perry (eds.): Mao's Invisible Hand: The Political
Foundations of Adaptive Governance in China. Cambridge: Harvard University Press 2011,
S. 165–200.

Liebman, Benjamin: China's Courts: Restricted Reforms. – In: Columbia Journal of Asian Law 21
(2007), S. 1–44.

Minzner, Carl: China's Turn Against Law. – In: American Journal of Comparative Law 59 (2011),
S. 935–984.

Nelken, David: The Meaning of Success in Transnational Legal Transfers. – In: Windsor
Yearbook of Access to Justice 19 (2001), S. 349–366.

Ouyang, Ruotao (欧阳若涛): Die Bedeutung der „Rechtsprechungsmethode des Ma Xiwu" für
die Justizreformen der Gegenwart („马锡五审判方式"在司法改革中的当代意蕴). – In:
Xinan Zhengfa Daxue Xuebao (西南政法大学学报) 4 (2009), S. 106–109.

Peerenboom, Randall: Judicial Independence in China: Common Myths and Unfounded Assumptions. –In: Randall Peerenboom (ed.): Judicial Independence in China. Lessons for Global Rule of Law Promotion. Cambridge: Cambridge University Press 2010, S. 69–94.

Peerenboom, Randall: More Law, Less Courts: Legalized Governance Judicialization and Dejudicialization in China. – In: La Trobe Law School Legal Studies Research Paper 10 (2008), 1–25.

Pils, Eva: „Disappearing" China's Human Rights Lawyers. – In: Mike McConville and Eva Pils (eds.): Comparative Perspectives on Criminal Justice in China. Cheltenham: Elgar Publishing 2013, S. 411–438.

Qin, Xudong (秦旭东): Äußerung des Präsidenten des Obersten Volksgerichts über die Rechtsgrundlage der Todesstrafe stößt Diskussion an (最高法院院长谈死刑依据引发争议). http://www.caijing.com.cn/2008-04-11/100056061.html. – In: Caijin (财经) vom 11. April 2008 (26. Juni 2013).

Redaktionsausschuss des Rechtswörterbuchs des Rechtswissenschaftlichen Instituts der Chinesischen Akademie für Sozialwissenschaften (中国社会科学院法学研究所法律词典编委会): Rechtswörterbuch (法律词典). Peking: Beijing Falü Chuban she (北京法律出版社) 2003.

Resnik, Judith, and Curtis, Dennis: From 'Rites' to 'Rights' of Audience: The Utilities and Contingencies of the Public's Role in Court-Based Processes. – In: Antoine Masson and Kevin O'Connor (eds.): Representations of Justice. Brüssel: Peter Lang 2007, S. 195–236.

Simon, Oliver: Der Versuch der Einführung eines modernen Justizwesens zu Beginn des 20. Jahrhunderts in China. – In: Zeitschrift für Chinesisches Recht 11 (2004), S. 102–131.

Shapiro, Martin: Courts in Authoritarian Regimes. – In: Tom Ginsburg and Tamir Moustafa (eds.): Rule by Law: The Politics of Courts in Authoritarian Regimes. Cambridge: Cambridge University Press 2008, S. 326–335.

Su, Li (苏力): Das Recht auf das Land schicken: Eine Studie zu Chinas Justizsystem der Grundstufe (送法下乡: 中国基层司法制度研究). Peking: Zhongguo Zhengfa Daxue Chubanshe (中国政法大学出版社) 2000.

Su, Li (苏力): Die Herrschaft des Rechts und ihre indigenen Ressourcen (法治及其本土资源). Peking: Zhongguo Zhengfa Daxue Chubanshe (中国政法大学出版社) 2004.

Teubner, Gunther: Rechtsirritationen: Zur Koevolution von Rechtsnormen und Produktionsregimes. – In: Gunther Dux und Frank Welz (Hrsg.): Moral und Recht im Diskurs der Moderne. Opladen: Leske + Budrich 2001, S. 351–380.

Trevaskes, Susan: Political Ideology, the Party, and Politicking: Justice System Reform in China. – In: Modern China 37 (2011), S. 315–344.

Upham, Frank K.: Who Will Find the Defendant if He Stays with His Sheep? Justice in Rural China. – In: Yale Law Journal 114 (2005), S. 1675–1718.

Watson, Alan: Comparative Law and Legal Change. – In: Cambridge Law Journal 37 (1978), S. 313–336.

Weigelin-Schwiedrzik, Susanne: Gebiete unter Verwaltung der KPCh. – In: Brunhild Staiger, Stefan Friedrich und Hans-Wilm Schütte (Hrsg.): Das große China-Lexikon. Darmstadt: Wissenschaftliche Buchgesellschaft 2003, S. 237–238.

Wong, Simon Hing-yan: Reconstructing the Origins of Contemporary Chinese Law: The History of the Legal System of the Chinese Communists during the Revolutionary Period, 1921–1949. The University of Hong Kong Scholars Hub 2000. http://hdl.handle.net/10722/36206 (26. Juni 2013).

Xiao, Zhoulu (肖周录) und Ma, Jinping (马京平): Neue Untersuchung über Ma Xiwus
   Rechtsprechungsmethode (马锡五审判方式新探). – In: Faxuejia (法学家) 6 (2012), S. 1–
   15.
Xie, Hui (谢晖): Kommentar und Analyse über Konzepte des Konservativismus des Rechtsstaats
   – Ein Gespräch mit Herrn Su Li (法治保守主义思潮评析－与苏力先生对话). – In: Faxue
   Yanjiu (法学研究) 6 (1997), S. 50–59. Übersetzt von Robert Heuser: Ist die Tradition eine
   Quelle zur Gestaltung moderner Herrschaft des Rechts? – In: Peter Häberle (Hrsg.):
   Jahrbuch des Öffentlichen Rechts der Gegenwart. Tübingen: Mohr 2002, S. 581–598.
Yu, Zhaofei (余钊飞): Erneute Überlegungen zur Rechtsprechungsmethode von Ma Xiwu (马锡
   五审判方式的再思考). – In: Zhongxi Falü Chuantong (中西法津传统) (2009), S. 564–580.
Yu, Zhong (喻中): Wu Jingxiong und Ma Xiwu: Symbole zweier rechtswissenschaftlicher
   Traditionen des modernen Chinas (吴经熊与马锡五: 现代中国两种法律传统的象征). – In:
   Fashang Yanjiu (法商研究) 1 (2007), S. 134–139.
Zeng, Yikang (曾益康): „Ma Xiwus Rechtsprechungsmethode" aus der Sicht von Politik und
   Justiz betrachtet (从政治与司法双重视角看„马锡五审判方式"). – In: Xinan Zhengfa Daxue
   Xuebao (西南政法大学学报) 4 (2009), S. 94–97.
Zhang, Weiping (张卫平): Überlegungen zur Rückkehr von „Ma Xiwu" (回归„马锡五"的思考). –
   In: Xiandai Faxue (现代法学) 31.5 (2009), S. 139–156.
Zhou, Yongkang (周永康): Die Auflösung sozialer Widersprüche, die Innovation
   gesellschaftlicher Verwaltungsmethoden und den gerechten Gesetzesvollzug vertiefen
   und vorantreiben, um für eine schnellere und bessere wirtschaftliche und soziale
   Entwicklung einen noch effektiveren rechtsstaatlichen Schutz zu gewährleisten (深入推进
   社会矛盾化解、社会管理创新、公正廉洁执法,为经济社会又好又快发展提供更加有力的
   法治保障). http://www.qstheory.cn/zxdk/2010/201004/201002/t20100209_20841.htm. –
   In: Qiushi (求是) Nr. 4 vom 16. Februar 2010 (26. Juni 2013).

Katja Levy
Fünfzehn Jahre Deutsch-Chinesischer Rechtsstaatsdialog – Zeit für eine Positionsbestimmung

Abstract: In ihrem Beitrag blickt Katja Levy auf fünfzehn Jahre des Deutsch-Chinesischen Rechtsstaatsdialogs zwischen Deutschland und China zurück und stellt zwei Fragen: (1) Kann dieser Dialog evaluiert werden, und falls ja, wie sollte eine solche Evaluation durchgeführt werden? (2) Sollte dieser Dialog künftig fortgesetzt werden, und falls ja, wie und mit welchem Ziel sollte er fortgeführt werden?

Die „Deutsch-Chinesische Vereinbarung zu dem Austausch und der Zusammen-arbeit im Rechtsbereich" ist unter der etwas eingängigeren, wenn auch nicht ganz korrekten Bezeichnung „Deutsch-Chinesischer Rechtsstaatsdialog" (RSD) seit fast eineinhalb Jahrzehnten Kernstück der deutsch-chinesischen Beziehungen. Von der rot-grünen Bundesregierung im Jahr 1999 unter Gerhard Schröder der chinesischen Seite unterbreitet und seitens der chinesischen Regierung unter Ministerpräsident Zhu Rongji bereitwillig aufgenommen, wird der RSD seither von den verschiedenen Bundesregierungen weitergeführt und von den verschiedenen Oppositionen innerhalb und außerhalb des deutschen Parlaments hauptsächlich ob seiner ausbleibenden „Wirkung" kritisiert, während er von der chinesischen Führung vor der eigenen Öffentlichkeit praktisch verschwiegen wird. Anlässlich des Führungswechsels im November 2012 in der VR China und des Regierungs-wechsels 2013 in Deutschland und in Anbetracht der bisher verstrichenen Jahre im Dialog, scheint die Zeit für eine Gesamtschau und den Versuch einer Positions-bestimmung des RSD reif zu sein. In diesem Beitrag konzentriere ich mich vor allem auf zwei Fragen – zum einen ob und wenn ja, wie der Dialog angemessen evaluiert und beurteilt werden kann und zum anderen die Frage, ob der Dialog weiter geführt werden sollte und wenn ja, in welcher Form, mit welchen Schwerpunkten und mit welchen Zielen. Dafür gebe ich zunächst einen kurzen Überblick über die bisherigen Entwicklungen (1), setze mich dann mit Möglich-keiten und der Sinnhaftigkeit der Evaluierung (2.1) und mit der Frage der Wei-terführung des Dialogs (2.2) auseinander und komme schließlich zu einem Fazit und Ausblick (3).

1 Rückschau

1.1 Theorie und Praxis I: die Konzeption des RSD und die unterschiedlichen Motive der Dialogpartner

Das Konzept des RSD sah einen langjährigen fachlichen Austausch im Bereich des Rechts vor, in dem die deutsche und die chinesische Seite eingehend über den Rechtsstaat reden können, ohne einem Zwang zum Konsens zu unterliegen. Aus deutscher Sicht sollte der Dialog vor allem zwei Funktionen erfüllen[1]:

Erstens, sollte ein anderer Ton in der Menschenrechtsfrage gefunden werden, der zum einen wirkungsvoller als die bisherige Menschenrechtpolitik sein und sich zum anderen nicht permanent störend auf die sonstigen bilateralen Beziehungen auswirken sollte. Spätestens seit die chinesische Führung 1989 die studentische Demokratiebewegung in Beijing mit Panzern und Soldaten gewalttätig niedergeschlagen hatte, stand die Besorgnis über die Menschenrechtslage in Deutschland an erster Stelle in der öffentlichen Wahrnehmung Chinas. Diese negative Stimmung erreichte in den 1990er Jahren ihren Höhepunkt. Regelmäßig hatten deutsche Diplomaten Listen von chinesischen politischen Gefangenen an ihre Gesprächspartner in der Volksrepublik übergeben. Diese Gepflogenheit hatte sich stets negativ auf die generelle Stimmung in den bilateralen Beziehungen ausgewirkt und laufende Gespräche beeinträchtigt oder unterbrochen, aber dennoch kaum Bewegung in die Menschenrechtsfrage gebracht. Durch die Verlagerung in den Dialog wurde die Praxis der Listenübergabe zwar nicht aufgegeben[2], jedoch in den größeren Zusammenhang des bilateralen Dialogs gestellt. Die Einbettung in den Fachaustausch diente vor allem der Versachlichung bzw. Entemotionalisierung dieses wichtigen Themas. Statt die Gespräche immer wieder abreißen zu lassen, galt es nun, einen länger währenden Dialog aufrechtzuerhalten und weiterzuentwickeln.

Zweitens, sollte mit dem Dialog die rund hundertjährige deutsch-chinesische Tradition in der Rechtskooperation verstetigt und ausgebaut werden. Von einer möglichst breiten deutschen Einflussnahme auf die chinesischen Rechtsreformen versprach man sich zweierlei: Einerseits sollte China stärker an Deutschland

---

[1] Die folgenden Ausführungen beruhen, soweit sie sich auf den Zeitraum bis 2005 beziehen, auf meiner Monographie zum Deutsch-Chinesischen Rechtsstaatsdialog: Levy: Der Deutsch-Chinesische Rechtsstaatsdialog – die konstruktivistische Analyse eines außenpolitischen Instruments.
[2] Die Listen werden noch heute im Menschenrechtsdialog des Auswärtigen Amts übergeben, der eines der in den bilateralen Zweijahresprogrammen vertraglich vereinbarten Austausch- und Kooperationsprojekte ist (siehe unten Abschnitt 1.2).

gebunden werden. Die chinesischen Juristen, die eine deutsche Juristenaus-, -weiter-, oder -fortbildung genossen haben, sind in der Regel effiziente und effektive Multiplikatoren für ein positives Image der Bundesrepublik in der VR China. Wie die später angestoßene Kampagne „Law made in Germany"[3] nahelegt, verbindet die deutsche Regierung mit Rechtsexport generell ein hohes Prestige.[4] Andererseits sollte die deutsche Einflussnahme in der Rechtsreform auch zu mehr Rechtssicherheit für deutsche Unternehmen in China führen, die mit allgemeiner Rechtsunsicherheit, erzwungenem Technologietransfer, Benachteiligung bei öffentlichen Ausschreibungen und anderen Problemen zu kämpfen haben. Ähnliche rechtliche Rahmenbedingungen in Deutschland und China würden darüber hinaus auch dazu führen, dass sich die Bedingungen für chinesische Unternehmer, die in Deutschland investieren, ebenfalls vereinfachen.

Ganz grundsätzlich sollten die deutsch-chinesischen Beziehungen auf eine solide, sachliche und freundschaftliche Basis gestellt werden, auf der sich die wirtschaftlichen Beziehungen zwischen der starken europäischen Wirtschaftsmacht Deutschland und der aufstrebenden Wirtschaftsmacht China erfolgreich und möglichst fruchtbar entfalten sollten.

Die chinesische Seite nahm den Vorschlag positiv auf. Wenn auch aufgrund anderer Interessen und Erwartungen: 1999 befand sich die VR China in den Verhandlungen über seinen Beitritt zur Welthandelsorganisation (WTO), der schließlich 2001 vollzogen wurde. Diese Integration Chinas in das Weltwirtschaftssystem erforderte die Neufassung und Reform tausender chinesischer Gesetze und Vorschriften auf zentraler und lokaler Ebene[5]. Die Unterstützung von deutscher Seite in Form des Dialoges war so höchst willkommen.[6] Auch nach der Kraftanstrengung des WTO-Beitritts blieb die Vollendung der chinesischen Rechtsreformen noch lange eine zentrale Aufgabe, bei der weiterhin auch die ausländische Rechtsberatung eine wichtige Rolle spielte. Ein weiterer Grund,

---

3 Zusammen mit verschiedenen Juristenverbänden wirbt das Bundesjustizministerium in einem „Bündnis für das deutsche Recht" „für verbesserte Standortvorteile im globalen Wettbewerb durch die Verwendung kontinentaleuropäischer Rechtsregeln." (Siehe die entsprechende Informationsseite auf den Seiten des Bundesministeriums der Justiz: http://www.bmj.de/Shared Docs/Kurzmeldungen/DE/2012/20120509_Law_made_in_Germany.html und der Initiative selbst: http://www.lawmadeingermany.de/).

4 Zu den Prestigeinteressen vgl. auch Schulte-Kulkmann: Einfluss westlicher Rechtsberatung, S. 21ff.

5 Vgl. Zhu: Report, S. 2f.

6 Deutschland ist nicht das einzige Land, mit dem die chinesischen Gesetzgeber Rechtsberatungen und Rechtskooperationen durchführen; unter anderem blicken die USA – zum Teil über den Umweg privater Stiftungen – auf eine langjährige Kooperation mit der VR China zurück (ausführlich dazu u. a. Schulte-Kulkmann: Rechtszusammenarbeit).

warum die chinesische Seite auf den Vorschlag Schröders einging, hat sich im Laufe der Jahre immer weiter in den Vordergrund geschoben: Die Kooperation mit Deutschland im Rechtsstaatsdialog dient der chinesischen Seite zunehmend als Beleg für sein Engagement für die Verbesserung der Menschenrechtslage in der Volksrepublik.[7]

Diese kurze Übersicht über die unterschiedlich gelagerten Motive Chinas und Deutschlands für die Teilnahme am Dialog deuten schon an, welche Gefahren der Dialog mit sich bringt: Zum einen besteht die Gefahr, dass sich hinter der Fassade des Dialogs inhaltliche Leere aufgrund von fehlenden gemeinsamen Inhalten und Werten verbergen könnte. Zum anderen besteht auch die Gefahr, dass China ihn tatsächlich oder vermeintlich ausnutzt, um die eigene politische Lage positiver darzustellen als sie in Wirklichkeit ist.

Ich habe an anderer Stelle[8] das Beispiel des deutsch-chinesischen Symposiums im Rahmen des RSD mit dem Titel „Ausübung der Notstandsbefugnisse des Staates und Schutz der Rechte der Bürger" angeführt, um zu demonstrieren, wie heikel die inhaltliche Ausgestaltung des Dialogs sein kann. Die Behandlung dieses Themas war von der chinesischen Seite erbeten worden, da die Reform eines Notstandsgesetzes in der chinesischen Gesetzgebungsplanung anstand. Auf deutscher Seite wurde der Vorschlag mit Unbehagen aufgenommen, da das Thema in der deutschen Öffentlichkeit aufgrund der Erfahrungen mit der Notstandsgesetzgebung in den 1960er Jahren in Deutschland kaum positiv zu vermitteln war. Die Argumentation des Bundesministeriums der Justiz für die letztendliche Zusage für die Durchführung dieser Veranstaltung war, dass man die Hoffnung hege, gerade bei der menschenrechtlich sehr heiklen Gesetzgebung für Notstandssituationen positiv Einflussnehmen zu können. Wie ich als Gast der Veranstaltung verfolgen konnte, haben sich auf diesem Symposium in Beijing im Jahre 2004 dann tatsächlich sehr interessante Diskussionen über die Grenzen der staatlichen Beschneidung von Grundrechten ergeben. In der deutschen Presse, die aus Rücksicht auf die chinesischen Teilnehmer regelmäßig vom zeitlich umfangreichsten – und inhaltlich interessantesten Teil – der Symposien, den Diskussionen in den Arbeitsgruppen, ausgeschlossen ist, wurde das Thema Notstandsrecht als Gegenstand des deutsch-chinesischen Dialogs, wie zu erwarten war, eher mit Unverständnis aufgenommen.[9]

---

7 Zu Chinas genereller Akzeptanz des Menschenrechtsregimes an sich siehe Svensson: Debating Human Rights in China und Katrin Kinzelbach: Resisting the power.

8 Vgl. Levy: Notstandsrecht.

9 So kritisiert beispielsweise der Auslandskorrespondent von „Die Welt" in seinem Artikel anlässlich des RSD-Symposiums, dass bestimmte Aspekte des chinesischen Notstandsrechts, darunter die Befugnis, die chinesische Armee im Inneren zur Gefahrenabwehr einsetzen zu

Dieses Beispiel verdeutlicht zwei nicht zu unterschätzende Aspekte des Rechtsstaatsdialogs – seine schwer einzuschätzenden Diskussionsverläufe und seine schwere Vermittelbarkeit an die Öffentlichkeit. Diese Vermittlung wird nicht nur durch den oft geringen Nachrichtenwert und die komplexen Sachverhalte erschwert, die in dem Dialog zur Sprache kommen, sondern auch durch die Tatsache, dass der Dialog zur Wahrung einer gewissen Authentizität der Beiträge der Beteiligten unter Ausschluss der Öffentlichkeit stattfinden muss.

1.2 Praxis II: Themen und Projekte

Die Vereinbarung wurde anfänglich regelmäßig durch Zweijahresprogramme, seit 2010 durch Dreijahresprogramme inhaltlich konkretisiert, in denen jeweils eine feste Anzahl von Kooperationsprojekten mit vorgegebenen Themenschwerpunkten und Projektpartnern vereinbart wurde. Tabelle 1 zeigt, wie sich die Projektzahlen in der Laufzeit des Dialogs entwickelt haben:[10]

Tabelle 1 Anzahl der Projekte des RSD (2000–2015)

Kooperationsprogramme	Projekte, deren Beginn vor 2000 liegt	Neue Projekte	Innerhalb des RSD weitergeführte Projekte	Summe
2002–2003	15	6		21
2004–2005	6	8	11	25
2006–2007	1	6	20	27
2008–2009		8	25	33
2010–2012		6	27	33
2013–2015		8	28	36
Summe	22	42	111	175

---

können, im RSD nicht thematisiert würden (Erling: Peking drangsaliert Internet-Nutzer). Dabei war gerade dieses Thema zum Gegenstand einer intensiven Debatte im Dialog geworden – allerdings unter Ausschluss der Öffentlichkeit und der Pressevertreter.

10 Die Projekte sind in den Publikationen der Gesellschaft für Technische Zusammenarbeit basierend auf den Angaben der Projektträger dokumentiert worden (Levy: Der deutsch-chinesische Rechtsstaatsdialog; Levy: Der deutsch-chinesische Rechtsstaatsdialog, 2. Aufl.).

Aus Tabelle 1 geht hervor, dass der RSD zunächst ganz pragmatisch die bereits bestehenden 15 Rechtskooperationen aus den Jahren vor 2000 mit nur wenigen neuen Projekten ergänzte und damit das erste Zweijahresprogramm mit Leben füllte. Die Tabelle zeigt außerdem, dass in den bisherigen bilateralen Zwei- und Dreijahresvereinbarungen zum RSD insgesamt 175 Projekte einschließlich der jährlichen Symposien vereinbart und durchgeführt wurden. Die in der vierten Spalte aufgeführten Zahlen zu den „Innerhalb des RSD weitergeführten Projekten" geben an, wie viele Projekte jeweils nicht neu hinzugekommen, sondern Fortsetzungsprojekte aus den vorherigen Vereinbarungen sind. Dadurch wird deutlich, dass alle zwei bis drei Jahre nur sechs bis acht Projekte (siehe dritte Spalte „Neue Projekte") aufgenommen wurden. Diese Gegenüberstellung zeigt, dass man bisher in den Dialogprogrammen eher Wert auf Kontinuität als auf Innovation gelegt hat.

Die Projekte des RSD umfassen eine Vielzahl an Einzelmaßnahmen in unterschiedlichen Formaten wie Moot-Courts[11], Ausbildung- und Rechtsberatungsprogramme, Übersetzungsprogramme für Rechtsliteratur ins Chinesische, Stipendienprogramme für Studierende und Promovierende, Dozentenaustausch sowie Informationsreisen oder Hospitationen und vieles mehr.

Die Projektpartner sind größtenteils Ministerien, aber auch Verbände oder Hochschulen. Die Projekte, an denen das Bundesministerium für wirtschaftliche Zusammenarbeit und Entwicklung beteiligt ist, werden mehrheitlich durch dessen Ausführungsorganisation die Gesellschaft für Internationale Zusammenarbeit (GIZ, vorher GTZ) durchgeführt. Die GIZ hat wesentliche Großprojekte wie Gesetzgebungsberatung u. a. zum Verwaltungsgenehmigungsgesetz und Beamtengesetz und Richterausbildungsprogramme[12] durchgeführt sowie die Organisation der jährlichen Symposien übernommen, wenn diese turnusmäßig in Deutschland stattfanden.

Wie die Projekte des RSD sich auf inhaltliche Kategorien verteilen, lässt sich aus Tabelle 2 ersehen:

---

11 Moot Courts sind gestellte Gerichtsverhandlungen mit professionellen Richtern, Anwälten, Staatsanwälten, die zu Trainingszwecken beispielsweise einen Fall jeweils einmal nach dem deutschen und einmal nach dem chinesischen Recht durchspielen, um die Unterschiede und Gemeinsamkeiten in der Rechtsprechung herauszuarbeiten.

12 Einzelheiten zur Beratungsarbeit der GIZ in der VR China finden sich hier: http://www.law-re form.cn/ (6. Oktober 2013).

Tabelle 2 Projekte des RSD (2000–2015) nach Kategorien

Thema	Anzahl	Anteil in %
Verwaltungsrecht	41	23,7
Zivilrecht, Handelsrecht, Wirtschaftsrecht	40	23,1
Wissenschaftskooperationen	24	13,9
Rechtsdurchsetzung und Prozessrecht	23	13,3
Menschenrechte	22	12,7
Arbeits- und Sozialrecht	14	8,1
Juristenausbildung/-weiter-/-fortbildung	9	5,2
Summe	173[13]	100

Die meisten Projekte lassen sich unter der Kategorie Verwaltungsrecht zusammenfassen, dem Rechtsbereich, der das Verhältnis zwischen dem Staat und dem Individuum regelt. An zweiter Stelle steht der Bereich Zivil-, Handels- und Wirtschaftsrecht, was der Bedeutung entspricht, die der Dialog für deutsche Unternehmen, die in China investieren (wollen), hat. Aus der relativ hohen Anzahl an Projekten, die sich im Bereich der Wissenschaftskooperationen und Juristenweiterbildung ansiedeln lassen (insgesamt mit 19,1 % an dritter Stelle), lässt sich ableiten, wie viele Multiplikatoren, die nach der Ausbildung als Richter, Rechtsanwälte, Staatsanwälte oder Hochschullehrer Recht mit einem deutschen akademischen Hintergrund praktizieren, lehren oder erforschen werden, aus dem RSD bereits hervorgegangen sind[14].

Von Kritikern wird oft moniert, dass sich im RSD zu wenige Projekte konkret mit Menschenrechten beschäftigen[15]. Betrachtet man die Projektkategorien jedoch unter dem Aspekt, welche Projekte die Beziehung zwischen Staat und Individuum betreffen, dann stellt man fest, dass mindestens die Themenschwerpunkte Ver-

---

13 Die Gesamtzahl der Projekte weicht von Tabelle 1 ab, weil die Themen der Symposien für die Jahre 2014 und 2015 zum Zeitpunkt des Verfassens dieses Artikels noch nicht vorlagen und daher noch keiner Kategorie zugeordnet werden konnten.

14 Die angegebene Zahl gibt nur an, wie viele Projekte es bisher dazu gab. Genaue Zahlen über die aus- und fortgebildeten chinesischen Juristen im Rahmen des RSD liegen mir bisher nicht vor.

15 So schrieb Harald Maas 2003 beispielsweise: „Auch die Menschenrechte hat der Kanzler aus seinem China-Besuch wegdelegiert. Während Schröder in Peking mit Unternehmern diskutiert und in Kanton für deutsche Autos bewundert wird, hält Justizministerin Brigitte Zypries in Peking einen Vortrag vor Studenten über Menschenrechte. Es ist eine offene und direkte Rede, nur wird sie eben nicht vom Regierungschef gehalten. Der verweist lieber auf den Rechtsstaatsdialog, der seit Jahren ohne Ergebnisse auf unterer Ebene vor sich hindümpelt." Maas: Kanzler ‚Shiluode'.

waltungsrecht, Rechtsdurchsetzung und Prozessrecht, Menschenrechte sowie Arbeits- und Sozialrecht, also insgesamt 57,8 % diese Beziehung berühren, die Mehrheit der Projekte im RSD also tatsächlich eng mit der Frage der Rechtsstaatlichkeit befasst ist.

Die Frage der Rechtsstaatlichkeit bzw. eine Definition von Rechtsstaatlichkeit scheint allerdings tatsächlich bisher in keinem der Projekte konkret thematisiert worden zu sein und wird auch nicht in den bilateralen Vereinbarungen geklärt. Sprachliche und konzeptionelle Probleme erschweren darüber hinaus noch zusätzlich die Verständigung über diesen zentralen Begriff. Die chinesischen teilnehmenden Juristen, die in ihrer Mehrheit zwar vergleichsweise gut über ausländische Rechtsfragen informiert sind, dürften aufgrund der Dominanz der aus der anglo-amerikanischen übersetzten juristischen Fachliteratur in China eher mit dem Begriff „Rule of Law" vertraut sein als mit Rechtsstaatlichkeit. Dadurch ergeben sich bereits Missverständnisse, z.B. was den Umfang und die Tiefe der Rechtsstaatsidee, die im RSD Gesprächsthema sein sollte, angeht: Einige Rechtswissenschaftler vertreten die Ansicht, dass es sinnvoll sei, bei der Diskussion von Rule of Law im Zusammenhang mit der VR China zwischen „thick rule of law" und „thin rule of law" zu unterschieden, wobei die letztere formale Variante möglicherweise im Dialog mit China sinnvoller übertragbar sein könnte als die erstere, die man mit „materiellem Rechtsstaat" übersetzen könnte.[16] Aus deutscher Perspektive scheint diese Unterteilung nicht sinnvoll. Aus den Dokumenten über den Beginn des Rechtsstaatsdialogs in den Archiven des Bundesministeriums der Justiz geht eine solche Sichtweise auch nicht hervor. Es ist davon auszugehen, dass von deutscher Seite aus der Austausch über den materiellen Rechtsstaat gemeint ist. Allerdings ist dies an keiner Stelle festgeschrieben. Eine weitere Quelle von Missverständnissen ist, dass in zahlreichen Dokumentationen zum RSD die Worte Rechtsstaat und Rechtssystem, die im Chinesischen zwar unterschiedlich geschrieben (法治 und 法制), aber identisch ausgesprochen werden (fǎzhì), verwechselt werden[17]. Kurz, das zentrale Konzept des RSD ist bisher noch recht wenig thematisiert worden, zumindest geht aus den bisher vorliegenden Dokumentationen der Veranstaltungen und Projekte im RSD nichts Gegenteiliges hervor.

Ich habe an anderer Stelle die verschiedenen Kritikpunkte, die sich gegen den RSD richten, zusammengetragen und analysiert[18]. Das Ergebnis war, jedenfalls bis

---

16 Randall Peerenboom argumentiert beispielsweise so (Peerenboom: Rule of Law).

17 Vgl. Levy. Der Deutsch-Chinesische Rechtsstaatsdialog – die konstruktivistische Analyse eines außenpolitischen Instruments, S. 62, 98.

18 Levy: Der Rechtsstaatsdialog geht weiter; Levy: Der Deutsch-Chinesische Rechtsstaatsdialog – die konstruktivistische Analyse eines außenpolitischen Instruments.

2005, sehr widersprüchlich: Die Kritikpunkte bezogen sich auf die Form, die Inhalte oder auch die (ausbleibende) Wirkung des Dialogs. Die Vertreter des letzteren Standpunktes hatten sich dabei offensichtlich erhofft, dass der Dialog innerhalb von wenigen Jahren dazu führen würde, dass China flächendeckend die Prinzipien des Rechtsstaats einführen, in das eigene Rechtssystem inkorporieren und in der Rechtspraxis umsetzen würde.

Eine dermaßen weitreichende Einflussnahme durch einen einzigen bilateralen Dialog innerhalb weniger Jahre erscheint mir eine sehr unrealistische Erwartung zu sein. Die Entwicklung des Rechtsstaats ist nur eine von vielen Herausforderungen, mit denen China in den Jahren seit 2000 konfrontiert war. Aber wie hat sich der Rechtsstaat in China eigentlich während des RSD entwickelt? Da diese Frage Gegenstand einer größer angelegten Studie sein müsste, kann diese Frage hier nur angerissen werden.

1.3 Wichtige Entwicklungen in der VR China und in den bilateralen Beziehungen seit Beginn des Rechtsstaatsdialogs

Zeitlich gesehen seit dem Beginn des RSD im Jahr 2000 – eine (Mono-) Kausalität kann erstens nicht nachgewiesen werden und ist zweitens meiner Meinung nach aufgrund des insgesamt doch sehr kleinen Umfangs des Dialogs auch sehr unwahrscheinlich –, kann die VR China auf eine Reihe von Fortschritten in der Rechts- und Menschenrechtslage zurückblicken; darunter sind besonders die folgenden Punkte hervorzuheben:

Der Beitritt der VR China zur WTO brachte wie bereits erwähnt wohl den größten Umbruch im chinesischen Rechtssystem mit sich, in dem er die Änderung zahlreicher Gesetze und Vorschriften sowie neue Gesetzgebung in Einklang mit den Vorschriften der WTO erforderlich machte. Schon vorher, 1999 war der Grundsatz des „Regierens nach dem Gesetz", eine Umschreibung der chinesischen Version des Rechtsstaatsgrundsatzes in die Verfassung aufgenommen worden.[19] Diese Verfassungsänderung hat jedoch bisher kaum Auswirkungen auf die Rechtspraxis gehabt. Dies gilt auch für die beiden Verfassungsänderungen aus

---

19 Artikel 13 der Verfassungsänderung von 1999 lautet: „Artikel 5 der Verfassung [von 1982] wird um einen Absatz ergänzt, der zu Abs. 1 wird und lautet ‚Die VR China praktiziert das Regieren anhand von Gesetzen und baut einen sozialistischen Rechtsstaat auf.'" (第十三条　宪法第五条增加一款，作为第一款，规定：„中华人民共和国实行依法治国，建设社会主义法治国家。")

dem Jahr 2004: Unter anderem wurde der Schutz der Menschenrechte[20] und der Schutz des Privateigentums in die Verfassung aufgenommen,[21] was für große Aufmerksamkeit im Ausland sorgte und auch die chinesischen inländischen Debatten über Rechtsstaatlichkeit und Menschenrechte befeuerte, letztendlich jedoch weiterhin keine Gewährleistung für die Durchsetzung der in der Verfassung garantierten Rechte ist. Im Januar 2007 trat die Änderung des Organisationsgesetzes für die chinesischen Gerichte in Kraft, nach der alle Todesurteile dem Obersten Volksgericht gemeldet und von diesem genehmigt werden müssen[22] – „die wichtigste Reform bzgl. der Todesstrafe in der VR China seit 23 Jahren"[23]. Generell haben sich die individuellen Umstände der Bürgerinnen und Bürger in den letzten Jahrzehnten in bestimmten Bereichen enorm verbessert: Z. B. waren private Reisen mit der ganzen Familie bis Mitte der 1990er Jahre kaum möglich; heute gehören die Chinesen zu den reisefreudigsten Völkern der Welt. Auch die öffentliche Meinungsbildung hat sich in den letzten Jahrzehnten grundlegend verändert: Die Berichterstattung der Medien ist aufgrund der Kommerzialisierung geöffnet worden; das Internet ist zu einem Ort der Debatte geworden – wenn auch in bestimmten Grenzen. Die akademische Debatte in Fachzeitschriften hat ebenfalls sehr an Vielfalt gewonnen. Die persönlichen Freiräume haben sich stark erweitert – sei es, dass in den Großstädten beeindruckende Subkulturen in der Musik-, Kunst- und Literaturszene entstehen konnten, sei es, dass die soziale Organisationseinheit (Danwei), die jeden Chinesen und jede Chinesin noch bis in

---

20 Artikel 24 der Verfassungsänderung von 2004 lautet: „Artikel 33 wird um einen Absatz ergänzt, der Abs. 3 wird und lautet: ‚Der Staat respektiert und schützt die Menschenrechte'. Aus Abs. 3 wird Abs. 4." (第二十四条　宪法第三十三条增加一款，作为第三款：„国家尊重和保障人权。"第三款相应地改为第四款。)

21 Artikel 22 der Verfassungsänderung von 2004 lautet: „In Artikel 13 werden [die beiden Sätze] ‚Der Staat beschützt das Eigentumsrecht der Bürger an rechtmäßigem Einkommen, die Ersparnisse, Häuser und anderes rechtmäßiges Vermögen' [und] ‚Der Staat schützt gemäß den Gesetzen und Vorschriften das Erbrecht an Privatbesitz der Bürger.' geändert in ‚Das rechtmäßige Privateigentum der Bürger wird nicht verletzt.' [und] ‚Der Staat schützt gemäß den Gesetzen und Vorschriften das Recht am Privateigentum und das Erbrecht der Bürger.' [und] ‚Der Staat kann für die Bedürfnisse der Allgemeinheit gemäß den Gesetzen und Vorschriften Privatvermögen einziehen oder enteignen und eine Entschädigung geben.' 第二十二条 宪法第十三条" 国家保护公民的合法的收入、储蓄、房屋和其他合法财产的所有权。" "国家依照法律规定保护公民的私有财产的继承权。" 修改为："公民的合法的私有财产不受 侵犯。" "国家依照法律规定保护公民的私有财产权和继承权。" "国家为了公共利益的需要，可以依照法律规定对公民的私有财产实行征收或者征用并给予补偿。"

22 Beschluss des Ständigen Ausschusses des Nationalen Volkskongresses über die Änderung des Organisationsgesetzes der Volksrepublik China über die Volksgerichte (2006), Artikel 13. (全国人大常委会关于修改《中华人民共和国人民法院组织法》的决定(2006)).

23 Chen: The death penalty and human rights, S. 162.

die 1990er Jahre von der Geburt bis zum Tod organisatorisch und vor allem auch als Überwachungsinstanz begleitete, inzwischen weggefallen ist.

Allerdings gibt es auch gegenteilige Entwicklungen. Einige Ereignisse der vergangenen Jahre werden als Tiefpunkte der Menschenrechtspolitik der VR China und teilweise auch in den deutsch-chinesischen Beziehungen in die Geschichte eingehen: Dazu gehören der Umgang mit den Aufständen in Tibet und Xinjiang sowie mit Verweigerern der Umsiedlungspolitik im Vorfeld der Olympischen Spiele 2008 oder auch die Verhaftung des provokanten Beijinger Künstlers Ai Weiwei mit der Begründung der Steuerhinterziehung 2011. Diese Verhaftung zwei Tage nach Ankunft des deutschen Außenministers Westerwelle 2011 in Beijing zur Eröffnung des hochkarätigen deutsch-chinesischen Kulturprojekts „Die Kunst der Aufklärung"[24] wurde auf deutscher Seite genauso als Affront in den bilateralen Beziehungen betrachtet wie auf chinesischer Seite der Empfang des tibetischen religiösen Oberhauptes, des Dalai Lama, im Kanzleramt durch Bundeskanzlerin Angela Merkel kurz vor der geplanten Eröffnung des 8. RSD-Symposiums im Jahr 2007, das in München stattfinden sollte[25]. Die Verleihung des Friedensnobelpreises an den im Gefängnis sitzenden Liu Xiaobo[26] im Herbst 2010 führte ebenfalls zu einem Eklat: Chinas Führung reagierte, indem sie die Friedensnobelpreisverleihung in der chinesischen Presse verschweigen ließ und einen eigenen ‚Confucius Peace Prize' ins Leben rief und an Lian Zhan, einen ehemaligen Vizepräsidenten der Taiwans und Ehrenvorsitzenden der Nationalistischen Partei (Guomindang) für seine Verdienste in den Beziehungen zwischen Festland China und Taiwan vergab[27]. Derweil verschärfte die chinesische Regierung die politischen Maßnahmen zur Erhaltung der gesellschaftlichen Stabilität, u. a. um 2010/2011 ein Überschwappen des „Arabischen Frühlings" auf die VR China zu verhindern. Das Jahr 2013 begann mit der Zensur eines Artikels über die Bedeutung der Verfassung für die neue Führungsgeneration der VR China in der liberalen Zeitung Southern Weekly, die mit heftigen Protesten beantwortet wurde[28]. In

---

24 Siehe Eissenhauer, Roth, Klaus Schrenk: Ai Weiweis Verhaftung.

25 Das RSD-Dialog-Symposium wurde daraufhin seitens der chinesischen Teilnehmer, die schon in Deutschland angekommen waren, aus „technischen Gründen" abgesagt. Wie auf dem Runden Tisch des Bundesjustizministeriums im Dezember 2007 berichtet wurde, sind die Arbeitsbeziehungen im RSD in den anderen Projekten aber niemals richtig unterbrochen worden. Das Symposium wurde dann im April 2008 nachgeholt.

26 Liu war einer der Verfasser der „Charta 08", die öffentlich politische Reformen und mehr Demokratie forderte. Er wurde am 20.12.2009 zu 11 Jahren Haft verurteilt (amnesty international 2010).

27 Vgl. Tran: Confucius Peace Prize.

28 Vgl. Richburg: Chinese journalists mount rare protest.

der zweiten Hälfte des Jahres 2013 wurde die Kontrolle chinesischer Internet-Blogger empfindlich verschärft[29].

Insgesamt lässt sich also zwar eine Vielzahl von Ereignissen zusammen-tragen, die auf eine akute Verschlechterung der Menschenrechtslage und damit auch der Rechtsstaatssituation in der VR China hinweisen. Löst man sich aller-dings von den „Einzelfällen" und Kampagnen der letzten Zeit und blickt zurück in die 1970er und 1980er, so hat sich die Situation deutlich verbessert, wenn man damit auch noch nicht zufrieden sein und von einem Rechtsstaat China auch noch keine Rede sein kann.

2 15 Jahre Rechtsstaatsdialog – wie weiter?

Nach eineinhalb Jahrzehnten RSD stellt sich die Frage: Was hat der RSD bewirkt? Und: Sind seine Ergebnisse so überzeugend, dass er weitergeführt werden sollte?

2.1 Kann und soll man den RSD vermessen?

Ich habe bereits früher Überlegungen dazu angestellt und vier Gründe vorge-bracht, warum es so schwierig ist, den RSD zu evaluieren[30]:

1. Die gewollte Vielfalt und Breite des RSD macht eine einheitliche Überprüfung seiner Ergebnisse schwierig.
2. Eine wesentliche Eigenschaft des Dialogs ist, dass er explizit keinen Druck erzeugen soll. Die Messung von Ergebnissen und der dadurch erzeugte Druck wären bei dieser Strategie eher kontraproduktiv.
3. Der RSD ist explizit kein Ort von Verhandlungen – anders als bei den Men-schenrechtsdialogen des Auswärtigen Amts und auch auf EU Ebene sollen im RSD keine Resultate ausgehandelt werden. Der Reiz soll stattdessen im Dia-logprozess selbst liegen. Der RSD weist damit Eigenschaften auf, die Jürgen Habermas in seiner Theorie des kommunikativen Handelns[31] beschrieben hat. Auch der RSD ist nicht auf die Aushandlung von Kompromissen oder auf die Verteilung von knappen Gütern ausgerichtet, vielmehr geht es in der Kon-zeption des Dialogs um die Überzeugung des Gegenübers durch die besseren Argumente. Der Dialogprozess ist schwer messbar.

---

29 Vgl. Buckley: Crackdown on Bloggers.
30 Vgl. Levy. Der Deutsch-Chinesische Rechtsstaatsdialog – die konstruktivistische Analyse eines außenpolitischen Instruments, S. 298 ff.)
31 Habermas: Theorie des kommunikativen Handelns.

4. Die Motivationen, am Dialog teilzunehmen, sind auf der deutschen und der chinesischen Seite sehr unterschiedlich. Sollten die verfolgten Ziele als Messlatte für den Erfolg des Dialogs dienen, so ist fraglich, wessen Ziele dies sein sollten. Die deutsche Seite zielt ja eher – soweit erkennbar – darauf ab, Rechtsstaatlichkeit möglichst breit zu thematisieren und die Rechtsstaatsidee im Denken der chinesischen Gesprächspartner zu verankern, während die chinesische Seite sich eher auf die möglichst effiziente Unterstützung bei der eigenen Gesetzgebung konzentriert.

Es ist somit nicht einfach, Kriterien festzulegen, anhand derer der Erfolg des Dialogs zu messen wäre. Allerdings gibt es jetzt, nachdem der Dialog über die Zeit von 15 Jahren gelaufen ist, doch einige Dinge, die genauer dokumentiert werden könnten. Die Dokumentationen, die ich bisher im Auftrag der GTZ (GIZ) angefertigt habe, beruhten stets auf den Angaben der einzelnen Projektträger und waren größtenteils nicht sehr detailliert. Eine unabhängige Bestandsaufnahme erster Ergebnisse des Dialogs ist bisher noch nicht erfolgt, obwohl es schon einige interessante Fakten zu erheben gäbe, darunter zum Beispiel: Wie viele chinesische Juristen haben die Ausbildungsprojekte bisher durchlaufen? Was ist aus ihnen geworden? Was ist aus den Studierenden und Wissenschaftlern geworden, die an den wissenschaftlichen Kooperationen und Studiengängen teilgenommen haben? Sind sie wie erhofft zu Multiplikatoren geworden, die heute die nächste Generation chinesischer Juristen unterrichtet und Debatten anstößt? Was haben die Teilnehmer publiziert? Welche Bücher sind in den Übersetzungsprojekten übersetzt worden? Wie viele? In welcher Auflage? Werden sie als Lehrbücher eingesetzt oder verstauben sie eher in Gelehrtenstuben? Welche Erfahrungen hat man mit den verschiedenen Formaten des Austauschs gemacht – sind die kurzen Besuchsreisen ausreichend für einen bleibenden Eindruck, sind die Moot-Courts anschaulich, wie kommt das Juristentraining an? Was kostet der Dialog? Zahlen die beiden Seiten gleich viel für den Austausch? Wie groß ist der Anteil der in Gesetzgebungsberatungsprojekten übermittelten deutschen Rechtssystematik an dem fertigen chinesischen Gesetz? Lassen sich andere Einflüsse nachweisen, die möglicherweise gewichtiger sind?

Einige dieser und weiterer Fragen, die für eine Einschätzung des Dialogs von Relevanz wären, sind wahrscheinlich schon intern von den Projektträgern beantwortet worden, aber in der Gesamtschau sind sie meines Wissens noch nicht zusammengetragen und der Öffentlichkeit zugänglich gemacht worden. Bisherige Studien zum RSD[32] konnten noch keine entsprechenden empirischen Untersu-

---

32 Levy: Der Deutsch-Chinesische Rechtsstaatsdialog – die konstruktivistische Analyse eines

chungen anstellen, denn viele der Maßnahmen können ihre Wirkung erst nach einigen Jahren entfalten – so brauchen die Studierenden einige Jahre, um ihr Studium abzuschließen und ins Berufsleben einzusteigen; Forschungen und deren Publikation in chinesischen Verlagen benötigen ebenfalls ihre Zeit, genauso wie die Übersetzungsprojekte. Die Antworten auf diese Fragen würden aussagekräftig sein, ohne dass sie explizit an den deutschen und/oder den chinesischen Zielen gemessen würden. Sie würden den Dialogprozess daher weniger stören als dass sie ihn beflügeln würden.

2.2 Soll der RSD weiter geführt werden?

Die Antworten auf die oben genannten und weitere Fragen im Rahmen einer entsprechenden Evaluationsstudie des RSD würden eine sinnvolle Grundlage für Überlegungen bezüglich der Fortführung des RSD bilden. Zur Zeit ist nach meinem Kenntnisstand der RSD zunächst – zumindest finanziell – bis 2014 gesichert. Der RSD ist eines der letzten deutsch-chinesischen Projekte, die vom Bundesministerium für Wirtschaftliche Zusammenarbeit und Entwicklung finanziert werden, nachdem der Beschluss der CDU/CSU-FDP-Koalition gefasst worden war, die Entwicklungskooperation mit der VR China auslaufen zu lassen. Dieser Schritt wurde damals damit begründet, dass die VR China aufgrund ihres rapiden ökonomischen Wachstums und der damit einhergehenden einflussreichen politischen Stellung in der Welt nicht mehr auf Entwicklungskooperationen mit Deutschland angewiesen sei.[33] Die chinesische Regierung selbst sieht sich – vor allem aufgrund der großen Einkommensunterschiede innerhalb des Landes – allerdings weiterhin als Entwicklungsland mit entsprechenden Bedürfnissen auch in der Entwicklungszusammenarbeit.[34] Eine wesentliche Frage bezüglich der Weiterführung des RSD ist somit seine Finanzierung in der Zukunft. Welches Ressort würde sinnvollerweise die Kooperation finanzieren können? Gleichzeitig deckt das aktuelle Dreijahresprogramm noch die Zeit bis einschließlich 2015 ab.

Nicht zuletzt müsste bei einer Bewertung des RSD und der Überlegung, ob und wie er weiterzuführen sein könnte, auch die strategische Ausrichtung der deutschen und der chinesischen Außenpolitik überprüft werden. Der RSD nahm auf deutscher Seite seinen Anfang nicht zufällig in den ersten Jahren der Regierung Schröder/Fischer. Er war explizit Teil des „rot-grünen Projekts", des politischen

---

außenpolitischen Instruments; Schulte-Kulkmann: Rechtszusammenarbeit mit der Volksrepublik China.

33 Vgl. Entwicklungshilfe: Niebel will Zahlungen streichen.

34 Vgl. China sieht sich als Entwicklungsland.

Neuanfangs, den die Koalition von SPD und Bündnis 90/Die Grünen sich auf die Fahnen geschrieben hatte und der auch eine strategische Neuausrichtung in der Außenpolitik umfasste. Diese neue Außenpolitik manifestierte sich unter anderem besonders auffällig in der diplomatischen und vor allem ökonomischen Annäherung an Russland und China. In China fand sich mit Zhu Rongji ein vor allem ökonomisch ausgesprochen aufgeschlossener Dialogpartner, der die sich bietende Gelegenheit pragmatisch ergriff.

Zum gegenwärtigen Zeitpunkt[35] ist die neue Regierung in Deutschland erst gerade dabei, sich in einer neuen Koalition zu ordnen. Große Veränderungen in der Außenpolitik sind in einer weiteren Regierungsperiode unter der Kanzlerin Angela Merkel trotz neuem Koalitionspartner nicht zu erwarten. Es steht also zu befürchten, dass sich der Trend fortsetzen wird, der sich in den letzten Jahren im RSD abzeichnete, nämlich ein nachlassendes Interesse der deutschen Seite an dem Dialog, das sich einerseits in der kleineren Zahl der Projekte bei längerer Laufzeit der Projektvereinbarungen und andererseits in der fast komplett zum Erliegen gekommenen öffentlichen Debatte über den Dialog zeigt. Ein neuer/ eine neue Justizminister/in, der/die sich persönlich für den Dialog einsetzen würde, könnten den Trend aber jeder Zeit herumreißen und dem Dialog neues Leben einhauchen. Die chinesische Führungsspitze, die bereits im November 2012 innerparteilich und im März 2013 auch im Regierungsapparat an die Macht gekommen ist, hat sich noch nicht öffentlich zum RSD geäußert. Aus chinesischer Sicht hat sich die Situation insofern verändert, dass China erstens durch seine wirtschaftliche Stärke noch unabhängiger von den westlichen Diskursen über seine Menschenrechtspolitik und insgesamt viel selbstbewusster geworden ist und somit auch weniger seinen Willen zur Verbesserung der Menschenrechtslage demonstrieren muss. Zweitens ist die Reform des chinesischen Rechtssystems inzwischen beinahe abgeschlossen. Ein Verbesserungs- und Beratungsbedarf im Recht wird zwar noch lange weiterbestehen, aber die essentiellen Rahmenbedingungen sind gegeben und die eigenen Juristen sind inzwischen viel besser ausgebildet und selbstständig international vernetzt als es noch am Ende der 1990er Jahre der Fall war. Auch herauszufinden, welche Vorstellungen und Erwartungen die chinesische Seite zum RSD hat, wäre eine Aufgabe für eine Evaluationsstudie.

Ein Faktor, der unabhängig von den Partikularinteressen der deutschen und der chinesischen Seite in den Überlegungen über die Fortführung des RSD möglicherweise zu bedenken sein sollte, ist die Tatsache, dass Recht in den Internationalen Beziehungen zunehmend an Bedeutung gewinnen wird. Wir befinden

---

35 Oktober 2013.

uns seit den 1970er Jahren in einem Globalisierungsprozess, der sich „aus soziologischer Sicht als die krisenhafte Emergenz einer Weltgesellschaft, aus juristischer Sicht als die asymmetrische Vereinigung souveräner Völkerrechtssubjekte zu einer internationalen Gemeinschaft und aus politologischer Sicht als die ungleichzeitige Denationalisierung von Wirtschaft, Politik und Recht" darstellt[36]. Recht wird sich in der globalisierten Welt wahrscheinlich eher als Ordnungsstruktur durchsetzen lassen als eine demokratische „Weltregierung" über nationale Grenzen hinweg[37]. Der RSD als Versuch, diplomatischen Beziehungen einen eigenen Rechtsbezug zu geben, als Versuch, Verständigung über Rechtsfragen herzustellen, könnte eine zukunftsweisende Entwicklungsstufe diplomatischer Beziehungen allgemein darstellen und auch auf andere Länder und Länderkonstellationen übertragbar sein.[38]

Der Rechtsaspekt hat noch eine weitere Komponente, die bisher noch relativ unerforscht ist: Es gibt einige deutliche Hinweise darauf, dass eine Durchsetzung des Rechtsstaats in China noch in weiter Ferne liegt oder möglicherweise gar nicht vollständig erfolgen wird. Zu diesen Indizien gehören verschiedene extra-legale Praktiken in der chinesischen gesellschaftlichen Wirklichkeit, die scheinbar ihre Existenz dem Wunsch zu verdanken haben, das Rechtssystem in bestimmten Fällen umgehen zu können. Ein Gedanke, der selbstverständlich konträr zum Rechtsstaatsgedanken steht. Zu diesen Praktiken gehören u.a.: dass chinesische Gerichte bestimmte Fälle aus politischen Gründen ablehnen können[39]; dass die verschiedenen Formen der Administrativhaft, vor allem in Form der Umerziehung durch Arbeit, die gegenwärtig offensichtlich gegen verfassungsrechtliche und gesetzliche Vorschriften verstößt, nicht oder nur sehr zögerlich abgeschafft wird[40];

---

36 Habermas: Kommunikative Realität, S. 426 f.

37 Habermas: Kommunikative Realität.

38 So gibt es neben dem deutsch-chinesischen RSD inzwischen auch schon weitere Rechtsstaatsdialoge in unterschiedlicher Breite und Intensität: Das Bundesministerium der Justiz führt beispielsweise einen deutsch-vietnamesischen RSD, siehe http://www.bmj.de/DE/Recht/Sta bEU/_doc/Der_deutsch_vietnamesische_Rechtsstaatsdialog.html (7. Oktober 2013); ein deutsch-thailändischer RSD ist auf den Seiten des Auswärtigen Amts erwähnt: http://www.bangkok. diplo.de/Vertretung/bangkok/de/09/24-Deutsch-Thailaendisches-Zentrum-im-Rechtsdialog.html (7. Oktober 2013); die Konrad-Adenauer-Stiftung führt einen RSD mit Russland (http://www.kas. de/ru-moskau/de/publications/31229/ (7. Oktober 2013).

39 Donald Clarke hat dieses Phänomen in seinem Blog übersichtlich zusammengefasst: http:// lawprofessors.typepad.com/china_law_prof_blog/2012/03/case-acceptance-in-chinese-courts. html (7.10.2013).

40 Am 7. Januar 2013 verkündete das u.a. für Rechtsfragen zuständige Politbüromitglied der Kommunistischen Partei Chinas Meng Jianzhu, dass die Umerziehung durch Arbeit, eine Form der Administrativhaft, bei der Individuen durch Organe der Öffentlichen Sicherheit ohne Gerichtsurteil bis zu vier Jahre in Umerziehungslager geschickt werden können. Daraus entspann

dass es gegenwärtig keine Bestrebung zu geben scheint, ein Gremium vergleichbar mit einem Verfassungsgericht zu schaffen, das systematisch Widersprüche im Rechtssystem und in der Gesetzgebung aufdecken und klären könnte;[41] dass es mit der Disziplinkommission und dem System des „shuanggui"[42] der Kommunistischen Partei Chinas ein innerparteiliches „Rechtssprechungssystem" gibt, das parallel zum eigentlichen Rechtssystem existiert. Diese Liste ist nicht abgeschlossen.

Diese Mechanismen haben ganz unterschiedliche Ursprünge, zum Teil mögen sie der chinesischen Rechts- oder auch Philosophietradition entspringen, zum Teil sind sie geprägt durch sozialistisches Rechtsdenken. Sie sind aber fester Bestandteil der chinesischen Rechtswirklichkeit heute und sollten in ihrer Bedeutung nicht unterschätzt werden – sowohl was die Wahrscheinlichkeit oder eher Unwahrscheinlichkeit angeht, dass sich in der VR China ein Rechtsstaat nach westlichen Vorstellungen durchsetzen könnte als auch was die Aussichten angeht, mit China an einem globalen Rechtssystem zu arbeiten, dessen Notwendigkeit oben kurz angedeutet wurde.

Aus diesen Beobachtungen und Überlegungen ergibt sich die dringende Notwendigkeit, mit China über rechtliche Fragen weiter im Dialog zu bleiben.

3 Fazit

Der Überblick über die bisherigen Aktivitäten im Rahmen des RSD zeigt, dass sich hinter dem Konzept eine Vielfalt von Akteuren, Projekten und Möglichkeiten verbirgt. Die Erfahrungen im RSD haben gezeigt, dass er sich weder besonders gut für die politisch-mediale Vermittlung in die Öffentlichkeit eignet noch sich einfach nach herkömmlichen Methoden messen oder evaluieren lässt. Es ist insgesamt also keineswegs unbestritten, dass der RSD als ein gelungenes, erfolgreiches und einflussreiches Instrument in der deutschen Chinapolitik zu sehen ist – zumal sich in der chinesischen Innen- und Menschenrechtspolitik in den letzten Jahren auch einige Rückschläge aufzeigen lassen und die deutsch-chinesischen Beziehungen

---

sich eine intensive Debatte sowohl in der Fachwelt als auch in Politik und sozialen Medien, die zum Zeitpunkt des Verfassens dieses Beitrags noch nicht abgeschlossen ist. Yu Jianrong, ein einflussreicher Sozialwissenschaftler der Chinese Academy of Social Sciences, fasst wesentliche Punkte der Debatte in seinem Beitrag in der Liberalen Wochenzeitung Southern Weekly zusammen (Yu Jianrong Reform des Systems der Umerziehung durch Arbeit 2013).

41 Backer: A Constitutional Court for China gibt einen Überblick über diese Debatte in der VR China.

42 Vgl. Sapio: Shuanggui.

zudem auch einige Tiefpunkte erlebt haben. Die Fortführung des RSD könnte dadurch in Frage gestellt werden.

Gleichzeitig sprechen aber auch einige Überlegungen für die Fortführung des RSD. Nicht nur muss die politische Gesamtlage trotz aller Rückschläge als eindeutig verbessert im Vergleich noch mit den 1980ern gesehen werden, was die Freiheiten des Individuums in der chinesischen Gesellschaft angeht. Auch wenn dies wohl nicht auf den RSD zurückzuführen ist, so unterstützt der RSD doch dieselbe Richtung, in die sich China insgesamt bewegt. Dazu kommt noch, dass wie oben kurz angerissen werden konnte, die Rolle des Rechts in den internationalen Beziehungen mit größter Wahrscheinlichkeit an Bedeutung gewinnen wird und in China gleichzeitig starke Mechanismen gegen eine komplette Akzeptanz des Rechts als Ordnungsfaktor zu arbeiten scheinen. Es besteht also noch auf lange Sicht ein Bedarf, den Dialog über Rechts- und rechtstaatliche Fragen zu erweitern und zu intensivieren.

Die hier kurz angerissenen Überlegungen zur möglichen Evaluierung und Einschätzung des Dialogs zeigen, dass hier neue Wege beschritten werden müssen, dass diese Wege aber durchaus gangbar sind. Die Beantwortung der diesbezüglichen Fragen kann nicht nur Klarheit über die Sinnhaftigkeit der vergangenen Jahre des RSD, sondern auch wertvolle Hinweise darauf geben, wie der Dialog in Zukunft konzipiert sein sollte, um die Bedürfnisse einer global rechtlich vernetzten Welt erfüllen zu können. Es ist zu hoffen, dass die neuen Regierungen in Deutschland und in China diese Aufgabe ernst nehmen werden.

Literaturverzeichnis

Amnesty international (Hrsg.): Jahresbericht 2010. http://www.amnesty.de/jahresbericht/2010/china (7. Oktober 2012).

Backer, Larry Catá: A Constitutional Court for China within the Chinese Communist Party: Scientific Development and the Institutional Role Of The CCP, Working Papers of the Consortium for Peace and Ethics 2008. http://papers.ssrn.com/sol3/papers.cfm?abstract_id=1308598 (7. Oktober 2013).

Buckley, Chris: Crackdown on Bloggers Is Mounted by China. – In: The New York Times vom 10. September 2013. http://www.nytimes.com/2013/09/11/world/asia/china-cracks-down-on-online-opinion-makers.html?pagewanted=all&_r=0 (7. Oktober 2013).

Chen, Zhonglin: The death penalty and human rights. – In: Social Sciences in China 30 (2009) H. 2, , S. 152–165.

Eissenhauer, Michael, Martin Roth und Klaus Schrenk: Dialog mit China Was bedeutet Ai Weiweis Verhaftung für uns? – In: Frankfurter Allgemeine Zeitung vom 9. April 2011. http://www.faz.net/aktuell/feuilleton/kunst/dialog-mit-china-was-bedeutet-ai-weiweis-verhaftung-fuer-uns-1623906.html (7. Oktober 2013).

Erling, Johnny: Peking drangsaliert Internet-Nutzer: Den deutsch-chinesischen Rechtsstaatsdialog sehen Menschenrechtler nur als Feigenblatt. – In: Die Welt vom 18.05.2004. http://www.welt.de/print-welt/article314399/Peking-drangsaliert-Internet-Nutzer.html (7. Oktober 2013).

Focus: Wirtschaftsstärke. China sieht sich als Entwicklungsland. – In: Focus online vom 17. August 2010. http://www.focus.de/finanzen/news/konjunktur/wirtschaftsstaerke-china-sieht-sich-als-entwicklungsland_aid_541959.html (7. Oktober 2013).

Habermas, Jürgen: Kommunikative Realität und grenzüberschreitende Politik: Eine Replik. – In: Peter Niesen und Benjamin Herforth (Hrsg.): Anarchie der kommunikativen Freiheit. Frankfurt a. M.: Suhrkamp 2007, S. 406–459.

Habermas, Jürgen: Theorie des kommunikativen Handelns. Bd. 1–2. Frankfurt a. M.: Suhrkamp 1981.

Entwicklungshilfe: Niebel will Millionen-Zahlungen an China streichen. – In: Spiegel online vom 30. Oktober 2009. http://www.spiegel.de/politik/deutschland/entwicklungshilfe-niebel-will-millionen-zahlungen-an-china-streichen-a-658212.html (7. Oktober 2013).

Kinzelbach, Katrin: Resisting the power of human rights: the People's Republic of China. – In: Risse, Thomas; Stepen C. Ropp and Kathryn Sikkink (eds.): The Persistent Power of Human Rights: From Commitment to Compliance. Cambridge: Cambridge University Press 2013, S. 164–181.

Levy, Katja: Der Deutsch-Chinesische Rechtsstaatsdialog – die konstruktivistische Analyse eines außenpolitischen Instruments. Baden-Baden: Nomos-Verlag 2010.

Levy, Katja: Der deutsch-chinesische Rechtsstaatsdialog: Ein Überblick. Hrsg. von der Gesellschaft für Technische Zusammenarbeit e.V. anlässlich des 7. Symposiums zum deutsch-chinesischen Rechtsstaatsdialog in Xi'an, VR China, im Mai 2006. Eschborn: GTZ 2006.

Levy, Katja: Der deutsch-chinesische Rechtsstaatsdialog: Ein Überblick. 2., aktualisierte Auflage). Hrsg. von der Gesellschaft für Technische Zusammenarbeit e.V. anlässlich des 9. Symposiums zum deutsch-chinesischen Rechtsstaatsdialog in Shenzhen, VR China, im Mai 2009. Eschborn: GTZ 2009.

Levy, Katja: Notstandsrecht, Patentrecht, Sozialrecht – zum 10. Geburtstag des Deutsch-Chinesischen Rechtsstaatsdialogs. Beitrag in der Reihe „Hintergrundinformationen" auf dem Portal eu-china.net http://www.eu-china.net/web/cms/upload/pdf/materialien/eu-china_2009_hintergrund_07.pdf 2009 (7. Oktober 2013).

Levy, Katja: Die deutsche Regierung hat gewechselt – der Deutsch-Chinesische Rechtsstaatsdialog geht weiter. – In: China aktuell 5 (2006), S. 64–82.

Maas, Harald: Kanzler ‚Shiluode' und seine Fans: In Peking hat man Gerhard Schröder gern: die Mächtigen schätzen den bequemen Gast, fühlen sie sich doch vor Kritik sicher. – In: Frankfurter Rundschau vom 3. Dezember 2003.

Peerenboom, Randall: China and the Rule of Law: Part I and II. In: Perspectives 1.5 und 1.6 (1999). http://www.oycf.org/Perspectives2/5_043000/china_and_the_rule_of_law.htm; http://www.oycf.org/Perspectives2/6_063000/china_and_the_rule_of_law.htm (7. Oktober 2013).

Richburg, Keith B.: Chinese journalists mount rare protest over an alleged act of government censorship. – In: The Washington Post vom 4. Januar 2013. http://www.washingtonpost.com/world/asia_pacific/chinese-journalists-mount-rare-protest-over-an-act-of-government-censorship/2013/01/04/34bafe40-5688-11e2-89de-76c1c54b1418_story.html (7. Oktober 2013).

Sapio, Flora: Shuanggui and Extralegal Detention in China. – In: China Information 22.1 (2008), S. 7–37.

Svensson, Marina: Debating Human Rights in China. Lanham: Rowman and Littlefield 2002.

Tran, Tini: Confucius Peace Prize: China To Award Nobel Rival. – In: Huffington Post vom 8. Oktober 2012. http://www.huffingtonpost.com/2010/12/08/confucius-peace-prize-china_n_793610.html (7. Oktober 2013).

Schulte-Kulkmann, Nicole: Der Einfluss westlicher Rechtsberatung auf die Rechtsreformen in der Volksrepublik China: Zur Rolle von Akteuren und Interessen in der chinesisch-westlichen Rechtsberatung. – In: China Analysis 13 (2002), S. 1–39.

Schulte-Kulkmann, Nicole: Rechtszusammenarbeit mit der Volksrepublik China. Göttingen: Vandenhoeck & Ruprecht unipress 2005.

Yu, Jianrong: Gaige laojiao zhidu yi ming ‚yifa zhiguo' de juexin [Das System der Umerziehung durch Arbeit reformieren, um die Entscheidung für den Rechtsstaat zu klären]. – In: Southern Weekly vom 11. Januar 2013. http://www.infzm.com/content/84877 (nicht mehr zugänglich, 7. Oktober 2013).

Zhu, Jingwen: Zhongguo falü fazhan baogao. Shujuku he zhibiao tixi [Report on China Law Development. Database and Indicators] Beijing: People's University Press 2007.

IV Erfahrungen

Chen Xiaotian
Die Begegnung eines chinesischen Studenten mit westlicher Philosophie

Abstract: Philosophie ist insofern persönlich, da ihr auch die Aufgabe auch die der Selbsterkenntnis ist. Die dem philosophischen Denken immanent Fragen lassen sich am Ende auf die Frage des Subjekts zurückführen: nicht ‚Was ist die Welt?‘, sondern ‚Was ist die Welt, die mir einen Sinn ergibt?‘ Der Bericht beschreibt die Begegnung mit westlicher Philosophie und die daraus folgende ‚Revolutionierung‘ des Denkens. Ein aristotelisches Erstaunen war eine Seltenheit in chinesischen Schulen. Dadurch wird der Bericht auch exemplarisch, weil eine ganze Generation davon betroffen ist. In diesem Sinne laufen ‚Ich‘ und ‚Wir‘ in dieser Geschichte parallel zu einander.

1

Dank der Bildung durch kommunistische Lehren haben meine Altersgenossen und ich schon in der Schulzeit einen Blick in die Welt der „Philosophie" werfen können. Diese seelische ‚Zähmung‘ durch einen konstruierten Marxismus bestand aus drei Teilen: einer vereinfachten Dialektik der Natur, einem rohen historischen Materialismus und einer altmodischen politischen Ökonomie. Wir thematisierten aufgrund dessen täglich grundlegende Fragen, deren Antworten schon im Lehrbuch standen, und formulierten schon in jungen Jahren Ansichten über Menschlichkeit, Geschichte und Welt, die niemand in meinem Alter verstehen konnte.

Zum einen hatte das zur Folge, dass wir uns über ernsthafte Betrachtungen oder theoretische Vorstellungen lustig machten und unsere inneren Zweifel nicht ernsthaft zum Ausdruck brachten. Dadurch wurden sowohl unser Engagement als auch unsere Phantasie und die Suche nach unserem Selbstverständnis und unsere Reflexionsfähigkeit aufgezehrt. Die Radikalisierung der Natur des Menschen und des menschlichen Weltbezugs, die im Zentrum des Historischen Materialismus steht, hat unsere täglichen Diskussionen geprägt. Zum anderen betrieben wir bei den Argumentationen im Klassenzimmer ein bloßes oberflächliches Spiel mit der Sprache, da wir von Konzepten wie ‚Entfremdung‘ oder ‚Klassenkampf‘, damals noch keine richtige Vorstellung hatten: Wir diskutierten sozusagen nicht auf einem wirklichen intellektuellen Niveau, sondern nur ‚sophistisch‘. Alles war nur Redefigur. Wir hatten einen doppelten Ruf im Seminar: Wir schwiegen und hatten doch den Anschein von Klugheit im sprachlichen Ausdruck. Mit anderen Worten: Die chinesischen Studenten gewöhnten sich an die Autorität und wählten deshalb sorgfältig ihre Worte. Wir sind respektvolle Nachahmer und schlaue Sprecher, zweifellos ein Ergebnis der Schulzeit.

2

Ehrlich gesagt: Die Philosophie hat mich gewählt, weil ich nach dem Abitur keine Fachwahl treffen konnte. Denn – da ich an der Peking Universität studieren wollte – war nach meinem Abiturergebnis das Studium der Philosophie die einzige Möglichkeit. Die Philosophie fiel einfach auf mich. Wie erwartet durfte ich einige Vorlesungen über den Marxismus, meinen alten Freund, besuchen und ich konnte nicht umhin auszurufen: Ein Gespenst geht um in der Philosophischen Fakultät – – – das Gespenst von Karl Marx. Allerdings hatten wir diese Lehrveranstaltungen gern, weil sie allen Studenten der Fakultät die einzige Gelegenheit boten, zusammen zu sein. Alles verlief harmonisch und friedlich: Die Majestät auf Seiten der Professoren und das Schweigen auf unserer Seite – genau das Gleiche wie in der Schulzeit. Der Unterschied lag jedoch darin, dass wir uns dafür nicht mehr aufopfern wollten. Die Indulgenz folgt der Abstinenz. Denn nur unter dem Tisch war die Freude des freien Lesens möglich. Anhand dieses Beispiels lässt sich auch veranschaulichen, dass das Zusammengehörigkeitsgefühl manchmal mehr aus Ekel als aus gemeinsamen Vorlieben bestand.

Abgesehen davon ist doch nicht zu bestreiten, dass ich zum ersten Mal danach verlangte, die Werke von Karl Marx direkt zu lesen. Eine von meinen ersten Einführungen zur der Philosophie war *Der Fetischcharakter der Ware und sein Geheimnis* von Marx, das Herzstück einer kritischen Durchdringung des Kapitalismus. Dies war mein erster Schritt hin zur Entzauberung der Marxismus. Eine Ideologie fing an, sich in eine Philosophie zu verwandeln, die in Frage gestellt und in Zweifel gezogen werden konnte. Diese kurzen Kapitel aus dem ersten Band des *Kapitals* haben zusammen mit Freuds *Vorlesungen zur Einführung in die Psychoanalyse* und Émile Durkheims *Elementaren Formen des religiösen Lebens* mein Studium im ersten Semester dominiert; diese Werke haben mir die Bedeutung davon verdeutlicht, was es heißt, die Normalität unserer Außen- und Innenwelt auf den Prüfstand zu stellen. Wichtiger war, dass wir nicht mehr, wie im Klassenzimmer in der Schule, das Wort oder Konzept manipulieren zu brauchen, um andere zu überreden. Wir haben begonnen, zunächst Gespräche untereinander zu führen und uns auf die Vernunft zu verlassen. Aufgrund der Vielzahl und der Relativität von einander widersprechenden Theorien waren wir dazu gezwungen, eine den anderen respektierende und ‚demokratische' philosophische Auseinandersetzung zu führen. Diese drei Meisterwerke haben mir drei Zugänge zu den ökonomischen, sozialen und psychoanalytischen Bereichen des menschlichen Denkens eröffnet und die Diktatur nur *einer* reinen ‚Wahrheit' umgestürzt.

3

Aber aller Anfang ist schwer. Das erste Studienjahr war wie eine Fortsetzung der Schulzeit: wir wurden mit Pflicht-Lehrveranstaltungen und Prüfungen über Ideologie und Politik belastet. Außer zwei Vorlesungen, einer Einführung in die allgemeine Philosophie und einer in die formale Logik gab es keine wirkliche Begleitung zum selbstständigen Denken. Ich erinnere mich bis heute noch an das demotivierende Grußwort eines Professors in der Vorlesung „Einführung in die allgemeine Philosophie" : „Nach 40 Jahren des Philosophiestudiums kann ich die Philosophie immer noch nicht durchschauen und weiß noch nicht, was sie ist." Trotzdem waren meine Unwissenheit und Ignoranz ein Segen, weil ich keine Vorkenntnisse oder Vorurteile ins Studium mitgebracht und deshalb viele Freiheiten genossen habe. In den nächsten zwei Jahren habe ich mich mit der Geschichte der Philosophie und der Philosophen beschäftigt. Ich konsumierte geradezu wie in einem philosophischen Supermarkt, dessen Waren mit „Ismus" etikettiert wurden.

Doch ich war keinesfalls ein Einzelfall. Schon seit langem sind verschiedene „Ismen" in den Philosophischen Fakultäten der chinesischen Hochschulen vertreten, z. B. der Deutsche Idealismus, der Weberianismus, die Phänomenologie, der Existentialismus, der Strukturalismus, die Destruktion, die Hermeneutik, der Kommunitarismus usw. Nicht nur die chinesischen Akademiker sind immer modebewusst. Bei dieser Verfolgung der philosophischen Luxuswaren auf dem Fließband der akademischen Produktion werden wir davon abgehalten, die grundsätzlichen Fragen von Mensch und Gesellschaft zu beantworten und mit der Erkenntniskrise in diesem Land umzugehen. Obwohl Aristoteles gesagt hat, dass die philosophische Aktivität nicht wegen irgendeines Nutzens begann sondern infolge des Staunens, dass wir philosophierten, um der Unwissenheit zu entgehen, sollte meiner Meinung nach die Erforschung und Interpretation der Mentalität und Realität der Gegenwart immer noch die wichtigste Aufgabe des Philosophen sein. Wie viele andere bin ich im Bachelorstudiengang in diesem Ismus-Kaleidoskop verloren gegangen. Ich stand im Schatten von Meistern und wurde von einer realistischen, fragen-orientierten und selbstständigen Philosophie abgehalten. Die uns dargebotene Philosophie war für mich ein sinnleeres Shopping und Nachahmen, ein Lernprozess auf Kosten der Flexibilität und Spontaneität des philosophischen Geistes.

4

Nach allerlei Depressionen, Ziellosigkeiten und Chaos habe ich als zynischer Student der Philosophie einige radikale Denker wie Nietzsche und Foucault – wie nicht anders zu erwarten – mit offenen Armen empfangen. Ein Spätwerk Nietzsches – *Zur Genealogie der Moral* –, hat mich überwältigt und mir die Sprache verschlagen. In diesem Buch geht es um die außermoralischen Grundlagen der Moral. Nach Nietzsches Theorie können sich die moralische Wertvorstellungen weder auf ein Vernunftgesetz oder religiöse Offenbarung noch auf ein untrügliches sittliches Empfinden stützen;, so wurde die Vorstellung eines Guten an sich demontiert und die Begriffe von Gut und Böse konnten nur noch als Abbild der sich wandelnden soziokulturellen Machtverhältnisse verstanden werden. Nach dieser Erfahrung fing ich an die Herkunft und Legitimität von menschlichen Einrichtungen, der philosophischen Ismen und sogar des religiösen Glaubens in Frage zu stellen. Zu dieser Zeit war ich so radikal und nihilistisch wie noch nie zuvor. Ich war damals erst 24 Jahre alt, aber ich stand bereits am Ende der Geschichte der philosophischen Entwicklung. Ich hatte niemals Kirchen besucht, aber war aber schon vom Tod Gottes überzeugt. Ich hatte gerade mit dem Philosophiestudium begonnen, aber ich fragte mich schon, ob das irgendeinen Sinn hatte. Ich kam zurück zum Ausgangspunkt des Marxismus aus der Schulzeit, wonach alle philosophischen Spekulationen über Geist, Selbstbewusstsein und Gott verkennen, dass es sich bloß um Projektionen diesseitiger Wünsche handelt. Es sah so aus, als ob die drei Jahre des Philosophiestudiums nur Vorbereitung zur eigenen Destruktion waren, als ob ich immer unbewusst versuchte, eine Rache an der Philosophie als bloßem Ismus zu nehmen. Eine Rache an der Philosophie war eigentlich eine Rache an mir, an meinem alten Ich.

Am Ende meines Bachelorstudiums gab es dann einen Einschnitt anlässlich bei der Lektüre von Leo Strauss, einem deutschamerikanischen Philosophen und Klassiker, dem großartigen Erneuerer und Interpreten des klassischen Rationalismus und Liberalismus. Unter In Begleitung seiner Werke wurde ich noch einmal an die Philosophie von Aristoteles und Platon herangeführt. Dabei wurde ich mir zum ersten Mal der Komplexität der philosophischen Darstellungen der Menschheit bewusst. Anstatt – wie Nietzsche – das christliche moralische Schuldgefühl einem Instinkt der Grausamkeit zuzurechnen oder – wie einige moderne Interpreten – die aristotelische Dreiteilung der Seele nur für eine theoretische Strategie zu halten, oder – wie Gilbert Ryle – den augustinischen Willen durch den Begriff des Geistes zu ersetzen, gab ich zu, dass eine ehrliche und wahrhaftige Philosophie aktive Auswirkungen auf die Praxis haben kann. Eine ehrliche und wahrhaftige Philosophie bedeutet für mich, dass sie sowohl realistisch als auch optimistisch ist und etwas über die Seele aussagt, was am ehesten in der vormodernen Philosophie ausgedrückt wurde: Ich habe einige Wahrheiten sowohl anlässlich der Widersprüche innerhalb der aristotelischen Philosophie als auch beim Einverständnis mit dem säkularen Leben bei der scheinbar hartherzigen Theorie der Ursünde gefunden. Solche traditionellen Fragestellungen wie das Verhältnis zwischen Körper und Seele, die Wechselwirkung zwischen Vernunft und Unvernunft, die Grenze zwischen Glauben und Wissen, der Abstand zwischen Diesseits und Jenseits, die Möglichkeit des freien Willens all das ist nicht einfach zu leugnen. Die geschichtliche Metamorphose dieser großen Fragen ist nur ein Beweis ihrer Zeitlosigkeit und ihrer Bedeutung. Am wichtigsten aber ist, dass ich mich dadurch von dieser überflüssigen und borniertien Ismus-Welt befreit habe, um mich der der inneren Welt der Menschheit zuzuwenden. Der ganze Prozess des philosophischen Trainings symbolisiert sowohl den Versuch, mir meine Schwächen und meine Möglichkeiten der Vervollkommnung vor Augen zu führen, als auch meine Ablehnung des Nihilismus, was überhaupt nichts mit einer ‚gnostischen Selbsterleuchtung' zu tun hat, sondern mit augustinischer Selbstdemütigung. Das Ziel der Philosophie bleibt so für mich immer: Erkenne dich selbst!

Susanne Preuschoff, Thomas Korytko
Deutsch-chinesische Hochschulkooperationen

Abstract: Der Ausbau des Hochschulsystems der VR China und dessen Internationalisierung haben Auswirkungen auf die weltweite Hochschullandschaft. Die Zahl der Studierenden, Promovierenden und Wissenschaftler im Lande wie im internationalen Austausch sind in den letzte Jahren stark gestiegen, Studiengänge in englischer Sprache sollen dabei internationale Gäste anziehen. Der bilaterale Wissenschaftsaustausch zwischen Deutschland und China ist eine Erfolgsgeschichte. Wie die eigene Hochschulstrategie und der politische Rückenwind zum Erfolg führen können, wird anhand des China-Engagements der Universität zu Köln gezeigt.

1 Ausbau und Internationalisierung des chinesischen Hochschulsystems

Spätestens seit Beginn der 2010er Jahre ist die Wirtschaftsmacht China, global betrachtet, einer der wichtigsten Motoren der Internationalisierung der Hochschulen: Die Zahl der Studierenden hat sich in nur zehn Jahren von 2000 bis 2010 verdreifacht. Auf dem Weg zur „mass higher education"[1] sehen sich Chinas Bildungspolitiker ähnlichen Herausforderungen gegenüber wie ihre Kollegen in Deutschland. Fachkräftemängel und internationales Werben um hochqualifizierte Studierende, Wissenschaftler und Forscher haben im bevölkerungsreichsten Land der Erde zu „top-down"-Maßnahmen der Reform des Bildungswesens geführt.

Inzwischen ist Chinas anscheinend ungebremstes Wirtschaftswachstum zwar deutlich abgekühlt – zu Beginn der ersten Dekade des neuen Jahrhunderts waren zweistellige Wachstumsraten noch an der Tagesordnung[2], aber es gilt zu berücksichtigen, dass die neue chinesische Regierung vor der schwierigen Aufgabe

---

[1] Indikator für diesen Trend ist beispielsweise die Entwicklung des Verhältnisses der Anzahl eingeschriebener Studierender und Lehrender an Einrichtungen der tertiären Bildung in China: Im Jahr 2000 betrug dieses Verhältnis 12:1, 2008 hatte es sich bereits mehr als verdoppelt auf eine Ratio von 25:1, zuletzt betrug es 2012 dann 26,2:1. Vgl. (13. März 2013): http://www.stats.gov.cn/english/statisticaldata/yearlydata/YB2001e/ml/indexE.htm, http://www.stats.gov.cn/tjsj/ndsj/2009/indexeh.htm, http://www.stats.gov.cn/tjsj/ndsj/2013/indexeh.htm.

[2] Vgl. http://databank.worldbank.org/data/home.aspx.

steht, im wirtschaftlichen Sektor tiefgreifende strukturelle Reformen einzuleiten. Zentrale Voraussetzungen dafür sind die wissenschaftlich-technologische Innovation und ein weiter wachsender Pool hochqualifizierter und marktorientierter Arbeitskräfte in China.[3] Für die deutschen Medien sind die jüngsten Zahlen ein willkommener Anlass, Krisenszenarien herauf zu beschwören.[4] Bereits vorgesehen ist im Rahmen des aktuellen Fünfjahresplanes (2011) die staatlich gelenkte Drosselung des Wachstums auf etwa 7 Prozent. Aktuell wird nach Auswertung der chinesischen Außenhandelsbilanz von 2013 darüber spekuliert, ob China als zweitstärkste Wirtschaftsmacht hinter den USA diese als Handelsnation bereits überholt habe.[5]

Nachhaltiges und qualitatives Wachstum als Leitmotiv zukünftiger Wirtschaftspolitik bestimmt in Folge die Planungen der chinesischen Regierung in den Bereichen Bildung, Wissenschaft und Forschung. Neben einem quantitativen Ausbau des Hochschulsektors wurde in den 1990er Jahren ebenfalls der Grundstein für einen systematischen Ausbau gelegt: Von 1999–2009 hat sich die Anzahl der Hochschulen verdoppelt[6] und die Studierendenzahl verdreifacht, bei einer Versechsfachung der Absolventenzahlen (Abb. 1)[7].

So wurde im Rahmen eines Förderschwerpunkts des 9. Fünfjahresplans (1996–2001) das „211-Projekt" ins Leben gerufen. Die chinesische Regierung

---

3 Eine wichtige strukturelle Veränderung Chinas ist die anstehende Reform des chinesischen Gesundheits- und Pflegewesens, siehe den Beitrag von Ngok Kinglun in diesem Band S. 221–237. Die deutsche Medizin als wissenschaftliche Disziplin genießt traditionell in China einen guten Ruf – man denke u. a. daran, dass sich die Shanghaier Tongji Universität sowie das Tongji Medical College of Huazhong University of Science and Technology, beide Teil sowohl des 211- als auch des 985-Projektes, gern auf ihre deutschen Gründungsväter berufen; vgl. http://www. tongji.edu.cn/english/themes/10/template/abouttongji/history.shtml sowie http://english.hust. edu.cn/about_history3.html. Einen guten Ruf in China und großes Potential im Zuge des chinesischen Strukturwandels hat ebenfalls die deutsche Ingenieurskunst; in diesem Bereich ist heute ein Schwerpunkt deutsch-chinesischer Hochschulkooperationen zu verzeichnen (vgl. auch die Studie von Rogler: Deutsch-chinesische Studienprogramme: Analyse und Empfehlungen, 2005).
4 Vgl. z.B.: Deutsche Wirtschaftsnachrichten: China-Kollaps bedroht Welt-Wirtschaft; Die Welt Online: Chinas Wirtschaftswunder ist ab sofort Geschichte; Deutsche Welle Online: Droht China eine „harte Landung"?
5 Tagesanzeiger: China ist neuer Handelsweltmeister.
6 Im Sektor der tertiären Bildung listet das Ministry of Education in seinen jüngsten Statistiken insgesamt 2.484 Bildungseinrichtungen (Universitäten, Hochschulen, Colleges sowie An-Institute) in China. Das MoE verzeichnet eine Steigerung der Studierendenzahlen in vierjährigen grundständigen Studiengängen um fast 250 % im Zeitraum von 2000 bis 2012. Vgl. Ministry of Education of the People's Republic of China: List of Chinese Higher Education Institutions.
7 Goldberger: Das Bildungssystem in der Volksrepublik China – über Variablen und Konstanten, S. 29.

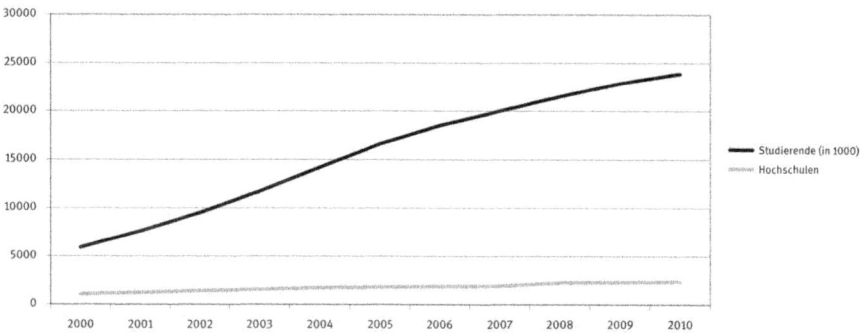

Abb. 1 Entwicklung der Studierendenzahlen und der Anzahl der Hochschulen in China

unterstützt dabei 100 Spitzenuniversitäten, die im 21. Jahrhundert (daher die Abkürzung „211") internationales Niveau erreichen sollen. Inzwischen werden sogar 112 Universitäten in diesem Programm gefördert.[8] Eine Gruppe von insgesamt 39 chinesische Hochschulen innerhalb dieses Projekts soll ein weltweit anerkanntes erreichen und erhält im Rahmen des „985-Projektes" weitere Förderung. Chinas früherer Staats- und Parteichef Jiang Zemin hatte dies im Rahmen der 100-Jahr-Feier der Peking Universität im Mai 1998 (daher „985") postuliert.[9] Die neun Universitäten, die als erste im Rahmen der Förderung dieses höchst prestigeträchtigen Formates Gelder erhalten haben, sind heute unter dem Namen „C 9" in China bekannt und stellen die Gruppe der Hochschulen mit dem höchsten wissenschaftlichen Erfolg dar.[10]

Diese Projekte im Hochschulsektor hatten nicht überall den gewünschten Erfolg – fehlende praxisnahe Ausbildung, „Employability" der Absolventen[11] – und so initiierte der ehemalige Ministerpräsident Wen Jiabao eine umfassende Reform des Bildungssystems. Bei der Vorbereitung des Reformplans im Jahre 2010 wurden vor allem Folgendes kritisiert: Aktuell mangele es als Resultat des Ausbaus des chinesischen Hochschulsystems zur „mass higher education" an qualifizierten Wissenschaftlern und Lehrenden. Darüber hinaus seien die chinesischen Hochschulen im Hinblick auf die von den politischen Instanzen vorgegebenen Ziele („top-down") zu homogen. Ein Resultat sei ein Innovations-

---

8 Vgl. DAAD AS Peking: Hochschullandschaft in China.
9 Vgl. ebenda.
10 Times Higher Education: Eastern stars: Universities of China's C9 League excel in select fields.
11 Vgl. Goldberger: Das Bildungssystem in der Volksrepublik China – über Variablen und Konstanten, S. 29–30.

und Reformstau. Ziel müsse es sein, den Hochschulen mehr Raum für selbständige Entscheidungsfindung zu geben.[12] Verabschiedet wurden die neuen Ziele und Maßnahmen im Juli 2010 als „Überblick über Chinas staatlichen Plan zur mittel- und langfristigen Reform und Entwicklung der Bildung".[13] Wichtige Eckpfeiler der Reform sind die Verbesserung der Lehre an allen Bildungseinrichtungen mit dem Ziel, innovatives und unabhängiges Denken zu fördern.[14]

Den Hochschulen sollen zukünftig auch bei der Zulassung von Studierenden sowie der Setzung eigener Schwerpunkte mehr Freiheiten zugestanden werden. Ebenso sieht der Reformplan eine stärkere Internationalisierung der Hochschulen vor. Gerade für die Zusammenarbeit mit internationalen Partnern ergeben sich neue Möglichkeiten: Modellprojekte mit renommierten Institutionen sollen verstärkt initiiert werden und eine größere Subventionierung von Seiten des chinesischen Staates bekommen. Der weitere Erhalt bereits bestehender Förderung (etwa im Kontext der 211- und 985-Projekte) wird nun an die Erfüllung der neuen Internationalisierungsleitlinien als Evaluationskriterium geknüpft. Im Zuge einer Erhöhung der Mobilität von Studierenden und Lehrenden (incomings wie outgoings) sollen erheblich mehr Lehrveranstaltungen in englischer Sprache angeboten werden; die gegenseitige Anerkennung von Studienleistungen und -abschlüssen soll erleichtert und damit auch der Weg zu verstärkten Einrichtung von Doppelabschlussprogrammen geebnet werden.[15]

Seit der Verabschiedung dieses Reformplans ist auf dem chinesischen Hochschulsektor grundsätzlich ein Trend zur „Liberalisierung" bzw. Diversifizierung und Öffnung spürbar. So besteht für ausgewählte Hochschulen inzwischen die Möglichkeit, selbst Studierende zuzulassen und diese nicht über die

---

12 Vgl. ebenda.

13 Higher Education Review: Outline of China's National Plan for Medium and Long-term Education Reform and Development (2010–2020).

14 In diesem Kontext sei auch auf die aktuell andauernde Auswertung des „Medium and Long-Term National Plan for Science and Technology 2006–2020" von 2006 durch die neue chinesische Regierung verwiesen, welche belegt, dass China auch in den Bereichen Forschung und Entwicklung Reformen voran treiben wird. Für die deutschen Hochschulen und außeruniversitären Forschungsinstitute werden sich daher neue mögliche Kooperationsfelder eröffnen. Interessante Analysen und Einblicke in den Bereich Forschung und Entwicklung in China bietet eine aktuelle Studie der britischen Nesta, in der zum einen traditionelle Urteile und Narrative zum Themenkomplex „Forschung- und Innovation in China" hinterfragt werden (trotz der Charakterisierung von China als „absorptive state") und nach einer Auswertung von China als Standort für Forschung und Entwicklung gleichzeitig auch Empfehlungen für die Zusammenarbeit formuliert werden, vgl. Bound, Kirsten u. a.: China's Absorptive State. Research, Innovation and the prospects for China-UK collaboration.

15 Vgl. Hase-Bergen: Peking, S. 151–152.

„Gaokao" (Nationales Examen zur Hochschul-Matrikulation) zugewiesen zu bekommen.[16] Auf ähnlicher Basis hat sich die private South University of Science and Technology of China in Shenzhen positioniert. Präsident der Hochschule ist Zhu Qingshi, CPPCC-Mitglied (Chinese People's Political Consultative Conference). Trotz solcher politischen Beziehungen gab es bei dieser Neugründung erhebliche Unklarheiten, unter welchen Bedingungen die Hochschule Studierende anwerben dürfe; auch die ambitionierten Pläne der Universität, unabhängige Abschlüsse zu verleihen, sorgen weiterhin für Diskussionsstoff.

Der Zeitpunkt für deutsch-chinesische Hochschulkooperationen ist also, bedingt durch neue inhaltliche und strukturelle Impulse in China, äußerst günstig, speziell was die Einrichtung gemeinsamer Studien- bzw. Doppelabschlussprogramme betrifft. China hat das ehrgeizige Ziel ausgerufen, die Zahl der internationalen Studierenden bis zum Jahr 2020 auf 500.000 anwachsen zu lassen, 150.000 davon sollen in China auch ihren Hochschulabschluss erwerben.[17]

Das Land Nordrhein-Westfalen ist beim Ausbau der Kooperation mit China bereits sehr gut aufgestellt. Seit Mitte der achtziger Jahre bestehen intensive Kontakte in die Partnerprovinzen Sichuan, Jiangsu und Shanxi. Einen besonderen Standortvorteil kann Nordrhein-Westfalen mit sechs der zwölf größten Deutschen Universitäten sowie zahlreichen Forschungsinstituten und Exzellenz-Clustern verzeichnen. Dementsprechend verfügte Nordrhein-Westfalen 2011 auch mit 5.345 Studierenden über ein Viertel aller an deutschen Hochschulen eingeschriebenen Chinesen.[18]

Der beiderseitige wachsende Studierendenaustausch sowie die Etablierung bilateraler Hochschulkooperationen sind jedoch keinesfalls ein Phänomen, das ausschließlich mit dem Wachsen Chinas zu einer neuen Wirtschaftsmacht in Verbindung zu bringen ist. Systematische Fördermaßnahmen des Auslandsstudiums wurden in China bereits während den Jahren der Kulturrevolution entwickelt. Und auch die deutsche auswärtige Kulturpolitik war bereits zu Beginn des vergangenen Jahrhunderts um den Aufbau deutscher Bildungseinrichtungen in China bemüht: 1907 wurde die erste deutsche Universität Chinas – die Tongji-Universität – von dem deutschen Arzt Erich Paulun in Shanghai gegründet[19].

---

16 Als Beispiel seien hier sechs Provinzschwerpunkt-Hochschulen in der ostchinesischen Provinz Jiangsu genannt, die seit 2013 ihre Studierenden in einem eigenen Auswahlverfahren rekrutieren (siehe: http://www.fhedu.cn/Html/4/Menu/54/Article/6243/).
17 Im Jahr 2012 studierten knapp 293.000 ausländische Studierende in China. Deutschland stellt dabei lediglich die sechstgrößte Anzahl ausländischer Studierender (5.451) nach Süd-Korea, den USA, Japan, Thailand und Vietnam, vgl. Schmidt-Dörr: Peking, S. 111.
18 DAAD / HIS (Hrsg.): Wissenschaft weltoffen 2012, S. 69.
19 MENG: Das Auslandsstudium von Chinesen in Deutschland (1861–2001), S. 74.

2 Deutsch-chinesische Hochschulkooperationen

2.1 Historischer Exkurs

Zu den ersten Fördermaßnahmen des Auslandsstudiums von Seiten der chinesischen Regierung zählte zu Beginn der 1920er Jahre die Entsendung junger Chinesen nach Deutschland an Militärakademien oder zur diplomatischen Ausbildung. Die deutsche auswärtige Kulturpolitik zu jener Zeit engagierte sich vornehmlich beim Aufbau deutscher Bildungseinrichtungen in China, im Wettbewerb mit den in China präsenten Westmächten.[20] Nach langjährigen Bürgerkriegen in China wurde nach der Etablierung der Nanjinger Nationalregierung unter Chiang Kaishek (1927) der Aufbau des Hochschulwesens vorangetrieben. Damit einher ging der Beginn einer systematischen Verwaltung und Förderung des Auslandsstudiums. Die Ausbildung an deutschen Hochschulen wurde Anfang der 1930er Jahre unter Chinesen mit dem Prädikat „24-Karat-Gold"[21] gelobt und die chinesische Regierung ihrerseits förderte besonders Studienaufenthalte in Deutschland.

Zur Förderung der bilateralen Beziehungen und des kulturellen Austauschs wurden in beiden Ländern zahlreiche Vereine und Institute gegründet, zu denen unter anderem das „Deutschland-Institut" in Beijing und die „Chinastudiengesellschaft Berlin" zählten. Aber auch die 1925 gegründete Alexander von Humboldt-Stiftung förderte durch Forschungsstipendien für chinesische Wissenschaftler die wissenschaftliche Zusammenarbeit. Auch der ebenfalls 1925 gegründete Deutsche Akademische Austausch Dienst (DAAD) entwickelte ein Förderprogramm für chinesische Studierende und beschloss bereits im Jahre 1933 ein Austauschprogramm mit der Qinghua-Universität in Peking.

Die für das Studium an deutschen Hochschulen notwendigen Sprachkenntnisse wurden im Rahmen von Kursen an dem 1922 gegründete Deutschen Institut für Ausländer (DIfA) in Berlin vermittelt. Angezogen durch die zahlreichen sprachlichen, kulturellen und praktischen Angebote dieser neuen Institution besuchten zwischen 1922 bis 1944 laut einer Statistik des DIfA insgesamt 829 Chinesen das Berliner Kursangebot.[22] Hatten sich in den frühen 1930er Jahren erste Institutionen und Methoden zur Förderung des bilateralen Austauschs zwischen Deutschland und China etabliert, so kam nach Ausbruch des sino-japanischen Krieges im Jahre 1937 die Entsendung von chinesischen Auslandsstudenten nach Deutschland zu einem vorläufigen Stillstand.

---

20 Ebenda, S. 85.
21 Ebenda, S. 96.
22 Ebenda, S. 106.

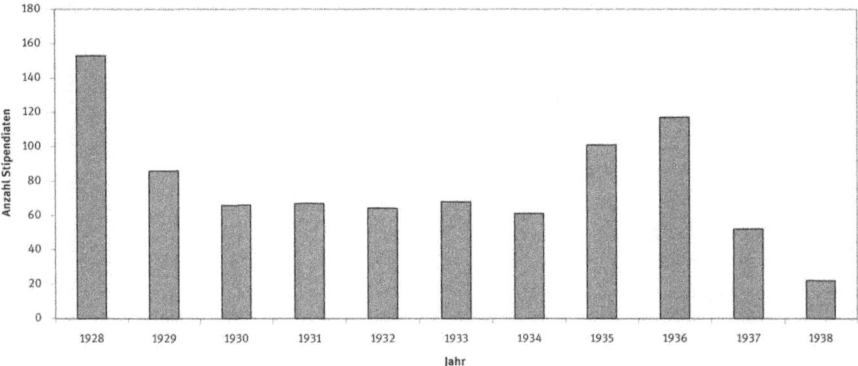

Abb. 2 Zahl der neu nach Deutschland entsandten chinesischen Stipendiaten von 1928 bis 1938[23]

Nach Ausrufung der Volksrepublik China orientierte sich die neue chinesische Führung unter der Kommunistischen Partei Chinas politisch zunehmend an der Sowjetunion, was sich auch im Bildungswesen niederschlug, vor allem durch die Förderung von Studienaufenthalten in der DDR. Der Ausbruch der Kulturrevolution stürzte das nationale Bildungswesen in eine tiefe Krise. Schulen, Universitäten und andere Bildungseinrichtungen wurden landesweit geschlossen, und das Land isolierte sich vom Rest der Welt.

Nach einem fast fünfzehnjährigen Stillstand in der internationalen Bildungspolitik und im Auslandsstudium wurden mit Beginn der Öffnungspolitik Deng Xiaopings Anfang der 1980er Jahre erneut junge chinesische Studierende ins Ausland entsandt. Zwischen Deutschland und China führte die Wiederaufnahme diplomatischer Beziehungen im Oktober 1972 zu einer Neubelebung der Zusammenarbeit im Bereich der Wissenschaft und der Hochschulen.[24] Die Zahl der von der staatlichen chinesischen Regierungskommission zum Auslandsstudium Entsandten stieg von 220 Regierungsstipendiaten im Jahr 1977 auf 4.880 Personen im Jahr 1985 rapide an. Die zunehmende Systematisierung der Förderungsmaßnahmen von Auslandsstudien führte zur Gründung des „China Scholarship Council" (1995), der für die Durchführung des Vertragssystems zuständig war.[25] Die fortschreitende innenpolitische Liberalisierung und Modernisierung führte zum kontinuierlichen Ausbau einer international ausgerichtete Bildungs- und Forschungslandschaft.

---

23 Ebenda, S. 97.
24 Ebenda, S. 155 ff.
25 Ebenda, S. 183–184.

Förderinstitutionen in der BRD	Anzahl chinesischer Stipendiaten im Jahr 1984
Deutscher Akademischer Austausch Dienst	110
Carl Duisberg Gesellschaft	37
Carl Duisberg Gesellschaft	44
Goethe-Institut (zweimonatige Sprachkurse)	15
Friedrich-Ebert-Stiftung	84
Friedrich-Naumann-Stiftung	60
Hans-Seidel-Stiftung (maximal zwei Jahre)	61
Konrad-Adenauer-Stiftung	55
Heinrich-Hertz-Stiftung (Nordrhein-Westfalen)	14
Vereinigung der Freunde der Tongji-Universität	10
Adam-Schall-Gesellschaft für Deutsch-Chinesische Zusammenarbeit	3
Insgesamt	*493*

Abb. 3 Zahl der von deutschen Stiftungen geförderten Chinesen im Jahr 1984[26]

Seit 1980 haben ungefähr 600.000 Chinesen im Ausland studiert. Über die Hälfte davon studierte in den USA. Der Rest von ihnen entschied sich für Großbritannien, Deutschland und auch für Japan. Mehr als neunzig Prozent schlossen ihr Studium erfolgreich ab, viele mit der Promotion.[27] An deutschen Hochschulen nahmen die chinesischen Studierendenzahlen seit den 1990er Jahren stark zu (Abb. 4). Von 1999 bis 2012 stieg die Zahl der chinesischen Bildungsausländer in Deutschland von insgesamt 5.054 auf 23.883 Studierende. In den letzten 10 Jahren bewegten sich die Studierendenzahlen auf einem konstant hohen Niveau.[28] Ein leichter Rückgang der Zahlen ist seit dem Jahr 2006 zu verzeichnen; damals wurde an deutschen Hochschulen ein Höchststand der Gesamtanzahl chinesischer Studierenden erreicht (26.061). Hintergrund ist jedoch nicht ein nachlassendes Interesse der Chinesen am Studienstandort Deutschland, die Entwicklung ist vielmehr ein Resultat der Bachelor- und Masterreform in Deutschland: Die Gesamtdauer für einen Studienaufenthalt chinesischer Studierender konnte erfolgreich verkürzt werden. Hier bieten sich die Zahlen der Studienanfänger zum Vergleich an, die sich

---

26 Ebenda, S. 170.
27 Machetzki: Es werde Zwielicht, S. 17.
28 DAAD / HIS (Hrsg.): Wissenschaft weltoffen 2013. http://www.wissenschaftweltoffen.de/da ten/1/2/3 (28. Februar 2014).

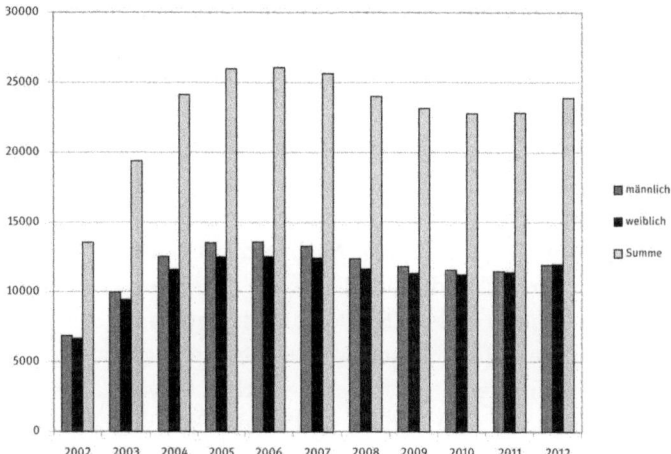

Abb. 4 Chinesische Studierende in Deutschland von 2002 bis 2012

zwischen 2005 und 2011 fast verdoppelt haben (2005: 3.818 Personen; 2011: 7.312 Personen).[29]

Die Unterzeichnung einer Absichtserklärung beider Länder zur gegenseitigen Anerkennung des Hochschulabschlusses (Juli 1999) erleichterte chinesischen Studienbewerbern mit Bachelor Abschluss die direkte Aufnahme des Hauptstudiums in Deutschland. Dies und die Errichtung einer „Akademischen Prüfungsstelle" zur einheitlichen Überprüfung der Qualifikation chinesischer Studienbewerber durch den DAAD bilden Meilensteine in der Förderung der chinesisch-deutschen Bildungszusammenarbeit.[30] Wichtig für die deutsche Entwicklung der deutsch-chinesischen Hochschulkooperationen sind der zunehmende Professionalisierungstrend im Marketing und bezüglich der Rekrutierungsstrategien (vgl. z. B. die Einrichtung der deutschen Hochschulbüros in Beijing, Shanghai und Nanjing sowie die Entwicklung des deutschen Pavillons auf der China Education Expo).

Für deutsche Hochschulen bieten sich in China zurzeit ideale Voraussetzungen für ein Engagement, das über den traditionellen Austausch von Studierenden und Dozenten hinausgeht. So fand im Frühjahr 2011 im unmittelbaren Anschluss an das Inkrafttreten des chinesischen Bildungsreformplans ein gemeinsamer Workshop des chinesischen Bildungsministeriums und des DAAD an

---

29 Ebenda.
30 Meng: Das Auslandsstudium von Chinesen in Deutschland (1861–2001), S.189.

der Zhejiang University in Hangzhou statt. Verhandelt wurde über zukünftige gemeinsame Projekte in der Hochschulkooperation, insbesondere über Modell-partnerschaften zwischen forschungsorientierten wie anwendungsorientierten Hochschulen in China und Deutschland.

Ein weiterer Meilenstein in der Entwicklung des chinesischen Wissen-schaftssystems ist das „Postgraduate Study Abroad Program" des Chinese Scho-larship Councils (CSC), früher als „5000er-Programm"[31] bekannt. Gefördert wer-den hier Promotionsaufenthalte chinesischer Nachwuchswissenschaftler von Schlüsseluniversitäten. Thomas Schmidt-Dörr, Leiter der DAAD-Außenstelle in Beijing, weist nach, dass es sich beim CSC-Doktorandenprogramm um den „größten Beitrag [handelt], den eine ausländische Regierung gegenwärtig zur Finanzierung von wissenschaftlichem Personal an deutschen Universitäten und Forschungseinrichtungen leistet"[32]. Die Zahlen sind eindrucksvoll: 2.200 CSC-Stipendiaten halten sich aktuell in Deutschland auf: „Rechnet man die laufenden Programmkosten hoch, so ist 2013 von einem finanziellen Beitrag der chinesi-schen Regierung zum deutschen Wissenschaftssystem von mehr als 25 Mio. EUR auszugehen. Zum Vergleich: Der DAAD wird im Jahr 2013 im Rahmen seiner bilateralen Programme für die Förderung von Deutschen und Chinesen rund 17 Mio. EUR ausgeben."[33]

Vor dem Hintergrund dieser Rahmenbedingungen und des innovativ-dyna-mischen Umfeldes, in dem in China derzeit Hochschulreformen stattfinden, lohnt es sich, einen genaueren Blick auf die Deutsch-Chinesischen Hochschulkoope-rationen zu werfen, insbesondere auf diejenigen der Universität zu Köln.

2.2 Eine bilaterale Erfolgsgeschichte

Deutsche Hochschulen versuchen ihre Beziehungen zu China zu vertiefen. Rek-toren, Dekane und Professoren deutscher Hochschulen treten Reisen nach China an, um dort die Beziehungen zu Universitäten und Forschungseinrichtigen zu festigen und Kooperationsvereinbarungen mit chinesischen Hochschulen zu unterzeichnen. Derzeit (März 2014) gibt es 977 Kooperationsvereinbarungen zwischen deutschen und chinesischen Hochschuleinrichtigen. Die meisten Ko-operationsvereinbarungen wurden von Nordrhein-Westfälischen Hochschulen initiiert (205), gefolgt von Baden-Württemberg (171). Der inhaltliche Schwerpunkt

---

31 Vgl. DAAD Außenstelle Peking: Forschungsförderung.
32 Schmidt-Dörr: Das größte Doktorandenprogramm der Welt: Das Postgraduate Study Abroad Program des China Scholarship Council (CSC).
33 Ebenda.

der Kooperationen liegt bei den Ingenieurwissenschaften, gefolgt von den Wirtschaftswissenschaften. Die chinesischen Partner-Hochschulen konzentrieren sich auf den Osten Chinas. Mit Hochschulen in Beijing und Shanghai bestehen mit Abstand die meisten Kooperationsvereinbarungen. Der wirtschaftlich gleich weit entwickelte Süden scheint auf der Wunschliste deutscher Hochschulen nur eine untergeordnete Rolle zu spielen. Eine mögliche Erklärung dafür könnte in der intensiven Berichterstattung westlicher Medien über die Boomregionen Beijing und Shanghai liegen. Eine weitere Ursache könnte in der Konzentration von Messen und Konferenzen auf Beijing und Shanghai liegen.

	Universität	Fachhochschulen	Kunst- & Musikhochschulen	Gesamt
Baden-Württemberg	103	62	1	166
Bayern	61	59	1	121
Berlin	33	11	3	47
Brandenburg	20	11	0	31
Bremen	15	5	1	21
Hamburg	23	3	0	26
Hessen	39	19	1	59
Mecklenburg-Vorpommern	5	12	0	17
Niedersachsen	64	19	1	84
Nordrhein-Westfalen	152	55	3	210
Rheinland-Pfalz	28	28	0	56
Saarland	2	0	0	2
Sachsen	39	20		59
Sachsen-Anhalt	16	13	1	30
Schleswig-Holstein	4	9	0	13
Thüringen	27	8	0	35
Deutschlandweit	631	334	12	977

Abb. 5 Hochschulkooperationen mit der VR China nach Bundesländern und Hochschularten (Stand: März 2014) – Quelle: HRK: Hochschulkompass.

3 Die Kooperation mit chinesischen Universitäten an der Universität zu Köln

Die Beziehungen zu den chinesischen Partneruniversitäten wurden in den letzten Jahren signifikant vertieft. Die Kooperationen der Universität zu Köln mit chinesischen Universitäten decken weitestgehend die verschiedenen geographischen Zentren Chinas ab. Die Universität zu Köln hat in Nordrhein-Westfalen eine zentrale Vermittlungs- und Koordinationsfunktion in der Zusammenarbeit mit China für den wissenschaftlichen Bereich übernommen. Im Jahr 2006 wurde durch die Universität zu Köln die „China-NRW University Alliance" ins Leben gerufen, ein Netzwerk von vier nordrhein-westfälischer Universitäten. Seit 2007 unterhält die China-NRW University Alliance unter der Federführung der Universität zu Köln ein eigenes Büro in Beijing. Die inzwischen sehr gut ausgebauten Aktivitäten und Partnerschaften in China haben in diesem Sinne durchaus Pilotcharakter für die Internationalisierung der Universität zu Köln gewonnen.

Neben zahlreichen weiteren Kooperationen in Einzelprojekten bestehen derzeit (Februar 2014) folgende Partnerschaften der Universität zu Köln mit Universitäten in China, darunter auch eine im Rahmen der herausragenden „Global Network Partnership"[34].

Universität	Ort	Partner
Sun Yat-sen Universität (SYSU)	Guangzhou	Global Network Partner
Renmin Universität	Beijing	Universität
Fudan Universität	Shanghai	Universität
Tongji Universität	Beijing	Universität
Lanzhou Universität	Lanzhou	Universität
Tsinghua University	Beijing	Wirtschafts- und Sozialwissenschaftliche Fakultät
University of International Business Economics (UIBE)	Beijing	Wirtschafts- und Sozialwissenschaftliche Fakultät
Communication University of China	Beijing	Wirtschafts- und Sozialwissenschaftliche Fakultät
HSBC Business School	Beijing, Shenzhen	Wirtschafts- und Sozialwissenschaftliche Fakultät
Shanghai University of Finance and Economics (SUFE)	Shanghai	Philosophische Fakultät / Wirtschafts- und Sozialwissenschaftliche Fakultät
China University of Political Science & Law (CUPL)	Beijing	Rechtswissenschaftliche Fakultät / Deutsch als Fremdsprache
East China University of Political Science & Law (ECUPL)	Shanghai	Rechtswissenschaftliche Fakultät
Huazhong University of Science and Technology, Tongji Medical Faculty	Wuhan	Medizinische Fakultät

---

34 Die Kooperationsbeziehung zu den Global Network Partner Universitäten wird mindestens über drei Fakultätsabkommen gestaltet. Dies trifft in der Regel auch für die Universitätspartnerschaften zu. Diese „Unterbeziehungen" sind in der folgenden Tabelle aus Platzgründen nicht mehr erfasst. Allerdings ist anzumerken, dass in der Regel für alle Universitätspartnerschaften und auch für die Kooperationsbeziehung zur Sun Yat-sen Universität die Philosophische Fakultät und hier vor allem die Germanistik einen wesentlichen Faktor des Austauschs darstellt.

Universität	Ort	Partner
Yangpu Hospital, Tongji Universität	Shanghai	Medizinische Fakultät
Beijing Normal University	Beijing	Math.-Naturwiss. Fakultät
China Agricultural University (CAU)	Beijing	Math.-Naturwiss. Fakultät
Jilin University	Changchun	Math.-Naturwiss. Fakultät
Nanjing Normal University	Nanjing	Humanwissenschaftl. Fakultät

Abb. 6 Die China-Partnerschaften der Universität zu Köln

3.1 Ein Beispiel: Die Sun Yat-sen University – Global Network Partner der Universität zu Köln

Die Universitätspartnerschaft mit der Sun Yat-sen Universität (SYSU) besteht seit dem 24. Mai 2005, 2012 wurde sie zu einer herausgehobenen Global Network Partnership. Die SYSU gilt als die beste Universität in Südchina und belegt in den chinesischen Rankings jährlich einen der vorderen Plätze.[35] Als Hochschule der prestigeträchtigen „211-" und „985-" Projekte erhält sie besondere Förderung durch die chinesische Regierung[36].

Den Grundstein für diese Kooperation bildeten die Geographen – auf Seite der Universität zu Köln das Geographische Institut (Prof. Dr. Dietrich Soyez, Prof. Dr. Frauke Kraas), auf chinesischer Seite das Department of Urban and Regional Planning (Prof. Dr. Desheng Xue). Gründungsvater war im Jahr 1929 der deutsche Geograph Prof. Dr. Wilhelm Credner (1892–1948). Der Kooperationsvertrag zwischen der School of Foreign Languages (Prof. Chang Chenguang) und der School of Translation and Interpretation der Sun Yat-sen Universität (Prof. Wang Bin) und der Philosophischen Fakultät (Prof. Dr. Dr. h.c. Walter Pape) wurde 2007 abgeschlossen. Die Gründung eines „Centre for German Studies" (2013) als jointventure zwischen der School of Foreign Languages der SYSU und der Universität zu Köln (Prof. Dr. Dr. h.c. Walter Pape, der zum Ehrendirektor ernannt wurde), Forschungskooperationen, Doktorandenaustausch und Feldforschungspraktika für Lehramtsstudierende der Universität zu Köln sowie gemeinsame Workshops runden das Kooperationsspektrum ab. Enge Kontakte bestehen zudem zwischen der Byzantinistik beider Universitäten (Guangzhou: Prof. Dr. Ying Lin, Köln: Prof. Dr. Claudia Sode), zwischen Kölner Philosophie (Husserl-Archiv, Prof. Dr. Dieter

---

35 In der erwähnten Nesta-Studie wird dieser Status speziell auch durch die Anzahl an Veröffentlichungen und Zitierungen der SYSU belegt, Bound u.a.: China's Absorptive State, S. 45.
36 Official Release of Chinese University Ranking by Disciplines, Ministry of Education, 2009.

Lohmar) und Prof. Dr. Liangkang Ni, aber auch zur Wirtschafts- und Sozialwissenschaftlichen Fakultät (Studierendenmobilität). Die Beziehungen wurden durch zahlreiche Besuche und Gegenbesuche der Verantwortlichen der jeweiligen Auslandsämter (mind. zwei pro Jahr jenseits der fachwissenschaftlichen Besuche) ausgebaut und gefestigt. Zum ersten Mal arbeitete im Jahr 2013 im Rahmen eines Programms der Robert-Bosch-Stiftung ein Trainee der SYSU im akademischen Auslandsamt der Universität zu Köln.

Am Studierendenaustausch nehmen jährlich ca. zehn Studierende der Universität zu Köln teil; zusätzlich können 4 Studierende der Universität zu Köln kostenfrei die Summer School der SYSU besuchen. Von der SYSU nimmt die Universität zu Köln fakultätsübergreifend jährlich ca. 25 Studierende auf; dies ist die größte Kohorte von Austauschstudierenden einer einzelnen ausländischen Universität weltweit.

Das China-Interesse der Deutschen steigt; es äußert sich vor allem dadurch, dass es über die Berichterstattung der Medien hinaus geht. Insgesamt erhöht sich die Neugierde, ein China-Bild jenseits der Stereotypen zu erfassen. Die im August 2007 begonnene dreijährige Veranstaltungsserie „Deutschland und China – Gemeinsam in Bewegung" (DuC), die unter der gemeinsamen Schirmherrschaft von Bundespräsident Horst Köhler und Staatspräsident Hu Jintao stand, hat sicher das Bild von Deutschland als einem zukunftsorientierten, innovativen Land in China gestärkt, gegenseitiges Verstehen als Grundlage erfolgreicher Zusammenarbeit ist gefördert worden. Seit den 1990er Jahren des beginnt die Etablierung des Chinesischen als Schulfach Einzug.[37]

3.2 Hochschulkooperation interkulturell

Eine ausreichende Vermittlung China-bezogener interkultureller Kompetenz[38] stellt die Grundlage für erfolgreiche deutsch-chinesische Hochschulkooperationen dar. Das politische, kulturelle und wirtschaftliche Interesse an China ist in Deutschland ungebrochen. Gelungene interkulturelle Kommunikation und Kooperation stellen noch immer die größte Herausforderung und Hürde für die erfolgreiche Zusammenarbeit mit chinesischen Partnern im Hochschulbereich dar. Kulturelle Unterschiede zwischen Deutschland und China sind im vorliegenden Band und im Kontext der Interkulturalitätsdebatte und -forschung ausführlich beschrieben worden, ebenso Spezifika der Kommunikation in China und deren

---

37 Klöpsch: Ausbildung von Chinesischlehrern, S. 15.
38 Vgl. Preuschoff: Chinability.

kulturelle Wurzeln. Rekurriert werden soll hier auf zwei zentrale kulturspezifische Merkmale, die auch weiterhin signifkant durch die konfuzianistische Ethik geprägt sind: Essentiell für diese Rollenerwartungen ebenso wie für die politische Theorie des Konfuzius sind die Konzepte „仁 (ren)" und „禮/礼 (li)".

Der Begriff 仁 (ren) – in seiner treffendsten Übersetzung „Gemeinschaftsbezogenheit" – steht in starken Kontrast zum in der westlichen Welt seit der Renaissance und Aufklärung oft betonten Individualismus: „Während der Westen am gesellschaftlichen Netz meist nur den Knoten, das heißt den autonomen Individuen, Beachtung schenkt, ist der Konfuzianismus notorisch auf die Maschen zwischen den einzelnen Knoten fixiert. Das Zwischen-Ich steht also vorherrschend im Vordergrund – und damit die intersubjektive Beziehung."[39] Den interpersonalen Beziehungen in Form des Guanxi-Denkens kommt in China eine besondere Rolle zu: „Beziehungen (guanxi) gehorchen dem Dreiklang Dauer – Anstrengung – Vertrauen. Anders als nach deutschem Verständnis beschränken sie sich keineswegs nur auf vereinzelte Sachbereiche oder Aktionsketten, sondern werden, wo immer möglich, lebenslang aufgebaut [...]."[40] Insbesondere das hier von Weggel bemühte Beispiel der „Anstrengung" als Kernelement von „guanxi" verdeutlicht, dass in dem Konzept die grundsätzliche Problematik der interkulturellen Kommunikation (inklusive ihres potentiellen Scheiterns), nämlich die Überwindung des Kulturschocks bzw. der Frustration, mitgedacht wird.

Während das Konzept 仁 (ren) den Bereich des Zwischen-Ich etabliert und regelt, steht 禮 (li) für die Regeln und Rahmenbedingungen des individuellen Handelns. Eine passende Übersetzung ist der Begriff „Ordnung": „Li soll die moralische Ordnung der Gesellschaft aufrechterhalten und somit das harmonische Zusammenleben ermöglichen. Jeder Mensch hat einen bestimmten Platz innerhalb der Gesellschaft und ist verpflichtet, bei der Erhaltung der sozialen Ordnung mitzuhelfen, indem er sich an bestimmte vorgeschriebene Regeln (lì) hält."[41] Kommunikation in China dient mithin der Aufrechterhaltung von den durch Ordnung vorgegebenen Regeln. Anders als in unserem („westlichen") Kulturkreis stehen nicht die Befriedigung individueller Bedürfnisse oder das Erreichen eigener Ziele oder die Artikulation und gegebenenfalls Klärung von Konflikten im Mittelpunkt. Vielmehr sollen durch die Kommunikation die bestehende harmonische Grundordnung einschließlich der hierarchisch geordneten Rollenverteilung der beteiligten Akteure aufrecht erhalten und deren Beziehungen systematisch und nachhaltig gepflegt und ausgebaut werden.[42]

---

39 Weggel: China, S. 31.
40 Ebenda, S. 33.
41 Ebenda, S. 38.
42 Vgl. Lin-Huber: Chinesen verstehen lernen, S. 42–53.

Ein wichtiges Mittel zur Umsetzung einer solchen Kommunikation findet sich im Konzept von „Gesicht", welches auch in anderen asiatischen Ländern von Bedeutung ist und das als „gesellschaftliches Profil einer Person"[43] verstanden werden kann. „Gesicht" bedeutet also vor allem soziales Gesicht, welches nur Würde und Respekt erhalten kann, wenn ihm Anerkennung widerfährt. Das Gesamtkonzept von „Gesicht" und somit auch der mögliche Gesichtsgewinn oder -verlust beziehen sich in China auf das Kollektiv, nicht nur die direkt beteiligte(n) Person(en).[44] Zu den außerdem wichtigen Ordnungsprinzipien der Kommunikation im Sinne der Konzepte von 禮 und 仁 gehören die hierarchische Ausrichtung von Gesellschaft und Gemeinschaften sowie die Wahrung der Etikette durch „Kultiviertheit", Höflichkeit und Berechenbarkeit gegenüber chinesischen Partnern.[45]

In der Praxis hat sich gezeigt, dass erfolgreiche und langfristige Programme häufig aus Kontakten einzelner Wissenschaftler aus Deutschland und China erwachsen, „top-down" angeregte bzw. auferlegte Zusammenarbeit meist jedoch nicht die erwünschten Resultate zeigt.[46] Umso bedeutsamer ist also, dass Mitarbeiter bzw. Kollegen gefunden werden, die sich engagiert in die Zusammenarbeit einbringen, sowohl auf der Fachbereichs- als auch auf der Verwaltungsebene. Grundvoraussetzung ist jedoch immer eine gegenseitige Wertschätzung der jeweils anderen, fremden Kultur.

Literaturverzeichnis

Bound, Kirsten u. a.: China's Absorptive State. Research, Innovation and the prospects for China-UK collaboration. London: Nesta 2013.

DAAD Außenstelle Peking: Forschungsförderung. Website der DAAD AS Peking. http://www. daad.org.cn/studium-und-forschung-in-china/forschung-in-china/forschungsforderung (28. Februar 2014)

DAAD Außenstelle Peking: Hochschullandschaft in China. Website der DAAD AS Peking. http:// www.daad.org.cn/studium-und-forschung-in-china/studium-in-china/ hochschullandschaft-in-china (28. Februar 2014).

DAAD / HIS (Hrsg.): Wissenschaft weltoffen 2013. http://www.wissenschaftweltoffen.de/daten/ 1/2/3 (28. Februar 2014).

DAAD / HIS (Hrsg.): Wissenschaft weltoffen 2012. Daten und Fakten zur Internationalität von Studium und Forschung. Bielefeld: Bertelsmann 2012.

---

43 Weggel: China, S. 37.

44 Vgl. Lin-Huber: Chinesen verstehen lernen, S. 47.

45 Vgl. ebenda, S. 57–95 sowie Weggel: China, S. 39–40.

46 Vgl. Rogler: Deutsch-chinesische Studienprogramme, S. 88.

Deutsche Welle Online: Droht China eine „harte Landung"? Deutsche Welle Online, 3. März 2014. http://www.dw.de/droht-china-eine-harte-landung/a-17469940 (3. März 2014).

Deutsche Wirtschaftsnachrichten: China-Kollaps bedroht Welt-Wirtschaft. Deutsche Wirtschaftsnachrichten, 24. Februar 2014. http://deutsche-wirtschafts-nachrichten.de/ 2014/02/24/china-kollaps-bedroht-welt-wirtschaft (28. Februar 2014).

Goldberger, Josef: Das Bildungssystem in der Volksrepublik China – über Variablen und Konstanten. – In: GATE Germany (Hrsg.): Bildungsmarketing in China. Erfolgreich rekrutieren und Kooperationen knüpfen. Ein Leitfaden für deutsche Hochschulen. Bielefeld: Bertelsmann 2012 (Schriftenreihe Hochschulmarketing. 6), S. 20–31.

Hase-Bergen, Stefan: Peking. – In: DAAD (Hrsg.): Berichte der Außenstellen 2010. Bonn: Köllen 2011, S. 148–160.

Higher Education Review: Outline of China's National Plan for Medium and Long-term Education Reform and Development (2010–2020). http://www.herrank.org/her/en/ newsdetail_55.html (28. Februar 2014).

MENG Hong: Das Auslandsstudium von Chinesen in Deutschland (1861–2001). Ein Beispiel internationaler Studentenmobilität im Rahmen der chinesischen Modernisierung Frankfurt: Lang 2005 (Europäische Hochschulschriften. Pädagogik. 929)

Hochschulrektorenkonferenz (HRK): Hochschulkompass. Internationale Kooperationen. http:// www.hochschulkompass.de/internationale-kooperationen/kooperationen-nach-staaten. html (28. Februar 2014).

Hochschulrektorenkonferenz (HRK): Gemeinsame Deutsch- Chinesische Studien- und Promotionsprogramme. Bonn: HRK 2010 (Beiträge zur Hochschulpolitik 5/2010).

Huazhong University of Science and Technology: History. http://english.hust.edu.cn/about_ history3.html (28. Februar 2014).

Klöpsch, Volker: Ausbildung von Chinesischlehrern. Herausforderung und Auftrag an die deutsche Chinawissenschaft. In: Kultusministerkonferenz (Hrsg.): Chinesisch an Schulen in Deutschland. Bonn 2008. S. 15–17. [Online einsehbar unter: http://www.kmk-pad.org/ fileadmin/Dateien/download/va/kmk_china_schulen.pdf (28. Februar 2014)].

Lin-Huber, Margith A.: Chinesen verstehen lernen. Wir – die Andern: erfolgreich kommunizieren. 2., aktualisierte und erw. Aufl. Bern u. a.: Huber 2006 (Psychologie Sachbuch).

Machetzki, Rüdiger: „Es werde Zwielicht". –In: Die Zeit Nr. 37 vom 2.9.2004, S. 17.

Ministry of Education of the People's Republic of China: List of Chinese Higher Education Institutions. http://www.moe.edu.cn/publicfiles/business/htmlfiles/moe/moe_2812/ 200906/48836.html (28. Februar 2014).

National Bureau of Statistics of China: China Statistical Yearbook 2001. http://www.stats.gov. cn/english/statisticaldata/yearlydata/YB2001e/ml/indexE.htm (28. Februar 2014).

National Bureau of Statistics of China: China Statistical Yearbook 2009. http://www.stats.gov. cn/tjsj/ndsj/2009/indexeh.htm (28. Februar 2014).

National Bureau of Statistics of China: China Statistical Yearbook 2013. http://www.stats.gov. cn/tjsj/ndsj/2013/indexeh.htm (28. Februar 2014).

Preuschoff, Susanne: Chinability. Die Veralltäglichung des Chinesischen an deutschen Hochschulen als Internationalisierungsstrategie. Tönning, Lübeck, Marburg: Der Andere Verlag 2006.

Rogler, Beate: Deutsch-chinesische Studienprogramme: Analyse und Empfehlungen. (Beiträge zur Hochschulpolitik. 8/2005). Bonn: HRK 2005 [Publikation abrufbar im Internet unter: http://www.hrk.de/uploads/media/Beitr8-2005-China_Studie_1_.pdf. 28. Februar 2005.].

Schmidt-Dörr, Thomas: Das größte Doktorandenprogramm der Welt: Das Postgraduate Study Abroad Program des China Scholarship Council (CSC). http://www.kooperation-international.de/index.php?id=16&tx_ttnews%5Btt_news%5D=79660&cHash= 48d22d95814ef3b3b85c426aa0f8aa08 (15. März 2014).

Schmidt-Dörr, Thomas: Peking. – In: DAAD (Hrsg.): Berichte der Außenstellen 2012. Bonn: Köllen 2013, S. 103–112.

Sieren, Frank: Der China-Code. Wie das boomende Reich der Mitte Deutschland verändert. Berlin: Econ 2005.

Tagesanzeiger: China ist neuer Handelsweltmeister. Tagesanzeiger, 10. Januar 2014. http://www.tagesanzeiger.ch/wirtschaft/unternehmen-und-konjunktur/China-ist-neuer-Handelsweltmeister-/story/29869385. (28. Februar 2014).

Times Higher Education: Eastern Stars: Universities of China's C9 league excel in select fields. Times Higher Education Online. 17. Februar 2011. http://www.timeshighereducation.co.uk/415193.article (28. Februar 2014).

Tongji University: History of Tongji University. http://www.tongji.edu.cn/english/themes/10/template/abouttongji/history.shtml (28. Februar 2014).

Unger, A.: Seltsame Zeichen. – In: Die Zeit Nr. 35 vom 25.8.2005, S. 69.

Weggel, Oskar: China. 3., völlig neu bearb. Aufl. München: Beck 2001 (Beck'sche Reihe Länder. 807).

Welt Online: Chinas Wirtschaftswunder ist ab sofort Geschichte. Welt Online, 20. Januar 2014. http://www.welt.de/wirtschaft/article124020437/Chinas-Wirtschaftswunder-ist-ab-sofort-Geschichte.html (28. Februar 2014).

World Bank: World Bank Data Bank. http://databank.worldbank.org/data/views/reports/tableview.aspx?isshared=true&ispopular=country&pid=1 (28. Februar 2014).

Li Ligui
Internationalisierung im Bildungswesen

1 Was bedeutet Internationalisierung des Bildungswesens in Großbritannien, Deutschland und China?

Um diese Frage zu beantworten, schauen wir zunächst einmal das Nachbarland von Deutschland an, nämlich Großbritannien. Hier bedeutete Internationalisierung lange Zeit eigentlich die Anziehung vieler guter Studenten aus dem Ausland, um möglichst viel Geld dadurch einzunehmen. Also wird Internationalisierung in Großbritannien vorwiegend *wirtschaftlich* verstanden. Im Vergleich dazu hat das Bundesministerium für Bildung und Forschung in Deutschland die vier prioritären Ziele der Internationalisierungsstrategie von Wissenschaft und Forschung festgelegt: „1. Die Forschungszusammenarbeit mit den weltweiten Besten stärken; 2. Innovationspotenziale international erschließen. 3. Die Zusammenarbeit mit Entwicklungsländern in Bildung, Forschung und Entwicklung nachhaltig stärken. 4. International Verantwortung übernehmen und globale Herausforderungen bewältigen."[1] Hier steht *Zusammenarbeit* im Mittelpunkt der Internationalisierungsstrategie von Deutschland.

Wenden wir den Blick nach China. In der mittel- und langfristigen Bildungsstrategie Chinas von 2010−2020 heißt es:

> Mit der Durchführung der Öffnungspolitik sollte Bildungsreform und -entwicklung ständig vorangetrieben werden. Der Austausch und die Zusammenarbeit im Bildungswesen auf verschiedenen Ebenen und in breiten Bereichen sollten das Niveau der Bildungsinternationalisierung Chinas erhöhen, um internationalisierte Nachwuchskräfte auszubilden und das Bildungsniveau zu erhöhen.[2]

---

[1] BMBF: Strategie der Bundesregierung zur Internationalisierung von Wissenschaft und Forschung, 02.2008.

[2] Staatsrat der VR China: 《国家中长期教育改革和发展规划纲要（2010−2020年）》 (Die mittel- und langfristige Bildungsreform und -strategie Chinas von 2010−2020), 13.07.2010.

2 Welche Gemeinsamkeiten haben die Strategien zur Internationalisierung der Bildung der beiden Länder?

Im Rahmen der Internationalisierungsstrategien im Bildungswesen haben Deutschland und China viele Gemeinsamkeiten:

a) Beide Länder möchten die Forschungszusammenarbeit mit den weltweit Besten stärken;

b) beide Länder sind bereit, internationale Verantwortung zu übernehmen und globale Herausforderungen zu bewältigen;

c) beide Länder haben vor, die Zusammenarbeit mit Entwicklungsländern in Bildung, Forschung und Entwicklung nachhaltig zu stärken;

d) Deutschland möchte Innovationspotenziale international erschließen, während es in China die Ausbildung der Innovationsnachwuchskräfte in der Prioritätsentwicklungsphase steht.

Zurückblickend auf die letzten 40 Jahre haben sich die Beziehungen zwischen China und Deutschland, insbesondere im Bildungswesen, dynamisch entwickelt, vom Austausch der Studenten/Wissenschaftler bis zur Forschungszusammenarbeit. Im Jahre 2002 haben Deutschland und China das Äqualenzabkommen über die Hochschulbildung unterzeichnet. Das ist das erste Abkommen in dieser Art auf der Welt. Im Vergleich zu ca. 440 Partnerschaften und Kooperationsprojekten zwischen chinesischen und deutschen Hochschulen im Jahre 2008 hat sich die Zahl in diesem Jahr fast verdoppelt, nämlich auf 800. Der Mechanismus der Bildungsstrategiegespräche zwischen beiden Bildungsministerien ist bereits etabliert und funktioniert sehr gut. Zurzeit studieren insgesamt 29 000 chinesische Studenten an deutschen Hochschulen. In den letzten 10 Jahren sind die Chinesen die größte Gruppe der Ausländer, die Humboldt-Stipendien erhalten haben.

3 Perspektive 2022

Betrachtet man die lang- und mittelfristigen Internationalisierungsstrategien im Bildungswesen beider Länder, könnten die chinesischen und deutschen Beziehungen im Bildungswesen in den nächsten zehn Jahren noch weiter vorangetrieben werden. Zur Anregung habe ich einige Überlegungen gemacht:

a) Die Zusammenarbeit und der Austausch *auf der gleichen Augenhöhe* wird eine immer wichtigere Rolle spielen. Zusammenarbeit bedeutet nicht „geben" und

„schenken". Von der Zusammenarbeit sollten die beiden Seiten profitieren. D. h. Zusammenarbeit sollte den Win-Win-Effekt haben. Austausch bedeutet nicht nur Bildungsexport, das ist keine Einbahnstraße. Die Austauschstudenten sollten die besten Bildungsressourcen des Gastlandes genießen.

b) Bei der Zusammenarbeit und dem Austausch in den nächsten 10 Jahren spielt Qualität statt Quantität eine immer wichtigere Rolle. Es ist nicht schwer, Studenten zu finden. Schwieriger wäre es, die besten Studenten herauszusuchen. Es ist nicht schwer, einen Kooperationspartner zu finden. Schwieriger wäre es, die besten Partner zu gewinnen. Die besten Partner bedeuten nicht unbedingt, dass sie schon jetzt top in ihrem Gebiet sind oder den besten Ruf auf der Welt haben, sondern ob sie die besten Ziele haben und die besten Entwicklungspotenziale erschließen können. Eine gegenseitige Ergänzung wäre auch ideal.

c) Deutschland hat geplant, dass 50 % der deutschen Studenten bis zum Jahre 2018 zumindest ein Auslandssemester hatten oder im Ausland studiert haben, während das in China bis zum Jahre 2020 30 % erreichen sollten. Zwar gehören die chinesischen Studierenden mit 29.000 zur größten Gruppe ausländischer Studierender in Deutschland, aber im Vergleich zu 160.000 chinesischen Studenten in Amerika ist noch Spielraum da. Im Gegensatz dazu studieren zurzeit nur ca. 7.000 deutsche Studenten an chinesischen Hochschulen und nehmen damit den 7. Platz bei ausländischen Studenten in China ein. Das Sprachproblem sollte eigentlich keine Rolle spielen, denn die beiden Länder sollten möglichst viele englischsprachige Studiengänge anbieten, auch für den Bachelor. Darüber hinaus sollten die Hochschulen beider Länder den Studierenden die Möglichkeit anbieten, nicht nur an reinen Sommerkursen teilzunehmen, um die Sprache zu lernen und um die Kultur des Gastlandes kennen zu lernen. Sie sollten nicht nur ein Semester in Gastland bleiben, sondern auch Kreditpunkte in regulären Fachseminaren erwerben, sie könnten auch länger bleiben, um einen chinesischen Abschluss zu machen.

Natürlich sind China und Deutschland, die beiden exportstärksten Nationen der Welt, nicht nur Partner, sondern auch Konkurrenten in verschiedenen Bereichen. Dort aber, wo wir im Bereich von Wissenschaft und Forschung den Schulterschluss suchen, wird uns dies beide enorm weiter bringen – vom Wettbewerb zum Win-Win-Effekt.

Die Beiträgerinnen und Beiträger

Björn Ahl studierte Rechtswissenschaft und chinesische Sprache an den Universitäten Heidelberg und Nanking. Nach Tätigkeiten am Max-Planck-Institut für ausländisches öffentliches Recht und Völkerrecht in Heidelberg, dem Deutsch-Chinesischen Institut für Rechtswissenschaft an der Universität Nanking, der City University of Hong Kong und der China-EU School of Law in Peking ist er seit 2012 Juniorprofessor für chinesische Rechtskultur an der Universität zu Köln. Er schreibt zu Themen der völkerrechtlichen Praxis Chinas, zum chinesischen öffentlichen Recht, zu Rechtstransfers, Rechtsvergleichung und Rechtskultur.

Claudia Bickmann ist Universitätsprofessorin an der Universität zu Köln. Gastprofessuren in Ägypten (Ain-Shams Universität, Cairo-Universität, Universität of Alexandria und El Menja), Karls-Universität Prag, Delhi-Universität. Seit 2004 Präsidentin der Gesellschaft für Interkulturelle Philosophie, seit 2009 Vorstandsmitglied der Internationalen Confucius Association (ACI) in Beijing, 2005–2012, Vorstandsmitglied der Deutschen Gesellschaft für Philosophie (DGPhil). Zahlreiche Veröffentlichungen im Bereich der Metaphysik, Transzendentalphilosophie, Religionsphilosophie, Klassischen Deutschen Philosophie von Kant bis Heidegger sowie der Interkulturellen Philosophie. Herausgabe (zusammen mit Markus Wirtz) der Buch-Reihe: „Weltphilosophien im Gespräch"; Mitglied der Jaspers-Kommission der Heidelberger Akademie der Wissenschaften.

Chen Xiaotian studierte von 2003–2007 an der Peking Universität Philosophie (Bachelor) und von 2007–2011 dort Religious Studies (Master) und schrieb seine Masterarbeit über „From Akrasia to Two Wills: Aristotle, Stoicism and St. Augustine on Moral Struggle". Seit Oktober 2012 promoviert er am Thomas-Institut der Universität zu Köln über „Die Leidenschaftstheorie von Thomas Aquin".

Caroline von Gall ist seit 2012 Juniorprofessorin am Institut für Ostrecht der Universität zu Köln. Sie ist Mitglied des vom Bundesministerium für Bildung und Forschung geförderten Forschungsverbundes „Institutioneller Wandel im Postsozialismus". Ihr Forschungsschwerpunkt ist die Verfassungstransformation in den postsowjetischen Staaten. 2010 war sie Visiting Researcher an der Columbia Universität, New York. Sie hat Rechtswissenschaften in München, Köln und Prag studiert.

Gao Xujun, geboren in der Provinz Jiangsu, VR China. 1985 B. A. an der Suzhou Universität, 1998 LL. M. an der Nankai Universität Tianjin, 2001 Promotion zum Dr.

jur. an der Humboldt Universität. Seit 2002 arbeitet er am Chinesisch-Deutschem Hochschulkolleg (CDHK) und an der Law School der Tongji Universität, Shanghai, als Professor. Er war 2009–2100 Humboldt-Forschungsstipendiat und 2012 und 2013 Fellow am Käte Hamburger Kolleg „Recht als Kultur".

Pamela Hartmann studierte Geographie, Ethnologie und Bodenkunde an den Universitäten Köln und Bonn. 2013 erschien ihre Dissertation „Flexible Arbeitskräfte: Eine Analyse der Arbeitssituation in der Elektronikindustrie des Perlflussdeltas, China". Das Promotionsvorhaben wurde durch das Schwerpunktprogramm 1233 der Deutschen Forschungsgemeinschaft „Megacities – Megachallenge: Informal Dynamics of Global Change" gefördert und von Prof. Dr. Frauke Kraas am Geographischen Institut der Universität zu Köln betreut. Derzeit forscht und lehrt Pamela Hartmann in den Bereichen Stadt- und Migrationsforschung sowie empirische und qualitative Sozialforschung an der Universität zu Köln. Ihr Forschungsinteresse beinhaltet u. a. chinesische Emigration nach Europa und ausländischen Direktinvestitionen der Volksrepublik China.

Wilfried Hinsch lehrt nach zahlreichen Stationen in Deutschland und im Ausland seit 2011 Praktische Philosophie an der Universität zu Köln. Er war von 2006 bis 2012 Mitglied des Wissenschaftsrats und von 2007 bis 2009 Gründungsdirektor des „Human Technology Centre" (HumTec) der RWTH Aachen. Seine Arbeitsschwerpunkte liegen in den Bereichen der Gerechtigkeitstheorie und Sozialphilosophie sowie in der allgemeinen Ethik. Er ist der Autor von *Gerechtfertigte Ungleichheiten. Grundsätze sozialer Gerechtigkeit* (Berlin/New York 2002); *Menschenrechte militärisch schützen* (München 2006, zusammen mit Dieter Janssen) und Mitherausgeber des *Handbuchs für Politische Philosophie und Sozialphilosophie* (Berlin/New York 2008, zusammen mit Stefan Gosepath und Beate Rössler).

Thomas Korytko M.A. arbeitet am Akademischen Auslandsamt der Universität zu Köln. Zuvor leitete er von 2010–2013 das DAAD Informationszentrums in Guangzhou. Im chinesischen Süden war er auch als DAAD-Lektor an der Sun Yat-sen University und der Guangdong University of Foreign Studies in Guangzhou tätig. Er promoviert an der Philosophischen Fakultät der Universität Siegen und absolviert derzeit einen berufsbegleitenden Studiengang im Bereich Wissenschaftsmanagement an der Deutschen Universität für Verwaltungswissenschaften Speyer.

Frauke Kraas ist Professorin am Geographischen Institut der Universität zu Köln. 1991 Dissertation, 1996 Habilitation. Seit 2000 Inhaberin des Lehrstuhls für Stadt- und Sozialgeographie an der Universität zu Köln. 2012–2014: Visiting Professor an der University of Yangon/Myanmar. Chair der Megacity Commission, International Geographical Union (IGU); Mitglied des Wissenschaftlichen Beirats der Bundesregierung Globale Umweltveränderungen (WBGU). Rektoratsbeauftragte für die Universitätspartnerschaft mit der Sun Yat-sen University, Guangzhou.

Katja Levy ist seit 2012 Juniorprofessorin für Politik und Recht Chinas an der Freien Universität Berlin. Ihre Forschungsschwerpunkte liegen u. a. in den Bereichen Außenpolitik Chinas, Fragen der innenpolitischen Stabilität Chinas sowie chinesische zivilgesellschaftliche Organisationen. Frühere berufliche Stationen waren u. a.: Juniorprofessorin für Kultur und Gesellschaft Ostasiens an der Ruhr-Universität Bochum (2011–2012), Wissenschaftliche Mitarbeiterin im Deutschen Bundestag (2000–2005) und Administrative Manager bei Siemens in Shanghai (1996–2000).

Li Ligui, Studium der Germanistik und Linguistik an der Pädagogischen Universität Ostchinas und an der Tongji-Universität Shanghai, 1986–2009 Deutschlehrer am Deutschkolleg der Tongji-Universität, Ernennung zum Professor, Lehrstuhlleiter und Vizedirektor. 1990–1991 Gastwissenschaftler an der Ruhr-Universität Bochum, 2003–2009 Diplomat in der Bildungsabteilung der chinesischen Botschaft in Berlin. 2009–2011 Geschäftsführer der CDHAW (Chinesisch-Deutsche Hochschule für Angewandte Wissenschaften) der Tongji-Universität. Seit 2011 Senatsdirektor des Fremdsprachenkollegs der Tongji-Universität.

Meng Hong ist Germanistikprofessorin an der Renmin-Universität, Beijing; Forschungsschwerpunkte deutsch-chinesische Beziehungen und gesellschaftliche und politische Entwicklung in den deutschsprachigen Ländern seit 2005. Langjähriger Studien- und Berufsaufenthalt in Deutschland mit Lehr- und Forschungstätigkeit an der Humboldt Universität, der Technischen Universität und der Freien Universität in Berlin sowie als Wissenschaftliche Mitarbeiterin im Deutschen Bundestag, der Chinesischen Gesellschaft für Deutschlandstudien und der Chinesischen Gesellschaft für deutsche Geschichte sowie Gastprofessorin des Zentrums für Deutschlandstudien an der Peking-Universität. Zu ihren Publikationen zählen die deutschsprachigen Bücher *Das Auslandsstudium von Chinesen in Deutschland 1861–2001* (2005) und *Chinesen in Berlin* (1996) sowie Aufsätze „Zu Beziehungen zwischen Deutschen Bundestag und politischen Parteien" (德国联邦议会与政党的关系), „Die auswärtige Kulturpolitik in Deutschland" (邦德国对外文化政策), „Zur Reform der Hochschulausbildung in Deutschland und deren Aufschlüsse" (德国高等教育改革及其), „40 Jahre diplomatische Beziehungen zwischen Volksrepublik China und der Bundesrepublik Deutschland" und „Die deutsch-chinesischen Beziehungen im Jahr 2013".

Ngok Kinglun ist seit 2004 Pearl River Scholarship Distinguished Professor of Social Policy at School of Government/Centre for Chinese Public Administration Research an der Sun Yat-sen University, Guangzhou. Davor lehrte er 2004 am Department of Public and Social Administration, City University of Hong Kong, wo er sein Promotionsstudium abschloss. Sein gegenwärtiges Forschungsgebiet ist Sozialpolitik, Sozialversicherung und Sozialdienst. Er ist Gründungdirektor des Institute for Social Policy at Sun Yat-sen Universität. Er ist Autor und Mitherausgeber mehrerer Bücher und zahlreicher Aufsätze über Chinesische Sozialpolitik, u. a. *Social Policy in China: Development and Wellbeing* (2008, zusammen mit C. W. Chan und D. Phillips), *Chinese Social Policy* (2009, hrsg. zusammen mit C. W. Chan und K. Q. Han), *Welfare Reform in East Asia: Towards Workfare?* (2011, hrsg. zusammen mit C. W. Chan), *Public Services for Migrant Workers* (2012), sowie *Work-life Balance: Theoretical Implications and Chinese Reality* (2014, mit Stein Kuhnle). Er ist auch Hauptherausgeber der *Chinese Public Policy Review.*

Walter Pape ist Universitätsprofessor am Institut für deutsche Sprache und Literatur I der Universität zu Köln. Gastprofessuren und Resident Fellow an der University of California, San Diego, Santa Barbara und Irvine (Humanities Research Institute). Verleihung der Ehrendoktorwürde der Karls-Universität Prag (2010). Rektoratsbeauftragter für die Universitätspartnerschaften mit der Karls-Universität Prag sowie mit der Fudan Universität, Shanghai; Verleihung der Guest Professorship (2012) und Ernennung zum Honorary Director (2013) des „Center for German Studies" der School of Foreign Languages, Sun Yat-sen University, Guangzhou. – 1997–2005 Dekan, Prodekan, Senator der Philosophischen Fakultät, 2005–2011 Leiter des Zentrums für Internationale Beziehungen; 2009–2011 Prodekan für Internationale Beziehungen und Öffentlichkeitsarbeit. – Veröffentlichungen zu Aufklärung, Klassik und Romantik, Sprachspiel, Komödie, politischer Lyrik, Kulturgeschichte der Metaphorik, Gegenwartsliteratur. Vorsitzender des Stiftungsrates des Kasseler Literaturpreises für grotesken Humor, Präsident der Internationalen Arnim-Gesellschaft.

Susanne Preuschoff war von 1993 bis 2007 Geschäftsführerin der Deutschen Asia Pacific Gesellschaft, Köln. Seit 2007 arbeitet sie im Akademischen Auslandsamt der Universität zu Köln. Dort koordiniert sie die Asienaktivitäten der Universität und leitet seit 2013 das Sachgebiet „Zusammenarbeit mit dem Globalen Süden". Sie ist Sinologin mit Schwerpunkt in der landeskulturellen Kompetenzentwicklung. Promotion 2006 an der Universität Dortmund mit einer Schrift über „Chinability".

Qu Weigo arbeitet als Professor für Anglistik an der Fudan Universität, Shanghai. Gegenwärtig bekleidet er die Stellung des Vize-Dekans des Instituts für Fremdsprachen der Fudan Universität, der zuständig für wissenschaftliche Forschung ist. Im Jahr 2004 war er Fulbright-Stipendiat an der Englischen Abteilung der Harvard University. Er erhielt mehrere nationale und städtische Preise dank seines Erfolgs in Lehre und Forschung. Seine Forschungsschwerpunkte reichen von der Diskursanalyse, über Soziolinguistik bis hin zu Rhetorik und Stilistik. Abgesehen von zahlreichen Veröffentlichungen auf Chinesisch, hat er auch Arbeiten auf Englisch publiziert hervorgebracht, die in Zeitschriften wie *College Composition and Communication*, *Changing English*, *English Today* und *Language and Intercultural Communication* erschienen; seine Bücher umfassen Titel wie *Introducing Argumentation* (2005), *Discourse Stylistics* (2009) und *Introducing Critical Thinking and Argumentation* (2013).

Shi Fuqi, geb. in der Provinz Gansu, V.R. China. Er erhielt seinen Doktortitel der Philosophie von der Beijing Universität (2009). Als DAAD-Doktorandenstipendiat hat er von 2006 bis 2008 an der Universität zu Köln studiert und eine Dissertation über Ernst Cassirers Kulturphilosophie auf Deutsch fertiggestellt. Seit 2009 arbeitet er als Associate Professor an Lanzhou Universität. Mittlerweile hat er als Gastwissenschaftler an der Marquette University und der University of Wisconsin, Milwaukee, in den USA gearbeitet (2013–2014). Seine Forschungsschwerpunkte liegen in der Kulturphilosophie, dem deutschem Idealismus, der Husserl'schen Phänomenologie und dem Neukantianismus.

Wei Yuqing, geb. in 1956 Shanghai. Nach der Kulturrevolution Studium der Germanistik, Erziehungswissenschaft und Psychologie in Shanghai und Köln. 1985–1988 Dozent an der East China Normal University, Shanghai. Nach der Promotion und einem Forschungsaufenthalt in Köln Professor für Germanistik an der University of Shanghai for Science and Technology und seit 2001 an der Fudan Universität. Seit 1998 Stellvertretender Leiter des Nationalen Anleitungskomitees des Bildungsministeriums für Germanistik. (Mit)Herausgeber der Jahrbücher *Deutsche Literatur und Literaturkritik* und *Literaturstraße*. Zahlreiche Publikationen, Lehrwerke, Übersetzungen und Forschungsprojekte.

Zhao Jin, geb. 1968 in der V.R. China, studierte Germanistik an der Tongji-Universität in Shanghai und ist dort seit 1991 in Forschung und Lehre tätig. Als DAAD-Stipendiatin von 1998 bis 2002 promovierte sie an der Philipps-Universität Marburg und von 2005 bis 2006 forschte sie als Humboldt-Forschungsstipendiatin an der Friedrich-Schiller-Universität Jena. Im Jahr 2011 wurde sie mit dem Friedrich Wilhelm Bessel-Forschungspreis der Humboldt-Stiftung ausgezeichnet. Ihre Forschungsinteressen liegen insbesondere auf den Gebieten Textlinguistik, Interkulturelle Kommunikationsforschung und Sprachdidaktik.

Thomas Zimmer hat das Studium der chinesischen Sprache und Kultur in den frühen 1980er Jahren an der Universität Bonn begonnen und von 1984–1986 zwei Jahre zum Sprachstudium in Beijing verbracht. In den 1990er Jahren unterrichtete Thomas Zimmer am Seminar für Orientalische Sprachen und am Seminar für Sinologie der Universität Bonn, von 2003–2009 war er Vizedirektor des Chinesisch-Deutschen Hochschulkollegs an der Tongji-Universität in Shanghai. Nach einer Vertretung des Lehrstuhls „Kultur Chinas" an der Universität zu Köln zwischen 2009 und 2012 arbeitet Thomas Zimmer zur Zeit als Beauftragter des Präsidiums an der University of Shanghai for Science and Technology in Shanghai. In seiner Forschung hat sich Thomas Zimmer mit der traditionellen und modernen Erzählkunst Chinas beschäftigt und auf der Grundlage historischer Quellen Untersuchungen zur Weltsicht im traditionellen China angestellt.

Register

Erstellt von Steffen Schlick.